대우는
왜?

대우는 왜?

가장 먼저 가장 멀리 해외로 나간 사람들의 이야기

사단법인 대우세계경영연구회 엮음

북스코프

가장 먼저 가장 멀리 해외로 나간 사람들의 이야기

"지구 상의 마지막 시장에 들어가기 위해 대우는 1976년부터 꾸준히 준비를 해왔습니다."

1992년 새해 벽두에 북한의 공식 초청을 받아 김일성 주석을 만나고 돌아온 김우중 회장은 이렇게 소감을 피력했다. 그가 '지구 상의 마지막 시장'이라 규정한 곳은 바로 북한이었다. 가장 가까운 곳에 위치한 북한을 그는 지구를 한 바퀴 돌아 마지막으로 들어간 셈이었다. 김우중 회장은 북한이 공식 초청한 최초의 한국 기업인이었다. 그는 공식 방문 이전에도 이미 몇 차례 북한을 다녀온 바 있었다. 그때의 방문을 시작으로 대우는 평양 인근에 남포공단을 조성하고 다양한 합작사업을 통해 남북 경제교류의 물꼬를 터나갔다.

그렇다면 북한시장에 들어가기 위해 준비를 시작했다는 1976년에는 무슨 일이 있었을까? 그해 김우중 회장은 사회주의 국가로서 북한과 수교상태였던 수단에 들어가 사업을 성사시키고 양국이 정식 외교관계를 맺도록 했다. 한국이 사회주의 국가와 맺은 최초의 국교수립 사례였다. '1976년부터'라는 김 회장의 표현은 이때 이미 북한시장에 진출하겠다는 꿈이 마음속에 타오르고 있었다는 의미일 것이다. 그가 사회주의 국가에 먼저 진출한 다음 우리 정부와 정식 국교를 수립하도록 만든 사례는 이후에도 꾸준히 지속되었다. 나이지리아, 리비아, 알제리 등 아프리카의 사회주의 비동맹 국가들이 대부분 그랬고, 중국, 베트남 등 아시아의 사회주의국가들도 시장개방 이전부터 교류의 물꼬를 트고 국교수립의 기반을 다졌다. 세계경영의 핵심 대상 지역이었던 동구권의 체코, 헝가리, 구소련으로부터 독립한 우즈베키스탄, 우크라이나, 카자흐스탄 등은 맨 먼저 국가 최고지도자를 만나 외교관계의 기초를 닦았다. 한마디로 우리 정부가 사회주의 국가들과 맺은 공식 외교관계의 이면에는 늘 대우와 김 회장의 보이지 않는 노력이 존재하고 있었다. 이러한 신시장 개척의 마지막 역정을 김 회장은 북한으로 생각했던 것이다.

대우는 1960년대 말에 창립하여 오로지 수출만을 전문으로 활동을 시작한 기업이다. 5년 만에 수출 2위에 오르고 11년 만에 마침내 업계 1위에 올라선 대우를 보면서 사람들은 그 성공 스토리를 '대우신화'라고 불러주었다. 대우 사람들은 자신이 가장 먼저 해외시장을 개척한 주역이었다는 사실을 무엇보다도 자랑스러워했다. 그래서 누구보다 적극적으로 해외로 나갔고 가장 멀리까지 진출했다. 그런 마음이 한데 어우러진 결과 1990년대에는 '세계경영'을 표방할 만큼 용기와 자신감이 넘쳐났다. 하지만 안타깝게도 IMF 외환위기라는 예상치 못한 상황을 맞아 대우호가 좌초되면서 대우의 명예는 사라지고 말았다.

많은 이들에게 21세기는 희망과 꿈의 신세기로 다가왔지만 대우 사람들에게는 어둠으로 시작되었다. 대우 임직원 대다수는 가슴에 아픔을 숨긴 채 뿔뿔이 흩어져 각자 생계를 이어가야 했다. 그렇게 10년이 지나서야 대우 임직원들은 조용히 작은 모임을 하나 만들었다. 단지 친목을 도모하고 과거의 인연을 이어가려고 모임을 만든 것은 아니었다. 대우세계경영연구회라는 명칭이 말하듯 대우 사람들이 늘 가슴속에 담아두었던 해외시장 개척의 열정과 경험을 연구하고 발전시켜 이 사회와 함께 나누고자 모임을 만들었던 것이다. 연구회가 발족되고 나자 여기에 참여한 3천여 회원들은 이렇게 질문을 던졌다.

'대우가 이루고자 했던 세계경영의 정신이 지금 이 시대에 주는 의미는 무엇일까?'

지난해 초 대우세계경영연구회에서는 기업사를 전공한 역사학자 한 분을 초빙해 강연을 듣고 토론과 대화를 나눈 적이 있었다. 그 자리에서 그는 우리에게 고무적인 설명과 함께 숙제를 하나 던져주었다.

'우리 사회의 근대화가 급격히 이루어진 시기가 1970년대입니다. 그 시기에 한국은 수출을 통해 근대적 산업 기반을 구축할 수 있었고 해외시장에 눈 뜨면서 국민의식도 서구화가 이루어졌습니다. 이렇게 본다면 당시 해외시장 개척의 선구자였던 대우의 사례는 한국 현대사에서 수출활동을 통한 근대화가 어떻게 이루어졌는지를 살펴보는 매우 중요한 사료가 될 것입니다. 대우에 계셨던 분들이 주인공들인 만큼 당시 그분들의 활동 체험을 체계적으로 수집하고 관리할 필요가 있다고 봅니다.'

대우의 해외시장 개척활동이 한국의 근대화에 초석이 됐다는 역사학자의 평가는 과거 활동에 대한 자부심을 새삼 일깨워주었다. 그의 조언은 또한 대우세계경영연구회가 그 시절 수출 최전선에서 활약한 당사자들의 증언들을 모으는 작업을 시작할 수 있는 용기를 가져다주기도 했다. 그 결과물이 마침내 이렇게 책으로 출간되어 세상에 나오게 된 것이다.

이 책에 담긴 많은 에피소드들은 과거 대우 사람들이 국내외 각지에서 맨손으로 만들어낸 비즈니스 성과들에 대한 것이다. 어떤 결과를 만들어냈느냐보다는 그들이 어떤 마음으로 어떤 창의적 노력과 도전의지를 보여주었느냐가 더 중요할 것이다. 아니 거듭된 실패와 역경에 굴하지 않고 반드시 이루어내려고 끝까지 포기하지 않았던 그들의 의지가 더욱 소중한 교훈이 될지도 모른다. 오로지 창의적 발상과 발로 뛰는 노력만으로 만들어낸 성공의 사례들은 창조와 도전의 열정이 얼마나 소중한지를 생생하게 보여주고 있다. 이런 일화들이 현장을 누비는 비즈니스맨들과 새로운 기회에 도전하려는 젊은이들에게 꿈과 희망을 줄 수 있다면 그보다 더 큰 보람은 없을 듯하다. 이 책 속의 이야기는 또한 한국인이 갖는 창조, 도전의 열정과 노력이 얼마나 위대하고 소중한 것인지를 보여준다는 점에서 일반인들에게도 일독의 가치가 있다고 생각된다.

대우가 해체된 지 어느덧 10년이 넘는 시간이 흘렀지만 아직도 사람들은 대우 해체에 대해 궁금해하며 이에 대한 대우 사람들의 해명을 듣고 싶어 하는 것 같다. 하지만 그동안 우리는 이에 대해 말을 아끼고 자세를 낮추었다. 대우는 국가의 미래에 이바지하고자 세계경영을 외치며 유사 이래 처음으로 전 세계를 누비고 다녔다. 우리의 다음 세대는 반드시 선진한국의 첫 세대로 만들고 싶었다. 그런 마음으로 살았으니 대우가 해체됨으로 인해 국가와 국민들께 폐를 끼친 것 자체가 부끄럽고 죄송했다. 그래서 우리는 억울함이 있지만 어떤 변명도 해명도 하지 않았다. 대우 출신들이 모여 대우세계경영연구회를 만들었지만 지금까지 이에 대해 한마디도 주장한 적이 없었다. 우리는 단지 세계경영을 추구한 정신으로 사회를 위해 기여하고 봉사하고자 했다. 청년들을 해외 전문가로 키워내기 위한 첫 작업으로 최근 40명의 청년을 선발해 베트남에 파견한 것도 이런 마음으로 시작한 일이다. 그래서 이 책에서조차도 대우 해체와 관련된 이야기는 최대한 자제했다. 이 책을 출간하는 취지가 대우 사람들의 경험을 많은 분들과 함께 공유하고 나누자는 데에 있는 만큼 굳이 여기에 그런 이야기를 담을 필요가 없다고 보았기 때문이다.

그런데 어느 날 당시에 구조조정을 총괄한 당국자가 일간지를 통해 대우가 시장의 신뢰를 잃어 해체됐다고 발언하고 나섰다. 대우 임직원들이 그 기사를 보고 얼마나 비통했을까를 생각하니 너무나 마음이 아팠다. 그래서 이 기회를 빌려 최소한 한 가지 사실만큼은 밝혀두고자 한다.

당시 대우는 외환위기에 대한 입장과 철학이 정부와 달랐다. IMF 위기는 금융당국의 단견과 오판으로 외환 운용을 잘못함으로써 국제금융시장의 신뢰를 잃었기 때문에 발생했다. 따라서 외환보유고를 다시 안정적인 수준으로 회복하면 해결될 문제였다. 당시 한국 경제의 기초경제여건(fundamental)은 건실했고 국내에는 1조 달러에 이르는 제조설비들이 존재하고 있었다. 이를 적극 가동해 수출 실적을 늘려, 2년간 매년 500억 달러씩 1천억 달러의 무역흑자를 만들어낸다면 외환위기는 충분히 극복할 수 있다는 것이 대우의 판단이었다. 따라서 대우는 일자리 나누기(job sharing)를 통해 고용과 가동률을 극대화하고 수출을 통해 부족한 외화를 벌어들이자고 주장했다. 단기적인 구조조정도 방법일 수 있지만, 더욱 중요한 것은 국가의 자산을 지키고 안정된 산업기반과 고용을 유지하는 것이라고 우리는 생각했다. 그러나 정부는 이를 불가능하다고 보았다. 그들은 고작 몇 십억 달러의 무역흑자를 예측했다. 그러면 결과는 어떠했는가? 대우는 1998년 한 해에 혼자서만 140억 달러의 무역흑자를 만들어냈고, 그해 한국은 432억 달러의 무역흑자를 기록했다. 대우가 맞았던 것이다.

2008년 세계금융위기 이후 국내외적으로 IMF 외환위기를 보는 시각이 크게 바뀌고 있다. 미국과 유럽까지 금융위기를 겪었지만, 구조조정으로 대마를 잡은 사례는 한국의 대우 외에는 전 세계에 더 이상 없었다. 특히 당시 한국 정부에게 구조조정에 대한 이데올로기와 수단을 제공한 국제투자은행들이 세계금융위기의 주범으로 평가되는 현실은 또 어떻게 받아들여야 하는가?

그 당국자는 대우가 구조조정에 소극적이어서 시장의 신뢰를 잃었다고 주장했다. 과연 그런가? 대우가 시장의 신뢰를 잃게 만든 것은 오히려 정부의 인위적 개입 때문이었다. 대우는 세계경영을 추진하면서 전 세계에 걸쳐 과감한 투자를 진행해왔다. 따라서 외채의 비중이 상대적으로 컸는데, 그 와중에 외환위기를 맞았으니 환율 상승에 따른 부담이 급격히 늘어날 수밖에 없었다. 대우는 이런 특수성을 정부가 양해해주기를 기대했지만 정부 당국은 오히려 CP, 회사채 발행 등 대우가 필요로 하는 모든 것에 제한을 가했다. 수출을 최대한 확대하려고 한 대우에게 D/A금융, 연불수출금융은 필수적이었다. 정부는 이것도 제한을 가했다. 결국 대우는 자체 자금으로 수출에 나서야 했고 이로 인해 오히려 채무가 늘어났다. 연불수출금융은 대우가 워크아웃에 들어간 이후에야 풀렸다. 해외사업에 진력한 대우는 부동산과 같은 구조조정이 필요한 자산이 많지 않았다. 대우는 4대그룹 가운데 국내사업의 비중도 가장 낮았다. 대우는 결코 이기적 욕심에 구조조정을 소홀히 한 것이 아니라 위기극복을 위해 대우 나름의 철학을 견지하며 국가경제에 이바지하고자 했음을 이해해주었으면 한다. 대우 해체에 관해서는 언젠가 우리들의 정리된 입장과 구체적 증언을 밝힐 기회가 있으리라고 본다. 아니 어쩌면 대우 해체와 관련된 부분에 대해서는 후대의 객관적인 평가에 맡기는 것이 더 현명한 일이 아닐까 생각해본다.

대우 사람들은 비행기 추락사고에 늘 민감한 반응을 보였다. 해외 각지에서 비행기 추락사고가 터질 때마다 사상자 명단에 대우 임직원이 포함되곤 했기 때문이다. 해외활동이 어느 기업보다 많았던 대우이기에 해외에서의 사건과 사고도 많을 수밖에 없었다. 그래서 우리는 공식행사 때마다 순직한 산업전사들에 대해 경건한 묵념의 시간을 갖곤 했다. 대우 사람들만이 간직했던 보람과 열정이 지금까지도 정당하게 평가받고 인정받지 못하는 상황 속에서 남은 우리는 먼저 간 그들에게 늘 부끄럽고 미안할 뿐이다. 대우의 이름으로 발간되는 첫 번째 책인 만큼 그 미안한 마음을 담아 이 책을 대우에서 근무하다 순직한 옛 동료들과 그 가족에게 바치고자 한다.

2012. 3.
사단법인 대우세계경영연구회
회 장 장 병 주

| 차례 |

제4장 계승정신
세계시장에 희망의 그물을 던진다

1

도전정신
꿈의 무대를 넓히다

도전(挑戰) : 어려운 사업이나 기록 경신 따위에 맞섬을 비유적으로 이르는 말

김우중 회장의 '도사론'은 대우 사람들에게 잘 알려진 이야기 중의 하나이다. 그는 10미터가 넘는 높은 담을 훌쩍 뛰어넘는 도사를 예로 든다. 대부분 사람들은 그의 비상한 능력에 경탄하며 부러워하고 존경을 표하지만, 그가 어떻게 그 높은 담을 뛰어넘게 됐는지에 대해서는 관심을 기울이지 않는다. 하지만 김우중 회장은 이렇게 생각했다. 아마도 그 도사는 처음에는 1미터 높이에서부터 시작해 부단히 노력하고 또 노력해 그 결과 2미터, 3미터, 그리고 마침내 10미터 높이의 담벼락까지도 쉽게 넘을 수 있는 경지에 이르렀을 거라고. 그는 무엇이든 노력하면 안 될 것이 없다고 생각했다. 이것이 바로 대우 사람들이 말하는 도전정신이다.

불가능을 가능으로 만들다

_ 칠레, 콜롬비아, 베네수엘라에서 이룩한 자동차 판매 1위

김문현

아무런 준비 없이 어느 날 갑자기 숙명처럼 페루에 부임하게 된 김문현. 권총 협박과 테러 위협 등 온갖 위험 속에서도 그는 자동차 영업을 포기하지 않았다. 오히려 더욱 적극적인 홍보와 창의적인 노력으로 끝내 1위의 자리에 올라섰다. 그 다음 나라는 콜롬비아였다. 같은 남미 국가지만 두 나라는 전혀 달랐다. 하지만 김문현은 김문현이었다. 그는 전혀 새로운 방식으로 접근해 다시 1위 자리에 올라섰다. 그리고 마지막으로 베네수엘라에 갔다. 대우그룹이 해체되고 판매하던 차량이 단종되는 비운과 역경 속에서 그는 세 번째로 업계 1위 신화를 창조해냈다.

"성공의 지름길은 없다, 성공할 때까지 매진하는 것, 그게 바로 성공의 비결이다."

김문현

1946년 경상북도 안동에서 태어나 안동고등학교, 연세대학교 경영학과를 졸업했다. 1969년 산업은행에 입행해 대리로 재직하다가 1977년 대우실업으로 옮겨 2004년까지 대우에 봉직하면서 파키스탄, 마이애미, 파나마, 뉴저지, 페루, 콜롬비아, LA, 칠레, 독일, 베네수엘라 등 10여 개 해외지사, 대우전자 및 대우자동차 판매법인 대표를 24년간 역임했다. 1981년 상공부장관상, 2002년 산자부장관 수출유공자 표창을 받았다.

지구촌 오지의 위험한 첫걸음

1994년 3월 어느 칠흑 같은 밤, 장대비가 정신없이 쏟아지던 뉴저지의 한 고속도로를 달리고 있을 때였다. 김우중 회장에게서 전화가 왔다.

"자네 페루 가서 자동차 좀 팔아야겠어."

"예? 저 올해까지만 여기 있고 곧 서울에 들어갈 예정이었는데요?"

당시 나는 대우전자 미국 법인장 겸 본사 미주 본부장이어서 뉴저지에 주재하면서 텔레비전을 판매하고 있었다. 그런데 갑자기 자동차를 판매하라니? 무엇보다도 15년을 해외(카라치, 마이애미, 파나마, 뉴저지)에서 떠돌고 있던 터라 내년에는 기필코 서울 본사 근무를 꿈꾸고 있던 참이었다. 모두가 선망한다는 미국생활을 마다하고 귀국을 희망한 이유는 그때까지 국내 교육이 전무한 둘째

아들 때문이었다. 아들 둘 가운데 둘째는 생후 8개월부터 고등학생이 되도록 나라 밖으로만 끌고 다녔다. 그 아이에게 국내 교육을 시키고 싶었다.

"지금 무슨 소릴 하는 거야? 발령 낼 테니 당장 페루로 가!"

그 많고 많은 나라 중에 하필 페루라니! 나는 이미 1984년에 파나마 법인 부실채권 회수와 법인영업 정상화라는 과제를 안고 파나마로 발령을 받아 주재 근무한 적이 있었다. 그때 미수채권 회수와 시장개척을 위해 남미의 여러 나라로 출장을 다녔는데, 그중 페루는 신변의 위협마저 느꼈던 치가 떨릴 정도로 무서운 곳이었다. 빚 독촉을 당하던 채무자가 내게 권총을 들이대며 다시는 자신의 앞에 나타나지 말라며 협박을 한 적도 있었다.

페루 전역에는 구스만(Gusman)이 지휘하는 사단 규모의 '센데로 루미노소(빛나는 길)'라는 공산 게릴라 이외에도 여러 조직의 게릴라들이 활동하고 있었다. 그들은 테러 만행을 저지르고 부유층 저명인사를 납치해 인질극을 수없이 벌였다. 하루에도 몇 번씩 코체 봄바(시한폭탄 차)가 대로에서 폭발하는 등 그야말로 치안부재의 땅이었다. 그래서 법인 대표의 차는 외부에서는 차 안이 보이지 않게 선팅을 짙게 했고, 육군 특등사수 출신의 운전사가 실탄이 장전된 권총을 차고 다니며 무장 경호원 역할까지 할 정도로 페루의 치안은 심각했다.

하지만 회장의 전화를 받은 이상 내가 싫다고 해도 난 페루로 발령받게 된 것이다. 회사가 언제나 역동적으로 움직이다 보니 직원의 개인사정을 헤아려주는 경우가 드물었다. 나는 처음으로 심각하게 사직을 고민했다. 하지만 이왕 시작하게 된 일 기쁜 마음으로 임하자고 마음을 굳혔다. 사실 그때까지도 해외주재 근무는 오지가 더 낫다고 생각했고, 무슨 애국, 애사심 같은 사치스러운 명분은 차치하고라도 오지에서 열심히 일하면 성취하는 것이 있고 그것이 가슴 뿌듯한 보람과 영광으로 돌아올 것이라는 믿음 때문에 다시 한 번 잘해보자는 각오를 다졌다. 지금 당장은 믿음 하나밖에 없지만, 이것만으로도 불가능을 가능으로 만들고 싶었다.

페루에 부임 후 자동차 시장 상황부터 파악했다. 페루의 길바닥에는 폐차 직전의 낡은 차들이 유령처럼 어슬렁거렸다. 택시들도 대부분 차령이 20년은 됨 직한 브라질 조립 폭스바겐이었다. 계기판 바늘조차 제대로 움직이지 않을뿐더러 발판의 삭아 빠진 철판 구멍 사이로 아스팔트가 눈에 보일 정도였다. 심지어 전선으로 스파크를 일으켜 시동을 걸기도 했다. 더불어 페루는 연간 자동차 수입시장 규모가 1만 대를 채 못 넘기는 나라였다. 그래서 국민차 티코를 생산할 때 맺은 스즈키와의 라이선스 계약에서 대우 단독 판매 제한국가 리스트에도 포함되지 않았던 버려진 시장이었다.

그나마 다행히도 후지모리 대통령이 집권(1990~2000)하며 7천%라는 살인적 인플레도 진정되고 사회, 경제가 다소 안정되는 추세였다. 바로 그러한 때에 대우차가 혜성처럼 나타나자 페루 국민들 사이에서 대우는 기대 섞인 화젯거리가 됐다.

나는 시기, 가격, 판매대상의 3박자를 고려해 '티코'를 내세웠다. 티코의 특징은, 차는 작은데 의외로 내부는 넓었으며 연료 소모가 낮았다. 게다가 당시 페루에서는 8천 달러에 그만한 차를 살수가 없었기 때문에 시장 사정에 아주 적절했다.

특히 새 차로 교체하려는 움직임이 일고 있던 택시 시장에는 티코가 안성맞춤이었다. 게다가 실업률 30% 이상이던 사회에서 티코를 사서 택시를 운행하면 월 300달러 이상 수입이 가능했다. 그래서 우리는 "자동차를 팔지 않고 사업을 판다"라고 홍보하며 택시기사와 실업자들에게 다가갔다. 그 같은 택시 타깃 마케팅이 적중해 폐차 직전의 택시들이 티코로 100% 교체되고, 실업자들이 티코를 구매해 개인택시로 운행하기 시작했다.

때를 적절히 맞춰서 치고 들어가자 1만 대를 못 넘기던 자동차 수입시장 규모가 1995년에는 티코 판매만 3,500대에 달해 티코의 최대 수출시장이 됐다. 후진국에 근무하면 미국이나 유럽 같은 선진국에서보다 업무 성취의 보람이 훨씬 크다. 치안부재의 나라에서 이런저런 고생이 많았지만 이런 보람이 있기에 나는 또 힘을 내 업무에 집중할 수 있었다.

30여 개의 전국 대리점들, 시내 도처에 세워진 20여 개의 빌보드, 6만㎡의 자동차 하치장과 PDI(인도전 점검) 설비, 100만 개에 달하는 7천 종의 부품과 자재 창고 시설투자, 집중적으로 퍼붓는 광고, 이러한 기반과 노력이 한데 어울려져 대우는 소비자에게 '하나의 새로운 힘의 대우(Una Nueva Fuerza de Daewoo)'라는 캐치프레이즈에 걸맞게 어필하고 있었다.

그럴수록 나는 'Fantas Tico(환상적인 티코)', 'Fana Tico(티코에 미치다)' 등의 현지어를 티코 광고에 쓰면서 시장에 깊이 파고들어갔다. 1996년 7월 28일 페루 독립기념일에는 'Caravana Daewoo Peru 96'이라는 이름으로 전국의 방방곳곳을 보름 동안 티코(Tico), 레이서(Racer), 씨에로(Cielo)로 질주하면서 대우차의 성능을 과시하기도 했다. 우리는 해발 4천m 안데스 고산지대에서 아마존 밀림 지역까지 퍼레이드를 펼쳤다. 마케팅활동은 남들이 하지 않는 기상천외한 짓도 해봐야 한다는 생각으로 마련한 이벤트였다. 때마침《월간조선》김용삼 기자가 현지를 방문 취재해 그해 9월호에 페루에서의 대우 활약상이 특집 기사로 게재되기도 했다.

페루 진출 3년 만에 대우자동차는 토요타(Toyota), 닛산(Nissan)을 2, 3등으로 밀어내고 시장점유율 25%를 차지하며 1등 브랜드로 등극했다. 차가 잘 팔린 만큼 수금 또한 잘해야 했다. 아무리 차를 많이 팔아도 불량채권이 생기면 헛장사를 하게 되기 때문이다. 나는 현지의 딜러들을 선정할 때 부동산 같은 담보능력을 확실하게 점검하는 등 조심스럽게 관리해 외상대금을 뜯기는 사고를 처음부터 차단할 수 있었다. 미국과 같은 선진국 자동차시장에서는 공급이 초과인 관계로 공급자가 큰소리치기 힘들다. 하지만 페루에서는 공급자가 갑의 입장에서 그나마 힘을 쓰면서 담보를 요구할 수 있어 다행이었다.

테러리스트의 협박에도 계속된 마케팅

치안부재의 페루에는 경호 원칙이 있었다. 같은 시간에 같은 경로로 이동하지 않는다거나, 법인 대표의 사진과 이름 등이 대중에 노출되지 않도록 각별히 신경 쓰는 것 등이었다.

부임 초기이던 1994년에는 경호 원칙을 지켰다. 하지만 대우 브랜드가 충천하는 분위기에 도취된 탓인지 어느 순간부터 치안 관념은 뇌리에서 사라져버렸다. 대우 이름을 홍보하는 일이면 자청해서 내 얼굴을 언론에 노출시키고 회사 PR에 열을 올리며 더욱 시장 확대에 매진했다.

대우 이름이 널리 알려지면서 나는 여러 공공 행사장에도 초대돼 VIP 대접을 받았다. 그때마다 대우를 알아주는 현지 기관과 소비자들이 고마웠다. 이러한 인지도 상승으로 '미스 페루 선발대회' 심사위원으로 위촉돼 예선 통과자 50명을 며칠 동안 심사하는 별난 경험도 하게 됐다. 실황 중계되는 최종 결선장에 나는 어색한 나비넥타이 정장 차림으로 참석했는데, 현지 TV에 출연하는 것도 대우 PR 활동의 일환이라 생각하고 기꺼이 임했다. 매스컴을 한번 타고 나니 그 효과가 불길처럼 번져서 광고 이외의 홍보 기사도 자주 실리기 시작했다. 한번은《뉴욕 타임스》상파울루 특파원이 페루를 방문해 하루 종일 취재하고 대우자동차 페루의 급신장세를 대서특필하기도 했다.

각종 기사들 덕분에 대우 브랜드의 급신장세가 이루어지고 그 여파로 판매는 날개 돋친 듯 늘어갔다. 그 덕분에 나는 미국의 유명 광고 전문지《Ad Age》에 '95년도 마케팅 슈퍼스타'로 선정되는 개인적인 영광을 얻기까지 했다.

새 차 출시 행사는 자동차 판매회사에서 가장 중요한 이벤트여서 비중 있게 예산을 들여 큰 잔치를 벌인다. 새 차 발표회장에서는 수십 명의 기자들이 나를 둘러싸고 취재 경쟁도 하는데, 기자회견장에서 내가 선 단상에는 매체별로 마이크가 빼곡히 설치되고 카메라 플래시 세례도 받으니 흡사 중대발표를 하는 저명인사나 되는 것처럼 보이기도 했다. 그런데 페루에서는 이런 유명세가 마냥 좋게 작용하지만은 않는다.

어느 날이었다. 여비서가 눈을 동그랗게 뜨고 다급하게 내게 다가왔다.

"세뇨올 킴! 테러리스트 전화예요! 직접 통화연결을 거절했더니 미겔 킴(Miguel Kim)에게 전하래요. 돈을 금방 지불하지 않으면 회사를 박살 내고, 세뇨올 킴을 잡아간다고요. 센데로 루미노소 남부 여단 소속이라고 관등성명도 밝혔어요!"

전신에 전율이 오싹 흘렀다. '미겔 킴'은 매체에 자주 노출된 내 현지 이름이 아닌가! 내 개인이야 납치할 가치가 별게 아니라도 세상을 떠들썩하게 한 대우 페루 책임자의 몸값은 한밑천 단단히 된다고 판단했을 것이다. 인질 납치 후 몸값 흥정은 남미 전역에 흔히 있는 그들의 수익사업이었다. 내가 아는 사람들이 당한 경우만 세어도 열 손가락이 모자랄 정도였다.

나는 즉시 대사관에 신변보호를 요청했다. 대테러대책본부라는 현지 정부조직에도 신고를 했지만 가시적인 보호조치는 기대하기 힘들었다. 결국 자체 경비 규모만 증강하고 숨죽여 지낼 수밖에 없었다. 그날 밤부터 경호원 운전사는 나와 숙식을 같이했다. 자동차 하치장 경비는 평소의 경무장 경비원 3명을 24시간 3개 초소로 운용하고, 중무장한 2명을 증강했다. 그리고 내 숙소 앞에도 야간 초소를 설치하기에 이르렀다. 사무실 엘리베이터 앞에도 무장 경비 요원을 추가 배치했다.

이런 소동이 생기자 나는 나대로 며칠 동안 심리적으로 매우 위축됐다. 사업 확장의 보람과 긍지도, 시장에 대한 애착과 고마움도 산산조각이 나는 듯했다. 신명을 바쳐 소임을 다한다는 각오가 신변안전보다 우선할 수 없다는 생각이 들었다. 이 무슨 호들갑인가 하고 의아해할 사람들도 있을 것이다. 하지만 막상 극단적 상황이 닥치면 그럴 수밖에 없다. 테러리스트의 협박 전화는 협박으로 끝나지 않는 경우가 많았기 때문이다. 그래서 2주일 정도 증강된 경비 규모를 유지했는데, 비용이 워낙 비싸서 결국은 원래로 돌아가야 했다.

그로부터 얼마 후, 내 관할 지역에서 정말로 사건이 일어났다. 내 소관으로 운영하던 시내버스회사인 '콘소르시오 비아(Consorcio Via)'에 무장강도가 난입했다. 그들은 총을 3발이나 쏘고, 여직원이 혼비백산한 틈을 타 2일치 매상이 든 현금상자를 탈취해 갔다. 이 사건과 협박 전화가 게릴라 '빛나는 길'의 소행인지, 혹은 단순 강도의 소행인지 알 수는 없었다. 나는 이 정도의 액땜이라면 다행이라고 생각했다. 이런 강도 사건은 콜롬비아, 베네수엘라에서 흔히 일어나는 일이기 때문이다.

게릴라는 한 번 한다고 하면 협박으로 끝나지 않고 결행하는 경우가 많기 때문에 더욱 두려웠다. 페루를 떠난 후 듣게 된 소식이었지만 대우콜롬비아에서 함께 근무하던 헤수스(Jesus) 부사장이 있었다. 나중에 대우를 떠나 현대자동차 수입회사 사장으로 재직했는데, 게릴라 조직에 납치돼 억류당한 일이 벌어졌다. 다행히 정부군의 구출 작전이 성공해 구출됐으나, 자존심을 손상당한 게릴라 조직으로부터 48시간 이내에 콜롬비아를 떠나라는 협박을 받고 졸지에 브라질로 피신해 살고 있다는 이야기가 그것이다.

남미 여러 나라의 납치산업은 오래된 전통산업이었다. 하지만 그렇게 겁을 먹으면 오히려 약한 모습을 그들에게 보이는 꼴이 될 거라고 생각했다. 그래서 일상으로 돌아와서도 예전과 같이 대우와 나의 이름을 아낌없이 언론에 노출시켰다. 이는 회사 간부로서 추구해야 할 극단의 가치이기도 했다.

보람스러운 나날을 보내던 중, 대우 본사 해외사업본부장의 느닷없는 전화 한 통이 나를 뒤흔들어놓았다. 콜롬비아 대우자판 합작법인으로 가라는 전화였다. 콜롬비아에 가서 합작 파트너와의 경영갈등을 해소하고 단독 투자 법인화를 추진하라고 했다.

"본부장님, 페루에 대우의 뿌리를 내리겠다는데 왜 나를 중도 하차시키는 겁니까?"

"김 상무, 대우의 뿌리는 왜 페루에만 내려야 하죠? 콜롬비아에 가서 대우의 뿌리를 또 내리면 될 거 아닙니까?"

매번 그런 식이었다. 전근 발령은 언제나 내 희망과는 별개로 벼락 치듯 떨어졌다. 나의 첫 번째 해외 임지(카라치)에서 4년 넘게 주재하고 마이애미로 떠날 때도 그랬다. 그때도 공항에서 대우 식구들과 부둥켜안고 눈물바다를 이루었다. 그동안 하던 일과 정든 사람들과의 이별이 아쉬워 눈물을 글썽이며 공항을 떠났다. 페루에서도 떠날 때는 마찬가지였다. 페루 법인 직원들이 준비한 이임 다과회가 있던 날, 나는 어둠이 깔리는 창고 담벼락을 붙잡고 한참을 서 있어야 했다. 흐르는 눈물 때문에 다과회장에 들어가지 못하던 당시의 마음은 지금도 생생하다.

페루 리마 공항 앞 6만㎡의 쓰레기더미를 걷어내어 부품 창고를 짓고, PDI 시설을 설치하고 자동차 하치장으로 썼던 그 먼지투성이 현장에 무슨 애착이 그렇게 남아 있었을까? '잉카의 눈물'이라는 안개비 속의 음산한 무채색 도시, 게릴라들이 준동하고 폭탄이 터지는 그곳을 떠나기가 왜 그토록 아쉬웠을까?

그런데 그때 홀연히 콜롬비아로 떠나지 않았다면 정말 큰일을 겪을 뻔했다. 내가 떠난 지 일주일 뒤 페루 일본 대사관에 테러 집단이 난입했고, 그날 일본 천황 생일축하 파티에 참석한 외교사절과 저명인사들이 50여 일이나 테러 집단에게 억류됐다. 만일 내가 페루에 있었다면 그 세계적인 테러 사건의 피해자 명단에 나도 포함됐을 개연성이 컸다. 인생지사 새옹지마라 했던가! 새 임지에서 그 사건의 실황 방송을 보며 나는 가슴을 쓸어내렸다.

불가능을 가능으로

페루에서 이룬 티코 판매신화에 힘을 얻은 나는 무대를 바꾸어 콜롬비아에서도 신화를 재연해보리라 내심 호언장담을 했다. 그러나 같은 남미시장이라도 시장 수준이나 특성이 달랐다. 페루에서 그렇게 날개 돋친 듯 팔리던 티코가 고급화한 스포일러(spoiler)로 앞뒤를 치장하고도 잘 팔리지 않으니 실망이 매우 컸다. 페루보다 약간 고급시장인 콜롬비아에서 티코는 먹히지 않는 차종이었다. 이를 타개하기 위해 판매 상품을 씨에로로 바꾸어 택시시장에 도전했다.

한 달 판매 30대가 50대로, 100대가 500대로 다시 1천 대로 이어지니, 그야말로 '굴절 없는 성장'이란 말이 실감났다. 여기서도 성공의 비결은 남다른 전략에 있었다. 영세한 택시업자들이 순정 부품의 비싼 가격이 판매신장에 걸림돌이 된다는 데 착안해, 참모들의 반대를 무릅쓰고 부품가격 체계를 대폭 하향 개편한 것이 결과적으로 판매 확대에 큰 도움이 됐다.

차가 너무 잘 팔리자 황당한 일도 생겼다. 골목 여기저기 모두 대우자동차이다 보니 우리 차가 절도 전문 조직의 주목을 받게 됐다. 주차된 차에서 ECM(Electronic Control Module)이라는 전자 제어장치를 2~3분 만에 감쪽같이 탈취해 가는 사건이 하루에도 수십 건씩 일어났다. 때문에 아무리 열심히 한국에서 부품을 공수한다 해도 문제가 해결되지 않았다. 부품공급에 만전을 기한다는 자랑이 무색해지고 만 것이다. 한편 탈취된 ECM은 중고시장에서 수요가 많아져 정품 신품보다 비싼 가격을 호가하고 있으니, 움직이지 못하는 차 주인의 아우성은 이만저만이 아니었다. 이런 소문들이 퍼지자 대우 차를 받아주지 않는 유료 주차장까지 생겨났다.

어떤 식으로든 대책이 필요했다. 고심 끝에 마침내 묘책을 찾아냈다. 가격이 만만치 않았던 ECM의 가격을 1/4 수준으로 낮춰 공급해버린 것이다. 더 이상 이득이 없자, ECM 도난도 중고거래도 잦아들었다.

그러자 대우자동차의 판매량이 다시 늘기 시작했다. 이제는 물류개선이 필요해 보였다. 그때까지는 항구에서 차 보관소까지 차를 운반하는 방식이 수십 명씩 그룹을 지어 차를 한 대씩 운전해가는 것이었다. 이를 한꺼번에 6대씩 카 캐리어로 실어 나르는 방식으로 바꾸니, 물류비용의 절감은 물론 차량의 상태유지에도 도움이 됐다.

하지만 남미 지역은 결코 만만한 곳이 아니었다. 콜롬비아에서도 역시 생각지도 못한 사건이 발생한 것이다. 카 캐리어 운반이 도입된 후 어느 날 새벽 운송조가 FARQ라는 게릴라의 습격을 받았다. 그들은 카 캐리어 2대에 탑재한 씨에로 8대, 티코 4대를 70m 낭떠러지에서 떨어뜨리고 트럭 운전사를 통해 전갈을 보내왔다. 용건은 카 캐리어 내륙운송을 중단하고 자기들이 추천한 사람을 써달라는 것이었다. 나는 카 캐리어 운용을 법인의 경영효율화로만 생각했지, 그것이 지역 저급 노동자의 밥그릇을 빼앗는 것일 줄을 미처 생각하지 못했다. 더구나 그들이 게릴라 조직과 연관이 있다는 데 놀랐다. FARQ는 콜롬비아 최대 게릴라 조직으로 정규군대도 쉽게 제압하지 못하는 막강 조직이었다.

전손 처리된 차량은 보험으로 보상받았지만, 내륙운송 방식의 지속 여부는 한동안 고민거리였다. 게릴라 조직의 눈치를 보며 운영하자니 오죽 애간장이 탔겠는가? 그러나 결국은 카 캐리어로 운행할 수밖에 없었다. 그렇게 늘 바람 잘 날 없는 시장에서 승승장

구하는 판매실적은 참으로 가슴 벅찬 일이었다.

남미의 자동차 판매왕

1998년 초, 월 판매 2천 대를 육박하며 대우콜롬비아는 수입 자동차시장점유율 1위를 차지했다. 현지 조립업체 GM에 버금가는 판매기록을 세운 공적 때문인지 나는 또다시 달갑지 않은 세계 최대 시장인 미국의 자동차판매법인으로 불려가게 됐다.

그로부터 대우가 깃발을 내려야 했던 1999년까지 나는 무려 4개국 5개 도시로 전근을 다녔다. 그래서 내 이삿짐은 항상 바다에 떠 있거나 항구에서 잠을 자고 있기 일쑤였다. 내 식탁에 앉아 밥을 먹고, 내 침대에 누워 잠을 잔 날이 몇 날이나 됐던가? 역마살의 극치를 이룬 한 해였다. 그해 2월, LA에서 칠레의 산티아고로 전근 발령, 또 두 달 만에 독일로 전근 발령을 받았다. 그리고 하반기에 '대우호 해체'라는 극단적 상황을 맞이하게 됐다. 대우 간부라면 누구라도 겪었을 고통스러운 날들이 이어졌다.

독일에서는 이삿짐 풀어놓은 지 보름 만에 다시 베네수엘라로 이동해야 했다. 내가 겸직하던 독일 쌍용자판법인의 지급불능 상태를 공표하지 않은 죄목과, 독일 대우자판이 쌍용자판에 자금을 지원한 것이 현지법에 위배돼 형사 책임까지 지게 될 수도 있는 상황에 처했기 때문이었다.

비록 도피하듯 부임해왔지만 나는 낙담하지 않았다. 오히려 해외의 고향 같은 남미 땅 베네수엘라에서 '남미의 자동차 판매왕'

으로 다시 우뚝 일어서기 위해 끊임없이 노력했다. 페루와 콜롬비아의 양대 택시시장에서 대성공을 거둔 경험을 바탕으로 부임 다음 날부터 과감한 판촉 마케팅을 시작했다. 시장은 이상하게도 온 세계가 다 아는 '대우호의 침몰과 해체'에도 아랑곳하지 않았다. 그리하여 씨에로로 베네수엘라의 택시시장을 다시 석권했다. 월간 2천 대 차를 파는 기적 같은 일을 2002년 중반까지 또다시 이루어냈다.

아직 도착도 하지 않고 태평양을 항해 중에 있는 씨에로가 이미 딜러별로 배정돼 선매도가 이루어지니, 우리는 통관 직후 선금을 받고 배달만 하면 일이 끝나버렸다. 이런 진기한 상황을 연출하면서 대우자동차는 대우호가 침몰한 뒤에도 지구촌 어느 구석진 시장에서나마 점유율 1위를 구가하고 있었다. KBS LA 특파원이 카메라맨을 대동하고 현지상황을 취재해 이 사실을 국내 TV에 방영한 적도 있었다.

씨에로의 단종이 결정된 후에도 베네수엘라에서만큼은 어느 차보다 인기가 높아 본사에서 1년 이상을 연장 생산하다가 결국 대우자동차의 루마니아 현지 공장에서 공급받았다. 그 아까운 브랜드의 불꽃을 살리려고 발버둥을 쳤지만 상황은 이미 바람 앞의 촛불이 되어 있었다. 법인 이익금을 본사에 배당도 했지만 확실한 시장기반을 가진 베네수엘라 자판법인도 대세를 거스르지 못하고 안타깝게 막을 내리고 말았다.

그렇게 24년간의 파란만장한 주재원 생활을 마감하고 나는 본사 해외사업본부장으로 보임돼 본사로 돌아왔다. 그런데 며칠 후 느닷없는 베네수엘라 현지에서 긴급 보고가 도착했다. 같이 동고동 락했던 레이즈 하라(Leiz Jara)라는 현지 법인 부사장과 영업담당 주재원 김 차장이 체포돼 유치장에 감금됐다는 나쁜 소식이었다. 이에 대한 기사가 대문짝만 한 사진과 함께 현지 신문에 연일 대서 특필되고 있다고 했다. 연이어 본사에 갓 귀국한 나를 포함한 대우 의 역대 법인장들을 도피자로 전락시켜 인터폴에 수배 명령이 내 려지고, 잠시 서울 출장을 들어온 정 대리도 베네수엘라로 돌아가 지 못하는 상황에서, A/S를 담당하던 허 부장은 곧 추가 구속된다 는 정보에 그날로 현지에서 철수하는 등 난리가 이어졌다.

내용을 상세히 파악해보니 현지 딜러들이 장난을 치는 것이었 다. 대우자동차 판매로 그동안 사업 재미를 톡톡히 본 딜러들은 씨 에로를 계속 공급해달라고 앙탈을 부렸지만, 자신들의 주장이 실 현되지 않자 분풀이로 검찰과 공모해 이런 일을 꾸몄던 것이다. 소 위 사법폭력을 자행한 것이다. 검찰이 부패해 이런 테러에 가담됐 다는 사실에 나는 분노를 참을 수 없었다. 다행히도 김 차장은 며 칠 만에 풀려나와 5개월 정도 가택 연금생활을 하다가 본사로 귀환 하는 정도로 이 사건은 정리됐다. 옛말에 호사다마고 했다. 시장 구축에 기적 같은 성공을 이루었던 대우도 이런 그늘진 역사를 한 편에 간직하고 있다.

24년여 동안 10개 지사와 해외 법인에 근무하며 온갖 애환이 점 철된 인생의 주요 부분을 나는 대우와 같이했다. 세계로 뻗는 모양 을 형상화한 '대우 배지'는 그 세월 동안 언제나 나의 자랑이고 긍지였다. 특히 남미 3개국의 업무 성과와 치안부재에서 비롯된 아픈 기억들은 잊을 수가 없다.

전압 120V 지역에서 220V 지역으로, 선진국, 후진국, 중진국을 바꾸어가며, 영어권에서 스페인어권으로……. 이삿짐 보따리를 뱃짐에 실어 나르기를 반복하는 가장의 역마살을 자신의 숙명처럼 받아들이고 따라 다녀준 아내, 한창 감수성 예민한 유년기, 소년기에 나라를 바꿔가며 전학을 다니면서도 비뚤어지지 않고 잘 자라준 두 아들, 가족이 내게 얼마나 큰 힘이 돼주었는지를 은퇴 후에야 새삼 느낀다.

우리나라가 그간 급속히 국제화된 시대적 발전 배경 탓도 있지만 많은 대우인의 자녀들이 다방면의 국제무대에서 촉망받는 중견 인력으로 커가고 있는 것은 대우 세계경영의 또 다른 부산물이자 국가 발전을 위해 남겨놓은 대우의 또 다른 중요한 유산일 것이다.

대우 해체 이후 흩어진 대우인들 중에는 새로운 미래를 개척하며 성공한 사람들이 적지 않게 있는데 그들은 겸손하게 말한다.

"이거 다 대우에서 배운 것들이지요. 그 덕에 밥 먹고 삽니다."

나에게 누가 자식 농사 잘 지었다고 공치사라도 한다면 나도 뒷머리를 긁었을 것이다.

"그거 다 대우 덕이지요."

이처럼 내 가족은 대우에 대한 고마움을 간직하고 있다. 대우 제복을 입지 않았으면, 한없는 열정을 쏟으며 보람과 영광을 얻을 곳이 있었을까? 늘 안정되지 못하며 아닌 밤중의 홍두깨 같은 생활로

점철이 되어 있어도 지나고 보니 모두 좋은 경험이고, 소중한 혜택이었다. 지금도 내 가슴속에는 생각만 해도 벅찬 순간순간들이 간직돼 있다.

긍정적 발상으로
기적을 이루다

_ 조선소 준공보다 앞서 수주한 세계 최대의 해상플랜트

홍인기

대우가 정부 요청을 받아들여 옥포조선소를 인수할 당시의 조선소는 아직 준공도 되지 않은 상태였다. 그런 상황에서 대우는 선박 수주에 나서 가장 어렵다는 화학제품운반선 2척을 노르웨이 선사로부터 수주하게 됐다. 남들이 불가능을 말할 때 최고를 생각하는 발상. 이것이 바로 대우정신이었다. 1980년 세계 최대의 해상 해수처리 플랜트가 발주됐을 때에도 대우는 의연히 입찰에 참여했다. 대우가 이 수주전(戰)에 참여를 결정한 근거는 아주 간단했다. 어떤 조선소도 그런 플랜트를 만들어본 경험이 없었다는 것. 아무도 해보지 않은 것이라면 대우도 할 수 있다고 생각했다.

홍인기

1938년 서울에서 태어나 서울고등학교, 서울대학교 법대 행정학과를 졸업했다. 1959년 고등고시(11회)에 합격해 1960년 재무부 이재과 사무관으로 시작해 이재2과장, 증권보험국장을 역임한 후 공직을 떠나 1976년부터 한국화약 부사장, 동양증권(현 대우증권) 사장을 거쳐 1978년에 대우가 막 인수한 대우조선으로 옮겨 조선소를 준공하고 1987년까지 대우에 봉직하면서 대우조선공업 사장, 대우기획조정실 실장, 대우 워싱턴 주재 사장 등을 역임했다. 그후 미국 하버드 경영대학 AMP 과정을 수료하고, 동서증권 사장, 증권거래소 이사장을 연임한 후 중앙대, 한양대, 서강대 등에서 중국 금융 관련 강의를 맡았다. 현재는 2007년 이래 KAIST 경영대학 금융전문대학원 초빙교수로 중국 경제·중국 금융을 강의하고 있다. 상훈으로는 은탑산업훈장(1984)을 수상했으며, 저서로는 《중국의 사회주의 시장경제》, 《중국의 금융시장》, 《인도경제 인도금융》 등이 있다.

아무도 해보지 않은 일

작년 어느 날 나는 신문을 읽다가 반가운 소식을 접했다. '대우조선해양'이 2010년에 조선해양 부문에서 수주 금액 세계 1위를 2년 연속 차지하는 기염을 토하고, 한국에서 최초로 영업이익 1조 클럽에 두 번이나 가입하는 쾌거를 달성했다는 기사였다.

기사를 읽고 있노라니, 1978년 10월에 내가 건설이 막 시작된 거제도 옥포조선소(대우조선)의 초대 사장으로 부임해 6년 6개월 동안 근무하며 조선소를 건설하고 경영했던 때가 생생하게 떠올랐다. 세계 여러 나라로 김우중 회장을 모시고 출장을 다니며 선진국의 내로라는 조선소들과 수주 경쟁을 하던 일들, 그리고 대우조선이 세계 최초로 세계 최대의 플랜트를 수주(1981.6.8)하며 손에 땀을 쥐던 일들이 방금 전의 일인 양 생생하게 눈앞을 스쳐 지나갔다.

그중에서도 세계적인 석유 및 엔지니어링 회사인 미국의 벡텔

(Bechtel)사가 국제입찰에 붙인 '해상 해수처리 플랜트(STP)' 수주와 성공적인 인도가 가장 인상에 남는다. 미국이나 일본, 캐나다 등 27개의 선진국 업체가 공개입찰에 참가한 경쟁에서 대우조선이 당당히 최종 낙찰을 받은 일은 지금 생각해도 너무나 뜻 깊은 일이 아닐 수 없다. 그 일을 계기로 대한민국이 조선해양대국으로 도약할 수 있었다고 생각하니 감개가 무량하다.

지금은 세계 제일의 조선소가 됐지만 그때만 해도 대우조선은 막 조선소 건설에 착수한 조선 업계의 후발 주자였다. 생각해보면 거제도 허허벌판에 새로운 도시를 세우는 그 천지개벽의 과정에서 가장 큰 애로사항은 자금이었다.

당시 김태구 상무와 김호태 이사를 비롯해 신영균 국제부장, 그리고 남상태 자금과장 등은 조선소 건설 자금을 마련하느라 이 은행 저 은행으로 동분서주했다. 나 역시 산업은행과 제일은행, 수출입은행 등의 문턱이 닳도록 드나들었다. 제일은행의 타입대(他入貸)로 하루하루 연명해도 매번 부족한 자금문제 때문에 고민하느라고 밤잠을 설쳤고, 불면증까지 생길 정도였다.

1980년 6월 어느 날, 김우중 회장이 옥포 대우조선소에 있던 내게 전화를 걸어 왔다.

"홍 사장, 벡텔사가 미국 알래스카에 설치하는 해수처리 플랜트를 공개입찰로 발주했어요. 무려 3억 달러짜리 공사라는데, 어떻게 된 상황인지 자세히 알아보세요."

"벡텔사라면 세계적인 엔지니어링 회사로서 품질관리와 공기관리가 엄격하기로 정평이 나 있는 곳 아닙니까? 그 프로젝트가 매력적이긴 하지만 그만큼 수주 경쟁이 치열할 것 같은데요."

"아무래도 그렇겠죠? 벌써 미국, 일본, 캐나다, 북부 유럽 등 선진국의 27개 조선소가 수주 경쟁에 뛰어들었다고 하는데……. 아무튼 우리가 낙찰을 받을 수 있도록 노력해봅시다."

전화를 끊기 무섭게 나는 벡텔이 발주한 플랜트에 대해 조사했다. 하지만 상황을 더 자세히 알게 되자 단번에 불가능함이 느껴졌다. 난 김우중 회장에게 전화를 걸어 그 상황을 보고했다.

"미국 전체 석유 매장량의 1/3이 묻혀 있는 알래스카 유전 지역의 '프루드(Pruedue) 만'에 설치해 앞으로 25년간 일일 220만 배럴의 바닷물을 정수시켜 공업용수로 유정에 공급하는 공장이랍니다. 10억 배럴 이상의 석유 증산을 가져올 목적으로 발주하는 세계 최초이자 최대의 해상 해수처리 플랜트(STP)입니다. 그런데 아직까지 그런 STP를 만들어본 조선소가 세계 어느 나라에도 없답니다. 입찰에 참여해봐야 낙찰을 못 받겠지만, 기적적으로 낙찰을 받는다 해도 문제입니다. 만드는 것도 문제이지만 그걸 알래스카까지 어떻게 운반하겠습니까? 그러니 이번에는 포기하시죠."

"우리 대우조선이 왜 낙찰을 못 받을 것이라고 생각해요?"

"대우조선은 아직 조선소 준공도 못했잖아요. 세계의 빛나는 별 같은 조선소들을 다 배제한 채, 아직 완공도 되지 않아 배 한 척 건조해본 적 없는 조선소한테 벡텔이 일을 주겠어요?"

"세계 어느 나라 어떤 조선소도 아직 만들어보지 못한 STP라면 선진국의 조선소나 대우의 조선소나 입찰 조건은 똑같잖아요. 뭐가 달라요?"

김 회장의 반응은 확고했다.

"그야 그렇지만……."

"조건이 똑같은데 우리라고 못할 게 뭡니까? 지금 세계는 조선 불황의 늪에 빠져 있어요. 이 난국을 헤쳐 나가려면 조선 중심의 단일 사업 포토폴리오에서 탈피해 해상 구조물이나 플랜트 같은 하이테크 분야에 진출해야 비전이 서요. 조선만으로는 조선소 경영이 어렵단 말입니다."

김우중 회장의 격앙된 목소리는 그냥 물러서지는 않겠다는 다짐을 내비치고 있었다. 그는 이미 결심이 서 있었고 단호했다.

입찰 서류를 준비하는 동안 내 스스로도 생각이 점차 바뀌고 있는 것이 느껴졌다. 불가능이라 생각했던 일을 어쩌면 가능케 만들 수도 있겠다는 생각이 준비작업을 하면 할수록 점점 커져갔다. 나중에는 열정과 흥분으로 엉덩이가 들썩거릴 정도가 됐다. 김우중 회장의 밀어붙이는 결심이 나를 순응케 만든 것이다.

며칠의 준비 끝에, 예비 자격심사 서류를 완성해 벡텔에 보냈다. 그런데 그때 기적 같은 일이 일어났다. 대우의 서류가 예비심사를 통과한 것이다.

"내가 뭐랬어요? 홍 사장, 수고 많았어요. 벡텔의 시찰 팀이 7월에 일본 업체를 둘러본 후 대우조선을 방문하기로 했으니, 현장 브리핑 준비를 잘해줘요. 이번이 우리한테는 더 없이 좋은 기회입니다. 부딪쳐보지도 않고 기회를 놓쳐서는 안 되니까."

나는 현장의 각 부서를 독려하며 필요한 자료를 취합해 브리핑 자료를 만드는 등 시찰 팀을 맞이할 준비를 했다. 직원들도 기쁜 마음으로 함께 도왔다. 세계 최초, 최고의 STP를 이런 촌구석에서 만든다는 게 막막했지만, 세계 최초, 최대이니까 꼭 옥포에서 만들어야 한다는 의욕이 또한 솟구치기도 했다.

옥포 앞바다는 이순신 장군이 지켜낸 바다가 아닌가? 세계 최초의 철갑선이 출전해 승리한 이 바다에서 세계 최초이자 최대의 STP 공사를 못하면 어느 바다에서 어느 누가 할 수 있겠는가? 뿐만 아니라, 우리는 스테인리스 강판으로 만드는 화학제품 운반선(22,500톤)과 원유 운반선(128,000톤)을 노르웨이 특수운송사로부터 이미 수주해 세계적인 조선업계로 주목을 받고 있지 않던가?(그전의 일이지만 이 수주를 위해 김우중 회장과 나는 노르웨이 벨겐(Bergn)의 선사를 방문한 바도 있었다)

고개를 들어 앞을 바라보자 옥포 앞 푸른 바다가 출렁출렁 나에게 물결쳐 왔다. 나는 부정적인 '안 된다'는 생각을 떨쳐내고, 우리도 할 수 있다는 긍정적인 생각으로 발상을 전환하며 어떻게 해서든 사찰 팀을 설득하겠다고 거듭 다짐했다. 바로 그때 독일의 유명한 쿠릅(Krupp)사로부터 구입해 조선소에 곧 설치 예정에 있던 '문형 골리앗 크레인(gantry crane)'이 떠올랐다. 그것은 무려 900톤 무게의 대형 크레인으로 설치 자체가 하나의 플랜트 설치이기 때문이다. 그래, 대우조선이 STP공사라고 못할 이유는 없었다.

드디어 벡텔의 시찰 팀이 일본 조선소를 점검한 후 예정대로 대우조선에 도착했다. 김우중 회장은 직접 조선소 건설 현장으로 그들을 안내했다. 나는 나대로 그동안 준비한 자료를 가지고 최선을 다해 설명에 임했다.

그날 벡텔의 시찰 팀에는 STP 실무 엔지니어로 틸키 지그루라는 터키 사람이 끼어 있었다.

"미스터 홍, 저는 평소에 한국에 방문하고 싶었습니다. 어렸을 때 역사 공부를 하며 말로만 듣던 한국에 오늘 이렇게 와보니 감회가 남다릅니다. 그리고 여기 올 때까지도 한국에 이런 조선소가 있는 줄은 전혀 몰랐어요."

그는 대우조선보다 한국 역사에 관심이 많은 듯 보였다. 그래서 나는 바다를 가리키며 이순신 장군과 거북선에 대해 들려주었다.

"아, 일본이 한국한테 패배했다는 곳이 바로 이 바다였군요."

"우리 조선소가 비록 후발 주자이지만 세계 최초의 철갑선인 거북선을 만든 충무공의 후예입니다. 지금 대우조선은 900톤 규모의 골리앗 크레인을 설치하고 있고, 세계 최대, 최장의 도크게이트를 지난 2월부터 설치하고 있습니다. 잘 아시겠지만 그 크레인과 도크게이트는 그 자체가 플랜트입니다."

시찰단을 보낸 후 김우중 회장과 나는 사무실에 마주앉았다. 시찰 팀은 우리에게 매우 흥미를 보이는 것 같았지만 그래도 마음을 놓을 수는 없었기에 김 회장과 몇몇 엔지니어들이 머리를 맞대고 전략을 짰다.

"시찰 팀에서 벡텔의 틸키 씨가 우리한테 호감을 가진 것 같던데, 그 사람을 우리 편으로 만듭시다. 홍 사장이 틸키 씨를 다시 만나봐요. 같은 입찰 가격이면 약소민족(한국과 터키)끼리 한번 잘해보자고 설득도 하며 친구가 돼보라고요. 어때요?"

김우중 회장의 판단에 동의한 나는 틸키 씨와 자주 만나 신뢰를 쌓는 한편, 여러 각도로 지속적인 노력을 해나갔다.

그해 11월에 STP에 대한 국제입찰에서 대우가 1위로 응찰할 수 있었다. 그럼에도 불구하고 우리는 안심할 수 없었다. 왜냐하면 2위로 입찰한 일본의 IHI(이시카와하지마 중공업)와 대우는 불과 500만 달러밖에 차이가 안 났고, 3위로 입찰한 미쓰비시 중공업하고는 1천만 달러밖에 차이가 안 났기 때문이다.

"1위로 응찰했다고 우리에게 낙찰한다고 장담할 수 없어요. 3억 달러 규모의 STP를 발주하면서 500만 달러를 아끼자고 시설이나 기술 면에서 우리보다 월등한 IHI나 미쓰비시를 배제할 것 같지 않거든요. 이대로 가만히 앉아 있으면 우리는 이번 수주에서 완전히 탈락하고 말 겁니다. 홍 사장, 나와 함께 당장 미국에 다녀옵시다."

"좋은 방법이 있으신가요?"

"틸키 씨는 아직도 우리에게 우호적이죠?"

"그야 그렇죠."

"좋아요. 지금이야말로 그 사람이 우리의 희망이오. 대우조선의 여건이 IHI나 미쓰비시보다 불리한 것은 사실이지만 그 사람을 설득해서 일본의 콧대를 꺾어봅시다. 함께 만나보자고요."

틸키 씨는 약소민족의 국민으로 강대국의 기업에서 근무하면서 그동안 많은 콤플렉스가 있었던 듯했다. 그는 일부러 찾아온 김우중 회장과 나를 반갑게 맞아주었고, 기왕이면 한국 기업의 손을 들어주고 싶어 했다. 미국으로 날아온 김우중 회장과 나에게 틸키 씨는 자기의 마음을 은근히 털어놓았다.

"나는 지금 대우조선이 1위 응찰자라는 이유만으로 대우조선을 강력히 추천하고 있어요. 하지만 반면 대우조선이 수주활동을 도중에 포기할까 봐 걱정도 많았습니다. 그런데 오늘 이렇게 두 분이 나를 직접 찾아오면서까지 열정을 보이시니 나로서도 용기와 자신이 생깁니다."

역시 직접 찾기를 잘했다.

"고맙습니다. 그럼 당신만 믿겠습니다."

"STP 실무 담당자로서 나는, 대우조선이 부적합하다고 판단이 서기 전에는 일본회사와 계약을 협의하지 않겠습니다. 그 대신 조건이 있어요."

"조건이라고요? 무엇이오?"

"대우조선이 STP를 확실히 만들 수 있다는 근거를 제시해주세요. 곧 조사단을 보낼 계획입니다. 철저히 조사하고 또 확인해보겠습니다. 이런 조건을 받아들일 수 있겠습니까?"

"그런 조사라면 얼마든지 좋습니다."

"쉽지 않을 겁니다. 조사 팀이 만족할 수 있도록 대우조선이 노력해주세요."

김 회장과 나는 그렇게 하겠다고 약속했다. 틸키 씨를 만난 후 귀국한 나는 그때부터 골리앗 크레인과 제1도크 메인 게이트 준공에 박차를 가하도록 조선소 임직원들을 독려했다. 그러면서 떨리는 심정으로 벡텔사의 조사 팀을 기다렸다.

옥포 앞바다의 힘찬 함성

일정에 따라 벡텔 사는 조사 팀을 세 차례나 파견했다. 조사에 객관성과 정확성을 기한다는 이유로 조사 팀의 구성원이 매번 바뀌었다. 그들은 주로 시설, 인력, 제작기술, 작업 스케줄 등을 집중적으로 조사하고 확인했다. 1981년 5월에 마지막으로 파견된 조사 팀은 작업 인력에 대해 의문을 제기했다.

"STP 작업 스케줄을 700일로 짰는데, 이 스케줄에 따르면 피크 타임에는 한꺼번에 3천여 명의 기술자들을 동원해야 합니다. 대우조선에서 그만한 인원을 동원할 수 있습니까?"

"가능합니다. 지금 일하는 사람들만 해도 3천 명이 넘어요."

"그래요?"

조사 팀은 미끼지 않는다는 듯 고개를 갸우뚱했다.

"왜 그러십니까?"

"미스터 홍, 저희들이 아무리 보아도 천여 명 정도밖에 안 돼 보입니다. 그런데 3천 명이 일하고 있다고 하니 믿어지지 않아서요."

"그거야 100만 평 규모의 공장 여기저기에 흩어져서 일을 하니까 한눈에 다 안 보여서 그렇게 느끼시나 보죠."

"그런가요? 그렇다면 전체 인원이 한자리에 모여 있는 것을 볼 기회는 없습니까?"

"내일 아침에 확인하십시오. 마침 내일 아침에는 매월 초에 열리는 조회가 있거든요. 우리 조선소가 1978년에 출범할 때부터 매월 정기적으로 실시해오고 있는 조회입니다. 그럼 내일 아침 7시에 뵙죠."

다음 날 아침, 이른 아침부터 파란 유니폼에 노란색, 파란색, 하얀색의 세 가지 색깔의 헬멧을 쓴 사람들이 조선소 운동장으로 모여들기 시작했다. 노란색 작업모는 산업기계 기능사원들이고, 파란색 작업모는 특수 플랜트 기능사원들이며, 하얀색 작업모는 일반 작업장의 기능사원들이었다.

아침 7시 정각이 되자 경리 여사원들로 구성한 브라스밴드의 우렁찬 연주가 울려 퍼졌다. 국민의례와 〈대우가족의 노래〉에 이어 〈우리의 결의〉가 옥포 앞바다에 메아리쳤다.

하나. 우리는 혼연일체가 되어 품질관리를 전사적으로 더욱 활성화한다.
둘. 우리는 품질향상과 생산성 향상을 도모해 수출기반을 더욱 공고히 한다.
셋. 우리는 자발적이고 창의적인 품질관리를 통해 복지사회 건설의 역군이 된다.

이날 조회는, 〈우리의 결의〉에 이어 품질관리 모범사원들에 대한 시상식 및 사장 훈시를 끝으로 마무리됐다. 이날 조회를 처음부터 끝까지 지켜본 벡텔사의 조사 팀은 조회 분위기에 압도된 듯했다. 그도 그럴 것이 미국 같은 사회에서는 도저히 목격하기 불가능한 모습이었기 때문이다. 그들은 사장 이하 전체 일꾼들이 입은 유니폼이며 작업모, 군화, 절도 있는 움직임, 우렁찬 함성에 고무됐다.

"미스터 홍, 설마 하룻밤 사이에 군대를 동원한 것은 아니지요?"

"내가 하룻밤 사이에 이만한 군대를 동원할 수 있다면 그것은 대우의 또 다른 능력이 아닐까요? 어떻습니까? 이 정도의 인원 동원 능력이면 STP를 만들 수 있겠습니까?"

"대단합니다. 오늘 저희들은, 산이라도 알래스카로 옮길 수 있는 대우조선의 저력을 목격했습니다."

대우조선은 마침내 일본의 IHI나 미쓰비시는 물론 세계의 내로라는 조선소들을 물리치고, 세계 최초, 최고의 해상 해수처리 플랜트 수주에 성공했다. 그것은 김우중 회장의 판단력과 추진력, 그리고 대우조선 일꾼들이 1년여 동안 쏟은 각고의 노력의 합작으로 얻은 결과였다.

우리가 건조한 STP는 완공 후 '북극의 빛'이라고 명명돼 1983년 7월 7일에 대우조선의 제2도크 준공식과 함께 제1도크에서의 인도 행사를 마치고 미국의 알래스카로 떠났다.

그때 '북극의 빛'을 수주해 건조한 것을 계기로 대우조선해양은 선박 중심의 단일 사업에서 탈피해 하이테크산업인 고부가가치 해양플랜트로 무게중심을 이동할 수 있었다. 그리고 그것은 오늘날 '대우조선해양'이 세계제일의 조선소로 성장하는 기틀이 됐다고 나는 자부한다. 대우조선해양의 발전된 오늘이 있기에 그때의 고

생은 이제 나에게 즐거운 추억으로 남아 큰 보람을 안겨주고 있다.

대우조선에 사장으로 있는 6년 반 동안 나는 가장 오랜 시간을 김우중 회장과 더불어 조선소에서 보내는 시간을 가질 수 있게 고, 김 회장의 혜안을 갖고 해외로 뻗어가는 비즈니스 경영철학을 조금이나마 깨닫는 계기가 됐다 하겠다. 지금도 옥포만에 대한 나의 향수는 김우중 회장을 기리면서 지금의 나로 하여금 고생도 보람 있는 추억이 되고 있다.

진정으로 다가가 굳은 신뢰를 얻다

_ 최초의 사회주의 국가 진출에서 88 서울올림픽 유치까지

최계용

대우는 늘 새로운 시장에서 새로운 거래를 창조해나갔다. 그때마다 어떻게 리스크를 줄이고 기회를 늘려 사업을 성공시켰을까? 창조, 도전, 희생이라는 대우의 사훈이 그 힌트가 될 수 있다. 대우는 항상 창의적으로 생각하고 과감히 도전했으며 솔선수범의 희생정신을 발휘해 위기 속에서도 기회를 찾아냈다. 1976년 대우의 '수단' 진출은 그 단적인 예라 할 수 있다. 위험이 걷히고 기회가 찾아오는 그 감격적인 순간을 현장에서 체험한 최계용은 대우가 맺은 사회주의 국가들과의 유대가 훗날 우리나라의 국익에 큰 도움이 됐던 비화를 함께 들려준다.

최계용
1939년 서울에서 태어나 부산공업고등학교, 고려대학교 상학과를 졸업하고, 동 대학원에서 회계학 전공으로 석사학위를 취득했다. 1963년 한국증권거래소에 입사한 후 백베이 한국지사, 한국투자를 거쳐 1973년에 대우실업으로 자리를 옮겨 1999년까지 봉직하면서 대우실업 이사, 대우개발 상무, 대우조선공업 상무, 대우 카자흐스탄 지역본사 사장, 쌍용자동차 사장을 역임했다. 재임기간 중 해외 프로젝트 사업을 주로 담당했다.

대한민국 건국 이래 최초의 남북한 수교국

중동의 건설시장이 절정을 이루던 1974년 어느 날, 나는 김우중 회장과 함께 사우디아라비아 건설현장을 방문했다. 그런데 사막 한가운데에서 한국 노동자들이 데모를 하고 있었다.

"이렇게는 더 이상 일할 수 없다!!"

건설 현장에서 지급되는 밥을 도저히 못 먹겠다는 것이었다. 대한민국의 여러 건설 업체들이 너도나도 중동에 진출해 입찰 경쟁을 하느라고 공사비가 깎이자, 건설업자들이 부식비를 줄였던 것이다.

데모 현장을 본 김우중 회장은 이렇게 공사를 감행해야 한다면 차라리 공사를 하지 않겠다고 말했다. 건설 노동자들이 흘린 땀을 항상 마음에 담아두었던 김우중 회장이었기에 말하는 그의 얼굴은 착잡해 보였다. 하지만 이것은 포스트 중동의 새로운 시장을 개척하는 의미 있는 계기가 됐다.

그즈음 중동의 한국 기업들에게 특별한 정보 하나가 흘러들어왔다. 정보의 발원지는 아드난 카쇼기라는 사우디 출신 국제 브로커였다. 카쇼기는 국제사회에서 꽤 알려진 사업가로 책상 손잡이, 샤워 꼭지, 자동차 손잡이를 황금으로 장식한 인물로도 유명세를 타고 있었다. 그가 수단의 누메이리 대통령을 만나 중동에 진출한 한국 기업들의 성실성과 사업역량을 소개한 적이 있는데, 대통령이 깊은 관심을 표명하며 한국에 대해 알아보고 싶어 했다는 것이 정보의 핵심이었다. 하지만 한국 기업들은 이 정보에 냉담했다. 그도 그럴 것이 수단이 사회주의 국가인 데다, 북한과 수교하고 있었기 때문이다.

그러나 김우중 회장은 달랐다.

"수단은 나라의 면적이 넓고 잠재력이 풍부해. 조만간 수단에 한번 가봐야 하겠어."

그는 즉각 대우의 이름으로 수단의 관리를 초청했다. 며칠 후 수단 대통령의 비서실장인 '바딘'이 특사자격으로 비밀리에 한국을 찾았다. 바딘은 한국 정부의 환대를 받으며 한국의 주요 산업시설을 둘러보고 대우센터와 인천의 대우중공업을 시찰했다. 그때 나는 김우중 회장의 지시로 바딘을 수행했다.

"최 상무, 그 친구 반응은 어때?"

"그저께 대우센터에 들어서면서 질리는 눈치였습니다. 25층 빌딩 전체가 대우 사무실이라고 했더니 두 눈이 툭 튀어나와요. 수단에는 10층짜리 빌딩도 아직 없답니다."

"수단에 북한 대사관 직원들은 몇 명이나 된대?"

"북한 대사관 직원들이 30여 명 된답니다."

"아무튼 그 친구와 잘 사귀어놓으라고."

바딘은 4박5일의 방한 일정을 마치고 귀국했다. 그 후 카쇼기의 교섭으로 대우의 수단 방문이 차근차근 현실화되기에 이르렀다. 하지만 넘어야 할 것은 아프리카 국경만이 아니었다. 벽은 한국에도 있었다. 대우가 수단에 들어간다는 소식을 알고, 중앙정보부(현 국가정보원)에서 연락이 왔다. 우리는 비수교국이고 사회주의 국가인 수단에 입국하기 전에 먼저 중앙정보부에서 교육을 받아야 했다.

그때는 남한보다 북한의 경제가 더 좋았다. 북한은 이미 비동맹 회의로 뭉쳐 있는 아프리카와 중동 50개국에 진출해 있었다. 또한, 우리보다 더 많은 나라와 외교관계를 수립하고 있었다. 천리마 운동을 하던 북한은 수단에 청소년 회관을 지어주고 트럭을 수출하는 한편 문화적 진출도 적지 않았다.

김우중 회장은 한국 정부와 협력해서 민간인과 관료로 상무단(단장 민병권 무임소 장관, 부단장 윤석헌 프랑스 대사)을 구성해 1976년 4월에 수단을 정식으로 방문했다. 상무단의 민간인은 대우의 김우중 회장과 나, 그리고 KAL의 조중훈 사장이 전부였다.

1976년 4월 19일, 한국 상무단은 사우디의 제다(Jeddah)에 모여 수단에 입국 신청을 하고 허가를 기다렸다. 그렇게 어렵사리 입국 허가를 받아 수단에 입국했지만, 수단의 분위기는 차가웠다. 남한보다 북한과 친했던 만큼 수단 사람들은 우리를 반가워하지 않았다.

수단에 도착하고 3일이 지났지만 그들은 경제에 관련한 만남은 전혀 없었다. 회의 일정을 잡기는커녕, 문의했다가 오히려 적대적인 말을 듣기도 했다.

"너희 나라도 나라냐? 너희는 미국 앞잡이만 하는 거 아니냐? 우리가 너희 같은 나라와 경제협력을 할 이유가 무엇이냐?"

수단은 부자 나라였다. 땅에서 인심 난다고 했던가. 강이 비옥하고 먹고 사는 데 하나도 걱정이 없어 보였다. 양도 많고 소도 많았다. 사람들의 인심도 참 좋았다. 그러나 우리에게만은 싸늘했다. 그렇게 일주일쯤 시간이 지났을 무렵, 미팅 일자를 알려 왔다. 약속 시간은 밤이었다. 당연히 경제 관련 미팅인 줄 알고 반가운 마음에 한걸음에 달려갔지만, 그곳은 가든파티 현장이었다.

가난한 나라에서 온 배고픈 사람들이니 맛있는 음식이나 배부르게 실컷 먹고 얼른 떠나라는 압박이 느껴졌다. 나는 국가가 힘이 없으니 이렇게 수모를 당하는구나 싶어 참담한 마음이 들었다. 한편으로는 분노도 치밀었다. 어색하고 딱딱한 분위기만 지속될 뿐 달리 방도를 찾을 길이 없었다.

"나는 장사꾼입니다. 나는 이곳에 장사를 하러 왔습니다."

그때 김우중 회장의 조용하고도 신뢰감이 느껴지는 목소리가 들렸다.

"수단이 그동안 팔지 못한 원면을 대우가 구입하겠습니다. 대신 수단은 홍해 연안의 방직공장, 철도시설, 위락시설 건설에 대우를 참여시켜 주십시오. 그리 하려면 두 나라는 영사관계를 수립해야 합니다."

당연히 파티 분위기에 걸맞지 않는 발언이었다. 그 자리에 함께 참석했던 한국의 어떤 관료는 김우중 회장이 너무 나선다고 눈치까지 주었다. 하지만 김우중 회장은 가만히 앉아 기다릴 수 없었다. 그는 이미 수단에 들어오기 전에 영국정부로부터 수단에 관한 상세한 국가정보자료(country report)를 입수해 철저히 분석한 상태였다. 수단과의 관계개선만 이루어진다면 비즈니스 기회는 충분하다고 판단하고 있었다. 그런 절실함이 통했던 것일까? 그날 저녁 김우중 회장이 기울인 노력은 결코 허사가 아니었다.

다음 날, 수단 대통령이 김우중 회장을 만나고 싶어 한다는 전갈이 왔다. 미팅 일정이 정해졌다. 그리하여 김우중 회장과 누메이리 대통령의 역사적인 단독 면담이 이루어졌다. 가든파티에 참석한 장관들에게 대우의 프로젝트를 보고받은 누메이리 대통령이 대우에 관심을 비친 것이다.

김우중 회장은 대우의 사업계획을 구체적으로 설명하며 대통령의 마음을 움직였다. 대통령은 '아랍−아프리카 연합회의'를 개최할 영빈관 건축을 요청하고, 앞으로 대우와의 협력뿐만 아니라 한국과 수단의 영사관계 수립까지 약속했다. 그리고 1976년 4월 24일, 수단의 누메이리 대통령은 한국과의 영사관계 수립 문서에 서명했다. 이로써 수단은 대한민국 건국 이래 최초의 남북한 수교국이 됐다. 그리고 그해 5월에는 수단의 수도 카르툼에 한국 영사관이 설치됐다.

해외시장 개척이라는 기업 활동을 넘어 민간외교를 통해 미수교국과의 외교관계를 가능하게 했다는 점에서도 의미가 큰 사건이었다.

검은 대륙을 휩쓴 코리안 웨이

수단의 영빈관은 한국의 대표 건축가 김수근의 계획 설계를 근거로 대우개발 설계부에서 기본설계와 실시설계를 도맡아 처리한 최초의 작품이 됐다. 김우중 회장은 항상 남들이 안 한 일에 도전하기를 즐겼다. 항상 일을 벌이고 보는 성격이라 주변 사람들은 한시도 마음 편할 날이 없었지만, 한편으로는 그 성격으로 인해 대우의 업적에 '최초'라는 단어가 많이 따라붙었다.

대우의 첫 아프리카 진출이던 영빈관 공사는 1977년 7월부터 1980년 5월 27일까지, 상상을 초월하는 폭염 아래 말할 수 없는 고통을 수반하는 공사였다. 대우는 설계, 시공, 집기 및 기자재 납품까지 모든 공정을 턴키베이스로 진행했다. 대우는 이 공사에 들어간 자재 중 90% 이상을 국산 자재를 사용했다. 그러나 이 자재 사용문제로 여러 가지 난관에 부딪혔다. 한국에서 구입할 당시는 아무 이상이 없던 제품이 두 달여 동안의 운송과정에서 심하게 변질되거나 변형됐던 것이다.

인근 국가에서 구입하면 쉬웠지만, 대우는 국산 자재의 사용을 포기하지 않았다. 하역시간과 운송시간을 단축하기 위해 전시 중의 군수물자 운반작전을 방불케 하는 특수운송작전에 돌입하는 노력을 기울여, 마침내 오로지 국산 자재만으로 지상 12층, 지하 1층, 총 200여 개의 객실을 갖춘 당시 수단 내에서 최대의 건물을 탄생시켰다.

1985년 5월 27일에 열린 영빈관 개관식에는 아프리카 20여 개국의 국가원수들이 초청됐다. 누메이리 대통령은 이날 개관식에 참여한 국가원수들에게 대우를 끝없이 칭찬했다. 그러자 "수단에서 대우가 한 것과 똑같이 우리나라에도 해달라"라는 말이 아프리카의 여러 나라에 유행어처럼 퍼져나갔다. 그 같은 반응은 대우가 추가로 아프리카의 미수교국에 진출하고 나아가 88 서울올림픽 유치하는 데에도 큰 도움이 됐다.

영빈관 공사가 수단 사람들에게 기적이었다면, 또 하나의 기적이 대우의 손에 의해 창조됐다. 그것은 바로 홍해를 낀 수단 최대의 항구도시 포트수단의 타이어공장이었다. 수단은 넓은 나라인만큼 자동차의 수요량이 많은데, 자동차 타이어를 비싼 돈으로 수입하고 있었다. 그나마도 물량이 달려서 어려움이 많았다. 대우는 수단에 타이어공장을 건설해 수단경제에 도움이 되도록 한다는 보고서를 작성해 누메이리 대통령에게 보냈다.

"영빈관 후속 프로젝트로 타이어공장을 건설해줄 수 있겠습니까?"

대통령의 요청으로 대우는, 1979년 1월 24일에 수단 타이어공장의 첫 삽을 뜨고 1년 5개월 만인 1980년 5월 29일에 준공했다. 당시 수단 최대의 공장이자 최초의 중화학공장인 수단 타이어공장은 홍해의 바닷가 모래벌판에 세워졌다. 수단 사람들이 이 공장을 경외의 눈빛으로 우러러보았고 '홍해의 기적'이라고 믿어 의심치 않았다. 그도 그럴 것이 1m짜리 동상을 만드는 데도 1년이 걸려야 하는 그들의 의식구조로 볼 때 1년 5개월 만에 세워진 타이어공장은 분명히 기적이었다.

수단의 영빈관은 2천만 달러짜리 공사고, 타이어공장은 8,800만

달러짜리 공사였다. 당시에는 굉장히 큰돈이었다. 수단에서 영빈
관이나, 타이어공장 등을 수주해 건설한 것은 대우가 한 단계 도약
하는 계기가 됐다.

수단 사람들은 오후 2시가 되면 하루의 업무를 마쳤다. 오후 2시
에 은행도, 관공서도 문을 닫았다. 장사하는 사람들도 날이 시원해
지는 오후 6~7시면 다시 활동을 시작해 전화도 하고 사람도 만나
러 다녔다. 그런데 한국 사람들이 일하는 건설현장은 달랐다. 쉬지
않고 뚝딱뚝딱 만들어서 하루에 한 층씩 건물이 올라갈 정도였다.

영빈관 공사현장은 대통령 집무실의 강 건너에 있었다. 대통령
집무실에서 강 건너로 한국 사람들이 일하는 모습을 지켜본 대통
령은, 매일매일 한 층씩 쌓아 올라가는 영빈관 앞에서 놀라움을 금
치 못했다.

"이게 'DAEWOO Way(대우 방식)'다. 우리도 DAEWOO Way
로 일을 하자."

대통령은 정부 각료들에게 그렇게 자주 언급했다. 그때부터
수단 사람들 사이에서 '코리안 웨이'라는 말이 유행했다. 코리
안 웨이란 오후 2시가 돼도, 밤이고 낮이고, 더울 때고 시원할
때고 상관없이 부지런히 일한다는 뜻이었다.

누메이리 대통령은 수단 타이어공장 준공일을 '한국의 날'로 정
해 임시 공휴일로 선포하고, 김우중 회장에게 외국인에게 주는 수
단 최고의 훈장 '오더 오브 투 나일(Order of Two Niles)'을 수여했
다. 이때부터 수단 사람들은 동양인을 보면 '시니(중국인)'라고 부르
던 것을 모두 '꼬레(한국인)'라고 부르기 시작했다.

아프리카 진출의 또 다른 성과

대우는 수단에 이어, 리비아 건설시장을 개척하며 아프리카에서 포스트 중동의 새로운 시장을 계속 확보해나갔다. 대우가 아프리카를 노크할 때 처음에는 한국을 의아한 눈으로 바라보던 아프리카 사람들도 대우의 건설현장을 목격하며 점차 한국을 신뢰하기 시작했다.

수단, 리비아, 나이지리아 등 대우가 처음 진출했던 아프리카 제3세계 국가들은 대우와의 우호적 관계 때문에 훗날 한국이 88년 올림픽 개최도시 선정에서 일본과 경쟁할 때 한국에 결정적인 도움을 주었다. 대우의 해외시장 개척은 외화 벌이라는 경제적 이익을 넘어 세계 속에서 대한민국의 위상을 높이는 견인차가 돼준 것이다.

88년 올림픽 개최를 앞두고 국제 IOC위원들은 개최도시를 선정하기 위해 1981년 9월 30일 독일의 바덴바덴에 모였다. 일본의 나고야와 서울이 막바지 경합을 벌이는 상황이었다. 한국의 '올림픽 유치단' 도 독일로 파견됐다. 대표단의 임무는 국제 IOC위원들을 만나 한국에 표를 주도록 설득하는 것이었다. 올림픽 한국 유치단은 김우중 회장을 비롯해 정주영(현대), 최원석(동아), 조중훈(KAL), 유창순(무역협회), 조상호 한국올림픽위원장, 김택수 IOC위원, 김운용 세계태권도연맹 총재 등이었다. 나도 김우중 회장을 수행해 한국 유치단과 함께 9월 20일 바덴바덴에 도착했다. 투표일까지는 단 10일밖에 안 남아 있었다. 도대체 무엇을 어떻게 해야 절대적으로 열세인 표 대결에서 일본을 역전시키고 승리할 수 있을까?

하지만 현장은 이미 일본으로 결정된 듯한 분위기였다. 서독 언론도 사실상 일본으로 결정된 분위기라며, 한국은 개최지 결정투표 때 몇 표를 얻을 것인지 정도에만 관심 있다는 내용을 기사로 내보냈다. 승리를 과신한 나머지 일본은 막상 바덴바덴에서 총회 준비를 부실하게 하는 듯했다. 일본 전시관에는 홍보요원 2명이 사진 몇 장만 보여주고 있었다. 그럴수록 우리는 더욱 열심히 홍보했다. 코리아하우스 전시장에는 미스코리아 3명과 KAL 승무원 5명이 한복을 곱게 차려입고 하루 종일 손님들에게 인삼차와 인삼주를 대접하고 선물을 줬다.

그러던 어느 날, 코리아하우스 전시장을 방문한 유럽의 한 IOC 위원이 아프리카 표를 잡으라고 조심스레 귀띔해주었다. 그것은 아프리카 국가들의 표가 올림픽 유치에 결정적 영향을 미친다는 중요한 정보였다. 그 말을 듣는 순간 나는 '그래, 이거야' 싶었다.

"회장님, 제가 아프리카 IOC 위원들을 설득해보겠습니다."

김우중 회장에서 보고한 나는 아프리카 IOC 위원 중 먼저 수단의 IOC 위원을 만났다. 그는 내가 자신을 왜 찾아왔는지 너무 잘 알고 있었다.

"이번에 한국을 좀 도와주면 좋겠습니다."

그는 선뜻 한국을 돕겠다고 대답했다.

"대신 부탁이 하나 있습니다. 수단 사람들은 축구를 좋아해요. 그런데 축구장에 전광판이 없어요."

그는 한국 측에서 수단을 도와주기를 바라는 눈치를 보였다.

"김우중 회장이 이번 일로 지금 바덴바덴에 와 있어요. 당신의 뜻을 회장님께 전하겠습니다."

김우중 회장이라는 말에 그의 표정이 밝아지는 것을 나는 금방 느꼈다. 그를 통해 리비아와 에티오피아 IOC 위원도 만날 수 있었다. 수단과 리비아는 관계가 안 좋지만 IOC 위원들끼리는 친구처럼 지낸다고 했다. 아프리카 측 IOC 위원 중 한 IOC 위원은 자발적으로 한국을 지원하며 다른 IOC 위원들을 설득해주기도 했다. 뜻밖의 응원군을 목격한 나는 그동안 대우가 해외시장을 개척하며 얼마나 큰일을 했는지 새삼 깨달을 수 있었다.

드디어 운명의 30일 오후 3시 45분, 사마란치 위원장은 마이크 앞에 섰다.

"서울 52, 나고야 27."

큰 목소리로 투표 결과를 발표한 사마란치는 자신도 못 믿겠다는 듯 쪽지를 다시 내려다보고는 좀 더 큰 소리로 외쳤다.

"서울, 꼬레아!"

바덴바덴의 기적이었다. 단 10일 만에 대세를 역전시켰다. 사마란치는 후일 "한국인의 열정이 신화를 창조했다. 일본에는 그것이 없었다"라고 1981년 9월의 바덴바덴을 기억했다.

그 후 88 서울올림픽을 유치한 공로로 김우중 회장과 나는 훈장을 받았다. 김우중 회장은 지금까지 전혀 알려진 바 없지만 사실 서울올림픽이 성공적으로 개최되도록 갖은 노력을 해왔었다.

이런 일도 있었다. 서울올림픽을 무산시킬 목적으로 1986년 5월, 북한은 김일성 주석의 최측근 황장엽 비서를 모스크바로 급파했다. 황장엽은 고르바초프에 이어 당시 2인자로 부상한 야코블레프 공산당 서기를 만나 올림픽을 한국과 북한이 공동개최할 수 있도록 소련이 적극 지원해달라고 요구했다. 만약 남북한 공동개최가 불가능해지면 소련과 동구권 국가들은 서울올림픽에 불참하겠다고 선언해달라고 제안했다.

서울올림픽 이전에 열린 모스크바올림픽(1980)이나 LA올림픽(1984)은 지구의 반쪽만 참여한 반쪽짜리 올림픽이었다. 북한의 의도대로 소련과 동구권이 불참하면 서울올림픽 역시 반쪽짜리 올림픽이 될 가능성이 높았다.

"아무래도 내가 소련에 다녀와야 하겠어. 이대로 앉아 있으면 이번에도 반쪽짜리 올림픽이 되겠어."

김우중 회장은 1987년에 소련을 방문해 모스크바에서 고위급 체육 담당자를 만났다. 그때도 내가 김우중 회장을 수행했다. 다행히 체육성의 장관과 차관 등 간부들은 올림픽 금메달리스트들이고, 이전의 LA올림픽 불참으로 소련 선수들은 선수들대로 불만이 쌓여 있었다.

"북한이 소련의 올림픽 불참을 요구했다고 들었소."

김우중 회장은 소련의 체육 담당자에게 직접 말했다.

"소련 선수들은 88 서울올림픽에 참가하고 싶어 합니다. 다만 몇 가지 조건이 있습니다. 우선 우리가 참가할 경우 선수촌 제일 끝 동을 소련 선수들에게 내어주십시오."

그는 김우중 회장에게 속내를 털어놓으며 이렇게 부탁했다.

"특별한 이유라도 있나요?"

"그래야 선수들을 관리하기 좋습니다."

"그런 조건이라면 어렵지 않을 듯하오. 다른 요구는 없소?"

김우중 회장이 물었다.

"컴퓨터와 자동차도 지원해주십시오."

"컴퓨터와 자동차는 대우가 책임지고 지원하겠소."

김우중 회장은 분명하게 지원을 약속했다.

"그렇다면 소련 선수들은 서울올림픽에 참여하겠습니다."

그 자리에서 소련 당국은 서울올림픽 참가를 약속하고, 그 같은 내용을 공식적으로 발표했다. 소련이 서울올림픽 참가를 공식화하자, 동구권 선수들도 참여한다고 알려왔다. 그리하여 하마터면 반쪽짜리 올림픽이 될 위기를 넘길 수 있었다.

북한은 그 후에도 KAL기 폭파(1987.11) 등으로 서울올림픽을 방해했지만, 서울올림픽은 소련 등의 참여로 역대 최다 국가 참여라는 기록을 남기며 성공리에 개최됐고, 동서 화합의 장이 됐다.

88 올림픽의 서울 유치는 외교적으로 한국의 위상을 올리는 계기가 됐다. 수단을 시작으로 대우가 사회주의 국가들과 맺은 긴밀한 관계들은 이처럼 나라의 중요한 행사를 위해서도 큰 도움이 됐다. 나 역시 대우에 재직하면서 세계를 무대로 쌓은 인맥과 노하우를 활용해 사업 이외의 영역에서 국익에 기여한 것은 평생 잊지 못할 영광스러운 추억이다. 한국 땅에서 성공적으로 벌어졌던, 세계인의 축제 1988년 올림픽은 이렇게 내 마음속에 남다른 추억과 감동을 남겼다.

지구촌의
마지막 시장을 열다

_ 남북경제협력의 물꼬를 튼 1992년의 북한 방문

김경연

1990년대에 접어들자 세계가 요동치기 시작했다. 사회주의권이 무너지고 그들이 각자 사장개방에 나서 세계는 하나의 경제권으로 통합되는 듯했다. 그 시기에 북한도 문을 살짝 열었다. 그리고 그 문으로 대우가 들어갔다. 남한의 일개 기업인을 위해 그들은 김일성 주석의 전용열차까지 보내주었다. 오직 한 사람에게 보여주기 위해 대우는 평양에서 상품전시회를 열었다. 김일성 주석과의 면담에 이어 북측 핵심 인사가 남한의 산업시설들을 견학하고 돌아간 후 대우는 마침내 북한에 남포공단을 조성하고 최초의 남북 합작사업을 시작했다.

김경연

1954년 서울에서 태어나 경기고등학교, 서울대학교 국어교육과를 졸업하였다. 1977년 대우에 입사하여 2000년까지 봉직하며 수단 면방공장 법인장, 헝가리 부다페스트 지사장 등을 역임하였다. 특히 섬유 경공업부 부장시절 남북교류 첫 협력사업인 남포공단 조성사업에 핵심 일원으로 참여하기도 했다. 대우 퇴임 후에는 동일방직 그룹으로 자리를 옮겨 2010년까지 동일이집트법인 대표와 동일방직 대표이사를 역임했다. 현재는 대우조선해양 관계사인 ㈜웰리브의 에드미럴 호텔 대표로 재직 중이다.

가깝고도 먼 북한 땅

1991년 초, 나는 북경에서 낡아빠진 소련제 비행기를 개조한 아주 조그마한 고려민항 비행기를 타고 평양을 향해 이륙했다. 휴전선 이북의 잃어버린 반쪽 땅을 향하던 그때 난생처음 느낀 그 긴장감은 아직도 잊을 수가 없다. 당시만 해도 북한에 대한 정보가 절대적으로 부족했기에 평양에 도착하더라도 어떤 일이 전개될지 전혀 감이 오지 않았다. 조마조마한 마음으로 앉아 있으려니 비행기를 탄 게 아니라 뜬구름을 타고 공중에 떠 있는 것만 같았다. 비행기 안에서 내가 남한 사람이라는 걸 알면 어쩌나 하는 걱정도 했다. 혹시 우리 일행을 적대시하지는 않을까, 별의별 걱정이 머릿속을 채웠다.

창밖으로 눈 덮인 황량한 북한의 산과 논밭이 눈에 들어오고 비행기는 평양의 순안공항에 이내 착륙했다. 세관원들은 우리 일행이 특별 손님인 줄 알면서도 되레 여행 수화물을 까다롭게 검사했다. 첫 느낌은 중국의 시골 역 같다는 것이었다. 나는 중국 출장을 자주 갔기에 순안공항의 분위기가 낯설지만은 않았다. 아담한 C-180 자주색 벤츠에 몸을 싣고 평양 시내의 숙소로 이동하는 동안, 추운 겨울의 을씨년스럽고 인적도 거의 없는 평양의 외곽거리, 덩치만 크고 아무 장식도 없이 썰렁하기만 한 건물들도 중국에서 익숙하게 보던 풍경들과 비슷했다. 오기 힘든 곳을 왔다는 사실을 제외하면, 많은 기대를 품고 와서인지 다분히 실망스러운 수준이었다.

북한에서 내가 진행할 업무는 평양에 대우의 전시관을 꾸미는 일이었다. 미지의 세계이던 북한에 대우를 경제 협력 파트너로 소개하는 첫 만남의 장을 준비하는 아주 중요한 일이었다.

개발도상국이 발전하는 단계는 대체로 대동소이하다. 우선 자본을 투자하는 규모가 크지 않고 고용 효과가 높은 경공업 분야를 적극 육성한다. 이때 경공업에서도 인류에게 항상 필요한 의식주 가운데 하나인 섬유산업이 작은 규모의 투자로 고용창출을 하고 해외수출을 통한 외화획득이 가능한 분야이다.

1967년에 창업할 때부터 수출입국의 기치를 들고 세계 여러 나라를 누벼온 대우는, 해외 진출의 풍부한 노하우를 활용해 북한에 경공업 단지를 건설한다는 방침을 가지고 남북한 경제협력 사업을 추진했다. 즉, 섬유 등 경공업을 시작으로 남북한의 첫 경제협력 사업의 기반을 닦은 뒤 점차 중공업 분야 같은 산업으로 사업을 확대한다는 전략이었다.

제3국을 경유한 대우의 상품들이 잇따라 도착했다. 나는 평양의

한 체육관에, 현지의 제한된 지도급 인사들에게만 보여줄 대우의 상품들을 깔끔하게 전시하기 시작했다. 대우그룹 계열사들이 생산하는 상품을 위주로 세계 여러 시장에 판매하는 종합적인 회사의 이미지를 보여주는 데 초점을 맞춰 아주 화려하게 전시했다.

특히 그때 선보인 섬유 등 경공업 제품들은 또 다른 의미가 있었다. 그것은 추후 남북한 경제협력의 남포 섬유·경공업 단지 설립의 모태가 되는 역할을 했다. 부디 이런 기회가 장차 대우의 대북한 사업에 도움이 되어 중요한 역할을 해주기를 기대했다.

북한 정치·경제의 중심지, 남포

다음 해 1월 15일, 북한의 김달현 정무원 부총리 겸 대외경제협력위원장의 초청을 받은 김우중 회장과 대우그룹 주요 사장단으로 구성된 방문단(최명걸 부회장, 윤영석 사장, 석진철 사장, 김억년 사장, 염준세 부사장, 추호석 이사 등)이 중국 베이징에서 북한으로 향했다.

나도 방문단의 일원으로서 김우중 회장과 사장단을 수행해 평양에 갔다. 당연히 베이징 공항에서 고려민항 비행기를 타고 평양으로 향할 거라 생각하고 준비했다. 그런데 베이징 시내 호텔을 떠나 방문단이 도착한 곳은 뜻밖에도 비행장이 아니라, 수많은 인파로 정신없이 분주한 베이징의 기차역이었다. 그때서야 나는 '아, 기차 타고 북한에 가는구나'라고 짐작할 수 있었다.

중국과 평양을 비행기로 훌쩍 다녀오지 않고, 기차를 타고 육로로 북한에 들른다는 것은 중요한 의미가 있었다. 당시 북한에서 육로와 철도로 외부와 연결된 곳은 신의주뿐인데, 신의주를 거쳐 철도로 평양까지 가는 동안 북한의 이곳저곳을 직접 다 확인할 수 있기 때문이다.

우리가 탄 기차는 혼잡한 베이징의 기차역을 빠져나와 동북쪽으로 한참 달려 북한과 중국이 마주하고 있는 단동역에 도착했다. 간단한 국경 통관절차를 거치고 기차는 압록강을 건너 신의주역으로 미끄러져 들어갔다. 압록강을 건널 때 보니, 두 나라 사이를 잇는 가교의 역할을 하는 철교가 생각보다 작았다. 마치 변방의 조그마한 교량 같았다. 신의주역에서 우리는 김일성 주석이 특별히 보내준 식당차와 침대칸이 달린 김일성 주석의 전용열차로 갈아탔다. 영접 나온 현지 주민들의 환호를 뒤로하고 기차가 곧 출발했다.

기차가 신의주역을 떠나 계속 남하하며 평양으로 향하는 동안 나는 침대칸이나 식당차에 들러 편히 쉬거나 식사를 할 수 없었다. 왜냐하면 차창 밖에 펼쳐지는 북녘 땅에서 눈을 뗄 수 없었기 때문이다. 호화 전용열차의 창밖에 보이는 북녘 땅은 상상했던 것보다 훨씬 황량했다. 그런 북녘 땅을 보며 순간순간 가슴이 아파왔다. 그렇게 기차에서 목격한 북한의 모습들을 나는 두고두고 잊지 못했다.

북경역을 떠난 기차는 약 23시간의 긴 여정 끝에 마침내 1월 16일 오후에 평양역에 도착했다. 평양역에는 많은 군중이 우리를 영접하러 나와 있었다. 마중 나온 김달현 정무원 부총리와 김정우 대외경제부 부부장(차관)이 우리 일행을 안내했다. 환영하는 군중들이 우리에게 꽃다발도 건넸다. 북한의 공식적인 초청을 받고 방북한 최초의 남한 경제 인사라는 자부심을 품고 우리는 대동강변에 위치한 초대소로 이동했다.

대동강 건너 대형 체육관(5·1체육관)이 보이는 흥부초대소에 여장을 풀었다. 그 초대소는 정부 관료 이외의 민간인 중 국빈급이 묵는 장소라고 했다. 사회주의 국가의 경우 통상 배정받은 초대소나 영빈관의 수준에 따라 초청인사의 급을 평가하곤 한다. 이번에 대우 방문단에 대한 북한의 영접 수준을 가히 짐작할 수 있었다.

공식적인 초청을 받은 대규모 사장단의 방문 허용, 김일성 주석 전용열차 사용, 신의주와 평양역의 군중 환영, 특급 초대소 배정 등으로 미루어볼 때 북한이 대우를 경제협력의 공식 파트너로 인정한다고 해석할 수 있었다.

우리 일행은 북한이 귀빈을 접대하는 목란관의 환영 만찬에 초대받고, 북한이 준비한 유적지와 박물관 등을 참관했으며, 연형묵 정무원 총리와 면담을 진행했다. 또 대우그룹 내 계열사 사장들이 각 사별로 관련 사업을 조사하며 현지 관계자를 면담하는 등 무척 바쁜 일정을 보냈다. 나는 이번 방문단의 실무부장으로 섬유·경공업 단지 사업도 담당하며 업무를 진행하는 한편, 방문단의 간사 역할을 하는 추호석 이사를 도와 그날그날의 업무를 확인하고 다음 날 일정을 점검했다.

그런데 하루는 좀 이상했다. 평양에 도착한 처음 며칠과는 달리 다음 날 일정이 공지되지 않았다. 워낙 바쁘다 보니, 미처 챙기지 못한 것이라 짐작하며 숙소로 들어갔다. 하지만 다음 날 일정이 무엇인지 모른 채 하루를 마감하려니 담당 실무자로서 너무 찜찜했다. 이런저런 불안한 생각이 들어 좀처럼 잠이 오지 않았다. 뜬눈으로 지새다시피 그렇게 하룻밤을 보내고 날이 밝아 아침 식사를 마쳤다.

여느 때와 똑같이 서류를 챙겨서 들고 숙소에서 나올 때였다. 나를 담당하던 북측 안내원이 나를 보더니, 오늘은 서류나 휴대품을 아무것도 소지하지 말아야 한다고 일러주었다. 이상하다고 느꼈지만, 무슨 특별한 일정이 있으려니 짐작하고, 빈손으로 숙소에서 다시 나오는데, 잠시 후 안내원이 격앙된 목소리로 외쳤다.

"김 선생, 축하합니다!"

김일성 주석을 만나는, 그들의 관점에서의 영광스러운 일정이 생겼으니 축하한다고 그때서야 안내원이 알려주었다. 아, 그래서 어젯밤에 다음 날 일정을 미리 알려주지 않았구나, 하고 이해할 수 있었다.

김우중 회장과 우리 일행은 자동차 7대에 나누어 타고 평양을 벗어났다. 산길을 따라 논밭을 가로지르고 저수지를 건너 한참 달린 끝에, 평양 근교 대성산의 국빈 접견장에 도착해 그곳에서 김일성 주석을 만날 수 있었다. 그날의 만남은 전혀 기대하지 않았던 역사적 순간이었다. 개인적으로 흥분과 긴장과 혼란스러움이 교차하기도 했다.

회담장에 들어가기 전에 우리 일행은 김일성 주석과 김달현 부총리와 나란히 서서 기념촬영을 하고 면담 뒤 오찬을 함께했다. 김일성 주석은 악수할 때 손아귀에서 힘이 느껴졌고, "환영합니다!"라고 말하는 목소리가 쩌렁쩌렁 울렸다. 마치 기골이 장대한 고구려 사람처럼 느껴졌다. 목 뒤에 커다란 혹이 있음에도 불구하고 건장해 보였다.

그날의 면담이 남한과 북한 사이에 경제협력과 갈등해소에 중요한 역할을 하는 계기가 되기를 진정으로 바랐다. 아울러 나는 경공업 단지 건설의 실무 책임자였기에, 일에 최선을 다해 좋은 결실을 맺어야겠다고 다짐했다.

다음 날 아침, 초대소에서 아침 식사를 하러 식당에 모이던 우리 일행은 다시 한 번 놀랐다. 《노동신문》 1면에 수려한 금강산을 배경으로 김일성 주석과 우리 방문단이 나란히 찍은 사진이 커다랗게 보도돼 있었던 것이다. 《노동신문》은 우리 일행의 이번 방북 일정까지 상세히 취재해 기사화하고 있었다.

나는 그 《노동신문》을 들고 곧바로 순안공항으로 달려가 베이징행 여행객에게 부탁해, 대우의 베이징지사에서 그 신문을 받을 수 있도록 조치했고, 며칠 뒤 국내 언론에도 그 내용이 보도됐다. 그날 《노동신문》을 보면서 김우중 회장이 역사적으로 큰 걸음을 내디뎠다는 사실을 새삼 느꼈다. 나는 대우의 일원으로 김우중 회장을 보필해 남북한 선도적 경제협력 사업에 도움이 돼야겠다고 생각했다.

며칠 더 평양에 머무르며 우리 일행은 김일성 주석과 면담하며 협의를 계속했다. 그리하여 1차적으로 셔츠, 블라우스, 재킷, 메리야스 연 500만 장, 가방 연 60만 개, 신발 연 180만 족을 생산하는 규모의 섬유·경공업 단지를 건설하기로 최종 합의했다. 남북한 경제협력의 역사적인 첫발을 그렇게 내딛고, 우리 일행은 비행기로 평양을 떠나 베이징을 거쳐서 서울의 김포공항에 귀국했다.

1992년 1월, 김일성 주석 면담으로 대우의 남북한 경제협력 사업은 많은 진전을 이루었다. 상호협력의 상징으로 공단을 조성하고, 그곳에 1차적으로 섬유·경공업 공단을 건설해 운영하되, 회사경영과 수출판매는 대우가 담당하고 노동력 제공은 북한에서 하는 방식으로 추진하기로 했다. 미얀마 정부의 경공업성에 대우가 외상으로 공장을 건설해 운영해주고, 현지 정부는 인력제공과 가공료 수입을 챙기는 방식과 유사했다. 이런 방식은 그 당시 섬유·경공업 분야의 해외진출 시 재정상태가 좋지 않은 사회주의 국가들에게 금융, 회사경영 등의 리스크 부담은 줄이고 사업추진은 용이하게 하는 윤활유 역할을 했다.

공단부지 선정을 위해 북한에서 제안한 몇 개의 지역을 현지 조사했다. 그중 남포에 항구가 있어서 물류이동이 편하고, 노동력 동원이 가능해 보였다. 그래서 남포를 공단건설 지역으로 선정하기로 결정했다.

눈물 나는 어려운 살림살이

북한에 머무는 동안 쉽게 접할 수 있는 북한의 어려운 살림살이는 나의 마음을 먹먹하게 만들었다.

남포로 이동하는 내내 시멘트 도로는 높았다 낮았다를 끊임없이 반복했다. 도로가 왜 이런지 물었더니, 각 구간마다 해당 지역의 기관에서 자치적으로 도로를 건설하도록 할당을 했기 때문이라고 했다. 즉, 담당기관별로 구간을 맡아서 각자 건설하다 보니 하나의 도로에서 구간마다 높이가 다른 기현상이 발생한 것이다.

그런 길을 지나 예정보다 일찍 식당에 도착했더니 아직 "조직(주선한다는 의미)이 안 됐다"라고 말했다. 그래서 일본식 다다미방으로 된 4층짜리 여관에서 남포항을 내려다보며 쉬면서 기다렸지만, 점심시간이 다 되도록 식사하라는 말이 없었다. 마침내 준비가 다 됐다고 해서 식당으로 가니 뜻밖에도 양식이 차려져 있었다. 북한 체류 기간에 항상 한식만 먹었기에 우리가 의아해하자 "평양을 벗어난 야외에 나와서는 양식이 좋을 것 같아 준비했지요"라고 안내원이 설명했다. 수프와 옥수수가 나왔다. 하지만 옥수수는 보관 중인 모종을 구해 왔는지 너무 딱딱해서 먹을 수가 없었다. 아, 이게 바로 제대로 '조직'되지 못해서 한참 기다리게 한 이유였구나 싶었다. 급히 조직하느라고 그런 이상한 음식이 나오고야 말았던 것이다.

북한의 어려운 살림살이는 북측 관계자의 태도에서도 확연히 느낄 수 있었다. 남포공단 사업 추진을 위해 북한의 김달현 부총리와 김정우 부부장이 우리와 협의 중에 심한 설전이 벌어졌다. 대우에서 파견할 기술자들의 숙소문제 때문이었다. 나는 당연히 1차 공단 조성으로 남포항 인근 지역을 공단 후보지로 선정하고, 대우의 파견 직원은 관리자든 기술자든 모두 평양의 숙소에 같이 모여 있으면서 남포로 출퇴근해야 한다고 주장했다. 그런데 김정우 부부장은 나에게 "아니, 김 선생, 정신이 있소?" 하고 버럭 큰소리를 냈다. 기름이 없는데 어떻게 평양에서 남포까지 3~4시간을 출퇴근할 생각을 하느냐며, 남포공단 옆에 대우 기술자 숙소를 건설해야 한다고 주장했다.

차관급 인사가 공식 회의석상에서 기름이 부족하다는 이유로 그리 중요한 것 같지 않은 문제에 언성까지 높이며 강력히 반대하는 것을 보고 나는 깜짝 놀랐다. 그 정도로 유류난이 심각했던 것이다. 얼마 후 다른 지역에 방문해서도 심각한 유류난을 재삼 확인할 수 있었다. 거의 10시간에 걸쳐 도로를 가는데, 그 구간에서 마주친 차량이 10여 대에 지나지 않았고, 그나마 절반 정도는 기름이 없어서 길가에 서 있었다.

유류난은 결국 전력 부족으로 연결됐다. 몹시 고통스러운 북한의 전력 사정을 실감하기도 했다. 국빈급 초대소도 예외가 아니어서 수시로 단전돼 항상 양초가 구비돼 자주 써야 했고, 일반 건물들은 아주 심각했다.

한번은 북한에서 제일 좋은 01(공일)백화점을 방문했다. 여러 차례 졸라서 간신히 방문을 허락받아 갔다. 북한에는 순서대로 01, 02 이런 식으로 번호를 매긴 것들이 많았다. 그때도 '조직'이 좀 늦어져서, 저녁 7시경에 백화점에 들렀다. 2층짜리 단출한 백화점이었다. 진열대에는 물건도 별로 없고 품질도 안 좋아 보였다. 그래도 에스컬레이터가 작동되고 손님도 조금 있었다. 안내원의 독촉을 받아가며 짧은 시간에 훌쩍 둘러보고 백화점에서 나와 초대소로 돌아가다가, 언제 다시 북한의 백화점을 와보겠냐 싶어 건물이라도 다시 한 번 더 봐두려고 뒤를 돌아보았다. 그런데 이상했다. 백화점 건물이 사라져버린 것이다.

'아니, 어떻게 이럴 수 있지?!'

그런데 다시 자세히 보니, 백화점 건물은 제자리에 있되 어둠 속에 웅크리고 있었다. 구경 온 우리 일행이 백화점을 빠져나가자마자 자 모처럼 군중을 동원해서 가동시킨 백화점의 전기를 곧바로 꺼버린 것이다. 한 민족인데 이렇게 갈라져서 한쪽은 고통 아닌 고통을 받아야 한다는 사실에 너무 마음이 아팠다.

1992년 7월, 당시 북한의 경제수장이던 김달현 부총리 겸 대외경제협력위원장을 남한으로 초청했다. 북한의 경제수장에게 남한의 발전한 사회상을 보여주고, 대우조선과 대우자동차 등 대우의 앞선 산업시설을 방문하게 하여 대우의 신뢰를 높여서 남북한 경제협력에 더욱 속도를 올리려는 목적이었다.

대우는 남북한 경제협력의 선도자였다. 남포공단을 준비하며 대우는 남한의 관련 중소기업들을 동반 파트너로 하여 남북한 경제협력 사업을 폭넓게 진행하는 한편, 남북의 갈등해소를 위해서도 많은 노력을 기울였다.

김달현 부총리와 나는 구면이었다. 그런 인연으로 김달현 부총리와 그 일행의 안내원 역할을 내가 맡았다. 그때 보니 남한의 발전상을 직접 목격하며 김달현 부총리가 많이 놀라는 눈치가 역력했다.

서울 잠실에 있는 '롯데월드'를 안내할 때였다. 지상 3층의 건물 중앙에서 아래층의 아이스링크를 보던 김달현 부총리가 물었다.

"김 선생, 몇 시간 걸렸어요?"

북한의 동원 문화에 익숙해진 나는 그의 질문이 무슨 뜻인지 이해할 수 있었다. 무더운 여름에 아이스링크를 얼려놓고 스케이트

타는 아이들, 그 옆에 앉아서 구경하는 부모들과 통행자들을 남한 정부가 동원했다고 짐작했으리라. 북한의 관점에서 보면 동원된 것이 당연하다고 생각해서 그렇게 물었던 것이다.

"부총리님, 이건 동원이 아닙니다. 각자 알아서 놀러 나온 것입니다. 더위를 피해 시원한 곳으로 놀러 나온 사람들입니다."

나는 웃으며 대답했다. 그러나 김달현 부총리는 믿기지 않는다는 표정을 지어 보였다. 김달현 부총리는 '아마 2시간? 3시간? 인원수로 보면 그 정도 걸렸겠군'이라고 속으로 계산하고 있는 것만 같았다. 그런 김달현 부총리를 곁에서 보며 내가 북한에 처음 갔을 때의 일이 떠올랐다. 한번은 대동강변의 5·1체육관에서 북한이 자랑하는 체조를 관람했다. 관람을 마치고 나오는데 북한의 한 안내원이 "동원하는 데 5시간 걸렸습니다"라고 자랑스럽게 설명하던 기억이 갑자기 되살아났다. 겪어보니 북한은 일이 있을 때마다 동원하고 조직하는 사회인 듯했다. 여하튼 김달현 부총리와 그 일행은 대우의 초청으로 남한에 와서 남한의 발전상을 직접 보고 배우며 많은 것을 느꼈으리라고 생각한다.

나중에 북한의 경제발전을 위해 경제개혁을 추진했으나 제대로 되지 않아 김달현 부총리가 그 책임을 지고 숙청됐다는 소식을 들었다. 남한을 방문하며 남한 경제의 상당 부분을 이해한 경제 엘리트가 사라졌다는 사실을 접하니 참으로 안타까웠다.

남북한 경제협력의 첫 열매

1992년 10월 6일, 남한은 민관 합동으로 남포공단 조사단을 북한에 파견했다. 조사단은 대우의 김억년 사장을 단장으로 하는 대우 임직원과 경제기획원과 토지개발공사 등 정부 공무원, 그리고 남포공단 사업에 함께 진출할 협력업체 대표 등 총 15명이었다.

출발 당일 이른 아침부터 조사단 일행은 바삐 움직였다. 판문점의 남북대화사무국에서 출국 수속을 밟으며 나는 묘한 기분에 휩싸였다. 여태까지 중국 베이징을 통해 주로 항공편으로 북에 가다가 육로로 북에 가기 때문이었다. 그동안 남북한 경제협력 사업을 할 때에는 베이징을 경유하느라고 먼 거리를 장시간에 걸쳐 우회했는데, 이제는 판문점을 거쳐 최단 거리로 가게 되니, 그 사이에 남북경협사업에 상당한 진전이 이루어졌음을 실감하게 됐다.

기자들의 플래시 세례를 받으며 조사단은 '평화의 집' 라운지를 지나 38선을 넘어 북한 접대소인 '통일각'에서 입국 수속을 기다렸다. 앞으로 며칠 동안 전개될 일들을 상상하며 긴장과 호기심 어린 눈으로 중국의 고급 접견소와 비슷하게 지어진 휑한 북한 건물이며 실내장식을 바라보았다.

조사단 일행이 탄 대형 버스는 평양–판문점 고속도로를 달려 개성을 통과해 평양의 '문수리 초대소'에 도착했다. 문수리 초대소는 나와 인연이 많은 곳이다. 훗날 대우가 평양지사를 정식으로 개설하면 사용하려고 책상 등 집기와 사무기기, 비품을 미리 보내 사무실 기능을 제대로 할 수 있도록 정성껏 꾸민 곳이었다. 단지 내 건물 주위에 나무가 우거져서 산책다운 산책이나 조깅도 할 수 있게 아늑하면서도 제법 규모가 큰 초대소였다.

조사단은 북측 창구인 삼천리총회사 정운업 총사장의 안내를 받아 향후 일정을 설명 들으면서 팀별로 3일간 개별조사를 실시했다. 조사단은 공단 예정지 남포를 방문해, 대우와 북한의 대외경제협력위원회 간의 합의에 따라 공사를 이미 진행하고 있는 셔츠·블라우스공장의 일부를 둘러볼 기회도 가졌다. 약 9만 5천㎡의 건물 연면적을 목표로 이미 28만㎡ 부지가 일차적으로 조성된 남포공단은, 장기적으로 총 200만㎡까지 개발한다는 계획하에 진행되고 있었다.

셔츠·블라우스·재킷·가방공장들은 대우의 섬유·경공업 사업부를 통해 해외진출이 이미 왕성하게 이루어지고 있었다. 그런만큼 대우는 공장의 기본 틀과 시스템이 표준화돼 있었고, 우리가 작성한 설계도면과 감독에 따라 북측이 건설 중이었다. 어느 정도 골조가 들어선 공장건물을 보면서 나는 머지않아 이곳에서 대우의 씨앗이 왕성하게 자라겠구나 생각했다.

조사단은 현장에서 며칠간 조사활동을 펼쳤다. 대우는 1단계로 셔츠, 블라우스, 재킷, 가방, 신발, 메리야스사업을 하고, 추후 2단계로 완구, 양식기, 방직사업을 추진키로 계획하고 있었다. 남포공단이 남북한 경제협력사업으로 적합한 지역이라고 긍정적인 평가를 내린 후 우리는 다시 판문점을 거쳐 서울로 돌아왔다. 차를 타고 오가면 이렇게 가까운 거리를 우리는 왜 중국으로 일본으로 빙빙 돌아서 가야 하는지 안타까웠다.

노동집약산업인 섬유·경공업이 해외에 진출할 때마다 만나는 가장 큰 애로사항은 언어문제이다. 현지인과 말이 안 통하는 비효율을 매번 심하게 겪어야 하는데, 북한은 언어문제가 없을 뿐만 아니라 원자재와 제품의 운송이 편리(통제만 되지 않는다면)하다. 그런 점에서 북한은 노동집약산업에 대한 투자를 하기에 가장 좋은 지역이다. 하지만 북한의 정세는 늘 불안하다. 논리와 합의가 통하지 않는 북한의 협상 자세는 바뀌어야 한다. 이런 것이 선결돼야 남북한 경제협력은 더욱 진전될 수 있을 것이다.

남포공단은 남북한 경제협력의 첫 열매이다. 안타깝게도 나는 북한의 남포공단을 시작했지만 완공을 보지 못했다. 1994년에 인사발령을 받아 수단지사로 자리를 이동해야 했기 때문이다. 시작한 업무를 마무리하지 못한 아쉬움을 뒤로하고, 박춘 상무에게 남북한 경제협력의 실무를 인계하고 나는 아프리카 수단으로 떠났다.

대우는 1996년 5월에 남북경협 최초의 합영회사인 '민족산업총회사'를 설립하고, 그동안의 사전 계획에 따라 건설된 남포 섬유·경공업 단지를 정식 가동했다. 그러나 몇 년 후 닥친 IMF 외환위기로 대우그룹이 해체(1999)돼 회사 활동이 어려워지자 남포공단의 가동이 중단되고 말았다. 남북간 경제협력의 주춧돌을 놓는 심정으로 대우가 공들였던 사업이라서 그 첫 단계를 담당했던 나에게는 그 안타까움이 더욱 크게 느껴졌다. 언젠가는 이 큰 노력의 씨앗이 많은 열매를 맺을 수 있기를……

뜻이 있으면
길이 있다
_ 리비아에서 받은 원유로 시작한 국제 오일무역

추호석

대우 사람들이 일하는 모습을 보면 겁이 없고 무서움이 없다. 이런 문화 덕분에 대우에는 특이한 시장, 특이한 상품들을 다루는 전문가들이 많이 생겨났다. 추호석은 특히 이런 업무를 많이 담당했다. 그에게 이번에는 원유거래 전문가가 되라는 지시가 떨어졌다. 리비아 건설시장에서 결제대금으로 리비아산 원유를 받아야 했기 때문이다. 유럽 현물시장에서 하루에도 수익이 수천만 달러를 오르내리는 원유 및 석유제품 가격 때문에 밤잠을 설치고, 안정된 거래처 확보를 위해 전쟁의 포화 속에 목숨을 걸고 뛰어들기까지 했던 그는 한때 영국 석유회사인 브리티시 페트로리움(BP)의 최대 단일 공급원이 되기도 했다.

추호석
1950년 부산에서 태어나 부산고등학교, 서울대 경영학과를 졸업했다. 1975년에 대우실업에 입사해 1999년까지 대우에 봉직하면서 대우런던지사장, 대우기획조정실 상무, ㈜대우 무역 부문 전무, 대우종합기계 사장을 역임했다. 대우 퇴임 후에는 코리아와이즈넷 대표, 파라다이스 대표이사 부회장을 거쳐 현재는 파라다이스그룹 고문으로 재직하고 있다.

일보다도 사람을 소중히

대우를 대표하는 문화는 바로 종합상사문화이다. 복잡다단한 세계시장에서 대우는 다양한 방식과 형태로 온갖 상품과 서비스를 교류한다. 한국에서는 상상도 하지 못한 상품이 해외에서 대우를 통해 거래되는 경우가 많았다. 그래서 대우 사람이면 누구든지 회사가 언제 어디에서 무엇을 하라고 하면 바로 받아들이고 출정할 채비를 갖춘다. 특히 나에게 이런 일이 많이 주어졌다.

런던을 방문한 김우중 회장이 갑자기 나를 찾았다.

"자네가 맡고 있는 건축자재 구매 업무를 다른 직원에게 인계해."

"예? 제가 무슨 잘못이라도……."

1978년 4월부터 대우 런던지사에 근무하며 3년째 무역 업무를 담당하다가 리비아 건설 현장의 건축자재 구매 업무를 시작한 지 얼마 되지 않은 터라 나는 당황했다.

"그런 게 아냐. 원유를 판매하는 담당자가 필요해서 그래. 리비아 정부가 공사대금으로 달러가 아니라 원유를 주겠다지 뭐야. 원유를 받으면 팔아야 하잖아. 자네가 그걸 맡아줘. 대학원을 다니든지 개인교습을 받든지 방법을 가리지 말고 최단 시일 내에 원유 거래 전문가가 되도록 해봐."

다음 날부터 나는 런던에서 가장 큰 책방을 찾아 오일 관련 책을 구입해 공부하고, 세계적인 석유회사 쉘(Shell)에서 30년 이상을 근무했던 영국인 오일 전문가 로버트 사이몬(Robert Simon) 씨를 찾아가 하루에 4시간 이상씩 개인교습도 받았다. 그리고 거래에 관련해 자문을 구하기 위해 아멕스(Amex) 은행의 전무이사였던 타이틀러(Titler) 씨를 찾아갔다.

"대우가 원유 거래를 시작하려고 합니다. 처음 해보는 거래라 여러 가지로 어렵군요. 조언을 부탁합니다."

"한국 사람들을 참 이해할 수 없군요. 이가 아프면 치과의사를 찾아가야지요. 그런데 한국 사람들은 치과대학을 가서 의사가 되려고 해요. 환자가 의사가 되어 자신을 치료하겠다고 하니⋯⋯."

"그럼 원유 거래에 도움이 될 의사를 소개해주십시오."

그는 고맙게도 오일 무역업자로서 당시 제일 컸던 마크 리치(Marc Rich)라는 회사의 런던 책임자를 소개해주었다. 그 후 마크 리치와 대우는 다양한 거래를 많이 했다. 원유 거래에 관련해 공부를 시작한 지 한 달도 안 돼, 진짜로 원유 판매가 시작됐다. 당연히 내가 운영해야 했다.

첫 거래는 FOB 거래(판매자가 선적항의 본선에 선적할 때까지의 비용을 부담하는 가격 조건)가 아니고 CIF 거래(판매자가 도착항까지의 운임과 보험료를 부담하는 가격 조건)여서 용선(傭船)을 해야 했다. 선박 중개인으로 어떤 회사를 선정해야 할지 고민하고 있자, 런던 사무실에서 함께 근무하는 대우조선 주재원이 런던의 대형 선박 중개 회사 5곳의 리스트를 건네주었다. 나는 각 회사에 일일이 전화를 걸어 대우에 대해 설명하고 곧 배를 용선해야 하는데 내가 용선 경험이 없으니 도와줄 수 있는지 문의했다. 다행히 그중 한 회사(Galbraith Tankers)가 관심을 보였다.

"브로커로서 선주와 용선자 어느 한쪽에 치우치지 말고 중립만 지켜주세요. 내가 당장은 용선 시장을 몰라도 경험을 조금 쌓으면 당신들이 우리 회사를 위해 타당하게 일을 했는지 안 했는지 알게 될 겁니다. 당신들이 충실하게 일했다고 판단이 되면 앞으로 우리 회사가 런던에서 용선할 때 당신들에게 맡기겠습니다."

"무슨 뜻인지 알겠습니다."

"지금 당장은 배 1척만 용선하지만, 곧 우리가 당신의 제일 큰 고객이 될 수도 있습니다. 잘 부탁합니다."

내가 부탁한 대로 그 회사는 대우를 위해 열심히 일해주었다. 그리고 약속대로 대우는 그 회사의 가장 큰 고객이 되어 장기간 거래했다. 이 일을 계기로 인생의 참의미를 깨달았다.

일보다도 사람을 소중히 생각해야겠다는 깨달음이었다. 그 후 나는 일보다도 사람을 소중히 생각하고 신뢰를 쌓아가는 데 공을 들였다.

사람간에 신뢰를 쌓다 보면 상상 속에서나 가능할 기적 같은 순간도 온다. 나는 아직도 온몸이 짜릿했던 그때의 순간을 잊을 수가 없다.

대우는 리비아 원유를 한국으로 선적하고, 또 한편으로 유럽의 현물시장에 판매했다. 본사에서는 석유사업본부장인 배전운 본부장이 총괄하고, 실무는 런던에서 내가 맡았다.

원유를 거래하다 보면 운이 따르는 경우도 많다. 그중에서도 정말 운이 좋았던 사례가 리비아산 부아티펠(Bu-Attifel)을 갑자기 판매했던 일이다. 김우중 회장이 리비아 정부에 건설대금을 달라고 독촉하자, 리비아는 리비아 항구에서 리비아 배에 선적 중인 부아티펠 원유를 한 배(cargo) 주겠다고 제안했다. 그러자 김우중 회장이 리비아에서 나에게 전화를 했다.

"지금 선적하고 있는 부아티펠 한 배를 판매할 수 있겠어?"

"부아티펠은 상당히 높은 온도에서도 잘 굳어지는 기름입니다. 다루기 까다로운 원유라서 찾는 곳이 많지 않습니다. 다른 원유를 받아보시죠?"

"얼른 팔 수 있는지 없는지 알아보고 보고해."

세상에 쉬운 일은 없다지만, 아무래도 이번만큼은 녹록지 않은 상황이었다. 그런데 그날 기적이 일어났다.

김우중 회장과의 통화 후 부아티펠을 팔 만한 곳을 바쁘게 알아보고 있는데, 영국의 걸프오일(Gulf Oil)에서 전화가 온 것이다.

"리비아 원유를 한 배 구매하고 싶습니다. 혹시 지금 리비아 원유를 가지고 있습니까?"

"어떤 원유를 원합니까?"

"리비아 원유면 무엇이든 좋습니다. 부아티펠이면 더욱 좋고요."

순간 내 귀를 의심할 정도였다. 나는 속으로 쾌재를 불렀다.

"언제 선적하기를 원합니까?"

"빠르면 빠를수록 좋습니다."

이쯤 되면 거래는 성사된 것이나 다름없었다. 행운의 여신이 내 곁에서 나를 지켜보며 행운을 가져다주는 것만 같았다.

"다른 데에 판매하기로 거의 약속이 된 부아티펠을 한 배 가지고 있습니다. 좀 더 가격을 높여주면 드리겠습니다."

그는 정말 좋은 가격을 제안했다. 그렇게 해서 김우중 회장의 전화를 받던 바로 그날 판매에 성공했다. 그 소식을 듣고 동료 직원들 모두가 뛸 듯이 기뻐했다.

무서울 만큼 대범했던 결정

비즈니스의 성공과 실패는 인간관계가 가름한다 해도 과언이 아니다. 한국 사람이나 아프리카 사람이나 유럽 사람이나 미국 사람이나 영국 사람이나, 사람의 마음은 다 똑같다. 비록 원유에 대해 잘 알지도 못한 채 무작정 들이댄 거래였지만, 나는 이런 깨달음을 잊지 않고 일보다도 사람을 소중히 생각하며 거래 영역을 차츰 넓혀갔다.

리비아 원유를 취급하면서 리비아 사람들과도 인간적으로도 많이 친해졌다. 그들이 유럽에 오면 함께 시간을 보내다 보니, 나중에는 한 가족처럼 허물없이 지냈다.

리비아에는 주로 김우중 회장이 방문했으나, 김 회장이 바쁠 때는 대우개발의 이석희 회장이 대신해서 출장을 갔다. 한번은 이석희 회장을 수행해 리비아에 간 적이 있었다. 당시 리비아는 미국의 압력 때문인지 원유 판매에 어려움을 겪고 있었다. 리비아 정부는 대우가 평소 가져가던 물량의 4배나 되는 원유를 대우에게 가져갈 수 있는지 물었다. 그러면서 지금 조건은 절반은 현금으로, 절반은 건설 대금으로 해주겠다고 제안했다.

리비아의 원유 판매가격은 석유제품가격에 연동해 결정했기에, 원유 선적 후 시장 상황에 따라 이익이 날 수도 있고 손해가 날 수도 있었다. 그런 만큼 계약 또한 복잡했다.

상담을 하고 나오면서 이석희 회장이 나한테 물었다.

"손해 안 보고 판매할 수 있겠어? 내가 보기엔 모험인데……."

"어렵겠지만 제 생각에는 좋은 기회인 듯합니다."

"자신 있어?"

걱정이 전혀 안 되는 것은 아니었다. 하지만 리비아가 자신들의 사정으로 인해 우리에게 부탁하는 입장도 헤아려주고 싶었고, 무엇보다 장기적으로 볼 때는 분명 이익을 낼 것이라고 판단했다.

"제가 한번 판매해보겠습니다. 계약을 하시죠."

다음 날, 계약을 체결했다. 계약을 마친 이석희 회장은 서울로 돌아가고, 나는 런던으로 돌아왔다. 그 다음 날 밤이었다. 잠을 자고 있는데 전화벨이 울렸다.

"여보세요?"

"나 회장인데, 서울에 잠깐 들어와."

김우중 회장이었다. 김우중 회장이 갑자기 나를 서울로 소환하는 이유를 알지 못했지만, 직감적으로 이번에 리비아와 계약한 건으로 소환하는 듯했다. 곧바로 귀국해 서울역 앞 대우센터의 김우중 회장 사무실에 들어가니, 대우그룹의 회장님과 사장님 여러 분들이 한자리에 모여 있었다. 그 자리에 대우개발의 이석희 회장도 보였다. 김우중 회장이 나에게 물었다.

"이번 리비아 원유 계약은 수익성이 있는 계약인가?"

"지금 당장은 손해가 납니다. 하지만 시장상황을 분석해보았을 때 장기적으로 보면 분명히 이익이 날 것으로 전망합니다."

"뭐야? 당장은 손해라고? 그렇게 큰 계약을 나한테 보고 한마디 없이 결정했단 말이야? 지금 이 일이 회사에 얼마나 중요한 일인지 알기나 해?"

김우중 회장은 나를 야단치기 시작했다.

"회장님, 저를 이렇게 야단치시면 앞으로 제가 허위보고를 할 수도 있습니다."

내가 이런 어처구니없는 말을 하자, 김우중 회장은 내 기분을 파악하고는 이내 화를 풀었다.

"알았어. 야단을 치지 않을 테니 앞으로도 정직하게 보고해."

그날 이후로 김우중 회장은 나를 야단치는 일이 없었다. 그리고 리비아 원유 계약은 내가 예상한 대로 이익을 내며 성공적으로 진행됐다. 계약 당시에는 무서울 만큼 대범했던 결정이었지만 나는 나의 판단력과 직감을 믿었다.

그 일로 원유 비즈니스는 탄력을 받았다. 처음에는 리비아 건설

대금용 원유만 취급하다가 갈수록 리비아 원유를 많이 취급하게 됐다. 대우에게 원유를 판매하겠다는 회사뿐만 아니라, 대우에서 원유를 매입하겠다는 회사도 늘어나면서 원유 비즈니스는 날이 갈수록 규모가 커졌다.

마음을 움직이는 힘

1986년 1월, 미국은 미국 내 리비아 자산 동결, 무역거래 금지 및 리비아 내 미국인 완전 철수 등을 내용으로 하는 '리비아에 대한 경제제재 조치'를 발표했다. 그러던 중 하루는 미국의 정유회사인 코스탈(Coastal)사가 운영하던 앤트워프(Antwerp: 벨기에 북부의 항구도시) 정유공장의 전 회장이 나를 찾아왔다. 코스탈은 이 정유공장을 스웨덴의 니나스(Nynas)란 회사에 매각했다.

"니나스는 아스팔트 생산시설만 자신들이 운영하고, 나머지 앤트워프 정유공장은 매각을 희망합니다. 이 공장은 하루에 6만 배럴을 생산할 수 있습니다. 나는 그 정유공장을 대우가 인수하면 좋겠다고 생각합니다."

그는 나를 찾아온 경위도 설명했다.

"리비아 원유 중에 사리어(Sarir)와 암나(Amna)란 유종을 앤트워프 정유공장에서 정제해 판매하면 매우 높은 수익을 남길 수 있습니다. 그래서 조사해보니, 그동안 대우가 그 두 가지 유종을 가장 많이 취급하고 있더군요."

"인수가격은 얼마로 하면 좋겠습니까?"

"나는 300만 달러 정도를 생각하고 있습니다."

"이 문제를 본사와 의논 후 알려드리겠습니다."

전직 회장이었던 그가 이제는 매각을 알선하는 브로커 역할을 자처하고 나선 셈이었다. 당시 나는 대우 런던 지사장이었다. 마침 해외 지사장 회의가 서울에서 개최돼 회의에 참석차 앤트워프 정유공장 자료를 들고 입국했다. 서울에 오자마자 대우엔지니어링에 근무하던 정유공장 경험이 많은 엔지니어 윤신박 씨를 만나 조언을 들었다. 윤신박 씨의 반응은 긍정적이었다.

나는 김우중 회장을 만나 앤트워프의 정유공장 인수 건에 대해 보고했다. 김 회장은 석유사업본부장 배전운 전무와 의논하라고 권했다. 그런데 배 전무의 의견은 부정적이었다. 원유와 석유제품의 저장시설을 갖춘 정유공장을 300만 달러에 인수한다는 것은 현실적으로 불가능하다는 것이었다.

"이건 뭔가 이상해. 별도의 부채를 인수하는 조건이 있지 않고는 이런 정유공장을 싼 값에 넘기려 하는 게 이해가 안 돼."

"아닙니다, 전무님. 계약 조건이 "as is where is"라고 들었습니다. 부채가 전혀 없다고 했습니다."

의심을 풀지 않아 끝내는 현지를 직접 방문하기까지 한 배 전무는 그제야 내 말이 사실이라고 김우중 회장에게 보고했다. 당장 유럽에서 코스탈의 전 회장과 약속을 잡으라는 지시가 떨어졌다.

첫 만남은 파리에서 이루어졌다. 김 회장은 정유공장 매각 희망가격이 너무 높다라며 가격을 대폭 낮추어달라고 요청했다. 결국 대우와 니나스는 협상을 통해 앤트워프 정유공장을 처음에 제시한 가격보다 많이 낮춘 180만 달러에 인수하기로 결정했다.

정유공장 인수계약서뿐 아니라 기술계약서를 나와 강인구 대리 단둘이 밤을 새우며 준비했다. 계약날, 니나스 측은 전문가 7~8명이 참석해 계약서에 서명을 하는데, 우리 측은 나와 강인구 대리, 그리고 리비아에서 방금 도착한 이동진 과장만 참석해 서명했다. 대우는 늘 바빴고 그래서 실무자에게 재량권을 많이 부여했다.

계약금은 10만 달러만 지급했다. 그리고 잔금을 지불하기 전에 정유공장 인수를 명분으로 리비아와 협상에 나서 보다 좋은 조건으로 원유를 확보하기로 작전을 세웠다. 나는 김우중 회장과 함께 리비아를 방문해 협상에 나섰다. 작전은 성공이었다.

앤트워프 정유공장 가동을 앞둔 어느 날, 김우중 회장이 나를 불렀다.

"자네가 공들여 인수한 정유공장이니 영업을 맡아봐. 원유를 팔아봤으니 석유제품도 팔 수 있지?"

"회장님, 원유와 석유제품은 다릅니다. 저는 원유는 취급해봤어도 석유제품은 잘 모릅니다. 다른 사람을 시키는 것이 좋겠습니다."

"영업은 영업의 원칙만 알면 돼. 우리가 이번에 시작한 정유공장이나 다른 정유공장이나 석유제품의 품질은 차이가 별로 없어. 다만 우리가 아직 시장을 잘 모르니까 처음에는 남들보다 값을 싸게 팔 수밖에 없어. 하지만 그게 영업이야. 우리가 남들보다 싸게 팔면 시장에 곧 소문이 날 테고, 그러면 고객들이 알아서 찾아오겠지. 그때 가격을 천천히 올리면 돼. 원유를 팔 때처럼 석유도 열심히 잘해봐."

결국 석유를 판매하는 일을 맡게 됐다. 당연히 초기에는 뜻하지 않은 애로가 많았다. 석유를 판매하는 일로 앤트워프 정유공장 이정상 사장과 의논하면 이 사장은 매번 바로 결정을 내리지 않고 시장을 좀 두고 보자고 주저했다.

"시장을 좀 더 지켜보자."

이런 식으로 자주 판매를 보류하곤 했다. 그러던 어느 날 앤트워프를 방문한 김우중 회장은 회사 현황을 보고받고 판매가 엉망이라면서 영업 책임자인 나를 질책했다.

"회장님, 판매에 대한 의사결정 권한은 사장님이 가지고 있습니다. 왜 저를 질책하십니까? 권한도 주시고 책임을 물어주십시오."

그러자 김우중 회장은 나를 보고 웃었다.

"자네는 장사를 하는 사람이야. 직속상관의 마음을 설득하지 못하면서 누굴 설득하겠나. 더 노력해."

그 말을 듣고 깨달아지는 바가 있었다. 나는 이정상 사장을 어려워했다. 그래서 런던에서 앤트워프 정유공장에 자주 출장을 와도 주로 직원들하고만 어울렸다. 그동안 이정상 사장과 나는 단둘이 식사 한 번 하지 않았던 것이다.

"사장님, 오늘 저녁을 사장님이 사주시면 감사히 먹겠습니다."

다음에 앤트워프 출장 때 이 사장에게 먼저 식사를 제안했더니 너무 좋아했다. 그날 저녁 식사를 함께하고, 극장에 가서 영화도 관람했다. 그 시간 내내 우리는 많은 이야기를 나눴다.

이 일이 있은 후로 내가 무엇을 건의하면 거의 OK였다. 이 사장과 나 사이에 신뢰가 생긴 것이다. 이 일을 계기로 나는 사람들에게 이렇게 충고하곤 한다.

사람과의 관계 때문에 고민하고 있다면 먼저 다가가라. 진심을 담아 상대방을 대한다면, 고민하던 매듭은 생각보다 아주 쉽게 풀릴 것이다.

당시 리비아는 원유를 쉽게 판매하기 어려웠다. 리비아가 이런 곤란을 겪고 있을 때 대우는 정유공장을 인수해 리비아를 도와주면서, 못 받은 건설 대금을 나름 좋은 조건의 원유로 받을 수 있었다. 리비아에서 대우의 앤트워프 정유공장까지 거리는 뱃길로 12~14일이 걸렸다. 원유를 실은 배를 바다에 띄워놓고 가격을 잘 주는 회사가 있으면 원유 상태로 매각하고, 그렇지 않으면 앤트워프 정유공장에 가져와서 석유 제품으로 정제해 판매했다. 그러는 과정에서 원유 판매에 많은 유연성과 경쟁력이 생겼다.

지금 생각해보니 니나스는 매우 합리적이고 공평한 회사였다. 결과적으로 그들의 변호사가 초안으로 작성해 서명한 계약서는 쌍방에 공평한 계약서였다. 대우는 이 공장을 제3자에게 매각할 때까지 니나스와 좋은 이웃으로 잘 지냈다. 한편, 1986년에 180만 달러를 주고 인수한 앤트워프 정유공장을, 대우는 1997년에 구매한 가격보다 더 좋은 가격을 받고 팔았다. 결과적으로 11년 동안 대우는 이 공장을 공짜로 잘 활용했던 셈이다.

끊임없는 노력 끝에 얻은 자신감

리비아 원유를 판매하며 쌓은 경험을 토대로 대우는 거래 영역을 넓혀 나이지리아 원유, 앙골라 원유, 이란 원유도 취급했다. 한 때 하루 35만 배럴 정도의 원유 및 석유 제품을 취급하면서, 영국의 세계적인 석유회사인 BP(British Petroleum)에 한 해 통틀어 가장 큰 단일 공급자가 되기도 했다.

이란과 이라크가 전쟁을 할 때에는 우리가 앤트워프 정유공장에 보유한 석유의 평가 손익이 하루에 2천만~3천만 달러씩 오르락내리락했다. 그 엄청난 부담감은 곧 스트레스로 다가왔다. 나는 가슴에 심한 통증을 느껴 하룻밤에도 자다가 깨기를 몇 번씩 반복하는 일이 허다했다. 아내 역시 내 통증을 달래느라 등을 두드리고 쓰다듬어주면서 밤을 꼬박 새우기 일쑤였다. 하지만 나는 포기하고 싶지 않았다. 나는 일을 사랑했다. 그랬기에 최선을 다했다. 그리고 그 어려움을 이겨내자 뭐든지 해낼 수 있다는 강한 자신감을 얻었다.

이란과 이라크의 전쟁이 한창일 때 나는 원유를 받기 위해 테헤란으로 출장을 간 적도 있다. 말 그대로 목숨을 건 출장길이었다. 대우의 이란 건설현장에 폭탄이 떨어지고, 이라크 전투기가 폭격할 때 대우 주재원의 집에 폭탄이 떨어져 가족이 다치는 사고가 있던 직후였다. 테헤란에 도착한 첫날, 한밤에 이라크 전투기가 몰려와서 폭격을 시작하고 이란군들은 대공포로 전투기 요격을 시도하는 장면을 나는 호텔 창문 너머로 직접 목격하기까지 했다. 하지만 막중한 일에 대한 부담 때문인지 전혀 두렵지 않았다. 다음 날 나는 곧바로 이란 석유공사를 방문해 협상을 하고, 원유 VLCC (150만 배럴) 한 배를 대우건설의 건설 대금과 대우조선이 이란 해운회사(IRIS)에 공급한 뱃값으로 받았다.

계약을 마치고 런던에 돌아가려니 비행기 예약이 안 됐다. 테헤란에 들어가기 전에 이란 일정을 감안해 출국 비행기를 예약했는데, 이란석유공사와 협상을 하느라고 일정이 늦어졌던 것이다. 다른 출국 비행기를 찾았으나, 전쟁으로 인해 이란을 탈출하려는 인파가 몰려서 비행기를 잡기가 쉽지 않았다.

하는 수 없이 테헤란에 며칠 더 머물며 고생한 끝에 두바이행 비행기의 한 좌석을 겨우 구해 탈출했다. 두바이에서도 공항에서 9시간을 꼬박 기다린 후에야 런던행 비행기에 오를 수 있었다. 비행기에 몸을 싣고 나니, 정말이지 천국이 따로 없었다. 그렇게 목숨을 걸고 확보한 이란 원유를 판매하는 일도 쉽지 않았다. 전쟁은 보험이 되지 않기 때문에 이라크 비행기의 공격을 피해 야음을 틈타 호르무즈 해협에서 유조선을 움직여야만 했다. 이렇게 끝까지 노심초사하기는 했지만 결국 나는 판매에 성공해 대단한 수익을 남겼다.

1995년 7월에는 남미의 쿠바를 방문해 쿠바에 석유를 장기적으로 공급하는 일을 성사시키기도 했다. 이런 나의 모든 비즈니스는 런던에서 시작한 리비아 원유에서 비롯됐다고 생각한다.

지금 와서도 내 스스로를 자랑스러워하는 부분은 엄청난 물량의 원유, 석유제품, 원면, 곡물, 광물을 장기간 교역하면서 단 한 번도 우리 측의 사정으로 계약을 불이행한 일이 없었다는 것이다. 오히려 대대로 이쪽 사업을 전문적으로 하던 회사들이 대우의 운영 시스템과 일하는 태도를 보고 본받아야겠다는 말을 자주 입에 담았다. 그들은 우리를 보며 감탄하고 또 감탄했다.

물품 대금 또한 한 푼도 떼인 적이 없었다. 한마디로 대손 제로의 운영을 했다. 믿을 만한 비즈니스 파트너와만 사업을 하고 완벽한 운영으로 문제를 일으키지 않은 것이 성공의 비결이었다.

이렇게 완벽한 운영은 열성적으로 치밀하게 열심히 일한 런던 팀의 공로도 있겠지만, 그보다도 열악한 환경에서 밤낮을 가리지 않고 실수 없이 완벽을 추구하며 노력한 세계 각지에 주재하는 대우 임직원들의 상상할 수 없는 헌신과 노력이 있었기에 가능했다고 생각한다. 그때의 대우는 세계 최강의 완벽한 무역 팀이었다고 감히 자부할 정도였다. 대우는 항상 담당자에게 재량권을 많이 부여한다. 다른 회사에서는 간부 정도 돼야 누릴 수 있는 권한이 실무자에게 직접 주어진다. 이런 여건 덕분에 나와 동료들은 하고 싶은 거의 모든 사업을 시도하고 성공할 수 있었다.

우리 무역 팀 뒤에서는 막강한 '런던 금융 팀'이 뒷받침을 해주었다. 윤원석 회장, 강병호 사장이 초기부터 이 거래를 전체적으로 관리하면서 이상훈 전무, 김용길 전무를 포함한 많은 금융 팀 직원들이 많은 지원을 아끼지 않았다. 런던, 리비아, 나이지리아, 앙골라, 이란, 수단, 파키스탄, 스리랑카 등의 나라에서 함께 고생했던 선배와 동료들에게 마음에서 우러나오는 감사를 드린다. 그리고 이제는 고인이 된 이정상 사장, 윤신박 사장, 현영휘, 유우근 씨의 명복을 빈다.

용기와 지략으로
만든 기적

_ 서남아시아 최초이자 세계 최대의 고속도로 건설공사

장영수

"과연 도로를 낼 수 있을까?" 처음 공사 구간을 조사하러 왔을 때 실무자들은 걱정이 앞섰다. 파키스탄의 이슬라마바드와 라호르를 잇는 고속도로는 구간 거의 전체가 난코스였다. 그러나 이 역사적인 건설사업을 포기할 수는 없었다. 세계 건설 역사상 최대규모인 이 공사는 단일 도로건설 규모에서도 최대였다. 파키스탄을 포함한 서남아시아 최초의 고속도로가 될 이 공사를 대우는 국내 최초로 턴키베이스로 수주했다. 공사 금액만 추가공사를 합쳐 무려 11억 6천만 달러, 한화로 1조 3000억 원이었다. 공사를 수주한 이후에도 끈질긴 협상과 이해관계의 조정이 뒤따랐다. 최고 책임자 장영수는 용장이자 지장이었다. 그는 때로는 강공으로 때로는 기발한 대안 제시로 끝내 양측 모두에게 이로운 최상의 결과를 도출해냈다. 밤낮을 잊은 공사 끝에 1997년 11월, 357km에 이르는 파키스탄 모터웨이가 준공되자 샤리프 수상이 전 구간을 완주하는 준공행사가 성대하게 펼쳐졌다.

장영수
1935년에 평북 의주에서 태어나 숭문고등학교, 서울대학교 건축공학과를 졸업했고, 한국체육대학교에서 명예 체육박사 학위를 받았으며, 서울대 대학원에서 최고경영자 과정을 수료했다. 1959년에 산업은행에 입행한 후 주택은행, 태영개발 등을 거쳐 1978년 대우로 자리를 옮긴 후 1998년까지 대우에 봉직하면서 경남기업 대표이사 부사장, ㈜대우 건설 부문 대표이사 사장, 회장, 대우 베트남 지역본사 사장 등을 역임했다. 재임기간 중 대한건설협회 회장, 대한건설단체총연합회 회장, 대한펜싱협회 회장, 아시아펜싱연맹 회장 등 다수의 직책을 역임했으며, 한국건설CALS협회 이사장, 3640지구 남서울로터리클럽 회장 등도 역임했다. 현재는 세호재단 이사장, 한국건설문화원 명예이사장 직책을 맡고 있다. 상훈으로는 건설산업 발전에 기여한 공로로 금탑산업훈장(1992), 대한건축학회 학회상(1994), 대한민국 과학기술상 진흥상(1996), 한국의 경영자상(1997), 대한민국 건설경영대상(1999), 라오스 국가개발 유공훈장(2000), 한국을 일으킨 엔지니어 60인에 선정(2006), 건설 60주년 기념 글로벌 경영 공로상(2007)을 수상한 바 있다.

파키스탄과의 인연

나는 전운(戰雲)의 소용돌이에서 좀처럼 벗어나지 못하고 있는 파키스탄의 뉴스를 접할 때마다 가슴이 아프다. 2010년 7월 10일, 파키스탄 북부 페샤와르 마흐만드 지역에서 연쇄 자살폭탄테러로 최소 100여 명이 사망하고 115명 이상이 부상당했다. 사고가 난 지역은 탈레반과 알카에다 반군이 활동하는 주요 거점 지역 중 하나이다. TV로 실시간 전달되는 영상은 차마 눈뜨고 볼 수 없을 만큼 처참했다.

내가 파키스탄에 관심을 갖는 이유는 파키스탄과의 인연 때문이다. 그 인연은 건설공사로 시작됐다. 고속도로공사를 진행할 때만 해도 파키스탄은 비교적 안정된 나라였다. 나는 건설 분야에서 40년 넘게 일했다. 건설인은 대체로 산간벽지나 사막의 오지에서 비바람을 맞으며 거친 삶을 산다. 그렇다고 인간성 자체가 거칠지는

용기와 지략으로 만든 기적 _ 장영수 97

않다. 현장 업무를 수행하는 환경이 거칠 뿐이다. 산허리를 뚫는 터널 현장에서는 흙먼지와 싸워야 하고, 강이나 바다를 가로지르는 교량 현장에서는 거센 바람과 싸워야 한다. 멀리 중동의 사막에서는 뜨거운 모래바람과 싸워야 한다.

중동의 모래바람은 중국의 황사와는 비교도 할 수 없을 만큼 고통스럽다. 숙소 창문 틈으로 들어오는 미세한 먼지가 방바닥에 수북이 쌓이고, 벽에 걸어둔 푸른색 작업복이 하얗게 덧칠돼 몇 차례나 털어내고 입어야 한다. 어디 그뿐이랴. 밥이나 반찬을 먹을 때면 서걱서걱 모래 씹히는 소리가 난다. 건설인은 그런 악조건을 극복해야 한다. 파키스탄에서 고속도로를 건설할 때에도 예외가 아니었다.

1991년 5월 초 파키스탄 대사가 김우중 회장을 찾아왔다. 그는 한국을 모델로 삼아 국가경제를 부흥시킨다는 야심찬 계획을 김우중 회장에게 설명하고 도움을 요청했다. 그렇게 김우중 회장은 파키스탄이라는 새로운 시장에 관심을 갖게 됐다. 김 회장은 즉시 건설, 무역, 전자, 자동차 등 여러 부문의 임원들을 파키스탄에 보내 조사토록 하고 보고를 받았다. 그리고 1991년 5월 25일 직접 파키스탄을 방문했다. 김우중 회장은 경제 각료로부터 파키스탄의 경제현황을 브리핑 받고 각종 사업들에 대한 논의를 이어갔다. 특히 고속도로(motor way) 건설에 대우 측에서 높은 관심을 보이자 파키스탄 정부는 대우도 이 공사의 입찰에 참여해줄 것을 요청했다.

1991년 11월 1일, 파키스탄 정부는 357km의 파키스탄 고속도로공사의 제한 입찰 방침을 발표하고 한국, 영국, 이탈리아, 중국, 터키의 5개 업체를 초청했다. 입찰 마감일은 불과 2주 후인 11월 14일이고, 40% 금융조달이라는 까다로운 조건까지 내걸었다. 마감 시간도 촉박하거니와, 자금조달을 어떻게 해야 할지 판단하기 어려운 프로젝트였다. 파키스탄 정부가 제시한 40% 금융조달 조건을 확인한 중국, 터키, 영국의 업체는 일찌감치 손을 들었다. 최종적으로 이탈리아의 '아스탈디'와 한국의 '대우건설'로 입찰 범위가 좁혀졌다.

입찰 서류를 입수하자마자 곧바로 준비에 돌입해 14일 안에 고속도로공사의 견적서를 마감해야 했다. 물론 물리적으로 무리가 따르는 힘든 일정이었지만, 우리는 그동안 쌓아온 해외건설 노하우를 바탕으로 상상할 수 없는 능력을 발휘했다. 대우의 해외사업본부 임직원들은 밤낮을 가리지 않고 입찰서 작성에 매달렸다. 회사에서 새우잠을 자며, 집념과 끈기로 물량과 가격산출에 몰두했다. 회사에 대한 충성심이 없으면 도저히 해낼 수 없는 일이었다. 전광석화처럼 2주일이 지났다. 우리는 마감 시한이던 11월 14일에서 한 치의 오차도 없이 입찰서를 제출했다. 공사금액으로 10억 1,900만 달러, 설계비로 900만 달러를 제시했다. 몇 차례의 밀고 당기는 줄다리기 협상이 있은 후, 총금액 10억 달러로 최종결정이 났다. 10억 달러는 당시 한화로 1조 원에 해당했다.

파키스탄의 수도인 이슬라마바드와 제2의 산업도시인 라호르를 잇는 왕복 6차선 357km의 고속도로공사였다. 공사 금액만으로도 건설역사에 길이 기록될 만한 쾌거였다. 그리고 설계와 시공을 일괄적으로 수행하는 턴키방식의 공사를 세계의 유수 기업과의 경쟁에서 이겼다는 점에서도 큰 의미가 있었다.

10억 달러의 초대형 공사

파키스탄 최초의 고속도로공사는 우리나라의 경부고속도로공사를 능가하는 방대한 물량이었다. '나와즈 샤리프' 수상이 편잡(Punjap) 주 수석장관으로 재직할 때부터 입안된 그 고속도로는, 그의 수상재임 초기이던 1991년 후반에 시행된 거대 사업이었다. 샤리프 수상은 파키스탄의 취약한 인프라 시설을 확충해 경제개발을 촉진한다는 야심으로 이 사업을 시행했다. 하천교 3개 및 입체교차로 10개를 비롯해 교량 112개, 거기에 소요되는 자재만 해도 토공사 380만㎥, 콘크리트 44만㎥, 아스콘 260만 톤이었다.그런데 최종 가격협상 이후 예상치 못한 문제가 생겼다. 파키스탄 정부가 총공사비 중에서 1천만 달러를 삭감하겠다는 것이다. 1천만 달러가 얼마나 큰 금액인가. 참으로 난처한 일이 아닐 수 없었다. 나는 해외건설 노하우를 바탕으로 재빨리 검토를 시작했다. 무턱대고 안 된다는 것보다, 파키스탄에도 좋고 우리에게도 좋은 현명한 방법을 강구해야 했다.

결국 파키스탄에도 좋고 우리에게도 좋은 방법을 찾아냈다. 해외의 건설현장에서 공사가 끝나면 현장에서 사용한 장비를 처리하는 문제가 발생한다. 우리나라 공사현장의 장비는 감가상각 기간이 5년인데, 이 기간이 지나면 장부상에 부외(簿外) 자산으로 남는다. 장비로서의 수명이 끝나는 것이다. 이처럼 수명이 다 된 장비를 보관하거나 관리하려면 막대한 경비가 든다. 그런데 파키스탄은 개발도상국이어서 장비의 감가상각 기간이 우리보다 3년이 더긴 8년이었다. 따라서 우리나라를 기준으로 감가상각이 끝난 장비들을 파키스탄에 제공한다면 서로에게 큰 이익이 될 수 있었다.

나는 공사비 1천만 달러 삭감 대신 공사가 끝난 후 현장에서 사용한 장비(대형 장비 200대)를 파키스탄 정부에 무상으로 양도하는 조건을 제시했다. 공사비를 깎자는 파키스탄의 요구를 수용하면서 현장의 노후장비를 처리하는 묘책을 내놓았던 것이다.

파키스탄 정부는 쌍수를 들어 환영했다. 3년의 잔존 가치가 있는 귀중한 장비를 돈 한 푼 안 들이고 얻었으니 얼마나 즐거운 일인가. 그때 나는 '협상이라는 것은 서로를 만족시키는 것이어야 한다. 어느 한쪽만 이익을 봐서는 안 된다'는 것을 새삼 확인했다. 파키스탄 정부는 귀중한 장비를 얻게 되어 만족하고, 대우는 부외 자산을 깔끔하게 정리하는 결실을 얻은 셈이었다.

공사가 끝난 우리는 모든 장비를 깨끗하게 정비해 약속대로 파키스탄 정부에 인도했다. 파키스탄 정부는 그 장비들을 경제개발에 효과적으로 활용했다고 한다.

1991년 12월 1일, 파키스탄 도로공사(NHA)는 대우건설을 최종 협상 대상자로 결정하고 그해 12월 4일에 낙찰의향서(L/I: Letter of Intent)를 보내왔다. 그때의 기쁨이란 이루 말할 수 없을 정도였다. 드디어 내로라하는 세계의 유수 기업들을 물리치고 거대한 프로젝트를 수주했으니 말이다. 낙찰의향서는 계약상의 제 조건이 일단의 합의점에 도달했을 때 공사를 발주할 취지의 의사를 표시하는 통지서이다. 발주처는 이것을 기본으로 하여 계약을 진행하기 때문에 대단히 중요한 문서라 할 수 있다.

그러나 기쁨은 잠시뿐, 또 다른 문제가 고개를 들었다. 그것은 세금문제였다. 가격, 공사기간 등의 본 계약에 필요한 세부적인 사항들이 대체적으로 해결됐으나, 세금문제만큼은 서로가 합의점을 찾지 못했다. 국내에서도 그렇지만 해외 건설공사에서 세금은 무척 중요한 부분이다. 해외공사를 할 때 현지국의 조세제도를 잘못 파악하면, 땀 흘려서 번 돈을 송두리째 세금으로 내서 적자를 보는 경우도 많다.

우리는 세금에 대해, 매출액의 3% 원천징수를 내겠다고 말했다. 하지만 파키스탄 도로공사 측은 대우가 제시한 제안을 받아들이지 않을뿐더러 세금문제를 별로 심각하게 생각하지 않았다. 그렇게 세금문제는 전혀 해결되지 않은 채 1991년 12월 30일 오전 10시에 공사계약 체결을 위해 실무위원들이 한자리에 모였다. 장소는 파키스탄 국영 도로공사(NHA) 사무실이었다. 발주처 측에서는 파키스탄의 재경부 차관, 도로공사 사장(Moshin H Shei-kch), 도로공사 계약담당 임원, 재정담당 임원, 기술담당 임원이 참석했다. 대우 측에서는 해외 사업본부의 박계오 상무, 이주홍 이사, 김장수 부장이 참석했다.

도로공사 측에서는 파키스탄의 표준계약서에 명시돼 있는 규정대로 소득액의 55%를 법인세로 납부하자고 제안했다. 반면 대우의 협상 팀은 소득에 관계없이 매출액의 3%를 세금으로 내겠다고 제안했다. 공사의 이익에 상관없이 매출액의 3%를 원천징수하겠다는 주장이었다.

"세율을 바꾸려면 국회의 동의를 얻어 세법을 개정해야 하기 때문에 우리가 결정할 사안이 아닙니다!"

역시 협상은 길어졌다. 오전 10시에 시작한 협상이 밤 11시까지 이어졌다.

파키스탄의 시각으로 11시를 조금 남긴 시간에 파키스탄 협상 팀원인 이주홍 이사로부터 전화가 걸려왔다.

"사장님, 세율을 3%로 하겠답니다. 그런데 당장이 아닌 내년 6월에 개최되는 정기국회에서 세법을 개정하도록 노력하겠다고 합니다."

12월 30일 자정까지 본계약을 체결하지 못할 경우 계약 대상에서 제외된다. 그래서 이주홍 이사의 목소리는 아주 긴장하고 있었다. 나는 고뇌하지 않을 수 없었다. 원안대로 동의할 것인가, 아니면 3%를 고수할 것인가? 찰나의 순간이 처절하게 고통스러운 억겁의 시간으로 느껴졌다. 최고 책임자로서 올바른 결정을 내리기 위해 나는 생각에 생각을 거듭했다. 그리고 드디어 최종 결심에 이르렀다.

"회담을 중단하고 귀국하라."

그때 파키스탄의 도로공사 사무실로 팩스도 도착했다.

"이 공문을 대우의 협상 팀에게 전달해주시기 바랍니다. 협상을 중단하고 귀국하라는 최고경영자의 지시입니다."

단일 도로공사로는 세계 최대인 10억 달러의 프로젝트의 성사를 눈앞에 두고 귀국하라는 뜻밖의 선언에 본사의 협상지원 팀은 모두 까무라칠 듯 놀랐다. 하지만 최고경영자의 지시를 따르지 않을 수 없었다.

바둑이나 장기를 둘 때 승부수를 던져야 할 때가 있다. 바로 열세에 몰릴 때 마지막으로 승부를 걸어보는 것이다. 그렇다고 무모한 도박사가 돼서는 안 된다. 승리의 가능성을 예측하며 승부수를 던져야 한다. 나는 10억 달러의 고속도로공사를 걸고 승부수를 던졌다.

'작은 부자는 부지런함이 만들지만 큰 부자는 하늘이 내린다'라는 말이 있듯이, 나는 기업경영에서 때로는 커다란 승부수를 던져야 할 때가 있다고 믿었다. 현장에서는 모두들 패닉 상태가 됐다. 대우 협상 팀의 얼굴이 흙빛으로 변한 건 당연했고, 본사의 공문을 전달한 파키스탄 도로공사 직원들도 수군거렸다. 발주자 측에서도 생각하지 못했던 의외의 수에 당혹해했다. 그들도 샤리프 수상의 야심작인 고속도로공사가 시작도 하기 전에 원점이 돼버렸다는 부담감을 안게 됐기 때문이다.

하지만 '정점에 이르면 반드시 하강하고, 바닥을 치면 반드시 상승한다'는 손자병법이 통했던 것일까? 잠시 동안의 무거운 침묵 끝에 끝내는 파키스탄 측에서 "대우건설의 뜻을 따르겠다"고 선언했다.

"세금은 매출액의 3%로 하되, 3%가 넘는 부분이 발생되면 발주처인 도로공사(NHA)가 부담하기로 한다. 관계법령은 내년 6월 정기국회에서 개정토록 한다."

장장 13시간 30분의 마라톤협상이 끝나는 순간이었다. 계약 종료시한 30분을 남겨놓고 극적인 결론이 도출된 것이다. 파키스탄 도로공사 사장과 대우의 박계오 상무가 계약서에 서명함으로써 '초대형 고속도로공사'의 대역사는 그 서막을 열었다. 그리고 덧붙여 설명하자면, 1992년 6월, 파키스탄 국회는 파키스탄 모터웨이 공사의 세금을 매출액의 3%로 의결했다.

실제로 1970~1980년대에 한국 기업들은 개발도상국이나 저개발 국가에서 대형 공사를 마치고 억울하게 세금을 부과받는 경우가 있었다. '앞으로 남고 뒤로 밑진다'라는 말이 통설처럼 인식되기도 했다.

공사 준공 후 현지국의 세무 당국과 정산을 할 때 시공사가 제출하는 증빙서류를 부인하고 인정과세를 부과해도 속수무책으로 당하는 경우가 많았던 것이다. 예를 들어, 공사 매출액의 15%를 이익으로 간주하고 이익 금액의 60%를 법인세로 부과하면, 세금은 9%가 되는 셈이다. 여기에서 증빙서류를 보완하고 밀고 당기는 조정을 거쳐서 최종적으로 확정되는 금액이 4~5%로 결정되는 것이다. 그런데 건설공사에서 10%의 이익이 났다고 치면 5%의 이익이 나지만, 5%의 이익이 났다면 세금을 내고 남는 것은 0%가 되고 만다. 사막의 오지에서 모래바람을 맞으며 피땀 흘려서 노력한 결과 얻어지는 이익이 0%라면 얼마나 참담할까? 생각만 해도 가슴이 찢어질 일이다.

내가 세금문제를 놓고 그토록 고민한 또 다른 이유가 있다. 파키스탄은 언제 정권이 바뀔지 모르는 불안한 내각책임제라는 것이었다. 실제로도 1992년부터 1997년까지 공사가 진행되는 6년 동안 정권이 다섯 차례나 바뀌었다. 나는 이러한 몇 가지 사실들을 감안해 고정세율 3%를 고집했던 것이다. 이는 해외공사에서 간과할 수 없는 중요한 사실이다. 이처럼 최고책임자는 언제나 남다른 고뇌를 해야 한다. 목전의 이익을 위해서가 아니라 회사의 미래를 위해서 말이다.

역사적인 기공식 축제

1992년 1월 11일, 파키스탄 최초의 고속도로건설을 기념하는 '기념비 제막식'이 열렸다. 샤리프 수상을 비롯한 각료들과 김우중 회장을 위시한 대우의 간부들이 참여한 가운데 파키스탄 제2의 도시인 라호르에서 행사가 열렸다. 그리고 3개월 뒤인 4월 6일로 기공식 날짜가 정해졌다.

남의 나라에서 시행하는 고속도로공사였으나 나는 감회가 남달랐다. 그 나라 최초의 고속도로공사를 한국 업체인 대우가 맡았다는 점에서 의미가 컸기 때문이다.

기공식 행사는 샤리프 수상이 국회의원으로 첫 출발했던 편잡 주의 제2공구에서 거행했다. 김우중 회장 등 대우그룹의 경영진은 물론 파키스탄 정부의 수뇌들이 모두 한자리에 모였다.

넓은 들판에 다섯 개의 강이 흐르는 편잡 주는 파키스탄 경제력의 70%가 집중돼 있는 농·공업의 중심지이다. '편잡'은 현지어로

'다섯 개의 강'을 의미했다. 기공식 장소는 앞으로 없어질 과수원이었다. 과실수를 자르고 불도저로 밀고 닦아 폭 60m, 길이 800m의 도로를 만들었다. 3주의 짧은 기간에 현장요원들은 밤낮을 가리지 않고 일을 강행해 '길이 없는 곳에 길'을 닦았다.

1992년 4월 6일, 마침내 역사적인 기공식의 날이 밝았다. 이른 아침부터 파키스탄은 나라 전체가 온통 축제의 분위기였다. 정부에 대해 반대만 일삼던 야당도 모터웨이의 성공적인 건설을 위해서 기원해주었다.

기공식장의 찜통더위는 목욕탕의 한증막을 방불케 했다. 가만히 서 있기만 해도 온몸에 땀이 주르르 흘렀다. 내외신 기자들의 취재 열기 역시 더위만큼 뜨거웠다. 한국의 KBS도 기공식 행사를 위성으로 중계했다. 새롭게 단장한 200대의 덤프트럭이 상체를 번쩍 들고 샤리프 수상의 사열을 기다리는 장면은 말 그대로 장관이었다. 샤리프 수상이 직접 운전한 불도저가 지나가자, 사열장의 기수들이 일제히 깃발을 내리듯 덤프트럭들은 일제히 거대한 상체를 내리고 수상이 운전하는 불도저를 따라 200여m를 행진했다. 이와 같은 200대의 중장비 행진은 어느 기공식장에서도 볼 수 없는 진기한 풍경이었으며, 그날 행사 중 최고의 압권이었다.

대우의 세계경영

"네? 8월 14일까지 준공해달라고요? 절대 불가능합니다."

"12월 10일의 준공도 벅찬 일정인데, 4개월씩이나 준공을 앞당기는 것은 힘듭니다."

공사가 시작되자, 파키스탄 정부는 고속도로 준공 날짜를 4개월 앞당겨달라고 요청해왔다. 그러자 대우의 파키스탄 건설본부장과 임직원들은 불가능하다며 강하게 거부했다.

부토 정권의 실각으로 정계에 복귀한 샤리프 수상은 자신이 첫 삽을 떴던 모터웨이 프로젝트를 대국민 홍보용으로 내세울 구상을 했다. 따라서 그는 건국 50주년이 되는 1997년 8월 14일을 고속도로 준공 날짜로 정하고 싶어 했다. 재집권에 성공한 수상으로서 국민들에게 새로운 산업역사의 시작을 알리는 청사진을 제시하고 싶어 했던 것이다.

건설공사에 있어서 공기단축을 위해서나 공사비 증가를 최소화시키기 위해 돌관작업이 시행되는 경우가 많다. 돌관작업은 보편적으로 지정된 공기 내에 작업달성이 어려울 때 초과근무 실시, 작업인원 증가, 자재의 증감, 교대근무제의 채택 등 여러 방법에 의해서 시행된다. 그런데 파키스탄 정부는 이러한 사유와는 관계가 먼 다른 목적의 공기단축을 요구한 것이다. 국민들에게 하루라도 빨리 고속도로를 선보이고 싶었던 국가 지도자의 정치적인 배경이 깔려 있었다.

대우의 파키스탄 건설본부장과 임직원들은 아무리 수상의 뜻이 그렇다고 하더라도 절대 불가능하다고 주장했지만 나는 생각이 달랐다. 무조건 안 된다는 생각부터 하는 건 틀렸지 않나 싶었다.

"이런저런 이유 때문에 무조건 안 된다고 생각하지 맙시다. 이런저런 이유 때문에 어렵겠지만 노력해보겠다, 라는 태도가 맞다고 생각합니다. 나약한 태도는 성격도 나약하게 만듭니다. 우리 모두 부정을 긍정으로 바꿉시다!"

나는 파키스탄을 방문해 각 공구의 현장을 돌면서 직원들과 만나 대화를 통해 설득했다. 그리고 내 진심을 알아준 직원들 덕분에 1997년 5월, 샤리프 수상을 만나 "4개월을 앞당긴 8월 14일에 모터웨이 개통을 위해 최선을 다하겠다"라고 말할 수 있었다. 준공을 앞당기는 일이 불가능하다는 소식만을 듣던 수상은 뛸 듯이 기뻐했다. 수상은 너무나 어려운 일을 감내하려 하는 시공회사의 고충을 이해하고, 감사의 뜻을 전해왔다. 그때부터 장관들과 도로공사 사장이 공사 구간별로 현장에 상주하면서 공사추진을 독려했다. 모두 수상의 지시였다.

하지만 우기인 7월이 되자 공사는 생각대로 진척되지 못했다. 특히 준공하기로 한 8월은 자동차도 다닐 수 없을 정도로 장대비가 쏟아졌다. 인간의 노력이 한계에 부딪혔다. 홍수로 인해 고속도로의 조기 준공은 멀리 달아나버렸다. 그러나 수상은 포기하지 않았다. 그는 11월 26일을 제2의 준공일로 제시했다.

우기가 끝난 9월부터 모든 현장은 24시간 돌관작업에 돌입했다. 회사는 난공사 구간인 솔트레인지에 모든 장비를 투입시켰다. 현장에 장비폭격을 가했다고 하는 표현이 어울릴 듯싶었다. 사무실에는 발주처 직원, 감독관, 시공자 등 사람이 없었다. 모두 현장에서 뛰었기 때문이다. 불야성을 이룬 현장에서 12시간씩 교대로 근무했다. 준공을 눈앞에 둔 일주일은 모든 요원들이 현장에서 뜬눈으로 밤을 지새웠다. 모두가 한마음 한뜻이 되어 '모터웨이' 준공을 위해 혼신의 노력을 다했다.

1964년 12월, 독일을 방문한 박정희 대통령은 아우토반 (Autobahn)을 보고 충격을 받았다. 귀국한 박 대통령은 경부고속도로 건설을 서둘렀다. 경제발전을 위해서는 고속도로 확충이 필수적이라고 판단했던 것이다. 박 대통령이나 파키스탄의 샤리프 수상이나 정치 지도자의 생각은 비슷했던 것 같다. 고속도로는 그만큼 경제발전을 위한 중요한 역사(役事)인 것이다.

모터웨이의 공사가 드디어 완료됐다. 그리고 완공을 축하하는 성대한 준공식이 열렸다. 아침 10시 이슬라바마드에서 수상과 관계 장관 및 귀빈 일행이 탄 대형 버스가 출발해 종착지인 라호르까지 357km의 고속도로를 완주하는 것이 행사의 핵심이었다. 주행 도중 군중이 많이 모인 곳에서는 총리가 여러 차례 버스에서 내려 군중에게 연설하면서 저녁 6시에 종착지인 라흐르에 도착함으로써 행사는 종료됐다.

샤리프 수상이 탄 버스 뒤로 수천 대의 차량이 따르면서 환호했다. 하지만 그때까지도 준공필증(竣工畢證)을 받지 못했기에 나는 깊은 수심에 빠졌다.

해외공사에서 가장 중요하고 어려운 것을 꼽는다면 발주처로부터 받는 준공 증명서다. 시공회사가 준공검사를 마치면, 준공 검사 필증을 받고 시설물을 발주처에 인계해야 비로소 건설공사 업무가 종료된다. 이를 통상 준공필증이라고 하는데, 우리 건설업체들이 중동에서 공사를 완료하고도 이 증명서를 못 받아 현장을 철수하지 못했던 경우가 허다했다.

1997년 11월 26일 오후 2시경, 나는 자신감 넘치는 강한 어조로 연설을 마치고 도로변에 운집한 군중들의 환호에 답하면서 차에 오르는 샤리프 수상에게 다가갔다.

"수상님, 모터웨이 개통을 진심으로 축하드립니다."

샤리프 수상은 상기된 얼굴로 대답했다.

"아! 대우의 직원들이 너무나 고생을 많이 했습니다. 오히려 제가 감사를 드려야 합니다."

나는 계속해서 말을 이어나갔다.

"대단히 죄송하지만, 내일부터 차량 통행을 일시 중단시켜야 하겠습니다."

내 발언으로 인해 버스 안은 갑자기 찬물을 끼얹은 듯 조용해졌다. 무거운 침묵이 흘렀다. 샤리프 수상의 눈이 휘둥그레진 것은 물론이고, 버스에 탑승했던 각료와 도로공사(NHA) 간부들의 날카로운 시선이 모두 나를 향했다.

"저희들은 수상께서 정해주신 준공 날짜를 지키기 위해서 최선을 다했으며, 그 공사가 오늘 아침에 끝났습니다. 저는 내일부터 도로 준공공사 준비를 하고 검사를 받아야 합니다. 그러기 위해서는 부득이 도로통행을 일시중단 해야 합니다."

수상은 눈을 감고 잠시 생각을 하다가 도로공사 사장을 불렀다.

"도로가 이미 개통을 했으니 준공조치를 해도 좋을 듯합니다."

이는 "준공필증을 발급하라"는 수상의 암시이기도 했다. 도로공사 사장은 "네, 알겠습니다"라고 간단명료하게 대답했다. 버스 안의 긴장감은 삽시간에 풀렸다. 나도 안도의 숨을 내쉬었다.

샤리프 수상의 그런 결정은 어떻게 나왔을까? 그것은 다름 아닌 대우에 대한 신뢰가 있었기 때문이었다. 다섯 차례나 정권이 바뀐 정치적인 혼란 속에서 대우가 흔들리지 않고 공사를 수행했고, 자신이 재집권해 요구한 조기 준공의 약속도 지켰다는 바로 그 믿음이었다. 그 같은 신의는 공사 품질에 대한 신뢰도로 이어졌다. 대우 역시 수상의 배려에 보답하는 뜻에서 1년 동안 후속관리에 만전을 기했다.

주어진 여건에 안주하지 않고 끊임없이 노력하고 도전하는 직업정신을 발휘하면 이루어내지 못할 건 없다는 것을 파키스탄 고속도로공사를 통해서 다시 한 번 느낄 수 있었다. 모든 사람이 자신의 역할에 충실할 때 불가능은 없으며, 비로소 더 큰 힘을 낼 수 있다는 것을 새삼 깨달았다.

파키스탄 고속도로의 공사 수주는 몇 가지 의미를 지니고 있다. 이 고속도로는 파키스탄뿐만 아니라 서남아시아 최초의 고속도로라는 것, 그리고 단일 회사가 초대형 고속도로공사를 수행한 세계 최초의 공사라는 것, 자금 조달이 포함된 경쟁입찰에서 최초로 수주한 프로젝트였다는 것, 파키스탄 국민뿐만 아니라 제3국의 엔지니어 활용을 극대화한 점에서도 좋은 본보기가 됐다는 것 등이다.

파키스탄의 고속도로는 테러와 폭동 속에서도 경제발전을 위한 동맥으로서 오늘도 자기 역할을 묵묵히 수행하고 있다. 뿐만 아니라 대우 세계경영의 본보기 현장으로서의 사명을 다하고 있다고

생각한다. 나는 분명 대우의 세계경영이 먼 훗날까지 영원히 기억
되리라고 믿는다.

다시 태어나도
이 길을 걸으리라

_ 대우만 유일하게 남아 지켰던 남아공과 이란시장

유충걸

1995년 남아프리카공화국의 넬슨 만델라 대통령이 한국을 방문했다. 양국 정상이 참석하는 만찬장에서 만델라는 갑자기 자리에서 일어나더니 기업인들 쪽으로 성큼성큼 걸어왔다. "안녕하세요, 김우중 회장님?" 만델라는 김우중 회장과 반갑게 포옹을 나누었다. 대통령과 정부요인, 그리고 기업인들은 한동안 그 모습을 지켜보았다. 만델라는 한국의 기업인들 가운데 남아공을 최초로 방문한 김우중 회장과 대우를 특별히 기억하고 있었다. 만델라와 대우의 인연은 만델라가 대통령이 되기 전부터 시작됐다. 그 인연을 만든 사람이 유충걸이다. 대우는 남들이 가지 않는 오지를 먼저 갔다. 유충걸은 남들이 가기를 마다하는 그런 지역에서 자신의 능력을 십분 발휘했다.

유충걸
1945년에 충청북도 괴산에서 태어나 서울고등학교, 서울대학교 법대를 졸업했다. 1973년에 대우에 입사해 2003년까지 봉직하면서 ㈜대우 미국 휴스턴 지사장, 남아공 지사장, 테헤란 지사장, 대우자동차 이란 KMC 법인장 등을 역임했다. 남아공 재직 당시 넬슨 만델라 대통령의 한국 방문과 관련해 주도적 역할을 담당했다.

생각지도 못한 발령

㈜대우 본사에 근무하던 1986년 어느 날, 본부장이 사무실로 들어오자마자 나를 찾았다.

"유 부장, 남아공으로 발령 났어!"

나는 그때 해외지사에서 귀국한 지 얼마 안 됐기에 청천벽력 같은 소식에 놀라 그 길로 유기범 부사장을 찾아갔다.

"부사장님, 너무하십니다."

"내가 그런 게 아니라 회장님 지시야."

김우중 회장의 지시라는 말에 더 이상 아무 대꾸를 못하고 돌아섰다. 그런 나를 보고 오히려 동료 직원들이 이의를 제기하라고 성화였지만 나의 남아공행 일정은 변함없이 진행됐다.

"이 아파트가 그런대로 살 만합니다."

남아공에 도착한 첫날, 회사에서 가까운 아파트를 추천받았다.

아파트와 회사는 걸어 다닐 수 있는 거리에 있었다.

내 짐이라고는 손전등 하나가 다였다. 인종차별 때문에 흑인들의 폭탄테러가 자주 일어났기에 혹시라도 폭동이 일어나 정전이되면 손전등은 꼭 필요했다.

장거리 비행이라 피곤했지만 밤 늦게까지 도무지 잠이 안 왔다. 억지로 누워 있기만을 몇 시간, 끝내는 일어나서 아파트를 나왔다. 길 건너에 카페가 눈에 띄어 술이라도 한잔 마실까 싶어 들어섰는데 덩치 큰 아프리카 사람들이 술을 마시고 있었다. 덜컥 겁이 나서 조용히 밖으로 나오고 말았다.

근처 편의점에 들어갔더니 거기도 덩치 큰 친구가 앉아 있었다. 편안하게 물건을 고를 분위기가 아니었다. 아침 식사용 빵 한 봉지와 잼을 사들고 얼른 나왔다. 그날은 '만약 폭동이 일어나면 어떻게 대처해야 하지?' 하는 생각에 뜬눈으로 하룻밤을 지새웠다.

그렇게 남아공의 첫날 밤을 지내고 다음 날 출근해서 업무를 시작했다. 간단히 지사현황을 파악한 후 주요 거래처들을 방문해 부임 인사를 했다.

남아공에는 백인 동네와 흑인 동네가 따로 있었다. 백인들은 타운에 살고, 흑인들은 타운십(township: 과거 남아프리카공화국의 흑인 거주 지역)에서 살았다. 타운에서 30여 분 거리에 타운십이 있었다. 흑인들은 아침에 타운으로 와 공장에서 일하거나 사무실 주방일, 청소부, 주차요원 등의 일을 하고 오후에 귀가했다. 그때만 해도 흑인들은 5시 이후에 타운에 남아 있으면 안 됐다.

어쩌다 길을 잘못 들어 흑인 동네에 가까이 가게 된 적이 있는데 동네 입구에는 항상 무장을 한 장갑차가 서 있었다. 흑인들의 대규모 폭동을 사전에 예방하기 위해서였다. 흑인들의 주요 교통수단은 봉고택시였다. 다른 대중교통 수단이 없었다. 집단적 반정부 활동과 테러를 방지하기 위해 대중교통을 만드는 데 관심을 크게 쏟지 않는 것이 아닌가 하는 생각이 들기도 했다.

남아공에 도착한 지 6개월 뒤에 가족이 뒤따라 왔다. 부부는 함께 있어야 한다는 아내의 생각 덕분에 오지의 땅에서도 사랑하는 가족과 함께할 수 있었다. 2학년, 1학년인 아이들이 다닐 학교를 알아보고 가까운 곳에 아파트도 얻었다. 교장은 친절하고 사려 깊은 참교육자의 인상이었다. 그러나 유대인들의 학교라서, 최초의 아시아인 학생이 될 우리 아이들이 그 학교에 입학하려면 교육청의 허가를 받아야 했다. 인종분리정책 때문이었다. 다행히도 며칠 후 교육청으로부터 입학 허가가 나왔다.

남아공은 자원이 풍부한 국가다. 앵글로 아메리칸(Anglo American), 젠코(Gencor) 같은 세계적인 광산회사들이 남아공에 있었다. 흑인정부가 들어서면서 본사를 영국 런던으로 옮긴 바 있는 앵글로 아메리칸은 금, 니켈, 구리 등의 분야에서 세계적인 광산그룹으로 남북미 대륙과 호주, 아프리카 대륙에 걸쳐 여러 광산들을 소유하고 있었다. 뿐만 아니라, 오스트리아와 남미, 칠레를 비롯해 아프리카 전체를 샅샅이 뒤져서 주요 광물의 부존 여부를 거의 다 파악하고 있는 대단한 기업이었다.

재무 전문가와 지질 전문가들이 대부분인 이 회사 2천여 명의 직원들이 주로 하는 일은 남아공 내 회사들의 재무제표를 조사해 인수합병(M&A) 대상 회사를 찾거나, 백팩과 텐트를 둘러매고 수단이나 사하라 사막 등을 다니면서 광물의 부존 여부를 조사하는 것이었다. 앵글로 아메리칸 그룹은 남아공 상장회사의 50%를 지배하고 있었다. 전 세계 다이아몬드 생산의 50%를 차지하며 세계 다이아몬드 시장을 지배하는 드비어스(De Beers)가 앵글로 아메리칸의 자매회사이기도 하다.

당시 남아공은 다인종 국가로 인구 4천만 명 중 백인이 500만 명이고, 소위 아파르트헤이트(Apartheid, 인종분리)정책으로 국제사회의 무역제재를 받고 있었다. 그런 이유로 한국의 코트라(KOTRA: 대한무역투자진흥공사)와 영사관을 비롯한 여타 한국 기업들이 모두 철수하고, 유일하게 ㈜대우만 남아 있었다. 물론 대우라는 이름을 사용할 수 없어서 '영스탠리(Young Stanly)'라는 현지 법인으로 남아 있었다.

남아공에 대한 무역제재로 기업들이 모두 철수할 때, 우리 정부의 관계 기관으로부터 대우에 요청이 있었다고 들었다.

"남아공을 비워둘 수 없습니다. 대우가 남아 있으면 좋겠습니다."

그래서 대우가 '영스탠리'라는 이름으로 남아공에 유일하게 남은 것이다. 그 후 영스탠리 대표로 있던 김영세 이사가 1년도 채 안 되어 교통사고로 귀국하게 되자 내가 갑자기 남아공으로 가게 된 것이었다.

남아공은 특이한 인구구조와 소득 불균형으로 상품시장으로는 그리 큰 시장이 아니었다. 그러나 텔레비전, 전자레인지, 냉장고, 비디오 등 가전제품은 불티나게 팔렸다. 경쟁자도 없었다. 대우가 남아공에서 전자제품을 많이 팔자, 나중에 삼성도 들어오고 LG도 들어왔다.

사업가로 변신

대우는 남들이 가지 않은 오지를 먼저 갔다. 대우가 가서 자리를 잡고 있으면 삼성, LG가 들어오고, 또 현대도 들어왔다. 미국의 오지인 텍사스에서도 그랬고, 남아공의 요하네스버그에서도 그랬다. 8년 동안 근무한 내 마지막 해외 근무지 이란의 테헤란에서도 마찬가지였다.

남아공 시장에 대우의 전자제품이 날개 돋친 듯 팔리자 앵글로 아메리칸이 한국 회사를 주목하기 시작했다. 앵글로 아메리칸 직원을 만나면 나는 "앵글로가 광산그룹인데, 광산회사만 하고 말 것이냐?" 하고 몇 번 물어보았다. 앵글로의 신규 사업 팀장인 '올리비에'라는 친구가 나의 질문에 관심을 보이기 시작했다.

"우리도 소비자 제품을 하고 싶습니다. 소비자 제품을 생산하는 데 관심이 있습니다."

"좋은 생각입니다. 그래야 차별화가 가능해요."

나는 올리비에를 자주 만났다. 그는 젊은 엘리트로서 회사에서 "우리도 새로운 소비자 제품 생산 분야의 투자를 모색해야 한다. 우리도 전자 쪽으로 투자해서 회사를 키워보자"라고 적극적으로 건의하며 분위기를 만들어갔다. 드디어 내부적으로 방향이 정해져 그가 한국을 방문했다.

올리비에는 자신의 서울 방문을 내게 알리지 않았다. 객관적으로 한국의 기업들을 조사하겠다는 의도였다. 본인이 먼저 대우, 삼성, LG, 현대 등을 조사하고, 조사 결과에 따라 파트너를 선택하겠다는 뜻이었다.

그가 한국으로 출발했다는 사실을 알자마자 나는 곧바로 서울의 대우 본사로 연락해 전후 사정을 보고했다.

"지금 앵글로 아메리칸의 사람이 서울로 나갔습니다. 그 사람을 잡으세요."

삼성이나 현대, LG 측에서는 남아공에서 온 사람을 만나고도 특별한 반응이 없었다. 그러나 대우는 내가 미리 귀띔을 했기 때문에 그를 친절하게 맞고 회사를 자상하게 소개했다.

한국에 다녀온 올리비에는 대우를 긍정적으로 평가하며 "대우는 한국의 어느 기업보다 도전적이고 잠재력이 많은 회사"라고 출장보고서를 제출했다. 그리고 나를 다시 찾아와 파트너가 되고 싶다고 했다.

"대우가 앵글로 아메리칸 같은 세계적인 기업과 파트너가 될 수 있는 회사인가요?"

"그렇습니다. 대우 같은 회사라면 파트너를 할 만합니다."

앵글로 아메리칸은 정식으로 대우에 합작을 제안했다. 그리하여 1990년에 대우와 앵글로 아메리칸은 50:50으로 투자해 'Daewoo-Amic Corporation'이라는 지주회사를 만들었고, 그 지주회사가

Daewoo Electronic(South Africa) Co. Ltd에 투자해 전자제품 제조회사를 만들었다.

한편, 앵글로 아메리칸과 파트너로 합작회사를 만들자고 했을 때 대우 내에서는 의견이 분분했다.

"우리 ㈜대우가 거기에 투자하자."

본사에서는 ㈜대우가 전액 투자하는 쪽으로 마음을 정했으나 나는 반대했다.

"안 됩니다. 남아공에서는 대우전자가 투자하는 것이 유리합니다. 남아공에서 제조해서 판매할 상품들은 모두 대우전자가 가지고 있어요. ㈜대우라는 무역 회사가 투자하면 애초의 취지와 달라집니다."

결국 대우전자 25%, ㈜대우가 25%를 투자하고, 앵글로 아메리칸이 50% 투자했다.

그런데 당시에 해외투자는 김우중 회장의 재가를 받게 되어 있었다. '해외투자 심의위원회'의 심사를 거치고 김우중 회장의 수락을 받는 것이 정상이었다. 하지만 나는 그런 과정을 안 밟고 그냥 진행했다.

"큰돈이 아니니까 그냥 진행하겠습니다."

유기범 사장께 말씀 드리고 바로 진행을 시작했다. 공장에서 제품이 나오기 시작할 즈음이 되자 거래처 사람들이 문의 전화를 많이 했다.

"미스터 유, 대우 에이믹(DaewooAmic)의 주식을 사려고 하는데 괜찮아?"

상장을 하자 주식값이 오르기 시작했다. 투자가격의 4배 남짓이나 올랐다. 한마디로 성공이었다. 그 일을 성공시키면서 나는 합작회사를 어떻게 하는지에 대한 새로운 경험을 쌓을 수 있었다.

"다국적 기업들이 이렇게 하는 것이구나."

남아공으로 발령을 받고 당황하던 나는 어느덧 남아공의 사업가로 변신해 있었다. 자가용 제트기를 타고 여기저기 광산을 둘러보는 호사도 누려보았다. 물론 위험은 늘 따랐다. 쇼핑센터에 들어갈 때는 매번 가방을 수색했다. 공항에서는 몸수색을 했다. 여기저기서 흑인들이 위협하고, 폭탄이 터지곤 했다. 회사 옆 건물 화장실에서 폭탄이 터진 적도 있었다. 잠깐 쇼핑을 하고 온 쇼핑센터에서 잠시 뒤에 폭탄이 터지기도 했다. 그러나 그런 장애물도 내가 진행하는 사업을 가로막지 못했다.

한국 기업인 최초로 남아공 방문

한국 기업인 중 제일 먼저 남아공을 방문한 사람은 김우중 회장이었다. 김우중 회장은 남아공을 방문해 앵글로 아메리칸 회장을 만나고, 만델라도 만나고, 데클레르크 대통령도 만났다. 그때는 만델라와 데클레르크가 공동으로 노벨평화상을 받은 직후로 만델라가 대통령이 되기 전이었다.

김우중 회장은 앵글로 아메리칸 회장을 만나면서 남아공에 합작투자해 설립한 '대우 에이믹' 회사를 쭉 둘러보았다.

"자네, 이걸 나한테 허락도 안 받고 시작했나?"

김우중 회장이 차 안에서 나한테 물었다.

"……."

내가 아무 변명도 안 하고 있는데, 김우중 회장의 눈치를 보아하니 질책을 하려는 것이 아니었다. 아주 흐뭇해하는 표정이었다. 비록 허락을 안 받고 일을 벌였지만 결과가 좋으니 만족스럽게 여기는 듯했다.

사실 나는 일하면서 회장의 허락을 받고 한 일이 거의 없다. 내가 먼저 무슨 일을 하자고 제안하면 회장은 "그건 좀 이따가 하지"라고 할 때가 많았다. 그래서 회장에게 보고하기 전에 먼저 일을 벌이는 편이 일하기 편했다.

내 성격을 안 김우중 회장은, 내가 수동적으로 일하는 것보다 무엇이든 소신대로 하도록 믿고 맡기는 것이 효과적이라는 생각을 가지고 있었던 듯싶다. 혹시 '저 친구는 조직적으로 무엇을 할 줄 몰라. 제 멋대로 아프리카에서 해보라고 해'라고 생각했는지도 모르겠다. 대개의 경우 3년쯤 남아공에 있으면 다른 해외지사나 서울 본사로 발령이 나는데 나는 도무지 다른 곳으로 발령을 내줄 기미가 없었다.

내 목적은 회사를 키우는 데 일조하는 것이었다. 일본의 종합상사를 따라잡고, 대한민국을 일본 이상으로 살기 좋은 선진국으로 만들고 싶었다. 그런 일에 일익을 담당하는 데 기쁨과 보람이 있었다.

따라서 회사는 나의 목적을 달성하기 위한 수단이고, 사장과 회장은 나를 도와주는 분들이라고 여겼다. 그러니 내가 먼저 앞서 나가야 됐다. 먼저 무슨 일을 하자고 제안해야 했다. 지시를 받기 전에 먼저 일을 저질러야 했다. 사실 대우의 임직원들 대부분이 그런 생각이었다고 생각한다. 그러니 김우중 회장도 직원들을 믿어주었던 게 아니겠는가!

그러한 주인정신이 대부분의 대우인들에게 체화돼 있었기 때문에 그들은 밤새워 일하면서도 피곤한 줄 모르고 신명나게 보람을 느끼며 일하지 않았나 돌이켜본다.

남아공에서 9년쯤 시간을 보내는 동안 대우의 입지는 점점 넓어졌다. 그 덕분에 만델라 대통령이 한국을 최초로 방문할 때 그의 일행을 내가 직접 수행할 수 있었다.

만델라는 1962년 반역죄로 체포돼 종신형을 받고 복역하다가 1990년 2월 사면결정에 따라 석방됐다. 그리고 1994년 5월, 선거를 통해 대통령에 선출됐다. 남아공 최초의 흑인 대통령이었다.

그는 1995년 7월에 한국을 처음 방문했다. 정상회담을 갖고, 양국간의 우의를 다지며 경제적 협력을 약속한 뒤 만델라 대통령은 김영삼 대통령과 정부 요인, 그리고 한국 기업인들과 한자리에서 만나 만찬을 가졌다. 만찬장에서 만델라 대통령이 갑자기 자리에서 일어나더니 기업인들 쪽으로 성큼성큼 걸어왔다. 참석자들은 그가 누구에게 걸어가는지 궁금해 다들 만델라 대통령을 주목하고 있었다.

"안녕하세요, 김우중 회장님?"

만델라는 김우중 회장에게 다가가더니 포옹했다.

"반갑습니다, 각하."

대통령과 정부 요인, 그리고 기업인들은 두 사람이 반갑게 인사를 나누는 모습을 한동안 지켜보았다.

시련 속에 길이 있다

남아공에 간 지 9년 반이 되던 어느 날 새벽, 갑자기 전화벨이 울렸다. 강병호 사장이었다.

"강 사장님, 이 시각에 어쩐 일이세요?"

"유 상무, 지금 회장님과 미팅하고 나왔어. 회장님이 유 상무더러 이란으로 가라고 하시네. 이란에 일을 많이 벌여놔서 사람이 필요해. 유 상무가 가야겠어. 어때?"

"예? 남아공은 어떻게 하고요? 여기서 제가 벌여놓은 일도 많은데요."

"아, 그건 뭐 다른 사람 시켜도 되지 않겠어?"

"좀 생각해볼게요."

"생각은 무슨 생각이야. 지금 김우중 회장께 다시 들어가서 보고를 해야 해. 갈 거야, 안 갈 거야?"

"……알겠습니다."

만델라가 지도하는 남아공 정부와 대우가 프로젝트를 새로 진행하는 건으로 남아공 정부 측 사람을 만나기로 미팅이 잡혀 있었다. 그런데 그것을 준비하느라고 경황이 없을 때, 그렇게 이란으로 발령을 받았다.

1995년 8월에 이란으로 부임했다. 이란은 남아공보다 사정이 더 좋지 않았다. 이란-이라크 전쟁(1980~1988) 직후에 이란은 식량과 생필품 등 물자가 부족했다. 이란이 다시 일어서려면 석유를 수출해 재원을 조달하는 방법밖에 없었다. 하지만 석유를 실어 나를 선박이 없었다. 전쟁 통에 배들이 다 부서졌던 것이다. 이란은 석유운반선을 새로 건조하기 위해 세계 여러 나라에 도움을 구했지만 구원의 손길은 다가오지 않았다. 일본에서 거절당하고 한국의 삼성, 현대도 방문했지만 모두 거절당했다. 그런 이란이 대우를 찾아온 것은 1990년이었다.

대우는 이란이 산유국이자 작지 않은 내수 시장을 보유한 대국이라는 점에서 앞으로 잠재력이 크다고 보았다. 다만, 현재 재정상황이 좋지 않다는 리스크가 문제였다.

"어떻게 안전한 거래를 보장할 수 있나요?"

김우중 회장이 물었다.

"NIOC(이란국영석유회사)가 보증을 서도록 하겠습니다."

NIOC라면 사실상 이란의 외환을 조달하는 창구이자 국가가 운영하는 독점사업체이기 때문에 믿을 수 있었다. 김우중 회장은 즉석에서 1억 달러씩에 5척의 VLCC(Very Large Crude oil Carrier)를 건조해주기로 약속했다. 주변의 우려가 많았지만, 내가 부임한 이후 대우는 5척의 VLCC를 순차적으로 건조해 이란에 인도했고 선박 대금도 아무 문제없이 지급됐다. 이후 이란에서는 추가로 VLCC 5척, 스에즈막스(suezmax)·아프라막스(aframax) 유조선 등 10억 달러 상당의 선박 10척을 대우에 발주하기까지 했다.

이런 일이 있고 나서 얼마 지나지 않아, 이번에는 이란의 석유성 차관이 대우를 찾아왔다. 전쟁 후 생필품이 부족해 이를 수입해야 하는데 대우가 도와주었으면 해서 방문한 것이었다. 당시 이란은 외환부족으로 디폴트를 선언한 상태였다. 이번에도 김우중 회장이 도움의 손길을 내밀었다. 대우는 3억 달러의 신용을 제공하고 그에 상응하는 곡물과 생필품의 공급권을 보장받았다. 여기에 더해 추가로 2억 달러의 신용을 공여하고 이란이 보유한 LPG, MEG 등의 석유제품을 대우가 팔아주기로 했다. 결과는 대성공이었다. 대우가 이란이 필요로 하는 곡물의 수입창구가 되고 나니 소위 세븐 시스터스(7 sisters: 미국의 카길, 아처대니얼스미들랜드, 콘티넨털, 콘아그라, 프랑스의 루이드레퓌스, 아르헨티나의 벙기, 스위스의 앙드레)라 불리는 세계적인 곡물 메이저들이 대우를 찾아와 거래를 요청하기까지 했다. 이렇게 해서 내가 주재하는 동안 대우는 매년 10억 달러 이상의 거래를 이란과 이어갔다.

비록 이란이 외환위기로 인해 모라토리엄을 선언한 상태였지만, 대우는 단 한 푼도 돈을 떼이지 않았다. 오히려 대우의 신용과 거래 실적을 기반으로 다른 한국기업들이 받지 못한 미수금을 모두 받도록 주선해주기까지 했다. 당시 한국의 다른 기업들은 이란에서 6억 달러 규모의 거래 금액을 지불 정지당한 상태였다.

대우는 이란에서 확고한 신뢰를 구축하며 한국의 이익을 지켜냈던 것이다. 이 모두가 어려울 때 의리와 신용을 지키려 했던 대우의 신의가 있었기에 가능한 것이었다. 당장의 위험을 피해 이란을 멀리했다면 결코 이런 성과를 얻지 못했을 것이다. 현지 시장에 끝까지 남아 신뢰를 쌓고, 확실한 정보를 얻어 위기 극복의 방법을 찾아냈기에 대우는 그 과실을 맛볼 수 있었다.

그 같은 거래에서도 김우중 회장의 앞을 내다보는 전략적 판단과 결단이 결정적이었음은 두말할 나위가 없다. 나는 이란에서 쌓은 수출 성과를 인정받아 대통령으로부터 무역의 날 산업포장을 수상하기도 했다.

신뢰는 문제 해결의 열쇠

이란과 대우 사이의 깊은 신뢰는 대우자동차와 이란 사이의 묵은 갈등을 해소할 때에도 큰 힘을 발휘했다.

이란에서 내가 해결해야 할 또 하나의 과제는 자동차 합작법인 문제였다. 대우자동차와 이란은 합작으로 자동차 현지 법인을 설립하기로 했는데 MOU를 맺은 지 2년이 지나도록 사업이 진척되지 못하고 있었다. 문제의 원인은 이란 측에서 자동차 판매대금 1억 달러 가운데 1천만 달러를 입금하지 않은 데 있었다. 나는 미수금을 대우의 자본금으로 전환하는 방법을 떠올렸다. 대우의 지분을 34%에서 49%로 올리고, 미수금 1천만 달러를 모두 갚을 때까지 대우가 경영을 하자는 것이 내 복안이었다.

이를 김우중 회장에게 보고하니 김 회장은 재가를 해주었다. 이란 측에서도 처음에는 갸우뚱했지만 서로의 이점을 자세히 설명해주자 결국 받아들였다. 당시 외국인 회사에게 40% 이상의 지분을 주지 않던 이란이었다. 그들을 설득할 때 그동안 쌓은 신뢰가 없었다면 결코 성사될 수 없는 일이었다.

해결방안이 마련되자 자동차 조립공장 및 페인트공장 건설이 즉시 재개되고, 드디어 자동차 조립공장을 가동할 수 있었다.

사막 한가운데에 세운 신도시

합작법인을 건설하면서 대우는 케르만 주에 위치한 준사막지대의 불모지를 개발해 신도시를 건설했다. 650만 평 규모의 신도시였다. 합작법인의 현지 공장도 이곳에 들어섰다. 도시에 필요한 기본 인프라가 모두 갖추어지고, 거기에 자동차 조립공장과 페인트공장, 엔진공장과 대형 창고 등이 속속 자리를 잡아나갔다. 연이어 부품공장이 들어서고 직원들을 위한 주택도 들어섰다. 이란 정부로부터 자유무역지대 허가도 받았다. 신도시 입구 정문에 세운 탑에는 커다란 대우 로고와 마크가 선명했다. 본부 건물 앞에는 태극기와 대우 깃발이 펄럭였다. 그 지역의 반은 대한민국의 실질적 영토나 마찬가지라는 생각이 들었다. 사막 한가운데에 오아시스를 세운 듯했다.

이란 자동차 법인은 대우자동차가 해외에 투자한 해외 합작법인 중 가장 적은 비용의 투자로 가장 큰 순이익을 창출한 대표적인 사례에 해당한다. 대우가 투자한 금액은 1,200만 달러에 불과했다. 그리고 불과 몇 년 후 합작법인은 자산만 해도 1억 달러에 달하게 됐다. 이란에는 일찍이 자동차 생산 기반이 있었지만, 전쟁 와중에 다 망가지고 말았다. 그러다 보니 길거리에 나가면 전부 20년 이상

된 자동차가 대부분이었다. 이런 상황이라 우리가 만드는 자동차는 수요가 엄청났다. 주문이 폭주하다 보니 우리는 소비자로부터 6개월 전에 미리 돈을 받아 본사에 주문한 다음 부품이 공급되면 그것을 조립해서 고객에게 인도하는 식으로 사업을 진행했다. 본사는 본사대로 현지 법인은 현지 법인대로 이익이 쌓여갔다. 2~3년 후에는 현지 법인만 5천만 달러의 순이익을 냈다. 이러한 성과를 통해 이란 자동차법인은 대우자동차가 어려웠던 시기인 1997년부터 2003년 사이에 대우자동차의 수익창출에 크게 기여했다.

그런데 대우자동차가 GM에 인수되고 나자 본사로부터 물량공급이 끊어졌다. 나는 대우 본사에 지속적인 물량공급을 요청했다. 하지만 미국기업인 GM이 인수한 상황에서 이란이 미국의 규제 국가라 공급이 어렵다는 것이었다. 현지 법인의 사업성은 충분했고 재산가치만 해도 엄청나게 늘어 있었다. 나는 GM 본사는 물론 대우자동차의 채권금융기관과 관련 정부부처 등을 상대로 설득을 거듭하며 백방으로 사업이 지속될 방안을 찾아보았지만 결국 허사가 되고 말았다.

더 이상 어떻게 할 수 있는 것이 없었다. 눈앞에 보이는 재산을 속수무책으로 포기해야 한다고 생각하니 너무 아까웠다. 그동안 대우가 이란의 사막에서 고생했던 일들이 떠오르고 공든 탑이 무너지듯 합작회사를 그대로 포기해야 하는 현실이 안타까웠다.

결국 나는 한국으로 돌아와야 했다. 이란에 주재하는 동안 8년이란 시간은 이런 우여곡절 속에서 눈 깜짝할 사이에 지나갔다.

얼마 만의 귀국인가? 미국지사로 첫 발령을 받고 한국을 떠난지 실로 23년 만의 귀환이었다. 30년 대우에서의 직장생활 중 해외에서 보낸 시간이 23년이라니……. "보다 번영된 다음 세대를 위해 한 세대는 희생을 감수해야……." 김우중 회장의 기업정신에 매료된 젊은 산업전사에겐 …… 길지만 오히려 짧은 시간이었고, 힘도 들었겠으나 신나고 그만큼 보람도 있었다.

눈앞에 펼쳐진 조국의 짙푸른 산과 들, 잘 정비된 도시와 정겨운 농촌의 모습을 보면서 내 가슴은 울렁거렸고, 외국손님들에게도 부끄럽지 않게 보여줄 수 있는 조국의 발전된 모습을 보면서 눈시울이 뜨거워졌다. 그것은 기쁨과 감격의 눈물이었다. 그러나 한편으로는 머나먼 사막에서 피땀 흘려 만든 우리의 재산을 다른 나라에게 넘겨주어야만 했던 회한도 들어 있었다.

열정과 정열을 가지고 산 나날들은 이제는 추억으로 남았지만, 회사와 조국을 위해 최선을 다했다는 긍지와 자부심은 영원히 내 가슴속에 간직될 것이다.

기회는
두 번 오지 않는다

_ 종합상사의 태동

윤원석

개발부라는 부서가 있었다. 새로운 수출상품을 개발해 수출시장을 개척하는 조직이다. 이곳에서는 국내에 존재하지도 않는 제품을 개발해 수출하기도 했다. 수출 특공대라 할 수 있는 이 부서는, 부단한 노력으로 다양한 수출상품을 발굴해 대우가 종합상사로 발돋움하는 원천이 됐다. 신입사원 윤원석에게 개발부가 처음 맡긴 아이템은 캠핑 굿 (camping goods), 즉 등산용품이었다. 국내에서 만들어본 적도 없다는 배낭 샘플 하나만 들고서 부품과 소재를 일일이 발굴해 꿰맞춰 마침내 그는 수출 오더를 받아내는 데 성공했다. 출근 첫날부터 시작한 도전이 큰 성공으로 이어지는 순간이었다. "도전하는 자세만 잃지 않는다면 절대 깨지지 않는다."

윤원석
1941년에 서울에서 태어나 경기고등학교, 서울대학교 행정학과를 졸업했다. 1972년부터 1998년까지 대우에 봉직하면서 동우개발 사장, 경남기업 사장, 대우건설 사장, 대우조선공업 사장, 대우중공업 회장 등을 역임했고, 현재는 대우학원 이사장에 재직 중이다.

NO로 끝난 첫날의 업무

수출입국의 선두 주자로서, 대우실업이 대한민국의 경제사를 새로 쓰기 시작한 지 5년째 되던 1972년 6월 1일에 나는 대우실업의 '개발부'에 첫 출근을 했다. 출근하자마자 나에게 주어진 임무는 미국 바이어 상담이었다.

"미국 제이시페니(JC Penney) 측 바이어가 옵니다. 한국에 '캠핑 굿(camping goods)' 상담을 하러 오는 길에 우리 회사를 방문해요. 미국 제이시페니는 시어스로벅(Sears Roebuck)과 함께 세계에서 가장 큰 백화점이에요. 바이어에게 보여줄 견본부터 만드세요. 시간이 없어요. 서두르세요."

지금은 미국에서 월마트(Wal-Mart)가 1위이지만 1970~1980년대만 해도 시어스로벅이 세계 제1위, 제이시페니가 세계 제2위였다. 제이시페니는 뉴욕에 본사를 두고 미국 50개 주에 1,050여 개의 점포를 가지고, 종업원만 18만 5천여 명에 이르고 1년 매출액이 90여억 달러를 자랑하는 80년 전통의 유명 백화점이었다.

당시 대우실업은 시어스로벅이나 제이시페니에 섬유제품을 수출하고 있었다. 대우 개발부는 세계 유명 백화점에 캠핑 굿을 납품할 계획을 세우고, 그 일로 제이시페니 바이어의 한국 방문을 기다리고 있었다.

"바이어는 언제 오죠?"

"바이어는 이달 15일에 도착합니다."

회사 분위기를 익히기도 전에, 미국의 바이어와 상담해야 했던 나는 '이달 15일'에 바이어가 도착한다는 말을 듣는 순간 앞이 캄캄해졌다.

"……."

준비할 시간은 보름도 채 남아 있지 않았다. 시간도 시간이지만 더 큰 문제가 있었다. 그것은 바로 내가 '캠핑 굿'이 무엇인지 전혀 모른다는 사실이었다. 나뿐만 아니었다. 요즘과 달리 그때만 해도 한국에서 캠핑 굿을 아는 사람이 드물었다.

"그런데 저는 캠핑 굿이 무엇인지도 모릅니다. 캠핑 굿이 무엇이죠?"

"사실은 나도 몰라요."

"그게 무슨 말씀이세요?"

"여기 제이시페니의 백팩(backpack) 오리지널 샘플이 하나 있어요. 바이어는 이 샘플과 똑같은 상품을 우리가 백화점에 납품할 수 있는지 의뢰하고 있어요. 우리가 이것을 한국에서 만들어 납품할 수 있다고 바이어를 설득해 주세요."

그 순간 나는 난생처음으로 백팩 오리지널을 보았다.

"원단이 '나일론 옥스퍼드 420데니아(생사, 인조사, 나일론 등의 굵기 표시 단위)'예요. 우리나라에 없는 원단이죠. 우리나라에 수요 자체가 아직 없으니까 생산한 적이 없어요. 420데니아는 고사하고 나일론 옥스퍼드를 생산하는 업체도 없어요."

갈수록 태산이었다.

"그럼 어떡하죠?"

"동양나일론의 수출부장이 내 친구예요. 그 친구한테 부탁해서 나일론 원단은 내가 만들어 볼 테니 나머지는 윤 대리가 챙겨줘요. 이번 상담은 우리에게 쉽지 않은 기회에요. 어떻게든 준비하세요."

당시 한국에서 나일론을 생산하는 곳이라고는 한국나일론(지금의 코오롱)과 동양나일론뿐이었다. 이석용 담당 이사가 동양나일론의 수출부장에게 부탁하여 420데니아의 나일론 원단을 짜 왔다. 원단을 구했으니 이제 그 원단으로 가방을 만들 차례였다. 한손에 어렵사리 주문 생산한 나일론 원단을 들고, 다른 한 손에는 미국에서 온 샘플 백을 들고 남대문 일대를 누볐다. 재봉틀 한두 대만 놓고 텐트를 만드는 조그만 가게 하나가 눈에 띄었다. 그 가게로 불쑥 들어갔다.

"사장님, 여기 이 오리지널 백 좀 보세요. 이것과 똑같은 백팩을 만들 수 있으세요?"

"글쎄요?"

"부탁합니다."

"그런데…… 이걸 왜 만들어요?"

나는 앞뒤 경황을 솔직하게 설명했다.

"사장님, 이 가방 못 만들면 저는 회사에서 잘립니다. 제발 좀 살려 주세요."

아무래도 자신이 없어하는 가게 주인한테 사정사정하며 원단과 샘플을 떠넘겼다. 처음에는 곤란해하더니 내가 물러나지 않자 한 번 해보기는 하겠다고 대답했다. 다행히 그 가게에서 샘플과 거의 비슷하게 재봉하여, 가방을 하나 만들기는 만들었다. 대한민국 최초이자 단 하나밖에 없는 캠핑 굿은 그렇게 해서 태어났다.

이제 문제는 액세서리. 샘플 가방에는 알록달록한 액세서리가 다양했다. 하지만 아무리 눈을 씻고 찾아봐도 그런 걸 팔거나 만드는 가게가 안 보였다. 왜 아니겠는가. 미군 부대에서 흘러나온 중고품 군용 텐트나 군용 배낭을 수리해서 팔던 텐트 가게들이 전부이던 때였다. 결국 시장에서 액세서리를 구할 수 없었다.

그렇게 속만 태우는 사이에 바이어가 한국에 도착했다.

바이어가 도착하는 날. 우리가 준비한 샘플이라고는 액세서리가 하나도 안 달리고 재봉만 엉터리로 마감한 가방 하나와 나일론 원단 한 뭉치, 그리고 알루미늄 파이프 1m짜리 한 도막이 전부였다. 물론 나로서는 그나마도 쉽지 않게 마련한 것들이었다. 그걸 들고 바이어를 만나러 나서는데, 캠핑 굿을 잘 모르는 내 눈에도 어설프기 짝이 없었다.

상담 테이블에서 바이어와 마주앉았다. 우리가 준비한 물건을 보는 순간, 바이어는 충격을 받는 눈치였다. 그는 어이없다는 듯 우리 쪽을 바라보았다.

"······."

당시 한국에는 제이시페니 사무소가 따로 없었다. 오사카의 제이시페니 사무소에서 일본과 한국을 관리할 때였다. 미국 바이어를 서울까지 일부러 안내한 오사카 사무소의 담당자는 몸 둘 바를 몰라 했다.

"NO!"

바이어는 첫 마디에 "NO!"라고 했다. 혹시나 하다가 역시나 "NO!"라는 소리를 듣는 순간, 나는 가슴이 철렁 내려앉는 듯했다. 첫 출근을 하자마자 이리 뛰고 저리 뛰며 샘플을 준비한 시간들이 그의 "NO!"라는 한마디에 물거품이 되고 있었다. 나는 우두커니 바이어를 바라보았다.

"이 샘플은 저희 회사 샘플이 아닙니다."

"아니, 그게 무슨 말씀이세요?"

처음에 나는 내 귀를 의심했다. 기껏 만든 샘플이 제이시페니의 샘플이 아니라는 것이 아닌가. 그가 설명하는 목소리가 귓가에서 울릴 뿐, 어안이 벙벙했다.

"······."

엉뚱한 샘플에, 알루미늄 프레임도 없고, 봉제 워크맨십 (workmanship: 제작기술)도 시원치 않았다. 생각해보니 아무리 원단이 좋고 재봉을 잘 했어도 "NO!"라고 할 판이었다. 나는 말문이 막혔다. 바이어를 몰라도 너무 몰랐던 나는 "우리 이런 원단도 짤 수 있고, 알루미늄도 만들 수 있다. 그러니 무조건 믿고 우리에게 오더를 다오"라고 배짱을 부리는 꼴이었다. 상담이 진행될 리 없었다.

개발부 일을 계속하다보니 나중에 저절로 알았지만, 외국인 바이어들은 백화점에서 물건을 고르듯이 상담을 했다. 자기 마음에 딱 맞는 물건이 있을 때 흥정을 해 보고 사든지 사지 않든지 결정한다. 그렇게 영업을 하는 바이어한테, 지금은 물건이 없지만 나중에 마음에 드는 물건을 만들어 보일 자신이 있다고 아무리 설득해도 소용이 없는 노릇이다. 바이어는 미래의 가능성을 보고 오더를 하지 않기 때문이다.

그날 만난 바이어는 '피터 크로우'라고 캠핑 굿 업계에서 유명한 사람이었다. 첫인상이 점잖아 보였다. 그는 트집 잡는 소리를 더 이상 하지 않았다. 다만 "이 물건은 우리 회사 샘플이 아닙니다. 상담 준비가 안 된 듯하니, 준비를 제대로 한 뒤에 다시 상담합시다"라고 점잖게 얘기했다. 화가 많이 났을 텐데 내색을 안 했다. 애초에 한국에 올 생각이 없었는데, 한국에 좋은 소스가 있다고 일본 레지던트 바이어(resident buyer: 상주 구매자)가 여러 번 설득해서 일부러 온 길이었다고 했다.

나의 대우실업 첫 업무는 그렇게 해프닝에 그쳤다.

대한민국 최초의 백팩

피터 크로우와 우리는 약속을 다시 잡았다. 제이시페니의 샘플도 다시 받았다. 막상 샘플을 받아보니 달라도 전혀 다른 상품이었다. 나는 바이어 상담을 처음부터 다시 준비했다. 똑같은 실수를 두 번 하지 않는다는 각오로 뛰었다.

우선 알루미늄 프레임과 나일론 원단이 필요했다. 그런데 제이시페니에서 요구하는, 백팩의 알루미늄 프레임이나 나일론 원단을 만들어본 사람이 한국에는 아무도 없었다.

그렇다고 포기할 수는 없었다. 전국 공장을 백방으로 찾던 중에 '남선알미늄'이라는 회사를 소개받았다. 창틀, 창문 섀시 압출을 하는 회사로, 대구 동촌 비행장 근처에 있었다. 옛날에는 냄비를 만들다가 압출을 시작한지 얼마 안 되지만, 알루미늄 프레임도 압출로 가능할 것 같다며 한번 만들어보겠다고 했다. 그러면서도 처음 해보는 일이라 자신이 없어 하여 내심 불안했는데, 납품해 온 물건을 보니 용케도 그럴 듯했다. 알루미늄 프레임은 남선알미늄한테 맡기면 되겠다는 자신감이 생겼다.

이번에도 원단을 동양나일론에 부탁했다. 그런데 뜻밖에도 거절을 당했다. 지난번에 원단을 일부러 해 주었는데, 오더가 안 왔다면서 툴툴거리기만 했다.

"원단 짜기가 쉬운 줄 알아요?"

시간을 다투는 일이었다. 지체할 수 없어서 그 길로 한국나일론으로 향했다. 곧바로 한국나일론을 방문하기는 했는데 아는 사람이 없었다. 그렇다고 물러날 수 없었다. 체면이고 뭐고 가릴 형편이 아니었다. 우선 부딪혀보자고 마음먹고, 맨땅에 헤딩하는 마음으로 다짜고짜 해당 부서로 불쑥 들어섰다. 어디서 그런 용기가 났는지 모르겠다.

누구든 붙들고 부탁할 생각이었다. 하지만 막상 가보니 마음 같지 않았다. 낯설기만 하여 두리번두리번 하고 있을 때였다. 직원 한 명이 나한테 다가오는 것이 아닌가. 그러더니 그가 먼저 나한테 인사를 했다.

"안녕하세요?"

아무리 봐도 나는 잘 모르는 사람인데, 그는 나를 잘 아는 듯이 반가워했다. 자기소개를 들어보니 대학 1년 후배였다. 내심 그가 그렇게 고마울 수 없었다.

"선배님, 저희 회사에는 어쩐 일로 오셨어요?"

원단이 필요해서 동양나일론에 갔다가 거절을 당해서 찾아왔다고 자초지종을 털어놓았다.

"한국나일론에서도 거절을 당하면 곤란해져요."

비록 후배지만 최대한 공손하게 부탁했다. 아니, 절절매다시피 했다. 내 설명을 끝까지 들으면서 그의 표정이 점점 굳었다. 그런 그의 눈치를 살피면서 나는 간이 졸아드는 듯했다.

"선배님, 동양나일론에서 거절한 데는 그만한 이유가 있어요. 원단을 한 로트(lot) 걸면 다른 작업을 중단하고 그 일만 해야 하거든요. 원단은 로스도 많고, 또 물감도 새로 들어가요. 한 번에 최소한의 염색 단위만큼 짜야 해요."

"염색 단위라면, 얼마나 짜야 되죠?"

"최소한 500야드는 짜야 해요."

"잘 알았습니다. 그럼, 500야드를 짜주십시오."

"정 그러시면 …… 선배님의 부탁이니 짜드리지요. 그렇기는 하지만 공짜로는 안 됩니다."

"좋아요. 돈을 지불하겠습니다. 단, 나도 조건이 있어요. 바이어와 상담이 잘 되어 오더를 받으면, 그때는 샘플 원단값을 돌려주기로 약속해 주십시오."

"알겠습니다. 그렇게 계약을 하지요."

알루미늄 프레임과 나일론 원단은 그렇게 준비했다. 이번에는 멜빵, 즉 웨빙(webbing)을 준비해야 했다. 그때만 해도 동양나일론도 한국나일론도 그런 물건은 생산하지 않을 때였다. 그걸 만들 업체를 찾아 백방으로 수소문했지만 쉽지 않았다. 하루는 종로5가 동대문 극장 근처에서 군용품을 파는 가게에 가보라는 소개를 받았다. 혹시나 싶어 그 가게에 가보니 비슷한 멜빵이 눈에 띄었다.

한국나일론에서 원단을 짤 때처럼, 바이어한테 오더를 받으면 하청을 주고, 오더를 못 받으면 샘플 제작비용을 지불하는 조건으로 멜빵을 부탁했다.

이제 마지막으로 남은 문제는 액세서리. 샘플에는 버클이니 링이니 하는 장식들이 배낭에 줄줄이 달려 있는데, 그런 걸 만들어본 경험이 아무도 없었다. 하늘이 무너져도 솟아날 구멍이 있다던가. 아일레트만 있으면 가능하다는 사실을 알게 됐다. 수소문 끝에 회현역 못미처 조그만 가게를 소개받아 찾아가, 가로수 밑에 앉아 상담을 했다.

"그런 걸 만들 사람이 꼭 한 사람 있기는 해."

그 가게 주인의 소개로, 동대문 최 아무개라는 노인을 만날 수 있었다. 최 아무개 노인을 만나보니, 각각 사이즈에 맞게 제대로 샘플을 하려면 금형을 만들어야 한다는 것이 아닌가.

"알겠습니다, 할아버지. 금형을 만들어 주세요."

대한민국 최초의 백팩은 그렇게 해서 겉모양이나마 갖추어갔다.

끝까지 포기하지 않아

알루미늄 프레임은 대구에서 만들고, 나일론 원단은 한국나일론에서 짜고, 멜빵은 종로5가 군용품 가게에서 하고, 액세서리 금형은 동대문 최 아무개 노인이 금형을 떠서 만들기로 하고 발주를 하기로 했다. 예산을 뽑았더니, 50만 원 정도 비용이 발생했다.

"뭐야, 이건 너무 비싼걸!"

예산을 뽑다보니 슬그머니 걱정이 올라왔다.

"괜히 일을 크게 저질러서 헛돈만 쓰면 어쩌지?"

당시 대우는 다른 기업보다 급여 수준이 높은 편으로, 신입사원 월급이 4~5만 원이었다. 그러니까 백팩 1개 개발 비용이 신입사원 1년 치 월급과 맞먹었다. 요즘 돈으로 계산하면 4천~5천만 원에 해당했다.

등산용 가방 하나를 개발하는 비용이 4천만 원이라니, 과해도 많이 과하다 싶었다. 그렇다고 결재를 올리지 않을 수도 없었다. 그런데 김우중 회장은 그걸 곧바로 결재했다. 이런 걸 왜 하느냐, 무슨 돈이 이렇게 많이 드느냐, 라고 한마디 물어볼 만도 한데 질문 한마디 없이 결재가 났다.

이 사람 저 사람한테 발주하는 나도 그렇고 해당 부분을 맡은 사람들도 그렇고 난생처음 해보는 일이었다. 우여곡절 끝에 샘플이 나왔다. 첫술에 배부르지 않다더니, 프레임은 강도가 약하고, 열처리며 용접 기술이 거칠었다. 천신만고 끝에 한두 개 건진 프레임으로 가방을 만들어 쇼룸에 진열해 놓고 바이어를 다시 만났다.

긴장된 마음으로 바이어의 반응을 살폈다.

"어디 한번 볼까요?"

바이어는 프레임을 번쩍 들더니 바닥에 탁탁 내리치기 시작했다. 우리는 깜짝 놀랐다. 샘플 하나를 만드느라 투자한 돈이 얼마고, 시간이 얼마인데, 저걸 바닥에 함부로 치는가 싶었다. 정신이 다 아뜩해졌다.

"아니, 왜 그러세요?"

"백팩은 크게 두 가지예요. 하나는 등산갈 때 쓰는 조그마한 가방이죠. 그걸 데이백(day bag)이라고 해요. 가까운 산에 놀러갔다 올 때 메는 가방이죠. 또 하나는 오버나이트 백(overnight bag)이에요. 오버나이트 백은 보통 20~30kg을 져요. 30kg짜리를 지고 가다가 바위에 앉아 쉬려고 할 때 배낭을 얌전히 내려놓는 사람은 드물어요. 지쳐서 털썩 주저앉죠. 그렇게 털썩 주저앉으면 백팩이 바위나 바닥에 떨어진다고요. 그럴 때 견딜 수 있어야 해요. 열처리가 모자라면 문제가 생겨요."

설명을 듣고 보니 과연 바이어가 옳았다. 우리가 만든 샘플은 견고하지 못했다.

"다시 하겠습니다."

다음 약속을 잡고 샘플을 다시 만들기 시작했다. 이런 식으로 상담을 할 때마다 캠핑 굿에 대해 지식을 넓히면서 여러 차례 반복해서 샘플을 만들고 또 만들었다.

고생 끝에 낙이 오다

1972년 6월 중순에 처음 만났던 제이시페니는, 몇 차례 상담 끝에 1973년 봄에 드디어 오더를 냈다. 놀랍게도 한꺼번에 100만 달러가 넘는 오더였다. 합격 판정을 받았던 것이다. 제이시페니가 오더를 하자 시어스로벅도 오더를 내기 시작했다.

그렇게 오더를 받아 수출을 시작했고, 처음에는 하청공장에서 물량을 소화했다. 그 과정에서 바이어를 자주 만났고 그때마다 캠핑 굿에 대해 전문적으로 더 많이 알게 됐다. 캠핑 굿을 제대로 하려면 재봉틀도 특수 재봉틀을 써야 하고, 이런 저런 시설을 다 갖춰야 한다는 판단이 섰다. 하청공장만으로는 한계가 있었던 것이다. 그래서 부산에 자체 공장을 마련하기에 이르렀다.

나중에는 캠핑 굿만 가지고 연간 3천 만 달러 남짓 수출했다. 텐트가 '섬유 쿼터' 품목이었던 점도 유리하게 작용했다. 한국의 다른 메이커는 캠핑 굿 분야에서 아무 실적이 없었다. 대우가 매번 95~96%정도 쿼터를 가졌다.

그것은 바이어를 처음 만났을 때 "NO!"라는 말을 듣고 포기했다면 결코 이룰 수 없는 성공이었다. 어떤 상황에서 "NO!"라고 할 때 포기하지 않고 다시 도전하면 마침내 아름다운 결실로 이어진다는 사실을 그때 나는 체험했다. 그 같은 체험으로 나는 어떤 어려움도 이겨낼 수 있다는 자신감을 얻었고, 그 자신감은 도전정신으로 이어졌다. 바로 그 도전정신은 대우에 입사한 나의 첫 마음이 되어, 여러 가지 악조건을 돌파하는 데 큰 힘이 됐다.

당시에 나는 개발부 팀원들한테 "뭐든지 두 번 볼 생각하지 말자"라고 자신 있게 말할 수 있었다. 기회는 두 번 오지 않는다. 두 번 볼 생각 하지 말고, 어떤 기회든지 기회가 오면 끝까지 포기하지 말자고 역설했다.

아침 8시에 개발부에 출근하면 1시간 동안 사무실 업무를 처리했다. 다른 회사들이 출근하는 아침 9시까지 지사에서 들어온 텔렉스를 확인했다. 텔렉스가 1~2m씩 들어올 때였다. 텔렉스 보고 직원들한테 업무를 지시하고 그날 방문해야 할 업체들을 골랐다. 그때는 《업체총람》이라는 책이 있었다. 그 책에는 메이커 별로, 품목별로 리스트가 정리되어 있었다. 주소, 공장, 생산능력(capcity) 등이 게재되어 있는 《업체총람》을 참고해 그날 방문할 리스트를 뽑았다.

우선 전화를 걸어 약속을 잡았다. 일단 만나면 "대우는 10개의 해외 조직망과 훈련된 세일즈맨을 가진 회사입니다. 여러분이 만든 제품을 해외에 수출해 드리겠습니다. 여러분이 직접 해외 마케팅을 하면 최소한도 마케팅 비용이 제품가의 7~8% 들지만, 대우의 해외 조직과 인력을 활용하면 3%로 수출을 할 수 있습니다"라고 대우를 소개하고 무역 상담을 시작했다.

"수출 대행료 3%를 주면 여러분들이 7~8% 들여서 하는 해외 마케팅을 대우가 대신해 드립니다. 여러분은 대우를 여러분 회사의 수출부로 활용해 주십시오."

그때 개발부가 정한 수출 대행료는 3%였다. 최근까지도 우리나라의 무역 대행료는 기준이 3%였다고 기억한다.

대우를 세상에 알리다

개발부는 내가 입사하기 2달 전에 새로 생긴 부서였다. 개발부가 생기기 전까지 대우는 섬유만 수출했다. 개발부는 섬유 이외의 상품을 취급하기 시작했다. '개발'이라는 말이 조금 이상하지만 섬유만 취급하던 회사 입장에서는 섬유 이외의 상품은 개발 품목으로 인식됐다.

첫 출근을 했을 때 개발부 직원은 여직원 1명과 남직원 1명, 그리고 과장인 나와 이사님 한 분이 전부였다. 다른 사원들은 모두 섬유 쪽에 종사하고, 개발부 소속 4명만 섬유가 아닌 분야를 감당했다. 비록 4명으로 출발했지만 굉장히 활발하게 움직였다. 우리는 국내 생산품을 해외 수출 전선에 끌어내려고 노력했고, 1년 만에 상품 군이나 비즈니스 라인에 많은 성과를 냈다.

개발부는 사람도 모자라고 손도 모자랐다. 일은 무한대였다. 왜 아니었겠는가? 눈에 보이는 모든 물건이 수출의 대상이었다. 별의

별 물건을 다 수출했다. 입사하여 내가 처음 만진 품목들 중에는 장난감(toy)도 있었다. 봉제완구인데 다른 회사 상품을 대행해서 수출을 많이 해주었다. 한때는 대우가 봉제완구 수출을 한국에서 가장 많이 할 때도 있었다. 웬만한 잡화는 다 취급했던 나는 시계도 수출했는데, '국제전광'이라는 시계회사제품을 호주에 수출한 적도 있다.

"대우가 여러분의 기업을 도와줍니다."

"여러분들이 생산한 상품을 대우가 수출하겠습니다."

회사 밖에서 업체 사람들을 만날 때마다 매번 이렇게 역설했다. 그것은 상사 기능에 대한 설명이기도 했다. 그때만 해도 상사가 무엇을 하는지 모르는 사람들이 많았다.

"대우는 해외에 지사가 10개나 있습니다. 해외지사를 통해 여러분이 만든 상품을 외국 사람들한테 판매하겠습니다"라고 설명해도 잘 알아듣지 못했다. 사실 당시 한국에는 대우처럼 해외지사가 많은 회사가 없었다. 더러 해외지사가 있는 회사도 있었지만, 비즈니스를 위한 지사가 아니었다. 대부분의 지사들은 오너 자녀들을 보살핀다든지, 오너가 해외에 왔다 갔다 할 때 신경 쓰는 정도였다. 그리고 해외에서 원자재나 수입할 때 원자재 수입 창구 역할이 고작이었다.

"대우실업의 해외지사들은 수출 위주의 활동을 합니다. 한국의 기업들 가운데 수출을 주요 업무로 한 지사는 대우지사밖에 없습니다."

그런 정황을 설명하고 수출을 대행해 주겠다고 하면, 우리를 사기꾼 집단이 아닌가 하고 갸우뚱하는 사람도 있었다. 대우가 1971년에 2,500만~2,600만 달러를 수출할 때까지도 대우실업을 무역업계에서는 아는데 일반 사람들은 아직 잘 몰랐기 때문이었다. 명함을 들고 업체에 가면 대우실업을 모르는 사장들도 많았다.

1972년에 대우가 5천만 달러를 수출하고, 수출 실적 4위가 되고, 김우중 회장이 금탑훈장을 수상했다. 그러자 상황이 달라졌다. 그때부터 대우실업이 유명해진 것이다. 대우실업이 무엇하는 회사인지 설명할 필요가 없어졌다. 대우실업을 모르는 사람이 없는 듯했다. 금탑훈장이 대우실업을 홍보해준 셈이었다. 그때는 금탑훈장이 대단한 뉴스였다. 대우실업이 금탑훈장을 탔다는 기사가 며칠간 연일 신문에 나왔다.

당시 사무실이 명동에 있었다. 금탑훈장을 수상한 기념으로 축하파티를 했다. 명동 국립극장 앞 한일관이라는 불고기 집 4층 하나를 빌려서 고생을 자축했다. 전체 직원이 채 200명이 안 되던 때였다.

내가 첫 출근을 했던 개발부는 불과 1년만인 1973년에 2개 부서로 확대되고, 대우실업이 1975년에 종합상사로 발전하는 모태가 됐다.

2

창조정신

시간은 아끼되 땀과 노력은 아끼지 않는다

창조(創造) : 새로운 성과나 업적, 가치 따위를 이룩함

꿈이 있는 자만이 성취를 이룰 수 있는 법이다. 대우를 창업할 당시 서른 안팎의 '무서운 아이들'에게는 남다른 꿈이 있었다. 그들은 국내기업들이 하지 않는 사업을 통해 비즈니스의 새로운 길을 열고 싶었다. 그래서 선택한 것이 수출과 금융이었다. 그들은 좁은 국내시장에 안주하지 않고 해외로 나가 세계적인 무역과 금융 복합기업을 만들고 싶었다. 사업 초기에 대우의 꿈은 하나씩 이루어져 나갔다. 그러나 중화학공업화를 추진하던 정부의 요청으로 대우는 부실기업들을 인수하면서 그 꿈을 잠시 보류하게 됐다. 그리고 1990년대 들어 그들은 '세계경영'이라는 이름의 큰 꿈을 다시 추구하기 시작했다. 따라 하기보다는 남이 하지 않는 것을 하고 이왕 할 바에는 최선을 다하려는 자세가 대우가 말하는 창조정신이다.

새로운 길을
열다

_ 친구와 사업 동지가 되어 성공을 일궈낸 대우의 창업기

이우복

나이 서른에 수출회사를 창업할 때 김우중 회장이 가장 먼저 한 일은 친구 이우복을 찾아가 함께할 것을 권유한 일이었다. 김우중과 이우복은 바늘과 실 같은 존재였다. 경기고 재학시절부터 단짝 친구인 둘은 대학도 같이 다니더니 사회에 진출한 다음 결국 운명처럼 다시 만나 함께 대우를 설립했다. 두 사람에게는 한 가지 공통점이 있다. 둘다 일벌레라는 점. 회사에 필요한 일이라면 둘은 밤과 낮, 새벽을 가리지 않았다. 친구관계를 넘어 동지적 책임감으로 일했던 그들의 이야기는 과연 우리 주변에 믿음직한 친구가 얼마나 존재하는지를 새삼 되돌아보게 한다.

이우복
1936년 충청남도 서천에서 태어나 경기고등학교, 연세대 정치외교학과를 졸업했다. 1963년 금성방직에 근무하던 중 1967년 대우그룹 김우중 회장과 뜻을 같이해 대우를 창업했다. 1996년까지 대우에 봉직하면서 대우실업 사장, 대우그룹 부회장, 대우인력개발원 회장, 고등기술연구원 이사장 등을 역임했고, 줄곧 그룹의 관리 및 재무총괄 기능을 담당했다. 1997년 대우그룹 퇴임 후에는 신성통상 회장을 역임했다. 고서화 및 미술 작품에 대한 식견이 높아 전문 컬렉터 수준이며, 저서로 《옛 그림의 마음씨 – 애호가 이우복의 내 삶에 정든 미술》이 있다.

끊임없이 도전하는 타고난 성격

사람들은 나를 가리켜 '대우의 안살림꾼'이라고 했다. 대우를 창립할 때부터 마지막까지 내가 줄곧 회사 경영에 필요한 내부 일을 도맡아왔기 때문이다. 어느 기업이든 장기간 이런 일을 맡아 하려면 최고경영자의 각별한 신뢰가 필수적이다. 나 역시 김우중 회장과 고교시절부터 맺어온 우정이 있었기에 그런 역할이 가능했다.

김우중 회장과 나의 인연은 6·25 전쟁 중 임시 천막 학교에서 시작됐다. 그를 처음 만날 당시 나는 경기고등학교에 재학 중이었다. 그때는 6·25 전쟁 통이라 학교 수업도 정상적으로 이루어지지 못했다. 부산으로 피난한 경기고등학교는 대신동 천막 학교에서 수업을 진행하다가 내가 2학년이 돼서야 서울로 돌아올 수 있었다. 하지만 사정은 별반 다르지 못했다. 학교 건물이 포격을 맞아 이번에는 광화문 덕수초등학교 운동장에 세운 가건물에서 공부를 해야 했다. 좁은 공간에 두세 반 학생 150~200명이 들어차 공부를 하다 보니 교실 안은 콩나물시루를 방불케 했다.

바로 그 천막 교실에서 나는 김우중 회장을 처음 만났다. 당시 서울 분위기는 어수선하고 혼란스러웠다. 피난 갔다 돌아온 시민들은 기둥만 남은 집터 앞에서 망연자실했고, 부상을 입고 돌아온 상이군인들은 울분과 설움에 겨워 길목 여기저기에서 행패를 부려댔다. 무질서가 횡횡하는 사회 분위기 때문에 학교에서도 힘깨나 쓰는 학생들이 인기가 많았는데, 김우중 회장도 그런 학생 중 한 명이었다. 교실 뒤에서는 동급생끼리 싸움이 비일비재했고, 교실에 못 들어오는 학생에다 안 들어오는 학생까지 각양각색이어서 학교 분위기는 엘리트를 키워내는 교육의 터전이라 하기가 무색할 지경이었다. 이런 가운데 김우중은 학생들에게 상당한 영향력을 지니고 있었다.

내 자리는 늘 교실 앞쪽이었다. 하루는 누군가 뒤에서 학생들을 제치고 다가오는 소리가 들렸다. 김우중 회장이었다.

"내가 좀 지켜봤는데 너는 참 착실한 모범생 같다. 나도 공부가 하고 싶으니, 너랑 친구 해야겠다. 나하고 같이 다니자."

내 옆에 와서 멈추더니 다짜고짜 이렇게 말하는 것이었다. 진심인지 그냥 해보는 소린지 당황스러웠다. 김우중 회장은 이튿날도 그리고 다음 날도 진지하게 나를 찾아왔다. 결국 그와 나는 함께 숙제를 하는 사이로 발전했고 종내는 가장 친한 친구가 됐다.

충청남도 서천이 고향인 나는 방학 때가 되면 시골집에 내려가 거기서 방학을 보내곤 했다. 그 중 몇 번은 김우중 회장이 나를 따라와 우리 집에서 함께 방학을 보낸 적도 있었다. 천성이 부지런하고 자상했던 친구라 시골에 와서도 그는 가만있지를 않았다. 여기저기 농촌 풍경을 구경하러 다니고, 널따란 사랑방에서 함께 공부도 하고 바둑을 두기도 했다. 김우중 회장은 그때 처음으로 바둑을 배웠다.

그가 나와 처음으로 바둑을 둘 때는 아홉 점을 먼저 놓고 둘 정도로 현격한 실력 차가 있었다. 하지만 남에게 지고는 못 견디는 성격인지라 그는 열 판을 내리 지면서도 이기기 전에는 바둑알을 놓지 않았다. 나는 바둑을 그만두기 위해서라도 마지막에는 일부러 져주어야만 했다. 김우중 회장의 바둑 실력은 날로 늘어서 대학 시절에는 나의 호적수가 되어 곧잘 날밤을 새우는 때도 많았다.

고등학교를 졸업하고 우리는 둘 다 연세대학교에 진학했다. 그리고 거기에서 '성우회(成友會)'라는 독서 모임을 만들었다. 학교 수업만으로는 지식에 목마른 학구열을 충족할 수 없었기 때문이었다. 독서회 모임에는 경기고등학교 삼총사로 불린 김우중, 이석용, 나 세 명을 비롯해 이대수(연대 정외과), 최규철(서울대 법대), 그리고 이화여대와 서울대 법대 여학생 등 10여 명이 참여했다. 그 당시 성우회 멤버들은 지식의 빈곤에서 탈피하려는 욕망에 불타 있었다. 독서회 회원들은 매주 1회씩 모여 그 주에 읽은 책에 대한 독후감을 나누고 토론도 하며 좋은 책을 서로 돌려가며 읽곤 했다.

나는 대학을 졸업한 후 금성방직에 취직했다. 이내 능력을 인정받아 태평방직으로 이직했으며 월급도 꽤 받게 되어 안정된 생활이 이어졌다. 그때 태평방직은 경찰복에 쓰이는 천을 만들어 납품하고 있었는데, 나는 원단에 변화가 필요함을 느꼈다. 섬유는 염색이 햇빛에 바래지 않는 것과 압력에 얼마나 잘 견디느냐가 중요했다. 여름옷은 통풍이 중요해서 나는 세 가지를 종합해서 섬유를 연구하기로 했다. 1년여 동안 섬유검사시험소를 오가며 경찰복용 천을 새로운 천으로 대체하는 데 성공했다. 그 공로로 금성그룹(지금의 쌍용그룹)에서 일하게 됐다.

금성그룹으로 옮긴 후 군납을 담당했는데, 1년 만에 상당량의 주문을 늘렸다. 계속 높은 영업 실적을 올리자 시기하는 사람도 있었지만 회사로부터 탄탄한 신뢰가 쌓이기 시작했다. 회사 내 실세로 통하던 직속 부장이 나를 부르더니 캐비닛을 열어 보이며 "그동안 일을 잘해줘서 고마워. 앞으로는 필요할 때 이 돈을 마음대로 갖다 써. 보고하지 않아도 돼. 캐비닛의 돈이 줄면 '썼나 보다' 할 테니 업무추진에 알아서 써"라고 말할 정도였다.

내가 승승장구하고 있을 무렵, 김우중 회장이 나를 찾아왔다. 그러더니 다짜고짜 사업을 시작하기로 했다고 말했다.

"조그만 회사를 하나 차릴까 해."

"사업……? 그럼 나도 같이해야 되는 거냐?"

"너, 회사 그만둘 수 있니?"

"네가 사업을 하는데, 내가 이 회사에 죽치고 앉아 있으면 뭐 하냐?"

"실은, 그래서 너하고 의논하러 온 거야."

"좋아. 언제부터 시작할 거니?"

"벌써 시작한 거나 다름없어."

"그래? 그렇다면 난 오늘이라도 당장 사표를 내야 하겠구나."

막막한 사업 계획, 적은 자본금, 직원 하나 없이 시작하는 사업이었다. 하지만 나는 친구를 믿었다. 아니, 그의 강단 있는 성격을 믿었다. 우리 둘이 다시 뭉친다면 못할 게 없을 것 같은 기분마저 들었다.

금성방직에 사표를 제출하자 부장은 난리가 났다. 심지어 태평방직의 과장과 금성방직의 사장까지 나서서 붙잡았다. 하지만 나의 생각은 확고했다. 그렇게 서른 살의 나는 청년 김우중을 따라 대우 창업에 참여했다.

자본금 500만 원으로 시작한 사업

충무로 1가에 위치한 빌딩의 사무실 하나를 빌리고 '대우실업 주식회사'라는 간판을 붙였다. 출근 첫날, 나는 아침 8시에 사무실에 도착했는데 안에서는 이미 경쾌한 타이핑 소리가 흘러나오고 있었다.

"어서 와!"

"언제 출근했어?"

"7시. 자, 이쪽에 앉아. 이게 네 책상이야."

김우중은 자기 책상에 기역 자로 붙여놓은 중고 책상을 가리켰다.

"그나저나 난 무슨 일부터 시작해야 해?"

"우선 회사 설립하는 일부터 시작해줘. 그리고 경리를 맡아. 그 밖의 모든 일은 내가 맡을게."

"좋아. 그런데 남들이 보는 데서 '야' 할 수 없으니 '김 부장', '이 과장'이라고 부르자. 어때? 둘 다 부장 할 수는 없잖아."

"너 과장이면 부장한테 절절매야 한다. 알았어?"

"예예. 알아서 모시겠습니다, 부장님. 하하하."

"하하하하."

근무 첫날 우리가 한 일은 이러했다. 김우중 회장은 대도섬유의 수출 업무를 대행하고 동남아 일대의 바이어들에게 수출이 가능한 각종 원단 오퍼를 보냈다. 그리고 나는 모든 경리 업무를 맡아서 은행이며 대서소, 등기소를 부리나케 뛰어다녔다.

1967년 3월 22일, 대우실업 주식회사가 상법상의 법인등기를 필했다. 김우중을 비롯해 이우복, 도재환, 조동제, 황해정, 이석희, 도상훈, 정봉용 등 8명의 발기로 설립을 마쳤다. 자본금은 500만 원, 주식은 500원 액면가 1만 주였다.

회사 등기를 필하자마자 김우중 회장은 보름 예정으로 동남아 출장을 떠났다. 그런데 그는 일주일 만에 30만 달러의 계약을 성사시켜 돌아왔다. 나는 입이 딱 벌어졌다. 공정 환율이 270대 1이던 때이므로, 30만 달러면 얼핏 환산해도 7천만 원이 넘었다.

"갑자기 그렇게나 많이 수출을 할 수 있을까?"

"어떻게 해서든 해내야지."

김우중 회장은 낮은 목소리로 힘주어 말했다.

원자재를 구입해야 물건을 만들 수 있기에 우선을 돈을 마련하는 일이 시급했다. 하지만 은행에서는 대우실업을 반기기는커녕 만나주지도 않았다. 어떻게든 방법을 찾아내야만 했다. 나는 담당 은행원의 집을 찾아가 새벽부터 진을 치고 앉아서 기다리기 시작했다. 그러기를 여러 차례, 간혹 만나게 되면 끊임없이 성의를 보이며 확신을 심어주기 위해 노력했다. 결국 은행원은 우리의 진심을 알아주었다.

그렇게 구한 원자재 구입비로 수출할 물량을 생산하고, 부산항으로 달려가 며칠씩 밤을 새워 수출할 물건을 선적해나갔다. 그 결과 대우실업은 창업 첫해에 하나의 품목만으로 60만 달러 규모를 수출했다. 그것은 어마어마한 성과였다.

대우를 창립하던 1967년, 우리나라는 수출에 대한 확실한 인식이 없다시피 했다. 식민지시절에 이어 전쟁까지 겪으며 초토화된 나라를 다시 일으켜 세우려면 특별한 대안이 필요했다. 그러나 어느 누구에게도 뾰족한 수가 없었다. 석유가 나는 것도 아니고 다른 지하자원이 풍부한 것도 아니고, 축적된 기술자원이 있는 것도 아니었으니 당연히 수출만이 살길이었다.

그런 상황에서 대우실업은 '수출 제일주의'를 추구했다. 수출 자체가 대우의 업종이었다고 해도 과언이 아니었다.

수출 절차나 제도가 마련돼 있지 않던 정부와 행정기관은 대우로 인해 서둘러 그런 양식을 만들 정도였다. 외국에서 돈을 끌어들이는 일부터 신용장을 열고, 물건을 선적하고, 대금을 받아내는 일에 이르기까지 수출에 관련해서는 대우가 모델이 됐다.

작은 이익을 희생하며 큰 뜻에 도전

대우는 한국 최초로 수출을 위해 해외에 지사를 냈다. 해외지사가 무엇을 어떻게 하는 조직인지 개념이 없던 시절이었다. 김우중 회장은 대학을 갓 졸업한 청년들을 입사시켜서 해외로 파견하고는 "여하튼 해봐라"라고 격려했다. 몇몇 동료들은 외국에까지 직원을 보내서 시간과 돈을 낭비하고 있다고 걱정했지만, 청년들은 시행착오를 겪으며 하루가 다르게 성장해갔다. 그들은 스스로 각국의 무역정책을 파악하는 능력, 바이어를 대하는 노하우 등을 차츰 키워나갔다.

대우의 '수출 제일주의'는 다른 기업에도 영향을 미쳐, 국내 여러 기업들도 대우를 본보기로 외국에서 활로를 뚫기 위한 노력을 기울이기 시작했다. 대우를 롤모델로 하여 명문학교를 나온 젊은 이들이 수출에 뛰어드는 사례가 생겨나기도 했다. 정부에서 공표한 통계자료를 내가 직접 확인한 바는 아니지만, 실질적으로 대우는 한국 기업이 수출을 증진하는 데 '파일로트', 즉 개척자 역할을 했다.

수출을 하면 나라를 도탄에서 구원할 수 있다는 희망을 발견했고, 그 현장에서 자신감을 얻었던 대우의 창업 멤버들은 그야말로 1인 10역을 해야 했다. 나는 열흘 동안 눈 한 번 붙인 적 없이 밤을 새워 일한 적도 있었다. 퇴근하는 날이라고 해도 언제나 막차를 탔다. 좌석에 앉았다 잠이라도 들면 종점까지 가는 일이 허다했다. 그때만 해도 통행금지 시간이 있었기에 통행금지 위반으로 붙잡혀 파출소에서 자는 일도 비일비재했다.

이런 일이 잦아지자 안 되겠다 싶어 직접 증명서를 만들었다. 내용인즉슨 이랬다.

"대우실업 이우복. 이 사람은 수출 회사에 근무하는 사람으로서 늦은 시간까지 업무를 봐야 하기 때문에 간혹 통행금지를 위반할 수 있습니다. 그렇더라도 회사를 위해 열심히 일하는 사람이니 너그러이 이해하고 통과시켜 주시기 바랍니다."

그 후로는 증명서를 보이며 사정사정해서 통과했고, 같은 일이 반복되다 보니 얼굴을 익힌 경찰들이 모른 척하고 보내주기도 했다.

그런 생활이 계속되자 몸이 견디지 못했다. 평소 60킬로그램 정도이던 몸무게가 50킬로그램까지 빠졌다. 그리고 가사, 즉 거의 죽음의 상태까지 이르게 됐다. 자다가 수족이 뻣뻣하게 굳으면 아내를 부르려 해도 소리를 낼 힘이 없었다. 그럴 때는 그냥 조용히 생명이 끊어졌으면 하는 생각이 들 때도 있었다. 죽지 않으면 또 이튿날 새벽 5시에 일어나는 고통을 겪어야 하니까.

내가 이토록 일에 몰두했던 이유는 누가 시켜서가 아니었다. 돈을 많이 벌기 위함도 결코 아니었다. 단지 그 일이 좋았기 때문이었다. 기쁜 마음으로 시작한 일이니 오늘 죽는 한이 있더라도 회사에 최대한 기여하고 싶었다. 그것이 곧 나의 철학이었다. 첫 출발 때의 마음가짐과 그때 기울인 노력은 훗날까지도 중요한 영향을 미치는 것 같다. 내 경우에도 처음 대우를 시작하던 때 너무도 절실한 마음으로 일했기 때문에 이후 대우를 떠날 때까지 눈물겨운 희생과 노력을 끊임없이 유지할 수 있었다.

위기를 기회로 만든
리더십

_ 수입 제한을 오히려 기회로 삼은 대우의 미국 진출

유기범

'대우신화'라는 말이 있었다. 1960년대 말, 명문학교를 나온 젊은이들이 모여 수출회사를 세우더니 불과 5년 만에 업계 수출실적 2위에 올라섰다. 사회에서는 이들을 가리켜 '무서운 아이들'이라고 했다. 대우는 어떻게 신화라는 표현이 나올 만큼 단기간에 성공적인 성과를 만들어낼 수 있었을까?

그 시절 봉제제품 수출의 문외한으로 시작했지만, 3년이 안 돼 최대 수출 실적을 쌓고 미국 백화점에 납품을 성사시켰던 유기범은 그 해답을 이렇게 말한다. "위기에 처했을 때가 바로 절호의 기회다!"

유기범
1943년 서울에서 태어나 경기고등학교, 서울대 행정학과를 졸업했고, 미국 하버드대 대학원 최고경영자과정, 미국 MIT대학 최고경영자과정을 수료했다. 1967년 한일은행에 입행하여 근무중 1968년 대우실업으로 자리를 옮겨 1998년까지 봉직하면서 ㈜대우 무역 부문 사장, 대우정밀공업 사장, 대우기획조정실 사장, 대우 아메리카 대표, 대우통신 사장 등을 역임했고, 한-타이경제협력위원회 위원장, 한-우즈벡민간경협 위원장, 주한니카라과 명예영사, 한국통신산업협회 회장을 역임하기도 했다. 대우그룹 퇴임 후에는 미래온라인 사장을 역임했다.

한국 기업 최초에 도전

나는 1968년 9월에 대우에 입사했다. 대우라는 수출회사가 1967년에 설립되고 딱 1년 반이 지나 합류한 셈이다. 첫 직장이던 은행은 일이 늘 똑같아 지겹고 따분했다. 그래서 1년쯤 근무한 끝에 좀 더 활동적인 직장을 찾아 이직을 결심하게 됐다. 거기가 바로 대우였다.

처음 수출 업무를 맡게 된 것은 입사 후 5개월쯤 지나서였다. 트리코트(tricot) 원단을 홍콩 및 인도네시아에 수출하는 것이 내 담당 업무였다. 그 즈음 대우는 독일제 트리코트 제직기 18대를 공장에 설치하고 수출상품을 직접 생산하기 시작했는데, 하필이면 그 시기에 인도네시아 수출시장이 불안정해지면서 국내 원단업자들의 경쟁이 심화됐다. 그러자 수출단가가 급격히 떨어져 채산성이 나빠지고 주문도 줄어들기 시작했다. 인도네시아 수출은 주로 홍콩과 싱가포르의 무역상을 경유하는 중개무역의 비중이 컸는데, 이쪽 바이어들은 자체 재고가 늘자 신용장의 철자 하나만 틀려도 이를 빌미로 지급을 거절하는 비신사적인 행위를 일삼기까지 했다. 이렇게 되면 수출대금을 회수할 수 없으니 자연히 회사는 자금 사정에 큰 압박을 받게 된다. 대우도 이런 어려움에서 예외일 수는 없었다.

당시 상무였던 김우중 회장은 두 가지의 결단을 내렸다. 첫 번째는 해외지사 설치, 두 번째는 봉제제품(의류)시장의 개척이었다. 해외지사 설치는 그야말로 현지 시장의 문제를 정면 돌파하겠다는 의지의 표출이었다. 그리고 봉제제품시장 진출은 섬유원단보다 부가가치가 높은 대체상품을 통해 미래를 한발 앞서 준비해나가겠다는 전략이었다.

김우중 회장은 간부회의에서 싱가포르에 지사를 설치하자고 의견을 냈다. 당연히 반대 의견이 나왔다. 대우가 여태까지는 그럭저럭 장사를 잘해왔다고 하나, 아직은 소규모인데다 시황도 좋지 않고 자금사정도 어려운 때였으니 적지 않은 경비가 들어갈 해외지사 설치제안을 흔쾌히 찬성할 수만은 없었다. 하지만 김우중 회장은 단호했다.

"트리코트 수출 물량은 싱가포르가 제일 많고, 그 다음이 홍콩과 버마(지금의 미얀마)입니다. 경기가 불황이라고 다른 회사들이 몸을 사리는 지금이야말로 오히려 기회일 수 있습니다. 지금까지는 현지 바이어의 서울 대리점에 의존해서 수출하는 소극적인 입장이었다면, 앞으로는 적극적인 입장으로 전략을 바꾸어야 합니다. 현지의 시장 동향에 대한 정확한 정보를 취합해 그때그때 적절하게 대처해야 문제 해결이 가능할 것입니다."

김우중 회장은 시장의 문제를 시장에서 해결하겠다는 강한 의지를 보였다.

"도전정신을 발휘해 위기를 기회로 만들어봅시다!"

1969년 9월 25일, 대우는 싱가포르에 지사를 설치하고 윤영석 차장을 지사장으로 임명했다. 한국 기업 최초의 정식 지사가 대우의 이름으로 설치되는 순간이었다.

그 후 현지 바이어들의 부도 건들도 하나하나 해결되고 인도네시아의 바이어와 직거래도 새로 개척해 회사는 빠르게 안정을 찾을 수 있었다. 또한 국내에서도 바이어들의 지급거절로 어려움에 처한 중소기업들이 하청으로 전락하거나 주인이 바뀌는 등 경쟁에서 도태돼 공급시장도 점차 안정돼갔다. 결국 그해 한국의 동남아 수출실적은 전년보다 밑돌았지만, 대우는 오히려 25%가 증가하는 성과를 기록했다. 위기에 굴하지 않고 현지에서 정면 돌파를 시도한 대우의 전략이 멋지게 성공을 거둔 셈이었다.

싱가포르에 지사가 설치된 다음 날, 두 번째 결단이 실행에 옮겨졌다. 김우중 회장이 나를 불렀다.

"이제 원단 개발능력도 향상됐으니 우리도 봉제제품을 시작해야 할 때가 된 것 같아. 한번 담당해보겠나?"

"하지만 아시다시피 저는 아는 게 전혀 없는데요?"

"처음부터 아는 사람이 어디 있어. 열심히 하다 보면 알게 되는 거지. 우선 봉제제품 수출 쪽 현황부터 조사해봐."

그리고 하루가 지나자 리퍼블릭(Republic)이라는 의류회사의 한국 담당자를 찾아가서 샘플을 받아오라고 했다. 나는 그제야 어제의 이야기가 보직 변경 통지였음을 깨달을 수 있었다. 일단 샘플을 받아오기는 했지만, 이걸로 무얼 어떻게 해야 할지 도무지 종잡을 수가 없었다. 그때 김우중 회장의 호출이 왔다. 그는 책상 위에 올려놓은 샘플을 만지작거리며 뭔가를 곰곰이 생각하더니 이내 입을 떼었다.

"우리 공장의 아세테이트 70데니어로 짠 원단으로 이 샘플과 똑같이 6장을 만들도록 해. 그리고 서둘러서 리퍼블릭에 가져다줘."

나는 우선 맞춤 전문 와이셔츠 가게를 찾아갔다. 하지만 그곳에서는 이렇게 미끄러운 원단으로 이토록 디자인이 까다로운 블라우스는 만들기 힘들다고 했다. 두 번째로 찾은 곳은 독립문표 메리야스 공장이었다. 그곳 역시 이렇게 디테일한 블라우스는 만들어본 적이 없다고 난색을 표했다. 하지만 간곡한 부탁을 해서 8시간을 기다려 블라우스 샘플을 얻어낼 수 있었다. 우여곡절을 거쳐 만들어진 최초의 샘플은 내가 봐도 원래의 샘플과는 어딘가 달라 보였다. 하지만 이것이 최선이었기에 그 블라우스를 리퍼블릭에 가져다주었다.

사흘 뒤, 김우중 회장과 함께 리퍼블릭을 방문했을 때, 리퍼블릭의 조 상무는 '이걸 샘플이라고 만들었느냐'며 못마땅한 속내를 그대로 드러냈다. 다행히 리퍼블릭 조 상무와 김우중 회장은 연세대학교 동기로 나중에 안 사실인데 아주 친한 사이였다. 그는 이내 태도를 바꿔 아주 자세한 설명과 조언을 해주었다. 그의 결론은 복잡한 여성의류보다는 디테일이 적은 남성의류부터 시도해 보는 게 좋겠다는 것이었다. 회사로 돌아오는 길에 침묵하고 있는 나를 향해 김우중 회장이 말했다.

"실망하지 마. 처음부터 원단과 디자인이 까다로운 블라우스를 만들려고 한 것은 무리였어. 더 쉬운 것부터 하자고."

며칠 뒤, 김우중 회장은 나를 불러 스포츠 러닝셔츠 샘플을 보여주었다. 그는 쉬운 것부터 해보라는 리퍼블릭 조 상무의 조언을 벌써 실행에 옮기고 있었던 것이다. 그리고 '신양사'라는 무역회사의 명함을 건네주었다. 그곳 사장이 김우중 회장의 학교 선배라고 했다. 김우중 회장이 연줄을 통해 직접 뛰고 있다는 생각을 하니 새삼 긴장이 됐다.

나는 러닝셔츠를 하청받아 생산하고 있는 친구 아버지의 도움을 받아 샘플을 만들어서 신양사를 찾아갔다. 그곳 담당자는 원제품과 샘플을 비교해보더니 가격을 내달라고 했다. 이 말은 뉴욕 바이어에게 보내보겠다는 의미였다. 일을 잘 마무리하고 돌아오려는데, 몇 개의 다른 샘플이 눈에 띄었다.

"이 상무님, 이건 트리코트 같네요?"

"맞아요. 뉴욕에서 온 건데 만들어본 경험 있어요?"

"경험은 아직 없지만 트리코트 원단은 우리 회사가 다양하게 제직하고 염색 가공해 수출합니다."

"그래요? 이걸 만들어서 수출할 계획인데……. 몇 개 샘플 만들어볼래요?"

그가 샘플을 건네며 비슷한 줄무늬(stripe) 원단으로 샘플을 만들어보라고 했다. 비즈니스는 한번 일이 성사되면 연이어 기회가 주어지는 경우가 많은데 이 경우가 딱 그런 경우였다. 회사로 돌아오자마자 비슷한 원단을 찾아냈다. 그리고 리퍼블릭의 홍 과장에게 '한창섬유'의 박 차장을 소개받아 곧바로 그를 찾아갔다.

나는 박 차장에게 이쪽 분야에 문외한임을 솔직히 고백하고 진심으로 협조를 청했다. 그러자 박 차장은 친절하게 견본을 풀어서 부품 이름과 패션 관련 용어 등 실무적인 것을 가르쳐주었다. 그러면서 자기 회사는 우븐 셔츠(woven shirts)가 전문이지만, 샘플을 만들 수 있게 한창섬유 부산공장의 견본 제작실에 전화까지 연결해주었다.

다음 날, 김우중 회장에게 그간의 일을 보고했다. 그는 당장 부산에 가서 샘플을 만들어오라고 재촉했다.

한창섬유 부산공장에 도착해서도 나의 배움은 계속됐다. 공장 이곳저곳을 다니며 궁금한 것을 물어보고 그곳 책임자와 식사를 하면서 질문을 계속해 그의 많은 실무 경험담을 듣기도 했다. 셔츠를 주문받더라도 재단할 때 손실이 많이 발생하고 줄무늬의 경우에는 좌우 대칭이 안 맞으면 클레임(claim)이 걸릴 소지가 있다고 조언해주었다. 앞으로 주문을 받을 때 이런 사정을 감안해 요척(要尺)과 생산효율을 유념해야 되겠구나 하고 생각했다.

단색으로 된 유사 원단으로 견본 6장을 더 만들어 다음 날 서울로 왔다. 김우중 회장은 설명을 듣는 중에도 샘플을 찬찬히 살펴보고 있었다. 그러다 나를 흘낏 쳐다보는 눈길이 잘했다고 표현하는 것 같았다.

일이 풀리기 시작하자 그동안 미뤄둔 숙제도 하나씩 해결해보기로 했다. 리퍼블릭에서 두 번째로 받아왔던 아문젠 블라우스 원단은 동대문에서 유사한 것을 발견했다. 그리고 얼마가 더 지나서 일본에서 만든 원단이 우리 손에 들어왔다. 일본 것이 터치가 훨씬 부드러웠다. 이번에는 동대문시장 옷가게에서 샘플을 만들어 뉴욕으로 보냈다.

9월 중순이 되자 리퍼블릭에서 바이어들이 방한했다. 다음 해 가을과 겨울 시즌을 대비한 바이어들의 구매출장 시즌이 시작된 것이었다. 호텔과 근처 식당들은 외국인 바이어들과 샘플을 들고 호텔방을 찾는 국내업자들로 활기가 넘쳐났다. 바이어들은 대개 한국을 들른 다음 대만, 홍콩을 들르거나 아니면 그 반대의 경우를 택했다. 현지에서 가격과 수량을 결정하는 바이어들도 있고, 견본과 가격을 받아 가지고 가서 백화점 바이어나 자기네 영업담당(In-house Salesmen)들과 상의해 수량을 결정하는 경우도 있었다. 나는 시즌을 맞아 방한한 바이어들과 만나면서 눈치코치 귀동냥으로 업계에 필요한 지식을 쌓아가던 중 신양사를 통해 샘플을 보냈던 미국 뉴욕의 님코(NYMCO)로부터 운동용 셔츠(athletic shirts) 2천 다스를 한 다스당 약 3.5달러에 주문하겠다는 기쁜 소식을 들었다. 비록 저렴한 가격이지만 대우가 봉제제품을 개발한 후 첫 번째로 성사된 주문이었다. 님코의 주문은 그 후에도 이어졌다. 그리고 드디어 리퍼블릭으로부터도 운동용 셔츠와 반바지를 세트로 주문받을 수 있었다. 님코에서도 다시 1,200다스의 트리코트 셔츠를 주문받았다. 이어 리퍼블릭에서 샘플로 받았던 아문젠 블라우스가 터지고 연달아 트리코트 파자마, 셔츠 등 상당한 물량이 쇄도해, 우리는 서울, 부산 등지에 20여 개나 되는 하청업체를 운영하는 규모에 이르게 됐다. 무(無)에서 시작해 이룩한 성과라서 그런지 바쁜 중에도 일에 재미가 붙어 은행 그만두기를 잘했다는 생각이 들었다. 비행기 타고 부산 출장을 다니고 바이어들과 호텔에서 자주 식사하는 것도 은행원 생활과 달리 따분하지 않아서 좋았다.

1970년이 되자 대우의 봉제제품 수출은 본격적인 궤도에 오르기 시작했다. 하청업체가 26개나 늘었고, 부산에 견본 제작실을 설치했으며 외부에서 전문 인력도 영입했다. 김우중 회장은 그해 2월 말 사장에 취임했다. 비록 나는 대리, 과장의 신분이었지만 봉제제품에 관한 한 전문가 행사를 하게 되어 김우중 회장과 단둘이 일하는 시간이 많았다. 바이어 접대가 있을 때 김우중 회장은 바빠서 먼저 자리를 뜨는 한이 있어도 반드시 참석할 만큼 바이어와의 유대관계를 중시 여겼다. 젊은 사원으로서 최고경영자를 지근에서 모시는 것도 나에게는 자부심이었다.

봉제제품 수출이 점점 대우의 핵심 수익사업이 되다 보니 나는 좀 더 영업에 전념해 세일즈 준비와 바이어 상담으로 바쁘게 움직였다. 외국 바이어들이 주로 머무는 조선호텔 2층에 쇼룸(Show room)을 개설한 후에는 그곳에서 바이어와 보내는 시간이 많았다. 사실 기업이나 바이어나 서로의 위치만 다를 뿐 처한 입장은 똑같을진대 실제 협상에서는 절충점을 찾는 게 결코 쉽지 않았다. 바이어들은 여러 공급자들로부터 얻은 가격 정보를 가지고 자신이 생각하는 소매가격은 밝히지 않은 채 한국의 다른 회사나 대만, 홍콩 업체의 가격을 들먹이며 가격인하를 요구하는 게 보통이었다. 이렇게 되면 나는 그들이 희망하는 구매가격을 종잡을 수 없기 때문에 적정한 가격 절충점을 찾는 데 애를 먹어야 했다.

그런데 바이어와의 상담이 계속되면서 나는 미국의 소비자가격을 통해 그들의 적정 구매가격을 의외로 쉽게 추측할 수 있다는 사실을 알게 됐다. 미국은 의류 한 벌당 소비자가격이 아주 단순하게 매겨지고 있었다. 즉, 모든 옷값이 예외 없이 0.99달러, 1.99달러, 2.99달러 등으로 매겨지고 1.49달러나 5.59달러와 같은 가격은 아예 존재하지도 않았다. 가격은 균등하게 1달러씩 차이가 나고, 끝은 항상 0.99달러로 되어 있는 게 미국 의류 가격의 관례였다.

이것을 알게 되자, 바이어가 우리에게서 사야 할 가격을 역산할 수 있었다. 즉, 소비자가격을 토대로 조금만 유통구조를 연구해 보면 협상을 위한 공식을 만들 수가 있었다. 예를 들어 당시 주종 품목이었던 니트 셔츠의 경우 셔츠 한 벌당 소매가격이 1.99달러라고 한다면 한 다스 가격은 23.88달러가 되는데, 거기에서 운송보험료, 종가세, 종량세를 차감하고 수입상의 마진을 25~30% 정도 빼고 나면 수출가격은 그 1/4인 6달러 이상은 받아내기 어렵다는 계산이 나온다. Store 바이어의 경우에는 1/3.5 선인 6.80달러가 그들의 마지노선이 된다.

결국 나는 경험으로 터득한 이 공식을 기반으로 바이어들이 생각하는 소매가격을 추정해, 바이어들과 상담할 때 조금 높은 가격대를 제시했다. 그럼 바이어가 생각한 것과 가격이 맞지 않으니 서로 간에 한참동안 실랑이가 벌어지게 된다. 그렇게 시간을 끌다가 내가 김우중 회장에게 사인을 보내면, 그는 절반씩 양보하자며 "Half, Half"를 제안한다. 이렇게 철저히 계산해서 준비하고 또 현장에서 적절하게 역할을 나눠 맡아 작전을 펼치면 십중육칠은 타결에 이른다.

예나 지금이나 회사 대표나 고위 책임자가 현장에서 즉각적으로 결정을 내리는 태도는 바이어들에게도 자기를 중요하게 대접한다는 자부심과 신뢰를 안겨준다. 대우는 이런 방식의 흔쾌한 상담을 통해 인간관계를 더욱 돈독하게 만들고 장기적인 거래관계의 유지를 보장받을 수 있었다. 이를 통해 생산공장은 꾸준한 일감을 확보할 수 있었고, 대량생산을 통해 생산성과 품질 향상을 이루어나갈 수 있었다. 바이어들도 믿을 만한 공급처를 확보하는 것이 사업 안정성에 도움이 되는 것이므로 이러한 장기적인 파트너십은 양자 모두에게 이익을 주었다.

한발 빠른 정보로 터트린 대박

1970년 3월, 미국이 봉제제품 수출의 주요 시장이 되자 김우중 회장은 처음으로 미국 출장을 갔다. 그때 미국 정부가 섬유 수입을 규제하려는 움직임이 있음을 파악했다. 규제가 시작되면 당연히 봉제제품 수출이 크게 타격을 받을 것이었다.

"정부 간에 협상이 진행돼야 세부사항이 나오겠지만 결국 수입 규제가 시행되면 수입 한도가 주어질 테니, 얼마나 많은 물량을 배정 받느냐가 관건이 될 거야. 수출물량 배정은 아무래도 수출실적이 기준이 되겠지. 그러니 현재로서는 수출실적을 최대한 올리는 방법밖에 없어."

김우중 회장은 이미 머릿속으로 어느 정도 상황정리를 마치고 특단의 방법을 모색하는 눈치였다. 그래서 출장을 다녀온 후부터는 부산의 봉제공장 건설에 더욱 박차를 가하는 한편 신규 바이어 개발에도 열심이었다.

당시 방한하는 수입업자 중에는 리퍼블릭 외에도 남자 셔츠는 CBS, 아크릴 스웨터는 스타라이트(Starlite)라는 회사의 규모가 컸다. 그중 우리가 타깃으로 삼은 회사는 CBS였다. 구입하는 물량이 많았기 때문이다. CBS는 대형 체인점이나 할인점에 대규모로 납품하고 있었다. 우리는 12개의 자가 봉제 생산라인을 본격 가동하면서 CBS와 거래를 시작했고, 동남섬유를 인수해 우븐 셔츠 라인이 추가된 1971년부터는 거래를 더욱 키워나갔다. CBS는 초창기 대우의 수출물량 늘리기에 크게 도움을 주었다.

물량의 증가와 조선호텔 내에 운영한 쇼룸은 대우가 미국시장에서 명성을 높이고 봉제업자로서의 탄탄한 기반을 쌓는 데 큰 도움을 주었다. 그러자 수입상을 통해 구매하던 백화점이나 대형 체인점도 대우와의 직거래에 관심을 보였으나 아직은 품질의 신뢰성이 거기까지는 미치지 못하고 있었다.

1970년 말이 되자 드디어 미국의 수출 규제문제가 서서히 언론을 통해 이슈화되기 시작했다. 전략적인 대처를 해야 할 시점이 다가온 것이다. 1971년 초, 김우중 회장이 나를 불렀다.

"이제부터는 좀 더 공격적인 방법을 써야 할 것 같아. 곧 뉴욕에서 사람이 올 거야. 그와 상의해서 재고매매(stock sale)를 추진하려고 하니 준비 좀 해줘. 미리 기획된 제품을 최대한 생산해 뉴욕에 가져다놓고 거기서 공급하자는 거야."

이렇게 하면 우리는 수출실적을 회사가 생산하는 만큼 극대화해낼 수 있었다. 3주 후, 브러드너(Brudner)라는 사람이 찾아왔다. 어린 나이에 비해 신중해 보이는 무척 똑똑한 유대인 청년이었다. 우리는 재고매매를 추진함에 있어서 위험을 최소화할 수 있는 방안을 마련해야 했다.

나는 우리가 물건을 미리 내보낼 경우, 판매가 이루어질 시점에는 결국 철 지난 재고상품이 될 것이므로 품목을 선정할 때 유행에 지장이 없는 기초적인 것(basic)이 돼야 하며 단가도 낮은 제품으로 선정할 필요가 있음을 설명했다. 더불어 이번 작업의 목적이 미국으로부터 섬유수입쿼터(할당량)를 확보하기 위한 것이므로, 욕심을 버리고 가급적 마진을 줄여서 우리가 선적한 제품이 미국에 도착하기 전에 사전판매가 최대한 이루어질 수 있도록 시도해줄 것을 부탁했다. 브러드너도 우리의 궁극적인 목적이 무엇인지 알고 있기 때문에 쉽게 합의가 이루어질 수 있었다. 원단과 스타일, 그리고 색상별 구색을 갖추는 일(color assort)은 판매를 담당할 그에게 결정을 일임했다.

그리고 대우의 작전은 멋지게 성공을 거두었다. 적극적으로 수출량을 늘리고 재고매매라는 과감한 전략을 구사한 결과, 미국의 섬유수입쿼터제 시행 첫해인 1972년에 대우가 확보한 쿼터 양은 한국 전체의 30%가 넘는 91만 다스에 이르렀다. 쿼터 프리미엄만 해도 큰 자산이었고, 특히 마진이 좋아 귀족 카테고리로 불린 니트 셔츠를 많이 확보해 톡톡히 재미를 보았다. 남보다 조금 먼저 알게 된 정보를 놓치지 않고 활용한 결과는 이처럼 엄청난 성과로 이어 졌다.

대우가 세계경영이라는 거창한 전략을 구사할 수 있기까지 해외 시장을 개척해나가는 근원적인 경쟁력은 이렇게 일찍부터 배양되 고 있었다.

준비하는 자의 보너스

1971년 9월에 나는 처음으로 미국 출장길에 올랐다. 출장 첫 업 무로 기존 거래처인 CBS와 리퍼블릭을 방문했다. 내가 수출한 상 품들이 어떻게 팔리는지 무척 궁금해 곧바로 시장을 둘러보았다.

하지만 백화점에서 대우가 만든 셔츠는 아예 보이지 않았다. 할 인점에서도 우리 제품의 절반쯤은 가장 낮은 가격인 1.99달러에 팔리고 있었다. 어떤 가게에서는 큰 박스에 담아놓은 채로 0.99달 러에 팔고 있었다. 그걸 보는 순간 뒷맛이 씁쓸하면서 작업장에서 시간을 아끼려고 도시락을 먹으며 일하고 저녁에는 야간학교에 다 니는 소녀 근로자들의 모습이 스쳐 지나갔다. 다음 과제가 분명해 졌다.

다음 행선지는 시카고의 '시어스로벅(Sears Roebuck)'이라는 회 사였다. 시어스로벅은 미국 최대의 체인점으로 명성을 날리는 회사였다. 이곳과의 거래는 일본 기업의 물량 중에서 셔츠 일부를 하청받아 공급하고 있는 게 전부였다. 하지만 시어스로벅의 담당자들을 직접 만나보니 직거래도 가능할 것 같았다. 그곳 사람들은 중부의 보수적 기질이 있어서 품질과 납기만 잘 맞추면 별 변화 없이 주문이 지속된다고 했다. 결국 여기서도 문제는 품질이었다. 대우는 하청거래를 하면서 오사카에 있는 시어스로벅 지사를 통해 품질 테스트를 받은 적이 있는데 다행히 합격해 공급이 이루어졌다. 그때 나는 오사카에서 시어스로벅과 직거래를 하려면 그들의 품질 검사 방식과 관련 시설을 알아두는 게 좋을 것이라는 조언을 받은 바 있었다. 이번 방문은 사실 그것이 주목적이었다.

품질 관리실 요원을 따라 시험실에 들어가 보니 그들의 품질검사 방식이 한눈에 들어왔다. 핵심 장비는 의외로 세탁기였다. 그들은 '켄모어(Kenmore)'라는 브랜드의 세탁기를 설치해두고 거기에 의류를 넣어 다섯 차례 세탁한 뒤에 바느질 주름 상태, 색 빠짐, 원단 수축과 늘어남 등을 주로 체크했다. 특히 주름에 대해서는 사진으로 그 정도를 분류해 등급화해둔 책자와 비교해 판정을 내렸다. 결국 세탁 후 주름의 정도가 가장 핵심적인 품질관리 사안이었다. 우리가 생산하는 니트 원단의 경우는 수축율과 색 빠짐이 관건이 될 것 같았다. 일단 비교 판정의 기준이 담긴 책자를 참고하기로 하고 그것을 얻어서 돌아왔다.

귀국 후 시어스로벅에서 견학한 품질관리 시스템을 상세히 보고했다. 여기에 맞춰 공장의 품질관리 시설에 대한 보완과 개선이 즉시 단행됐다. 국내뿐만 아니라 극동의 네 마리 용 가운데서 대우가 사실상 유일하게 갖춘 품질관리 시설이자 시스템이었다. 우리는 많은 바이어와 품질 검사자들을 공장에 초대해 품질관리 노력을 보여주고 대우에 대해 좋은 인상을 가지고 돌아가도록 했다. 그 결과 품질관리 시스템 개선은 영업에 직접적인 경쟁력을 가져다주었다. 내가 첫 번째 미국 출장길에 각오를 다졌던 백화점 직거래를 성사시킬 수 있었던 것도 이런 품질관리능력이 뒷받침됐기 때문이었다.

미국이 섬유수입쿼터제를 실시한 직후이던 1972년 6월에 나는 미국지사로 발령을 받았다. 본격적인 현지 개발영업에 나선 것이다. 기존 거래처를 관리하는 것도 중요하지만, 그보다는 시어스로벅, 제이씨페니, 몽고메리, 케이마트 등 대형 체인스토어와 거래를 확대하는 것이 핵심 과업이었다. 이를 위해 가장 중요한 업무는 그들이 구매에 관심을 가질 만한 상품 정보와 가격 정보를 꾸준히 파악해 본사에 제공하는 것이었다. 나는 시장에 새로 등장하는 상품들을 눈여겨보다 괜찮다 싶으면 수집해 의견을 달아 본사로 보내곤 했다. 시간이 있을 때마다 한 계절을 앞서가는 고급 백화점이나 전문 가게를 둘러보는 것도 나의 중요한 일과였다. 동향을 파악하고 있지 못하면 바이어들과는 아예 대화조차 나눌 수 없기도 했다.
그러던 어느 날, 메이시(Macy) 백화점에 들렀는데, 전에 블루밍데일(Bloomingdale)에서 본 셔츠 하나가 메이시에도 진열돼 있는 게 눈에 들어왔다. 직원에게 물어보니 새로 나온 제품인데 터치가 좋고 땀도 잘 흡수해서 인기 상품이라고 했다. 소비자가격이 5.99

달러로 제법 비싼 축에 드는 제품이었다.

나는 견본을 사가지고 사무실로 돌아와, 간단한 의견과 함께 제법 고가라는 평을 달아 동일한 원단이 가능하면 견본을 만들어 보내달라는 요청을 본사에 넣었다. 얼마 후 김우중 회장이 직접 전화를 걸어 셔츠에 대해 물었다. 내가 긍정적인 의견을 보고하니 본사에서도 이미 다른 거래처의 문의가 있었고 견본도 보았다고 했다. 이 분야에 관한한 탁월한 감각을 소유한 김우중 회장이 관심을 보이자 나는 그가 뭔가 결단을 내리려 하는 것이 아닌가 하는 예감이 들었다.

곧이어 본사에서 견본이 오고, 일본에서 다량의 원단공급을 약속받았으며, 한국 내에서 원단을 짤 수 있도록 아예 트라이 아세테이트 원사수입 독점권을 대우가 확보했다는 소식이 이어졌다. CBS에서 처음으로 3천 다스의 주문이 들어왔다. 1다스당 11.20달러의 가격이었다. 드디어 우리도 10달러를 넘어선 셔츠 수출을 성사시킨 것이었다. 이후에도 여기저기서 문의가 쇄도하자 본사에서는 가격을 다시 13달러대로 올렸다. 나아가 의류에 관한 한 시어스로벅을 능가하는 제이씨페니로부터는 대량 주문을 더 비싼 가격으로 받았다. 이런 성과는 당연한 귀결이라 할 수 있었다. 철저한 품질관리 시스템을 확립하고 대량 주문도 소화할 수 있는 생산시설과 수입 쿼터를 확보하고 있는 회사는 이 세상에서 대우밖에 없었다. 이 제품을 계기로 드디어 대우는 고가품의 물량을 늘리면서 기존의 저가품 바이어나 수입상의 물량을 줄이는 부가가치 고도화를 실현시킬 수 있었다.

주업을 봉제품 수출로 바꾼 지 5년 남짓한 어느 날 대우는 서울역 근처 삼주빌딩을 사고 이어서 미완성 교통센터를 구매해 대우센터를 준공하고 경공업, 중화공사업에 진출하는 대우신화의 저력을 보이기 시작했다. 돌이켜보면 이처럼 엄청난 역사가 만들어지던 시절에 그 기업의 일원이 되어 참여했던 추억이 새삼 즐겁고 보람차게 느껴진다.

육대주 오대양은
우리들의 일터다

_ 대우센터 건축에서 시작해 해외로 뻗어간 대우의 건설사업 역정

홍성부

'언제쯤 이 건물을 대우 직원들로 다 채울 수 있을까?' 대우센터가 준공될 당시, 연면적 4만평에 이르는 거대한 빌딩을 바라보며 김우중 회장은 걱정이 앞섰다. 그러나 몇년이 안 되어 대우센터는 대우의 임직원들로 넘쳐났다. 서울역 앞에 우뚝 선 대우센터는 대우의 심장부가 됐다. 대우의 건설사업은 바로 대우의 심장부를 만드는 과정에서 탄생됐다. 정부의 요청으로 미완성의 교통센터를 인수한 대우는 고민 끝에 직접 건설에 나서기로 결정했다. 건설업을 시작하자 대우는 또 한 번 해외를 향해 달려 나갔다. 중남미, 아프리카 등 국내 기업의 발길이 닿지 않은 곳을 찾아 나섰다. 그리고 마침내 리비아에서 대박을 터트렸다. 대우 건설사업에 성공의 씨를 뿌린 홍성부가 파란만장한 대우의 건설사업 역정을 들려준다.

홍성부

1937년 서울에서 태어나 경기고등학교, 서울대학교 건축학과를 졸업했고, 대우그룹 재직 중 1987년 미국 하버드 비즈니스스쿨 AMP(최고경영자)과정과 MIT ASP과정을 수료했다. 1964년 금성방직, 태평방직을 거쳐 1966년 쌍용양회에 입사하여 건축본부장으로 재직하며 국민대학교 건설을 주도하였고, 1973년에는 대우로 옮겨 1993년까지 봉직하며 대우개발(현 대우건설) 사장, 대우기획조정실 사장 등을 역임했다. 특히 재직 중 대우센터빌딩(현 서울스퀘어빌딩)을 설계에서부터 시공까지 주도한 장본인이며, 오늘날 세계적인 건설회사로 성장한 대우건설의 산파였다. 1993년 대우를 퇴임한 후 1998년까지 ㈜신한 회장을 역임하였고, 그 이후 부영산업 회장을 거쳐 현재는 부영산업에서 고문으로 있다. 상훈으로는 해외건설 발전에 기여한 공로로 동탑산업훈장(1992)이 있다.

대우건설 창업

1970년대 초 대우실업이 날로 성장하고, 김우중 회장은 공장을 여럿 건설해야 하는 문제에 직면했다. 그때마다 건설 공사의 어려움을 겪자 건설업에 관심을 가졌다. 1973년에 정부로부터 인수한 교통센터(준공 후의 대우센터, 지금의 서울스퀘어) 건설문제가 크게 대두됐다. 여러 건설업자를 만나보았으나 믿고 일을 맡길 만큼 믿음직한 회사는 없었다. 항상 일석이조를 생각하는 김우중 회장은, 건설회사를 만들어 자체 공사도 소화하고, 동시에 수출만 하는 무역회사가 건설업을 통해 내수시장에 진출하려는 구상까지 하고 있었다.

당시 나는 쌍용그룹에서 국민대학교 건설본부장을 맡고 있었다. 국민대학교 정릉 캠퍼스를 거의 마무리할 즈음, 서강대학교에 재직하며 국민대에 특강하러 온 김덕중 교수를 만나 김우중 회장과 대우실업에 대해 들었다. 대우가 인재를 중시한다는 등 여러 가지 자세한 이야기를 듣고, 김우중 회장을 한번 만나 보아야겠다고 생각했다. 그때 나는 자체 공사가 많은 쌍용에서 그룹 내 건설회사 설립을 여러 번 건의했으나 좌절되고 나 자신의 진로문제로 고민하고 있었다. 1973년 5월 어느 날, 나는 서울역 앞에 있는 지금의 GS빌딩(당시 대우 소유)으로 김우중 회장을 방문했다.

대우 사무실에 들어섰을 때, 넓은 사무실에 빼곡하게 들어선 책상에서 모든 남녀 사원들이 한 사람도 빠짐없이 부지런히 움직이고 있었다. 거의 모든 책상에 놓여 있는 타자기에서 들리는 타자 소리가 요란하여 옆 사람 이야기를 잘 들을 수 없던 광경은 대단히 인상적이었다. 그 속에서 사장실은 물론 사장 책상도 없이 이 책상 저 책상으로 찾아다니며 결재하는 김우중 회장(당시 사장)의 모습도 깊은 인상을 주었다. 그때 김우중 회장과 나는 졸업 후 처음 만났지만 서로 어떻게 지냈느냐는 인사말을 건넨 후 바로 김우중 회장이 건설업 진출에 대한 의견을 물었다. 나는 즉석에서 한번 해볼만한 사업이라고 찬동했다. 내가 계획서를 작성해서 다시 만나기로 하고 헤어졌다.

그 후 나는 김우중 회장을 만나 논의하면서 김우중 회장이 자본을 대고 내가 사람과 기술을 댄다는 조건으로 회사를 시작하기로 결정했다. 그때 적어도 우리가 하는 건설회사는 고객에게 만족을 주는 회사, 즉 신용을 바탕으로 하는 누구나 믿고 일을 맡길 수 있는 건설회사를 만들어야 한다는 데 큰 뜻을 두었다. 건설을 의뢰하는 집주인은 집을 짓는 일이 대개 일생에 한 번이나 두 번 하는 일로 모든 신경을 써서 정성을 다하는 일인 데 반해, 일을 맡은 건설회사는 늘 하는 일이어서 소홀하게 되는 점을 감안해 항상 집주인의 입장에서 생각하도록 한다는 것이 창업 이후 계속해서 직원을 훈련하는 근간이 됐다.

나는 김우중 회장에게 건설업 진출에 관한 전권을 위임받았다. 건설업의 신규 참여를 불허하는 당시 상황에서 기존의 건설회사를 인수하여야 하는데, 4만 평 규모의 대우센터 건물을 짓는다면 그 실적만 가지고도 훌륭한 건설회사를 만들 수 있다고 나는 생각했다. 아울러 건설업의 특성을 감안할 때, 복잡한 과거가 많은 큰 회사보다는 작은 회사의 건설업 영업권(면허)만을 인수하여 자체 공사와 투자 사업을 가지고 실적을 쌓아가는 것이 훨씬 유리하다고 판단했다. 덩치가 큰 건설회사를 인수하기를 희망하는 김우중 회장을 설득해서, 우리의 이상을 실현하기 위해서는 새로운 회사를 세워서 처음부터 하나하나 만들어나가기로 결심을 받아냈다. 적자 나는 회사를 인수해서 흑자 나는 회사로 만드는 것이 장기인 김우중 회장으로서는 좀 이례적인 결심이었으나, 이 결심이 대우건설이 걸림돌 없이 급성장할 수 있는 원동력이 됐다.

건설업 영업권 인수를 위하여 청주에 있던 '영진토건'을 물색하게 됐다. 그때 우리나라에 있는 650여 개 건설회사 중 604위의 회사였다. 일금 800만 원에 영업권(면허)을 인수해서 '대우건설 주식회사'로 등기를 마치고 사업을 시작했다. 김우중 사장은 실질적으로 대우건설을 맡아 보아야 하는 나더러 대표이사 사장을 맡으라고 권했다. 하지만, 관청 접촉이 많은 건설업에 나이 아직 어리고 경험이 일천한 내가 대표이사 사장을 맡는 것이 장기적 시각으로 회사의 성장을 위해서 마땅치 않다고 판단되어 자진하여 실무를 담당하는 이사를 맡기로 하고, 대우실업 전무로 계시던 이석희 회장을 대표이사 사장으로 모셨다.

1973년 11월 1일, 12명의 직원으로 대우건설을 시작했다. 초기의 과제는 대우센터의 건설문제와 작은 공사라도 수주해서 봉급 등 비용을 자체적으로 수급하는 일이었다. 대우센터 건설문제는 먼저 그 용도를 확정해야 했다. 이는 교통센터를 정부로부터 인수받은 대우개발㈜의 일이었다. 대우개발㈜은 대우실업이 교통센터를 인수하기 위하여 1973년 초 설립한 부동산개발회사였다. 자본금은 많았지만 실제로는 아직 직원이 없는 페이퍼 컴퍼니였다.

이 두 회사 일을 동시에 해야 하는 나로서는 번거롭기도 하고, 또 대우건설이 대우개발의 업무인 대우센터를 수주해 건설한다면 당시 법인영업세법상으로 상당히 큰 금액인 2억~3억의 영업세를 내야 할 뿐만 아니라, 대우센터 건설 공사가 그룹의 자체 공사이면서도 그 계약과정에서부터 갑과 을로 나뉘어 의사결정과정이 복잡하지만, 합병하면 대우건설의 도급 순위가 올라 공사 수주능력이 크게 향상된다는 점을 들어, 김우중 회장에게 건의하여 결심을 얻고 두 회사를 합병하게 됐다. 대우건설이 흡수, 합병했음에도 불구하고 상호를 '대우개발'로 한 것은 대우센터 건설공사가 단순한 시공이 아닌 그 용도기획, 설계, 시공, 준공 후 임대관리까지 해야 하는 개발사업으로 그 전 과정을 한 회사가 관리함으로써 회사가 장차 단순 건설공사 청부업이 아니라 개발사업에 역점을 두겠다는 의도를 내포한 것이었다. 대우센터를 건설하면서 용도기획, 설계, 시공, 준공 후 임대 및 빌딩관리 등을 유기적으로 관련시켜 각 부문에서 생기는 문제점을 피드백 함으로써 이상적인 부동산 개발 시스템과 건설회사의 공사관리 시스템을 가지려 부단히 노력했다.

대우센터 준공 후 대우건설은 눈부신 발전을 하게 된다. 해외 건설에 진출해서 에콰도르, 수단에 이어 리비아에 상륙하고, 국내에서는 롯데 호텔, 힐튼 호텔, 교보빌딩을 건설하면서 서울 중심부에 계속해서 대우건설의 공사용 타워크레인을 높이 세워놓고 있었다. 국내에서는 처음으로 국내업자가 턴키 계약으로 울산화력발전소를 지었고, 대전 철도 공작창을 소화했으며, 투자사업으로 동작대교, 강남지하상가를 개발하면서 지하철공사에 참여했다. 또, 대우의 조선업 진출에 따라 옥포조선소 건설에 이어 부산항만 공사에 진출했고 대우재단의 아주대학교 건설 등 수 없는 공사를 눈코 뜰 사이 없이 수행했다. 이렇게 회사가 급팽창하면서도 창업 초기부터 인재를 아끼고 직원 각자가 자기의 능력을 최대한 발휘할 수 있도록 그때그때마다 조직과 제도를 정비하는 일도 게을리 하지 않은 것과 직원 교육에 역점을 둔 것은 참으로 잘한 일이라고 자부한다.

대우센터의 준공은 대우건설의 직원뿐 아니라 대우인 전체에 상당한 긍지를 심어주었다. 서울의 관문 서울역 앞에 우뚝 솟은 24층 4만 평 규모의 대우센터는 이때 한참 피어오르는 대우를 상징하기에 부족함이 없었다. "이 건물에 대우가족이 꽉 차는 것이 내 목표다"라고 준공 당시 김우중 회장이 했던 말이 귓가에 맴돈다.

해외시장 개척

앞서 이야기한 것처럼 한편으로는 해외시장 개척도 게을리 하지 않았다. 창업한 지 얼마 되지도 않고, 국내 공사 수행능력도 제대로 검증하지 못한 상태에서 해외로 진출한다는 것은 자살 행위나 마찬가지라고 생각했다. 그러나 좁은 국내시장을 벗어나서 해외로 나가는 것을 숙명적으로 받아들였다. 그래서 좀 늦었지만 1975년부터 해외시장 개척을 시작했다. 우리는 이미 우리 업체끼리 과당경쟁 중인 시장을 피하고, 종합상사, 조선, 중공업 등으로 연계되어 있는 대우그룹의 장점을 살려 미개척지인 중남미와 아프리카를 공략했다. 1976년에는 남미 에콰도르의 수도 키토시의 시가지 정비 공사를 수주했고, 1977년에는 아프리카와 중동의 특징을 모두 가지고 있는 미수교국인 수단으로 진출하여 수단의 수도 카툼의 나일강 변에 2천만 달러 규모의 영빈관 공사를 턴키로 수주했으며, 이어서 홍해의 포트수단에 연간 타이어 25만 본, 튜브 34만 5천 본을 생산하는 타이어공장을 턴키로 수주했다. 수단 타이어공장 건설은 100% 수입에 의존하고 있는 타이어를 자체 생산하여 외화를 절약할 수 있는 프로젝트로 대우가 제안했고, 필요한 자금 조달, 공장 설계, 기자재 공급, 건설, 생산 기술 교육, 생산관리, 제품 판매, 프로젝트 차입금 상환 방법 등 플랜트에 필요한 모든 것을 제공하는 선진국형 해외 프로젝트로, 우리가 후진국인 수단을 도와 서로 윈윈 하는 역사적 의미가 있는 프로젝트였다는 것을 자랑스럽게 생각한다.

1978년 들어 그동안 별 메리트가 없다고 생각했던 중동 건설에 우리의 우수한 노동력과 기자재 구매 기술을 접합해, 중동 건설공사에서도 이익창출의 가능성이 있다고 보고, 중동시장을 다시 점검하게 됐다. 경쟁이 심한 사우디아라비아를 피해서 석유 생산량이 풍부하여 자금력이 좋고, 인구는 적으며, 사회 공동 시설 등 인프라가 부족한 나라를 찾아 상당한 분석과 토론을 거쳐 미개척지인 리비아를 공략하기로 했다. 미수교국인 리비아에 진출할 때는 상당한 고충이 있었다. 아프리카의 미수교국인 수단에 진출하여 정착한 후, 바로 같은 아프리카 대륙에 위치하고 있으나 중동에 속하는 리비아를 공략하던 초기에는 진출 자체를 포기해야 할 것 같은 어려움이 계속됐다. 우리가 소지한 여권으로는 역시 미수교국이던 리비아에 입출국 자체가 불가능했다. 그래서 해외 공관에서 A4용지 낱장으로 된 여행증명서를 발급받아서 입국해야 했다. 그런데 리비아 출입국 관리들에게 여권도 없이 어디서 온 촌놈들이냐고 야유를 듣고 기가 죽어 입국해보니, 사회주의 형태를 따르고 있는 리비아에서는 숙식을 제공받기조차 어려웠다. 수주를 위해 사람들을 만나러 다니다가 식사 때를 놓치면 시간이 지나 문 닫은 식당이나 빵집에서 빵을 구걸해 아무도 없는 공원에서 끼니를 때우기가 다반사였다.

리비아에서 첫 번째 공사가 된 벵가지 가리우니스 의과대학 공사는 1977년 LA에 있는 대우 무역지사로부터 정보를 받은 프로젝트였다. 1977년 6월 국제입찰을 위하여 어렵게 준비한 입찰서를 들고 런던을 출발, 벵가지에 도착했는데, 본사로부터 입찰 포기와 동시에 바로 리비아에서 철수하라는 텔렉스가 우리를 기다리고 있었다. 그때 중동을 막 다녀온 최규하 국무총리가, 대우가 이미 진출해 있는 수단과 리비아가 모두 미수교국이고 서로 사이가 나빠 국경 다툼이 많은데 리비아에 대우가 또 진출하는 것은 바람직하지 않다고 판단한 것에 의한 것임을 알았다. 그렇다고 6개월 이상 준비한 입찰을 포기할 수도 없었다. 마침 수단에 출장 중인 김우중 회장에게 연락을 했다. 전화도 안 되던 때였다. 텔렉스도 리비아와 수단 사이에 잘 되지 않아, 리비아–런던–수단 이렇게 연결해서 한밤중에 이루어졌다. 김 회장에게서 즉각 연락이 왔다. 모든 책임은 김 회장이 질 테니 입찰해 공사를 꼭 수주할 수 있도록 만전을 기하라는 답이었다. 용기를 얻어 다시 꼼꼼히 챙겨서 입찰했다.

수단에 진출할 때도 수단 경제 개발사업을 위하여 수단 장관급 협상단과 우리 정부와 대우로 구성된 협상단의 첫 회합에서 거의 결렬될 상황에서 김우중 회장이 수단의 주력 생산품이지만 재고가 많은 원면을 우리가 판로를 개척해 주고 또 우리도 구입해주겠다는 기발한 아이디어를 내서 결국 뉴메리 수단 대통령과 김우중 회장의 면담을 성공시켜 수단 진출의 계기를 마련했듯이, 이번 리비아도 김우중 회장의 국제 정세에 대한 판단으로 입찰을 성공리에 완수했다. 그 후 입찰에서 3위를 했지만 1, 2위를 한 유수한 유럽 업체들을 제치고 최종 계약을 할 때까지 발주처 인사들을 한국에 초청해 대우 그룹을 소개하는 등 김 회장의 지원은 적극적이었다. 1978년 초 리비아 본부를 벵가지에 설치하고 편도곤 전무가 상주하면서 또 다른 공사 수주에도 신경을 쓰고 있었다. 결국 가리우니스 의과대학 공사를 8천만 달러에 수주해 1978년 6월 착공함으로써 리비아 진출의 교두보를 마련했고, 동시에 토부룩씨티로드(미화 6천만 달러) 공사, 부스타 군용 비행장 건설공사를 연달아 수주해 리비아에서 건설공사를 본격화하기 시작했다. 리비아에서 첫 공사였던 가리우니스 의과대학은 리비아에서 대우의 첫 작품인 만큼 대우가 애정과 정성을 아끼지 않았던 공사이기도 했다. 4년 3개월이 걸린 이 공사에 투입한 총 인원은 무려 54만 명에 달했다. 추가 발주를 포함해서 최종 공사비는 2억 불에 달했다.

가리우니스 의과대학 공사를 성공적으로 수행하는 모습을 보고 리비아 사람들의 대우에 대한 인식, 더 나아가 한국에 대한 인식이 달라졌다. 그 같은 변화는 대우에 대한 신뢰로 이어졌다. 리비아 사람들의 대우에 대한 신뢰는 대우의 리비아 신화를 가능하게 만들었다. 대우는 계속해서 우조 비행장, 트리폴리 정부종합청사, 벵가지 종합병원, 줄리텐 시멘트공장, 미수라타 제철소, 벵가지 섬유공장, 아제다비아 오수처리시설, 벰가지 펌핑 스테이션 등을 수주하며 아프리카 사막에 새로운 역사를 만들어나갔다.

대우는 리비아에서, 건설업체가 단일 국가에서 가장 많이 공사를 수주한 최대 기록을 세웠다. 리비아에서 1981년 7~8월에 수주한 벵가지 7천 세대, 트리폴리 5천 세대 아파트공사와 2,500개 학교 교실 신축공사는 공사비가 15억 달러에 달하는 것이었다. 뿐만 아니라 종합병원, 비행장, 도로 등 대우건설의 리비아 건설 수주는 1981년부터 1984년까지 월평균 1건의 대형 공사(공사비 1억 달러 상당)를 수주하는 놀라운 성과를 보여, 1982년 해외 건설 30억 달러 탑 수상에 이어 1984년 해외 건설 40억 달러 탑을 수상하는 쾌거를 이루었다.

이러한 대우의 새로운 시장 개척 정신은 우리의 해외공사를 활성화시켰을 뿐 아니라, 미수교국으로 북한 대사관만 있던 수단과 리비아에 국교 정상화를 이루어, 이 두 나라에 대한민국 대사관을 개설하는 데 결정적인 역할을 해냈다. (후에 미수교국 나이지리아, 베트남에서도 같은 역할을 했다) 처음 수단이나 리비아에 입국했을 때 길에서 군복을 입은 북한군과 마주칠 때마다 좀 놀라고 겁도 나서 위축됐지만 태연히 행동하느라 고생했다. 그러나 우리의 노력으로 국교 정상화가 되어 대사관이 설치되고 우리 외교부 직원이 배치되니 어깨를 펴고 다닐 수 있었다.

리비아에서는 리비아 국가원수인 카다피가 사하라 사막 한가운데서 건설하고 있는 대우 우조 비행장 공사현장을 방문해 대우가 일하는 모습을 보고 현장 직원들을 격려한 후 바로 김우중 회장을 초청해 만찬을 하는 자리에서 카다피 원수가 직접 국교 정상화의 뜻을 밝히면서 김우중 회장이 한국 정부에 역할을 해줄 것을 부탁하여 한국-리비아의 대사급 교환이 이루어졌다. 생각해보면 리비아의 첫 번째 입찰 때 최규하 국무총리의 명을 따랐다면 황금의 땅

리비아 건설 시장은 결코 열리지 않았을 것이며 국교 정상화는 요원한 이야기가 됐을 것이다.

세계경영의 시작

이제는 리비아에서 1년에 수십억 달러의 공사물량을 소화해낼 수 있는 회사의 조직 정비가 필요한 때였다. 그런 1981년 6월 어느 날 리비아에서 김우중 회장이 나에게 의견을 물었다.

"건설하고 무역을 합병하려고 하는데 어떻게 생각해? 합병할 때 생기는 문제가 무엇이고, 이익은 무엇인지 정리해주게."

당시 대우건설 일에 몰두해 있던 나로서는 뜻밖의 제안이었다. 그 얘기를 듣고 처음에는 이해가 잘 안 됐다. 전혀 이질적인 무역회사와 건설회사의 합병이 과연 가능할까 싶기도 했다. 게다가 한국의 상장회사들 가운데 대형 회사에 속하는 두 회사를 합쳐서 또하나의 거대 기업이 된다는 것이 과연 효율적일까 하는 우려도 생겼다. 그런데 김우중 회장의 발상은 달랐다.

"이번에 리비아에서 수주한 아파트 공사 등 대형 공사에서 이익을 내려면 이 방법밖에 없다."

또 뜻밖의 이야기도 했다.

"이 문제를 들고 이병철 회장을 만나 자문을 구했어."

삼성과 대우가 비록 경쟁 기업이지만 김우중 회장은 중요한 결심을 해야 할 때 삼성의 이병철 회장을 한 번씩 방문하여 자문을 구하는 것은 알고 있었다. 그래도 이번 건은 좀 의외였다.

"대우실업과 대우개발을 합병하려고 한다는 얘기를 듣고 이병철 회장은 그 자리에서 무릎을 탁 치시더군. 그것 참 기발한 생각이라면서. 삼성도 그렇게 합병을 해야 하겠다는 거야."

한국시장을 넘어 변화하는 국제시장에 도전하려면 무역과 건설을 합병해서 국제 경쟁력을 강화하고 경영을 합리화해야 한다고 하시면서 격려해주셨다는 것이다. 후에 삼성도 무역과 건설을 합병했다. 김우중 회장의 의지는 확고했다. 나중에 이해한 것이지만 이것이 '세계경영'의 시작이었다.

대우실업과 대우개발은 1981년 7월 22일에 각각 이사회를 열어 두 회사의 합병을 결의하고, 합병하는 회사의 이름을 '주식회사 대우'로 결의하여, 1981년 11월 1일 발표했다. 새로 태어나는 통합회사의 내용을 금융감독원에 통보했다. 대우실업 자본금 408억 원과 대우개발 자본금 275억 원의 합병으로 새롭게 태어난 ㈜대우는 자본금 683억 원으로 대형화됐다. 그 같은 자본의 대형화는 해외 공신력을 한 단계 고양시켰고, 대우의 '세계경영'을 가능하게 만들었다. 즉, ㈜대우의 탄생으로 대우는 세계적 규모의 회사로 발돋움할 수 있었다.

대형화·국제화된 기업으로 새로 태어난 ㈜대우는 경영 합리화를 이루어냈다. 두 회사를 합병하면서 기구 조직을 효율적으로 운영하는 한편, 건설회사의 취약점으로 나타나던 해외공사 지급보증 등 금융 업무 측면에서도 원활한 지원체제가 형성될 수 있었다. 나아가 해외 수주를 위한 정보획득도 무역 부문의 해외지사 정보망으로 통해 유효적절하게 활용할 수 있었다. 대우실업과 대우개발의 합병으로, 한국의 대우에서 벗어나 명실공히 세계 속의 대우로 큰 걸음을 새롭게 내딛기 시작한 것이다.

해외건설 부문의 조직도 중동, 아프리카에 치중되어 있는 시장을 극동에 위치해 있는 서울에서 관리하는 것보다 유럽 쪽에서 관리하는 것이 더 효율적이라는 세계경영 마인드로 해외건설 사업본부를 런던으로 옮겼다. 임직원들의 안정적인 근무를 위하여 런던 근무 임직원들의 가족을 동반하게 하고 런던을 근거지(home)으로 하는 체제를 갖추어갔다. 나도 가족을 데리고 런던으로 나갔다.

리비아에서는 계속 새로운 대형 공사를 수주하는 한편 시공 중인 리비아 대형 공사들은 기대 이상의 큰 이익을 냈다. 5천 세대와 7천 세대의 아파트공사를 수주할 당시 김우중 회장이 예상했듯이 1980년 초 유럽이 불경기로 구매력이 떨어졌을 때, 리비아 공사를 위한 장비를 포함한 모든 물량은 유럽 국가에서 볼 때 가뭄의 단비 같아, 각국이 불경기 극복을 위한 자국의 수출 장려금을 가지고 경쟁적으로 공급해주었다. 공급되는 기자재의 단가도 입찰 당시의 가격보다 현저히 저렴한 가격으로 공급받을 수 있었다. 이것이 리비아 공사가 보통 건설공사에서 얻을 수 있는 이익보다 훨씬 큰 이익을 창출하는 데 근간이 됐다. 이런 결과는 유럽 각국에 있는 무역지사와 건설 쪽이 양사의 합병으로 보다 유기적이고 종합적인 협력을 이루어낸 세계경영의 효과라고 생각한다.

또 한편으로는 아프리카 다른 국가를 찾아다니며, 1983년에는 나이지리아에 석유화학단지 건설공사를 수주해 또 다른 새로운 시장을 개척했다. 나이지리아는 후에 큰 시장이 되어 지금까지 대우의 해외건설의 밑거름이 되고 있다.

그러던 중 리비아에서의 큰 공사가 미수금이라는 어려운 숙제를 가지고 왔다. 그러나 김우중 회장은 미수금을 원유로 대체해서 수금하고 그 원유를 가지고 석유정제사업을 함으로써 대우의 영업영역을 석유화학까지 넓히는 일석삼조의 성과를 거두었다. 벨기에의 앤트워프에 있는 정유공장을 인수했고, 우리 공사대금으로 수령한 원유는 물론이고, 리비아에서 2억 불 상당의 공사대금의 미수금을 갖고 있는 체코슬로바키아와 교섭하여 2억불에 상당하는 우리의 재고 상품과 자동차를 체코슬로바키아에 수출하고 미수금을 인수해 대신 리비아로부터 원유로 공급받는 등 미수금을 원유 확보 수단으로 사용했고, 공급받은 원유를 앤트워프 정유공장에서 정제 처리하여 현금화하기 쉬운 상품으로 만들어 석유시장에서도 한몫을 하게 됐다. 이것이 일석삼조를 하는 삼각무역의 표본이 아닌가 싶다.

리비아와의 국교정상화와 더불어 갑자기 늘어나는 대형 공사를 위한 준비 등으로 눈코 뜰 새 없이 바쁘고 어수선하던 시간이 런던 해외건설본부 설치 등으로 안정돼 가고 있던 1983년 초, 서울에 출장 와 있던 나에게 김우중 회장이 뜻밖의 제안을 했다.

"다시 서울로 돌아와서 국내 일을 맡아주게!"

너무나 뜻밖이었다. 처음으로 가족을 동반하고 해외로 나와 런던생활을 시작한 지 1년도 채 안 되어 런던생활에 적응도 못하고 있는데 다시 국내로 돌아오라니 어리둥절했다. 더욱이 건설을 천직으로 알고 있던 나는, 건설을 떠나야 할지도 모른다는 예감이 들어 더욱 고민스러웠다. 그리고 바로 발표된 1983년 2월 대우그룹 사장단 인사 발령은 아무도 예상치 못했던 큰 변화였다. 무역 부문 사장 윤원석을 중공업 사장으로, 기조실 사장 최명걸을 자동차 사장으로, 해외 연수에서 돌아온 김용원을 전자 사장으로, 국내건설 부문의 이경훈을 무역 부문 사장으로, 런던에 나가있는 해외건설 부문에 있던 나를 기조실 사장으로 발령했다. 이 조치는 대우 창업 이후 발전하는 그룹의 변화에 대응하면서 세계경영으로 가는 기초작업에 따른 조치였다고 생각한다.

1967년 대우를 창업했고 1973년 대우실업㈜을 공개하면서 김우중 회장이 젊은 기업인으로 세상에 알려졌고, 그 후 많은 부실기업을 인수하여 사세를 날로 확장해갔다. 대표적인 것이 적자에 허덕이던 인천의 한국기계와 거제도의 옥포조선소를 인수해 정상화해 흑자기업으로 전화시킨 것이다. 그러던 중 1980년 초 정부의 산업합리화 정책으로 대기업들의 사업 영역이 조정되면서 대우는 자동차를 현대에 넘겨주고 발전설비를 하는 현대양행을 인수했다. 그러나 이것이 여의치 않아 1983년 원상복구되면서 자동차를 도로 가져와 추스르는 일과 대한전선의 가전 부문을 인수하여 장차 첨단사업의 주인이 될 대우전자㈜를 새로 만드는 일이 생겼다. 세계경영을 위한 기초 작업이 더욱 든든해지는 일이었다. 이제 명실공히 대우는 중공업 · 조선 · 자동차 · 전자 · 통신 · 방위산업 · 섬유 등의 제조업 분야와 수출입 · 건설 · 증권 · 금융 등 서비스 산업까지 모든 경제 분야를 가진 그룹으로서 세계경영에 한발 바싹 다가섰다.

심근경색과 재충전

기조실로 발령을 받고 지체 없이 서울로 돌아왔다. 기조실의 일은 이제까지와는 다른 영역에서 김우중 회장을 보좌하는 일이었다. 아침 7시에 출근해서 저녁 11시까지 계속되는 격무의 연속은, 건설에 있을 때나, 런던에 나가서나, 기조실에 와서나 모두 마찬가지였다. 물론 주말도 없었다. 김우중 회장은 더했다. 출장을 가도 꼭 밤 비행기를 타서 잠자는 시간도 아꼈다. 그때 대우의 모든 임직원이 그렇게 일했다. 그러던 중 1983년 11월 29일 토요일 오후에 나는 회사 헬스클럽에서 쓰러졌다. 그날 저녁도 김우중 회장을 모시고 다른 임원들과 외국인 접대 모임이 있었는데 거기에 참석하지 못한 것을 이상히 여긴 이경훈 회장과 윤영석 회장이 접대모임을 끝내고 회사로 달려와서야 나를 발견했다. 119를 불러 응급실로 실려 갔는데 생각지도 못한 심근경색이라고 의사가 진단했다. 그리고 오늘 밤을 넘길 수 있을지 모르겠다며 중환자실에 입원하라는 것이었다. 그때 대우에 있던 많은 임직원들이 놀랐다. 당시 우리는 40대였다. 아직 젊다고 생각해서 건강관리 같은 것은 우리 일이 아닌 줄 알고 있었는데, 그중에서도 팔팔하다고 하던 내가 심근경색이라고 하니 모두들 놀란 것이다. 그래도 김우중 회장의 격려와 동료 임직원들의 격려로 3개월 후 업무로 돌아와서 또 열심히 일을 했다.

1983년 초 나는 기조실 사장으로 일을 시작하면서 그동안 사업 영역 확장에 몰두하던 그룹의 내실을 기하기 위하여 그룹사 전체가 참여하는 '제2의 창업 운동'을 시작했다. 그 일환으로, 그룹 내부의 사기 앙양과 경영 합리화를 위해 매년 '대우그룹 경영성과 발표대회'를 열었고, 또 그룹 체육대회를 열어 그룹 내의 회사 간 불균형을 해소하면서 선의의 경쟁을 할 수 있는 분위기를 만들어갔다. 기조실 일은 나에게 새로운 경험이었고 값진 일이라고 생각되어 심근경색 후에도 여러 가지 경영 내실 방안을 만들어 실현하려 노력했다.

　　1985년 기조실을 떠나 다시 건설로 돌아왔다. 건설 부문은 여전히 잘 발전하여 1986년 결산에서는 매출 1조 원을 넘기는 성과를 거두었다. 그러나 건강이 좋지 않아 옛날처럼 7시부터 11시까지 일하지 못했다. 김우중 회장도 그것이 걱정됐던 모양이다. 1987년 초 나를 불러 모든 것을 잊어버리고 쉬면서 몸도 추스르고 공부도 좀 더 해서 더 큰일을 하자면서 미국 가서 재충전할 기회를 주었다. 모든 것을 김우중 회장이 배려해 1987년 초부터 1989년 초까지 보스턴에 있는 Harvard Business School에서 AMP 과정과 MIT에서 Advanced Study Program을 마쳤는데 공과대학을 졸업한 나로서는 선진국의 새로운 경영기법과 세계 각국의 경영인들을 만나 많은 것을 배울 수 있는 기회가 됐다. 그때 만난 사람 중 지금도 교류가 계속되는 사람도 있다. 건강에 대하여는 미국에 있는 동안 심근경색에 대하여 웬만한 의사만큼 공부를 많이 해서 심근경색 예방을 위한 운동 방법과 식이요법을 나름대로 정리해 나

자신에게 시험하면서 자신의 심장혈관을 튼튼히 했고, 한국으로 돌아올 때는 하버드의 General Hospital에서 그 당시 최첨단 장비로 심장 조영 시술을 받고 건강하게 돌아왔다.

뿌린 씨 열매 거둘 내일에 살자

김우중 회장은 미국에서의 재충전 기간을 끝내고 돌아오는 나에게 유럽에 주재하면서 대우의 해외사업 특히 동구권 사업을 총괄해줄 것을 요청했다. 그러나 좋아졌다고는 하나 나의 당시 건강은 문제가 있었다. 결국 나는 한국으로 귀국을 요청해, 세계경영의 일선에서 일할 수 있는 기회를 갖지 못한 것은 지금도 아쉽고 회장께도 미안하게 생각한다.

그러나 1989년 초 귀국해서 ㈜대우의 개발 부문을 맡으면서 국내외의 투자사업을 담당하게 됐다. 국내에 있으면서도 동남아와 아프리카를 정신없이 다녔다. 새로운 일거리, 이것은 건설뿐 아니라 거의 모든 산업을 동원하여 그 나라가 필요로 하는 일을 개발하고 그 일이 이루어지도록 만드는 일이 김우중 회장의 일인데, 김 회장께서 일차 방문하여 그 나라의 최고위층과 만나 약속한 일들을 실무적으로 지원(follow-up)하는 것이 나의 일이었다. 1993년 초까지 정말 정신없이 세계를 쏘다녔다. 이때 세계적으로는 구소련이 무너져 동구권이 개방되기 시작했고 동남아에서는 중국과 베트남이 개방을 시작했다. 김우중 회장은 중동 아프리카에 치중되어 있던 시장이 중국, 동남아의 미얀마·베트남·파키스탄·라오스 등과 중동, 그리고 개방되기 시작한 동구권 여러 나라로 넓어져 더욱 바쁘게 다니면서, 씨를 심고 가꾸는 일을 계속하고 있었다.

그때 일을 몇 가지 예를 들어 보면, 개방을 했으나 아무도 들어오지 않는 베트남을 김우중 회장을 쫓아 부지런히 다녔고 진정으로 그들의 발전을 위해 우리의 발전 모델을 소개해서 그들도 감동했다. 하노이에서 김우중 회장과 우리 수행원들이 베트남 최고권력자 공산당 서기장 도므어이(DoMuoi, 杜梅)를 만났을 때 김 회장이, 베트남이 이제까지 어떤 세계 강국과의 싸움에서도 지지 않고 국토를 지켰음을 들어 추켜세웠는데, 서기장의 답변은 정말 의외였다. 미국과 전쟁할 때 져야 할 전쟁을 이겨서 지금 '우리 베트남' 국민이 이렇게 굶주리게 됐다며, 그의 베트남식 개혁정책인 '도이모이(경제쇄신)' 정책을 설명했다. 1991년 당시 앞으로 2000년에 베트남 국민소득이 미화 400달러가 되도록 경제 10개년 계획을 수립한 것이 베트남의 도이모이정책이다. 한 나라의 최고 권력자가 외국 상인 앞에서 이렇게 이야기하는 것을 듣고 참 대단한 사람이라고 생각했고, 후에 그가 베트남의 등소평으로 평가되는 인물임을 알았다. 우리도 1960년대 이전 보릿고개 시절에 겪은 것이지만, 굶주림이란 것이 얼마나 뼈아픈 일인지를 다시 생각했다. 대우는 거의 모든 분야의 사업에 투자했고, 베트남에 필요하다고 생각되는 것을 지원했다. 상당히 많은 일을 했는데, 그 중에서 아주 작은 일을 하나 소개하면, 지금 한참 개발되고 있는 하노이 신도시 계획이다. 서울의 강남을 개발한 것과 유사한 이 개발사업은 그들이 생각하지 못하고 있던 것을 김우중 회장의 제안과 꾸준한 지원으로 이루어졌다. 이런 것들이 20년이 지난 지금도 베트남에서 김 회장을 국빈으로 대우를 하는 이유라고 생각된다.

천안문 사태 이후 침체되어 있던 중국도 김우중 회장에게 훌륭한 시장이었다. 당시 미국의 전 국무장관 키신저와 헤이그를 회사 고문으로 두고 있었고, 세계 각국을 다니면서 각국의 정상들을 만나는 김우중 회장의 세계정세와 경제 동향에 대한 정보는 대단한 것이었다고 생각된다. 개발도상국과 김우중 회장의 약속을 후속 작업하는 나로서는 가끔 납득이 되지 않는 일도 있었는데 시간이 지나면 납득이됐는데, 이는 정보 수준의 차이였던 것으로 보인다. 김 회장으로부터 북경의 캠핀스키 호텔에 투자 참여를 지시받고 순수하게 투자만 참여하는 것이 대우답지 않아 별 의미가 없다고 생각했으나 후에 이것이 중국 진출의 교두보가 되는 것으로 보고 김 회장의 선견지명을 다시 느꼈다. 중국 당국과 독일 루프트한자 사(社)가 5대 5로 투자한 캠핀스키 호텔은 호텔 동과 사무실 동을 가지고 있는 최고급 호텔·사무실 복합건물이었다. 천안문 사태로 공사가 늦어져 늘어난 공사 대금을 추가로 투자하여 25% 지분으로 캐스팅보트(casting vote)를 쥐었을 뿐 아니라 북경에서 최고급 호텔인 캠핀스키 호텔의 주인으로서의 위상은, 중국에 오는 서방 외국인들이 대우를 다시 보게 되는 계기를 마련해 주었고, 특히 중국인들에게 주는 인상은 대단한 것이었다. 이 호텔이 지금도 대우건설에 매년 상당한 배당금을 보내고 있다.

러시아도 많이 다녔다. 사회주의 생각 때문에 생산성이 없는 공장들을 정상화하는 방안 등 허다한 경제문제들을 러시아 관리들과 토론했다. 지금 러시아의 실력자 푸틴도 그때 만났었다. 푸틴이 페테르부르크 시의 부시장 시절이었던 것 같다. 얼마 전 지난 시절 해외에서 찍은 사진을 정리하다가, 낯익은 얼굴이 나와 누구인가 보니 푸틴의 사진이었다. 1992년 초 페테르부르크 시에 있는 적자나는 호텔의 운영 및 인수에 관한 문제 등으로 당시 푸틴 부시장을 만났는데 그가 나중에 러시아의 대통령이 될 큰 인물인 줄은 몰랐었다.

아프리카는 열심히 다녔으나 기대에 미치지 못했다. 건설에서는 알제리에서 400실 규모의 오성급 호텔을 합작투자로 건설하기 시작했고, 나이지리아에서 석유화학 플랜트 공사, 기타 몇 나라에서 수주한 도로 공사 이외에는 큰 효과는 없었다. 아프리카의 각 나라를 방문하는 것은 여간 어려운 일이 아니었다. 아프리카는 국가 간에 왕래하는 항공편이 극히 제한되어 있어 동시에 여러 나라를 방문하는 일은 정말 고통스러웠다. 한번은 서해안, 다음번에는 동해안을 따라 각국을 방문하여 대통령 등 국가 최고위층을 만나 김 회장이 던지고 간 숙제를 풀어보려 몇 번을 노력했으나 성과는 미미했다. 이유는 이미 한참 전에 유럽 선진국들이 다녀갔고 그들 나름대로 아프리카 사람들을 나태하게 만들어 놓았다고 할까, 예를 들면 도시의 쓰레기 처리문제가 해결 되지 않는 앙고라에서 아무리 서울의 쓰레기 처리과정을 설명해도 이해를 하지 못할 뿐 아니라 버린 쓰레기를 다시 만지는 것을 죄악시하며 싫어하고, 동네마다 배치돼 있는 유럽제 쓰레기차 숫자만 늘리려 하니 해결방법이 없었다. 서울로 초대해서 서울의 쓰레기 처리과정을 직접 보도록 하니, 그때야 좀 놀랐지만 새로운 것을 시도할 생각은 없었다. 이런 것을 보면서 우리가 새마을 운동 등을 통해서 발전해온 것이 얼마나 대단한 것인지 깨닫게 됐다.

1993년 나는 ㈜대우를 떠나 ㈜신한으로 독립해 나갔다. 나의 건강을 걱정한 김우중 회장의 배려였다. 나도 지쳐 있었다. 아무래도 건강이 심근경색이 있기 전만 못하여, 세계경영이 한창 이루어지는 마당에 대우에서 하차했다. 그래도 나는 대우인 임을 항상 자랑으로 여겼다.

그 후에도 대우는 계속해서 더욱 발전하는 것으로 보였다. 동구권의 개방은 김우중 회장에게 큰 기회였다고 본다. 그동안 아프리카를 중심으로 대한민국의 경제발전 모델을 가지고 개척해보려고 무한한 노력을 했으나 이미 시장을 선점한 구미의 선진국들과의 경쟁은 쉽지 않았다. 동구권은 아프리카 공략에서 얻은 경험과 우리 경제 발전 경험을 가지고 공략하는데 최적의 조건이었다고 생각된다. 헝가리에서 시작하여 폴란드, 루마니아,우크라이나, 우즈베키스탄, 카자흐스탄 등등에서 김우중 회장이 개척하여 거두어들이려 했던 경제적 이권은 대단한 것이었다고 생각된다. 국내에서도 대우는 삼성, 현대에 비해 한참 후발이었다. 그래서 지나서 보니 좋은 것은 선발 업체들이 다 가져가고 그 뒤에서 따라가느라 고생을 했고 해외에서도 구미 선진국에 밀려 고생, 고생 하다가, 동구권에서 비로소 한국 경제 발전 모델에서 얻은 경험으로 해당 국가와 원원 하면서 자연스럽게 얻은 이권은, 1980년 중반부터 꾸준히 뿌려놓은 씨앗의 열매로서, 김우중 회장의 세계경영의 열매였다고 생각된다. 그러나 그 열매의 수확을 막 시작하려는 시점에, 어려움이 덫과 같이 다가왔다.

꿈은 어디로

김영삼 정부의 경제 실책으로 온 1997~1998년 IMF 사태에 대해서도 정보가 많았던 대우가 초기에는 가장 잘 대응했으나, 새로 들어선 김대중 정부의 지원을 얻지 못하고 대우그룹이 그 꿈을 접어야 했던 것은 참으로 안타까운 일이었다고 생각된다.

무엇보다도 베트남, 헝가리, 폴란드, 우즈베키스탄, 카자흐스탄 등에서 회수할 것이 많아진 시점에서 그 모든 것을 잃어버린 결과가 된 것은 나라의 입장에서도 너무 큰 것을 잃어버린 결과가 됐다. 그 결과에 대한 안타까움은 아무리 표현하려 해도 모자라는 아쉬움을 더할 뿐이다. 생각해본다. IMF가 온 1997년이 대우 창립 30주년이었다. 지난 30년간 그토록 기발하고 새로운 아이디어와 남다른 개척정신을 가지고 그토록 열심히 일했는데, 그것도 이제 심은 씨앗이 싹이 나고 곧 열매를 맺을 시점에 꿈을 접어야 했던 것은 한없이 안타까울 뿐이다. 뿐만 아니라, 대우그룹 해체로 인한 당시의 임직원들의 고생이 지금도 계속되고 있어 그 안타까움이 더욱 크다. 그러나 앞날을 생각할 때 과연 우리는 무엇을 잘못했고, 무엇을 잘했는지, 차근차근 반성하고 또 반성해서 어떤 모양으로든 세상에 알려야 할 것 같다. 잘한 것은 잘했다고 자랑하고 싶지만 잘한 것보다는, 우리가 몰아서 챙기지 못했던 것과 알면서도 잘 못한 것이 있다면 어떤 것인지를 더 연구해서 알려야 할 것이다.

지난해 10월 28일 현 대우건설 서종욱 사장의 마련으로 건설 퇴직 임원들이 모여 저녁을 같이 하면서 건설의 지난날을 회고하는 기회가 있었다. 이 자리에서 서종욱 사장으로부터 11월 1일 대우건설 창립 38주년을 맞아 일산 킨텍스 컨벤션 센터에서 2,500여 명의 임직원들이 모여 앞으로 사용할 대우건설의 배지와 로고를 채택할 예정이라며 새로운 배지를 우리에게 선물했는데, 그 배지와 로고 속에 옛 대우의 정신과 이미지가 들어 있도록 했다는 설명을 듣고 감회가 남달랐다. 대우건설, 대우인터내셔널, 대우조선 등 옛 대우 그룹의 주력회사들이 그룹 해체 후에도 계속 발전하고 있는 것은 우리 대우인들에게는 큰 위안이고 보람이다. 나는 그 자리에서, 우리 OB가 이루지 못한 꿈을 우리 YB 후배들이 이루어 주는 모습을 보기 위해서라도, 우리 모두가 건강에 유의하여 앞으로 창립 50주년은 물론이고 60주년 70주년 기념행사에도 참석하자고 당부했다.

대우의 창립 45주년이 되는 임진년(2012)을 맞으면 나도 만 75세가 된다. 정말 어느새 세월도 많이 흘러간 것 같다. 옛일을 회상하면서 이 글을 쓰자니 그동안 청춘을 불태워 무언가 많은 일을 열심히 한 것 같은데, 남은 것이 무엇인지, 세상만사가 무상함을 느낀다. 건설회사 창업 당시 별 볼일 없었던 나를 믿고 큰일을 맡겨 준 김우중 회장과 나를 따라 대우에 와서 고생한 창업 동지들에게 정말로 고맙다는 말을 하고 싶다. 끝으로, 그룹은 해체됐지만 지금도 옛 대우의 개척정신으로 뛰고 있는 대우건설을 비롯한 현역 대우인들에게 무한한 고마움과 격려를 보낸다.

일을 좋아하면
결과도 좋다

_ 선두에 서서 추진한 기업공개와 종합상사 연구

김태구

1973년 6월 6일 대우실업은 이사회를 열고 기업공개를 결정했다. 6월 11일 신주청약 공고가 났다. 330% 프리미엄에 60만 주 모집, 액면가로 3억 원에 해당되는 규모였다. 거기에 61억 원의 청약금이 몰렸다. 프리미엄을 포함하면 263억 원이나 되니 엄청난 인기였다. 20.4:1의 경쟁률을 기록한 기업공개는 6월 15일 주금납입 완료 후, 6월 30 일 임시 주주총회를 마지막으로 성공적으로 마무리됐다. 한 달 만에 전격적으로 이루 어진 대우실업의 기업공개를 담당한 실무책임자는 김태구였다. 그가 대우에 첫 출근한 날이 1973년 6월 1일이었다. 입사 후 닷새 만에 그는 이 엄청난 과업을 담당하게 됐던 것이다. 그는 이를 이렇게 평가했다. "철저한 직업정신을 발휘하면 세상에는 못할 게 없다."

김태구

1941년에 충청북도 증평에서 태어나 청주고등학교, 서울대학교 무역학과, 서울대 대학원에서 경영학 을 전공해 석사학위를 받았다. 산업은행에서 조사역으로 근무하던 중 1973년에 대우로 옮겨 1999년 까지 대우그룹에 봉직하면서 대우실업이사, 대우기획조정실장, 대우조선공업 사장, 대우자동차 사 장 · 회장 등을 역임했다. 현재는 바이오 전문기업인 셀트리온GSC의 회장, 셀트리온의 고문으로 활동 하고 있다. 상훈으로는 국가산업발전 및 수출에 기여한 공로로 은탑산업훈장(1995)을 받았다.

입사 5일 만에 맡은 기업공개 과업

"김 형은 어디 근무하다 왔어요?"

대우실업의 부산공장을 총괄하고 있던 조동제 사장은 나를 만나자마자 대뜸 물었다.

"산업은행에 있었습니다. 그런데 그건 왜 물으시는지요?"

"지난번 이사회에서 기업공개를 추진하는 안에 대해 김우중 사장이 의견을 묻자 김 형이 '저는 어렵겠습니다'라고 대답했잖아요? 대우에서 어렵다고 말한 사람은 아마 김 형이 처음일 겁니다."

1973년 6월 대우에 입사하고 한 달 만에 휴가 아닌 휴가를 얻었다. 입사하자마자 기업공개를 추진하라는 지시를 받고 어떻게 지나갔는지 모르게 한 달을 보내고 나자 김우중 사장은 나에게 머리도 식힐 겸 2~3일 부산공장을 둘러보고 오라고 아량을 베풀어주었다. 그때 만났던 조동제 부산공장 사장의 첫 코멘트는 이런 것이었다.

　1973년 6월을 나는 아직도 생생하게 기억한다. 첫 출근을 한 6월 1일 며칠 뒤가 6월 6일 현충일이었다. 쉬는 날인데도 많은 직원들이 나와서 일을 했다. 나중에 안 사실이지만 당시 대우에서는 일요일이나 공휴일에도 쉬는 법이 없었다. 그날만 예외로 근무를 하지 않는데 나는 아직 그런 사실을 몰랐던 것이다.

　그날 대우실업의 긴급 이사회가 소집돼 있었다. 김우중 사장을 비롯한 이사진들이 소집되고, 김영환 부장과 조사역이란 타이틀을 갖고 입사한 내가 배석자로 이사회에 참석하게 됐다. 이사회 안건은 기업공개에 대한 것이었다. 당시 정부는 기업들에게 기업공개를 적극 권장하고 있었으나 대부분의 회사들은 이에 대해 소극적이거나 방어적인 상황이었다.

　이사회에서 진지한 토론이 진행된 후 김영환 부장과 나에게 잠시 자리를 비워달라고 요청했다. 잠시 후 다시 회의실에 들어갔을 때 기업공개 추진이 결정됐음을 알았다.

　"김 부장, 6월 말까지 기업공개를 마무리해야 할 텐데 할 수 있겠어요?"

　"네, 해보겠습니다."

　김영환 부장은 생각할 틈도 없이 단번에 대답을 내놓았다.

　"김태구 조사역은 어때요? 할 수 있겠어요?"

　"저는 어렵다고 봅니다."

　나는 태산 같은 걱정을 마음에 담고 문제의 그 답변을 조심스럽게 내놓았다.

"김 부장은 가능하다는데 함께 힘을 합쳐서 추진하세요."

이제 막 입사한 지 5일밖에 안 된 나에게 한 달 내에 기업공개를 추진하라는 과업은 그렇게 너무도 쉽게 맡겨졌다. 나이 서른두 살에 대우와 인연을 맺자마자 기업공개 추진이라는 엄청난 일을 어깨에 짊어진 것이다. 한마디로 머리에 폭탄을 맞은 기분이었다. 새로 일하게 된 회사에 적응할 여유도 없이 나는 바로 회사를 공개상장하는 대단한 작업을 진두지휘해야 했다.

회의가 끝나자마자 나는 기업공개를 함께 진행할 팀 4명을 구성해 그날로 호텔을 잡아 밤샘작업에 착수했다. 시간이 많이 부족했기에 밤낮 없이 일에 매진해야 했다. 나는 안 그래도 적은 수면시간을 더 줄여가며 다음 날 각자의 할 일에 대해 작업일정표까지 작성했다.

휴대전화도 없는 시절이라 본사에 연락책을 두고 그날그날 진행결과를 통지해 서로 맞춰보며 작전을 짰다. 상공부, 재무부, 기획원을 뛰어다니며 서류를 확인하고, 회계법인과 기업공개를 위한 준비 작업을 진행하면서, 제일은행과 주식공모 준비 작업을 동시다발적으로 추진했다. 주식을 공모하려면 재무현황과 향후 10년 사업계획서, 향후 10년간 추정 재무제표 등이 중요했기에 재무부와 제일은행 공인회계사 등 여러 기관들과 협력하며 상법과 기타 법령에 맞도록 자료를 만들어나갔다.

나는 그때 비록 몸은 힘들었지만, 짧은 시간에 그토록 많은 일을 처리하면서, 과연 철저한 직업정신을 발휘하면 세상에는 못할 게 없다는 것을 깨달았다. 내 인생에 있어 아주 큰 깨달음이었다.

엄청난 호응 속에 마감된 기업공개

드디어 주요 일간지에 기업공개 및 공모주 청약 공고를 냈다. 330% 프리미엄에 60만 주 모집, 액면가로 3억 원에 해당하는 규모였다. 6월 11일부터 이틀에 걸쳐 제일은행 창구에서 공모주 청약이 진행됐다. 나는 혹시나 잘못된 일은 없는지, 마지막 관문인 청약과정에서 사고가 나진 않을지 걱정이 태산이었다. 청약이 진행되는 7시간 동안 나는 1분이 1시간 같고, 1시간이 1년 같게만 느껴졌다.

바짝 긴장한 채 시간은 마감 1시간을 남긴 오후 3시 30분. 이제 1시간만 문제없이 지나가면 된다고 생각하던 찰나 갑자기 책상 위의 전화벨이 울렸다. 혹시 무슨 문제가 터진 것 아닌가 싶은 마음에 덜컥 걱정이 앞섰다. 전화를 건 사람은 김우중 사장이었다.

"김 조사역, 은행 창구에 가봐야 하겠어요. 창구가 난리라는데……."

결국 올 것이 오고야 만 것인가? 다리에 힘이 쭉 풀렸다. 천신만고 끝에 거의 마지막 단계까지 왔는데, 결국엔 창구에 문제가 생겼다는 것이다. 나는 머릿속으로 온갖 나쁜 시나리오를 잔뜩 떠올리며 제일은행으로 급히 달려갔다.

그런데 내 예상과 달리 은행 창구는 한산하기만 했다. 여기저기에 대우의 노란 유니폼을 입은 여직원만 간간이 보였다. 가까운 창구로 달려가 어떻게 된 것인지 은행 직원에게 급히 물었다.

"제가 이번 대우 기업공개 책임자인데, 창구에 문제가 생겼다고 해서 이렇게 달려왔습니다. 문제가 뭡니까?"

"아, 그 일 때문에 오셨군요. 아침에 공모에 참여하려는 사람들이 한꺼번에 몰려서 약간 문제가 있었지만, 이젠 모두 정상화됐습니다. 대우실업에 대한 기대치가 워낙 높아서 아주 성황리에 청약이 이루어졌습니다. 축하드립니다!"

성황리에 청약이……? 축하……? 그 순간 내 머릿속은 하얘지면서 아무 생각도 안 났다. 너무 긴장한 나머지 현기증이 몰려와 그 자리에서 단 한 발짝도 움직이지 못한 채 한동안 멍하게 서 있었다. 기업공개에는 3억 원 모집에 61억 원의 청약금이 몰렸다. 330%의 프리미엄에도 불구하고 20.4:1이라는 초유의 경쟁률을 기록하며 성공적으로 청약이 마감됐다. 프리미엄을 포함하면 263억 원이나 되는 엄청난 호응이었다.

회사로 돌아가기 위해 정신을 차리고 발걸음을 뗐다. 은행 문을 나서자 마침 대우의 유니폼을 입은 여직원이 회사에 돌아가기 위해 차에 오르고 있었다. 나는 여직원에게 양해를 구하고 차에 동승했다. 그런데 차가 출발한 후 몇 분이 지나자 갑자기 마음속에서 뭔가 주체할 수 없는 감격과 회한이 동시에 치밀어 올랐다. 그리고 갑자기 주체할 수 없는 눈물이 쏟아졌다. 나는 처음 보는 여직원 앞에서 부끄러움도 모른 채 한참을 엉엉 울어버렸다.

회사는 온통 축제의 장이었다. 사무실에 들어서자마자 저만치 앞에서 김영환 부장이 달려와 환한 얼굴로 축하인사를 전했다. 연이어 상무와 전무의 격려를 받으면서 나는 비로소 제정신을 찾았다. 그래, 장인정신을 발휘하면 못할 건 없었다. 입사한 지 10여일 만에 나는 이렇게 우여곡절을 겪으며 또 한 명의 대우 사람이 돼가고 있었다.

그런데 여기까지는 시작에 불과했다. 기대 이상으로 많은 주주들의 청약을 받고 축제의 열기가 채 가시기도 전에 김우중 사장은 나에게 다시 청천벽력 같은 지침을 전했다.

"이제 청약이 끝났으니 곧바로 정산을 하고, 청약 초과금을 내일부터 환불해주도록 해요."

통상 공모 마감 후 며칠이 지나서 환불이 이루어지는데, 대우는 은행과 아무런 협의도 하지 않는 채 고지식하게 그 다음 날 곧바로 환불을 해주기로 한 것이다. 그래야 청약자들이 환불받은 돈으로 다른 공모에 참여할 수 있을 테니까.

나는 또다시 동료들과 함께 눈을 부릅뜨고 주판알과 싸우며 공모 결과를 정리해나갔다. 그런데 아무리 해도 주식 500주가 모자랐다. 내일부터 환불을 하려면 시간이 없는데 또 발등에 불이 떨어진 것이다. 그때 마침 김우중 사장이 다가와서 물었다.

"무슨 문제가 있습니까?"

"네. 아무리 맞춰봐도 500주가 부족해서 정산을 마무리하지 못하고 있습니다."

"시간이 없는데 부족한 것은 내 지분에서 처리하세요. 그럼 문제가 없는 거죠?"

다시 한 고비를 넘기는 순간이었다. 벌써 시간은 밤 10시를 넘어서고 있었다. 이제 남은 건 조간신문에 환불안내 공고를 내는 것이었다. 신문 공고 문안을 만들고, 신문사에 전화를 해 지면을 잡는 시간과의 싸움이 다시 한 번 벌어졌다. 끝내 통금을 넘겨 직접 신문사를 방문한 후에야 광고 지면을 확보할 수 있었다. 그리고 이튿날부터 은행과 긴밀하게 협력해 계획한 대로 청약 초과금을 환불했다.

고생 끝에 낙이 온다는 사실을 나는 기업공개를 마무리하는 주주총회에서 경험할 수 있었다. 내 기억으로 주총의 예정된 식순은 30분이 되지 않아 쉽게 마무리됐다. 그런데 행사는 2시간이 넘게 계속됐다. 행사장이 비좁아 통로까지 가득 찬 1천여 명의 사람들이 주주총회 장을 떠나지를 않았다. 복도에 확성기까지 설치하고 김우중 사장은 거기 모인 주주들을 향해 한동안 열변을 토했다.

"앞으로 3년 내에 100억 원의 이익을 달성할 것입니다. 가장 모범적인 회사를 만들어 주주 여러분의 성원에 꼭 보답하겠습니다!"

6년이 채 안 된 대우실업의 30대 사장은 주주총회에 모인 주주들을 향해 이렇게 열정을 쏟아냈다. 대우에서 나의 첫 과업은 그렇게 마무리되고 있었다.

당시 우리나라 기업들은 경제 규모의 확대에도 불구하고 필요한 자금을 금융기관으로부터 차입하는 간접 금융에 의존했다. 이에 정부는 기업의 자금조달 능력 제고를 위한 방안으로 1973년 1월 5일부터 '기업공개촉진법'을 개정, 시행했으나 기업들은 전근대적 사고방식에서 벗어나지 못한 채 기업공개에 냉담했다.

대부분의 기업들이 그와 같이 기업공개를 기피하고 있을 때 대우는 자진해서 기업공개를 단행해 자본시장의 발전과 기업 투명성 제고에 기여하고자 했다.

기업공개를 성황리에 마무리하고 나니 또 하나의 과제가 나를 기다리고 있었다.

"이번에는 일본을 다녀와야 하겠어요. 일본에서 종합상사들의 역할은 대단합니다. 우리도 그들을 연구해서 직접 대규모로 수출할 수 있는 방법을 찾아야 합니다. 일본처럼 우리도 종합상사가 필요합니다. 잘 연구해보세요."

대우의 종합상사 지정

일본 종합상사를 연구하기 위해 나는 최정호, 조진숙과 함께 일본 출장을 떠났다. 당시 일본 종합상사들의 거래 규모는 엄청난 수준이었다. 일본의 종합상사 중 실적이 10위권인 토멘상사(Toyo Menka Kaisha, 東洋綿花)의 실적이 우리나라의 전체 수출실적과 비슷한 규모를 보일 정도로 그들의 수출은 상상을 초월했다. 대우실업은 1년 전인 1972년에 국내 기업 중 수출실적 2위에 오를 만큼 빠른 성장세를 이어가고 있었지만, 그들은 대우를 마치 작은 봉제공장을 보듯 대했다. 사실 당시 우리는 종합상사에 대해 문외한이었다. 우리와 거래가 많았던 토멘상사를 연구대상으로 출장길에 올랐지만 사실 나는 그들에게 무엇을 물어야 할지조차 몰랐다. 오로지 '우리도 종합상사를 해야 한다'는 사명감 하나만으로 작업을 시작해야 했다.

시간이 지나면서 일본 상사 내에 지인들이 생겨나자 그들도 대우의 열정을 이해해주기 시작했다. 참고하라며 자료를 조금씩 내놓기도 하고, 자기들도 무엇을 가르쳐주어야 할지 모르겠다는 부담스러운 고민을 토로하기도 했다.

그러던 어느 날 친분이 있던 토멘상사의 직원 한 명이 발간된 지 얼마 되지 않은 그 회사의 40년사를 우리에게 참고하라고 전해주었다. 우리는 마치 학생이 교과서를 처음 보는 기분으로 그것을 밤새워 읽고 또 읽었다. 그러자 차츰 종합상사의 윤곽이 보이기 시작했다.

우리는 회사마다 조직도와 전화번호부를 어렵게 빌려와 그것을 맞춰보면서 하나씩 궁금증을 풀어나갔다. 그리고 더욱 구체적인 내용을 확인하기 위해 체계적인 질문 리스트를 만들어나갔다. 아침이 되면 우리는 각각의 부서들을 직접 방문해 미리 만들어놓은 질문에 대한 해답들을 하나씩 채워나갔다. 드디어 종합상사의 큰 틀이 보이기 시작했다. 그리고 자신감이 점점 커졌다.

일본 종합상사는, 품질확인에서 포장 및 선적에 이르는 과정들을 체계적으로 관리한다. 또 거래처를 개발하고 수출상품을 기획하는 중요한 업무도 맡는다. 더 괄목할 일은 종합상사가 지구적 규모로 자원개발에 나서고, 대규모의 금융 업무를 수행하며 지구 곳곳에서 지역경제의 풍부한 자료들을 조사 확보하는 것이다. 대우는 다행히 그동안 충실히 이 과정을 익혀왔으며, 어설프게나마 1969년부터 해외에 지사를 개설해 현지 거래처 개발도 꾸준히 진행해왔다. 또한 1972년부터는 개발부를 만들어 자체 생산품뿐만 아니라 국내 기업들을 상대로 새로운 수출상품 개발에 박차를 가하고 있었다.

일본 출장을 마치고 돌아온 우리는 곧바로 두툼한 출장보고서를 만들어 회사에 제출했다. 그 자료는 '일본 종합상사 연구보고서'라는 이름으로 정리돼 다시 정부 관련 부처에 전달됐다. 당시 우리 정부도 일본 종합상사의 역할에 주목하고 이를 도입하고자 고심 중이었다. 그때 우리가 만든 보고서가 정부의 종합상사 도입 작업에 큰 역할을 했을 것으로 믿는다.

1975년, 정부는 드디어 '종합무역상사 설립에 관한 요령'을 만들어 상공부 고시로 공포했다. 그리고 쌍용과 대우, 삼성이 거의 같은 시기에 종합무역상사 지정을 받았다. 당시 정부가 제시한 종합무역상사의 자격 요건은 △1975년 당시 수출실적 5천만 달러 이상 △자본금 10억 원 △수출품목 수 7개 이상 △100만 달러 이상 수출국가 수 10개 이상 △해외지사 수 10개 이상 등이었다. 대우는 아직 그룹화되기 이전이라 자체 생산 물량만으로는 정부가 제시한 종합무역상사 자격요건을 채우기가 쉽지 않을 것이라는 전망이 많았다. 하지만 이미 수년 전부터 다각적인 수출시장 개척과 상품개발을 진행해왔기 때문에 대우는 그때 어렵지 않게 자격요건을 만족시켜서 그해 5월에 종합무역상사로 지정될 수 있었다.

그로부터 몇 년이 지난 어느 날 거래처인 일본 토멘상사를 다시 방문할 기회가 생겼다. 종합상사 연구를 위해 만났던 어느 과장으로부터 나는 이런 질문을 받았다.

"당신을 처음 만났을 때, 대우실업이 3년 후에 100억 원의 이익을 낼 것이라고 장담했는데 정말 그렇게 됐나요?"

"네, 물론이죠. 우리는 약속을 성실하게 지켜냈습니다."

믿을 수 없다는 그 과장의 표정을 보며 나는 마음속으로 크게 웃고 있었다.

현지를 지키며
기회를 먼저 잡다

_ 유조선 5척을 두고 벌인 현대와의 치열한 수주전

강병호

어떤 일을 하든 경쟁은 피할 수 없다. 최후의 승자가 되기 위해, 때로는 스파이 작전을 방불케 하는 치밀한 계산과 전략이 동원되기도 한다. 이런 보이지 않는 전쟁이 매일 비즈니스 현장에서 계속된다. 해외시장 개척기에 우리 기업들은 어떻게 경쟁하며 대규모 사업 수주를 성사시켰을까? 1970년대 말 남미 에콰도르에서 발주된 5척의 유조선을 두고 대우와 현대는 한 치의 양보도 없는 치열한 경쟁을 펼쳤다. 상대방 업체의 집요함에도 굴하지 않고 비즈니스 파트너의 마음을 사로잡는 성실함과 신뢰로 마침내 계약을 성사시킨 대우. 당시 현지 지사에서 이 수주전을 진두지휘했던 강병호의 경험담에서 손에 땀을 쥐게 하는 생생한 긴장감과 더불어 그 시절의 낭만과 멋을 느낄 수 있다.

강병호

1943년에 개성에서 태어나 경기고등학교, 서울대학교 법학과를 졸업했다. 1966년에 산업은행에 입행해 근무하다가 1975년에 대우로 자리를 옮겨 1999년까지 대우에 봉직하면서 ㈜대우 런던지사 전무, 대우기획조정실 부사장, ㈜대우 무역 부문 사장, 대우자동차 사장, 대우통신 사장 등을 역임했다. 대우그룹 재임기간 중 금탑산업훈장 수상(1996), 한국자동차공업협회 회장, 자동차부품연구원 이사장, 전경련 남북경제협력위원회 부위원장, 한–이태리/한–몽골/한–인도 경제협력위원회 위원장을 역임하기도 했다.

호된 신고식

1976년 7월, 나는 적도의 나라 에콰도르로 발령을 받아 키토로 향했다. 대우개발이 에콰도르에서 해외건설의 첫발을 내딛을 시기였다.

대우가 한국의 산업화에 기여한 일 중 해외 건설시장 개척을 빼놓을 수 없다. 1976년 9월부터 시작한 1,800만 달러 규모의 에콰도르 키토 시 도로포장공사가 대우의 첫 해외진출 공사였다. 비록 공사 규모는 작았으나, 한국의 기업으로는 최초의 남미 진출인 데다 그 당시 한국의 건설업체들이 과당경쟁을 벌이던 사우디아라비아, 쿠웨이트 등의 기존시장을 탈피해 새로운 시장을 개척했다는 사실로 의미가 컸다.

에콰도르는 산유국이고 해외건설 프로젝트도 있는 만큼, 나는 하루 빨리 현지로 가서 지사를 내고 시장조사부터 하기로 마음먹었다.

키토는 해발 3천m의 고지대라서 파리는 맥을 못 추고, 전갈이나 뱀도 독이 없었다. 그래도 인간은 적응해서 잘 살아가고 있었다. 지금은 인구가 1천만 명이 훨씬 넘지만, 내가 처음 갔을 때는 7백만 명 정도였다. 인구의 10% 미만이 백인이고, 20%가 혼혈 메스티소, 나머지 70%는 순수 인디오였다. '에이티 패밀리'라고 부르는 80여 유럽계 백인 가족이 에콰도르의 정치와 경제를 지배하고 있었다. 그런 만큼 이 사람들과의 연결 없이는 대부분의 비즈니스가 어려웠다.

"한국의 대우실업에서 왔습니다. 키토에 지사를 내려고 합니다."

현지 지사를 개설하려고 담당 공무원에게 문의했더니, 영주권을 요구했다.

"영주권을 가진 사람만 우리나라에서 영업행위를 할 수 있어요."

예상치 못한 문제였다. 마침 안면이 있는 현지 변호사를 찾아가 상의했더니 해결해주겠다고 했다. 다만 서울 본사의 양해가 걱정이었는데 다행히 본사에서도 현지상황을 이해해 추진하도록 승인해주었다. 중앙은행에 일정액을 예탁한 증명서를 관할관청에 제출한 뒤 수개월 만에 나는 비로소 영주권을 받아 지사를 설치할 수 있었다.

처음에는 건설현장 사무실 한 칸에 현지인 한 명을 채용해 지사 업무를 시작했다. 자동차가격도 너무 비싸서 살 엄두도 못 내고 건설현장 차량을 이용하거나 택시를 이용하며 다녔다. 식품반입이 허용되지 않는 곳이라 먹는 것도 애로가 많았고 고산지대 상주에 따른 신체적 피로감도 문제였다.

무엇보다 본사와의 통신에 가장 어려움이 많았다. 그 당시 전화를 한 통 하려면 교환원에게 신청해놓고 연결될 때까지 무작정 기다려야 했다. 연결이 되더라도 미국이나 일본을 경유하기 때문에 통화 질이 무척 안 좋았다. 그래서 서울과의 통신은 주로 전보나 텔렉스로 했다.

사무실에 텔렉스가 없어서 국제전신전화국에 가서 기안한 것을 제출하고 오퍼레이터가 타이핑한 것을 교정해 송부시키면 밤 10시 정도나 돼야 일과가 끝나곤 했다. 나중에 현지인 근무자가 국제전신전화국 담당자에게 웃돈 1천 달러를 더 주는 방법으로 사무실에 텔렉스를 설치해놓으니 그렇게 좋을 수가 없었다.

넘쳐나는 경쟁업체

대우는 가전제품과 경공업제품을 수출하기 위해 에콰도르에 진출했지만 이곳은 좁은 시장에 비해 경쟁업체가 넘쳐났다. 무역업체가 무려 1,400여 개나 등록돼 있었다. 여기 사람들은 필요한 것이 있으면 그때마다 무역업체를 통해 조금씩 수입했다.

나는 다른 나라와 우리나라 제품을 냉정하게 비교해보았다. 일본보다는 품질과 지명도에서 떨어지지만 대만 제품보다는 좋았다. 그러다 보니 수요층이 전무했다. 즉, 돈 있는 사람은 질이 가장 좋은 일본 제품을 사고, 돈이 없는 사람은 가장 싼 대만 제품을 사는 것이다. 아무도 사지 않는 우리나라의 제품을 사게 하는 일, 그게 내가 할 일이었다.

하지만 상품의 품질만 높인다고 해서 해결될 일이 아니었다. 가장 심각한 문제는 관세였다. 그 당시만 해도 일본이나 대만에서는 현지 실정에 맞게 CKD(Complete Knock Down, 완전분해)로 공급해 관세를 피하고 있었다. 하지만 한국은 아직 그 같은 방법으로 공급하는 생산업체가 없었다. 일본은 CKD로 공급하는 노하우가 대단했다. 그러다 보니 현지에서 일본의 품질과 대만의 가격을 당해낼 재간이 도무지 없었다.

대우 본사에서도 CKD를 시도하지만 그게 해당 생산업체의 협조를 받아야 가능한 일이어서 생각대로 해결되지 않았다. 게다가 본사에서는 에콰도르시장에 특별한 관심이 없었다. 대량으로 경공업제품 등을 판매하는 미국이나 선진국과 비교하면 에콰도르 시장은 물량이 적었기 때문이다. 그때까지 나는 에콰도르 바나나 수출과 연계해 제미니 자동차 200여 대를 수출하고, 콜롬비아에 비료 1만 톤, 그리고 타이어 20만 달러어치 판매한 것 말고는 특별하다고 할 영업 실적을 못 내고 있었다. 현대자동차가 에콰도르에 최초로 자동차를 수출했기에 한국의 자동차에 대해서는 알고 있으나, 자동차 수입이 자국 농산물 수출(바나나, 커피 등)과 연계돼 있어 지속시킬 수가 없었다.

하지만 좁디좁은 시장에 경쟁업체들은 넘쳐나지만, 나는 반드시 길이 있다고 확신했다. 오지에 신설된 지사가 국익에 도움이 되는 일을 할 날이 꼭 오리라고 믿었다.

치열했던 파나맥스 프로젝트

몇 차례의 시행착오를 겪다 보니 경공업제품보다는 시멘트나 비료, 조선 같은 중화학제품을 수출하는 쪽이 더 가능성이 크겠다는 것을 깨달았다. 더불어 어떻게든 키토지사를 활성화시키고 싶어서 에콰도르뿐만 아니라 콜롬비아, 페루, 볼리비아까지 이리 뛰고 저리 뛰었다.

그러던 어느 날, 미국 대사관에 들러 지인인 상무관을 만났다가 깜짝 놀랄 만한 프로젝트를 알게 됐다.

"미스터 강, 에콰도르 국영 석유회사인 'FLOPEC'에서 유조선 5척을 발주할 계획인 것 알아요? 이걸 좀 봐요."

상무관이 펼친 자료를 보니, 에콰도르 국영 석유회사에서 5~8만 톤 규모의 '파나맥스'급 선박 5척을 발주한다는 것이 아닌가. 나는 마음속으로 '이것이다' 싶었다. 나는 그 후 매일같이 FLOPEC을 드나들었다. 그리고 FLOPEC과 잘 통하는 인사이자 내 영주권 문제를 해결해준 변호사를 통해 믿을 만한 에이전트를 소개받았다. 사족을 붙이자면, 그 변호사는 나중에 대통령이 됐다.

"FLOPEC 프로젝트가 무르익어갑니다. 서두르세요."

에이전트가 귀띔했다.

나는 이미 본사에 전말을 자세하게 보고하고 있으며 입찰 공고가 나면 입찰 서류를 가지고 귀국해서 구체적인 협의를 하고 오겠다고 전했다. 입찰 서류를 구입하자 나는 예정대로 즉시 서울 본사로 향했다. 당시 본사에서는 윤용남 이사가 선박영업을 총괄하고 있었다.

"어서 와. FLOPEC의 파나맥스 5척 입찰에 관한 보고는 잘 받았네. 현대야 직접 입찰에 참가할 테니까 건조회사로 조선공사와 이야기하고 있네. 입찰 서류가 왔으니 서류를 가지고 조선공사로 가 보자고. 거기서 동참하겠다고 해야 우리가 입찰을 해도 할 것 아니겠어?"

우리는 대한조선공사를 방문했다.

"대우실업에서 왔다고요? 대우실업에서 왜요?"

첫마디부터, 너희가 무엇을 할 수 있겠냐는 말투였다. 하지만 윤용남 이사는 그런 태도에 아랑곳하지 않았다.

"대우실업은 해외시장 개척에 탁월한 능력과 실적이 있는 종합상사입니다. 이번에 에콰도르 국영석유공사의 파나맥스 입찰 건이 있어서 의논을 드리려고 키토 지사장과 함께 방문했습니다. 귀사가 건조를 담당하고 저희가 상사로서 입찰에 참가하고자 합니다."

"파나맥스라고요? 그런 정보를 어디서 입수했죠?"

"이것이 입찰 서류입니다."

"그 가난한 나라에서 그만한 배를 5척이나 발주했다가 나중에 배 만든 값이나 지불할 수 있을까요?"

"에콰도르는 산유국입니다. 이번 입찰은 귀사와 국익에 기여할 수주입니다. 이렇게 좋은 사업을 놓치면 후회하실 겁니다. 그러니 도와주십시오. 에콰도르에서도 이미 손을 봐놓은 프로젝트입니다."

그러나 담당 전무는 끝까지 부정적인 반응이었다.

"일단 서류는 두고 가세요. 연락드릴게요."

조선공사에서는 나름대로 현지 확인, 내부점검회의, 조선소 사정, 상사를 창구로 이용하는 득실을 점검했을 것이다. 한참 만에야 같이하자는 연락이 왔다. 대한조선공사를 설득하기가 이렇게 힘겨울 줄 몰랐다.

조선공사의 연락을 받고 점검을 해보니 대우, 현대, 폴란드 조선소, 일본 상사들이 입찰 서류를 구매한 상황이었다. 그리고 우리 측 에이전트에서 현대가 리셉션을 한다면서 에콰도르 주요 인사들을 호텔로 초청했다고 알려왔다. 대한조선공사에서 파나맥스급 선박 5척을 건조하기로만 결정하면 순풍에 돛을 달고 일이 진행되리라고 기대에 부풀어 있던 나를 현대가 잔뜩 긴장하게 만들었다.

"현대는 현대조선소를 만들어서 해외마케팅을 오래전부터 해오고 있습니다."

나는 현대의 리셉션에 가보았다. 현대의 뉴욕지사 사람들이 직접 와서 에콰도르 인사들에게 거창하게 조선소와 건조 실적을 소개하는 것을 보니 놀라왔다. 에콰도르에 거주하는 현대 측 에이전트도 나와 있었다. 에콰도르의 현대 측 에이전트는 한국 사람이었다. 그는 에콰도르 여성과 결혼해 현지에 살고 있으면서 현대 일을 봐주고 있었다. 그는, 에콰도르 주요 인사들을 일일이 만나 인사하면서 집요하게 에콰도르 파나맥스급 선박 5척 입찰에 대시를 했다.

"이것 참, 기도 안 차는군."

리셉션을 보고 나오면서 나는 어이가 없었다. 이러다가 정말 현대에게 수주를 빼앗길 것만 같다는 생각이 들었다.

나는 에이전트와 밤잠을 설치며 입찰 대비책을 의논했다.

"제가 그쪽 사람들을 만나서 예상 가격을 알아보겠습니다. 일은 잘될 겁니다."

"부탁합니다. 대한조선공사도 처음에 소극적이던 때와 다르게 적극적으로 우리 쪽에 협조하고 있어요."

입찰할 때까지 에이전트를 통해서 발주자 측의 예정 가격과 조건을 미리 알 수 있었다. 본사에 보고해 입찰서 작성에 고려하도록 했다.

마침내 기일에 맞추어 입찰 서류를 제출했다. 입찰 서류 심사 중에 에이전트가 연락을 해왔다.

"기술, 가격과 금융 조건이 대우가 가장 좋습니다. 현대도 비슷한 조건을 넣었고요. 일본 업체들은 자신들이 보유하고 있는 표준선형을 가지고 입찰에 참가해 흥미가 없는 것 같아요. 그런데 어쩌죠? 문제가 생겼어요."

입찰 가격을 확인한 에이전트가 연락을 했다.

"무슨 소리죠?"

"폴란드가 입찰에 참여했는데, 입찰금액이 8천만 달러예요."

폴란드는 당시 에콰도르 유조선 수주실적이 많은 나라였다.

"그 값에 배를 건조할 수 있나요?"

"공산주의 국가는 워낙 원가가 쌉니다. 그러니까 2천만 달러나 싸게 넣었어요."

공든 탑이 무너진다고 했던가. 갑자기 앞이 캄캄했다. 대우가 아무리 입찰 가격을 낮춰도 지금보다 2천만 달러나 낮게 조정하는 것은 불가능했다.

그때 대우는 1억 700만 달러고, 현대는 대우보다 몇 백만 달러 더 많았다. 현대만 이기면 수주에 성공할 거라 생각했던 나는 순간 거대한 벽 앞에 선 느낌이 들었다.

폴란드는 이번 수주를 국가적 사업으로 추진하는 듯했다. 폴란드 문화부 장관이 문화교류 사절단을 데리고 에콰도르를 방문하기까지 했다. 명분은 문화교류이지만 사실은 이번 입찰을 두고 로비를 하러 온 것이었다. 폴란드야말로 막강한 복병이었던 셈이다.

"폴란드를 이번 참여에서 제외시켜주세요."

"설득해보겠습니다. 그런데 제외시키는 것을 설득할 만한 자료가 있을까요?"

"생각해보면 빤한 일 아닙니까? 우리가 제시한 가격도 거품이 많이 빠진 것인데, 거기서 2천만 달러가 빠지면 그 배가 바다에서 뜨기나 하겠어요?"

나는 대한조선공사에 부탁해서, 폴란드가 제시한 가격으로 배를 만들면 에콰도르 측에서 원하는 배를 건조할 수 없다는 근거자료를 만들었다.

"이걸 에콰도르 측에 제시해 세밀한 부분까지 체크하게 하세요."

아니나 다를까, 대한조선공사가 제시한 자료를 본 에콰도르 측은 폴란드를 제외시켰다.

그런 조치가 있은 후 마음을 좀 놓고 있던 어느 날, 자정을 조금 지난 시각에 전화벨이 울렸다. 알 수 없는 음성이었다.

"현대에서 대우보다 100만 달러 싼 값을 다시 제시했소. 대우는 어찌할 생각이오?"

잠을 잘 수가 없었다. 익명의 제보자는 과연 우리 친구인가? 아니면 자기네 이익을 챙기는 자인가?

나는 본사와 의논해 어렵사리 300만 달러를 낮췄다. 그러자 다시 한 번 한밤중에 "현대가 또 가격을 낮췄는데, 대우는 어떻소?"라고 다시 문의해왔다.

전화를 끊고 가만히 생각을 하니 기가 막혔다. 태평양 건너 가난한 오지에서 이런 싸움을 언제까지 계속해야 할 것인가? 생각에 생각을 하던 끝에 대사관을 방문했다.

"대사님, 혹시 아시는지요?"

현대와의 가격경쟁에 대해 설명하고 도움을 청했다.

"지금까지의 상황으로 보면 한국의 수주는 거의 확실합니다. 하지만 국익을 위해 힘써주시면 고맙겠습니다."

"우리 입장에선 한국으로 프로젝트가 가는 것이라면 좋기는 한데 참……."

하는 수 없이 본사와 상의해 100만 달러를 더 낮추어야 했다.

최종 결정을 앞둔 007 작전

최종 결정을 눈앞에 두고 에이전트로부터 연락이 왔다. 대우를 염두에 두고 있기는 하지만, 여러 상황을 감안해 선주가 한국에 가서 조선소를 직접 보고 결정하겠다는 게 내부결정이라고 했다. 그러니 나에게 FLOPEC 사장(선주)을 수행해 한국에 다녀오라고 했다.

당시 울산의 현대조선소와 부산의 대한조선공사는 시설로만 비교하면 현대 쪽에 유리했다. 조선소를 직접 본 뒤에 충분히 마음이 바뀔 수도 있다. 그래서 나는 확실한 대답을 요구했다.

"정말로 대우에게 발주하기는 하는 것입니까? 괜히 발품만 파는 것이면 여기서 포기하겠습니다."

"아닙니다. 대우에 발주하기로 내부결정을 했습니다. 다만 발표를 조선소를 둘러본 뒤로 연기했을 뿐입니다."

"지금 한 말을 책임질 수 있나요?"

"책임지겠습니다."

"그렇다면 좋습니다. 대우 측에 발주한다는 걸 내가 확인할 방법은 없습니까?"

"호놀룰루 호텔에서 선주가 '000 변호사를 아느냐?'라고 물어올 것입니다. 그러면 미스터 강이 '잘 압니다' 라고 대답을 하세요. 그러면 되는 것입니다."

선주는 볼일이 있어서 먼저 미국에 갔다가 LA에서 만나 호놀룰루로 갔다. 우리는 호놀룰루에서 1박을 한 후, 서울로 가는 일정이었다.

그런데 예약된 호텔로 가는 차 안에서 선주가 자신이 알아본 바로는 예약된 호텔이 특급이 아니더라고 말했다. 순간 가슴이 철렁 내려앉았다. 나는 호텔을 가본 후 마음에 안 들면 다른 곳으로 가시죠, 라고 설득했다. 다행히 체크인 한 방은 사방이 탁 트인 전망이 좋은 방이었다. 방에서 내다보는 절경에 선주가 대단히 만족해서 위기를 넘겼다.

둘이 앉아 음료수를 마시며 한담하던 중 선주가 변호사 애기를 꺼냈다. 나는 '잘 아는 사이'라고 대답했다. 여장을 풀고, 하와이 분위기가 물씬 풍기는 춤을 구경하는 식당으로 그를 안내해 저녁을 잘 대접했다.

"맛이 어떻습니까?"

"아주 좋군요. 그런데 혹시 하와이에서 마사지를 받으려면 어디가 좋은지 아세요?"

"마, 마사지요?"

이곳이 초행인 데다가 아는 사람도 없어서 나는 또다시 당황했다.

"식사 마저 하시지요. 식사와 쇼를 즐기신 다음 제가 좋은 데로 모시겠습니다."

나는 밥을 먹다 말고 호텔로 뛰어가서 하와이에서 마사지를 가장 잘하는 곳을 찾아내야 했다. 호텔 매니저는 어이없다는 표정을 지었지만, 내가 사정을 이야기하자 호텔 정문에 서 있는 택시기사들에게 물어보면 안내할 것이라고 말해주었다.

택시기사의 도움을 받아 선주를 마사지 업소까지 안내했다. 마사지가 끝나자 선주는 술을 한잔하고 싶다고 말했다. 또다시 택시기사의 도움을 받아 술집으로 향했다. 그날 밤 선주와 나는 술잔을 주고받으며 친해졌다.

다음 날 아침이었다. 체크아웃을 하고 호텔을 나서는데 현대 측

에콰도르 에이전트가 호텔로 들어서는 것이 아닌가. 그는 밤새도록 우리 일행을 찾느라 독이 오를 대로 올라 있었다. 선주와 내가 LA에서 출발할 때부터 줄곧 따라온 눈치였다.

"안녕하세요? 오늘 한국행 비행기 타시죠? 저도 동행할까 합니다."

비행장으로 가면서 나는 에콰도르 선주에게 당부했다.

"사장님, 한국에 도착하면 대우 직원들이 공항으로 마중을 나올 겁니다. 사장님 이름으로 미리 예약한 호텔로 안내할 테니, 그 사람들을 따라가십시오."

나는 메모지에 '롯데 호텔'이라고 적어서 에콰도르 선주에게 건네주었다.

"알았습니다."

한국행 비행기에 오르니 현대 에이전트는 1등석에 에콰도르 선주와 나란히 앉을 수 있도록 예약돼 있었다. 비행기에서 어떻게 해서든 설득해보려는 속내가 분명했다.

김포공항에 도착하니 윤용남 이사와 선박부 요원들이 트랩 밑에 차를 세우고 기다리고 있었다. 에콰도르 선주는 내가 미리 건넨 메모를 마중 나온 대우 직원들에게 보이면서 그 호텔이 아니면 어디로도 가지 않겠다고 말했다. 그렇게 숨 가쁜 하루가 지났다. 이튿날 부산에 있는 조선공사 조선소를 방문했다.

다음 날 현대 측에서 나를 찾는 전화가 걸려왔다.

"저는 현대의 선박 수출부장입니다. 잠깐 만날 수 있을까요?"

전화를 받고 그를 만났다.

"무슨 일이신지요?"

"제가 보니, 이번 입찰 건은 대우가 이겼습니다. 저는 우리 에이전트가 하는 보고만 믿고 기다렸는데, 선주가 대우로 마음을 정한 듯합니다. 그래서 드리는 부탁입니다만, 선주를 한나절만 빌려주십시오."

"무슨 말씀이신지……?"

"저희 체면을 좀 살려주었으면 좋겠습니다."

"그렇게 하시지요."

현대 측은 에콰도르 선주에게 현대중공업 조선소 야드를 한나절 동안 구경시켜 주었다. 부산에서 울산까지 단숨에 다녀온 에콰도르 선주는 빙그레 웃었다.

"조선공사보다 현대중공업 조선소가 훨씬 크고 좋은 것 같습니다. 그래도 약속을 했으니, 우리는 대우와 함께하겠어요."

드디어 파나맥스 5척은 대우에 낙찰돼 가계약이 됐다.

물론 가계약 이후 본 계약까지도 어려운 일이 많았다. 본사와 조선공사에서 전담 팀이 도착해 선박건조계약, 연불수출계약을 조목조목 따져가며 준비해나가던 중, 하루는 선주 회사에서 연락이 왔다. 선급금 금융을 주선해달라는 것이었다. 나는 키토에 있는 미국계 은행들을 쫓아다니며 씨티뱅크에서 확답을 받아주었다. 그러자 연불수출금융에 불가결한 국가지불보증이 재무부에서 지체되는 문제가 생겼다. 여러 곳에 손을 써서 가까스로 국회에 제출시켰더니, 이번엔 야당이 심상치 않게 나왔다. 변호사가 대통령 비서실장을 만나 협조하겠다는 약속을 받아줌으로써 이 문제도 겨우 해결할 수 있었다. 부패한 관료를 움직이기 위해서는 선주 역시 우리에게 의지하는 방법밖엔 없었던 것이다. 이 와중에 내가 프랑크푸르트로 발령이 났다는 통보와 박정희 대통령 시해사건이 전해졌다. 당장 선주가 들어오라고 연락이 왔다.

"이런 상황이 사업추진에 영향이 없겠죠?"

걱정이 많아 보였다. 나는 자세한 상황을 설명하며 안심시키는 데 최선을 다했다. 모든 계약서, 국가보증 등 필요한 것들이 준비돼 마침내 뉴욕에 있는 에콰도르 영사관에서 12월 7일 서명식을 가졌다. 에콰도르의 선주와 이석희 사장, 윤용남 이사 등이 참석한 이 날은 내 생일이기도 했다. 그날 행사를 끝으로 나는 다음 날 프랑크푸르트행 비행기를 탔다.

이 프로젝트를 하면서 어려움은 많았지만 진정한 의미의 종합상사의 일원으로 최선을 다한 것을 지금도 보람 있게 생각한다. 나를 믿고 밀어준 회사를 위해 일한 것이 나는 자랑스럽다.

성실을 지향하고
완벽을 추구하다

_ 정확한 업무처리와 책임감으로 다진 대우의 관리 시스템

김영환

우리나라에서 기업다운 기업, 관리다운 관리는 언제 어떻게 시작됐을까? 적어도 수출과 관련된 부분은 대우에서 비롯됐다 해도 과언이 아니다. 수출은 종합적인 업무처리를 요구했다. 정부기관의 인허가, 금융기관의 협조, 다양한 거래처 관리, 그리고 거래상대인 외국기업과의 지속적인 업무조율. 대우는 수출시장을 개척하면서 마치 시범회사처럼 관련 업무를 새로운 양식과 제도로 정립해나갔다. 그리고 그것들은 대우를 통해 다른 기업으로 퍼져나갔다. 대우의 치밀한 경리회계 업무체계도 이런 과정을 거치며 기초가 다져졌다. '대우의 골키퍼' 김영환은 창업 때부터 맡겨진 관리 업무를 완벽하게 처리해냈다. 불시에 업무점검을 해도, 매번 장부와 금고가 동전 한 개의 차이도 없이 일치했다. 새벽부터 일을 시작해 밤낮없이, 쉬는 날 없이 일에 매달리던 그 시절의 회사 내부 모습을 잠시 들여다본다.

김영환
1938년에 경기도 고양에서 태어나 경기상업고등학교, 동국대학교 경제학과를 졸업했다. 1966년 공인회계사 시험 합격 후 1967년에 대우에 입사해 1998년까지 대우에서 봉직하며 대우실업 전무, ㈜대우 부회장과 대우로얄즈 축구단 단장을 역임했다. 1998년에 대우그룹 퇴임 후 ㈜신한 사장을 역임했다. 상훈으로는 조세의 날 납세 공로로 금탑산업훈장(1994)을 수상했다.

매년 폭발적인 성장을 이룩한 대우

대우가 창업을 한 1960년대는 몇몇 국영기업을 제외하고는 기업체 수가 많지 않았다. 기업의 창업이나 유지가 어려운 때이기도 했다. 어느 회사든지 임직원은 업무 구분 없이 혼자서 몇 사람 몫의 일을 해내야 했다.

그 당시는 회사를 설립하려면 창립총회를 시작으로 설립신고라는 절차를 밟아 설립등기를 하고, 세무서로부터 영업 감찰(지금의 사업자등록증)을 받아야 비로소 사업을 개시할 수 있었다. 그 뒤에도 해마다 회계를 결산해 그 내용을 빠짐없이 기한 내에 신고해야 하는 의무도 있었다.

당시 기존 기업들은 내수산업에서 기반을 구축해온 탓에 수출과는 거리가 멀었다. 처음부터 수출로 출발한 대우가 대기업으로 성장하는 때는 정부의 경제정책이 수출을 장려하고 보호지원정책을 추진하던 때였다. 그런 만큼 수출산업과 관련된 업무를 담당하는 주무관청이나 금융기관에서는 새로운 제도를 신설하거나 기존 제도를 변경해야 하는 경우가 많았다. 특히, 조세 측면에서 수출산업 촉진제도가 여럿 만들어졌고 변화도 많았다. 그때마다 회사도 회계 시스템을 새로운 현실에 맞게 변경 또는 발전시켜야 혜택을 받을 수 있었다.

1970년대는 대우가 일취월장 성장한 시기이다. 신규 업종이 계속 생겨나고 수출 실적이 급격히 늘어나던 때라 기업체 수가 날로 늘어났다. 자고 나면 신규 회사가 탄생하거나 기업이 인수돼 업무가 늘어났다. 대우에서는 관련 회사가 늘어나자 수출품목별로 관련 회사를 계열화해나갔다. 그러자니 일이 많아 일요일은 물론이고 국경일에도 쉴 수가 없었다.

그 시절에는 중소기업을 비롯해 중견기업들조차도 독자적으로 회사를 유지하기 어려운 상황이 자주 발생했다. 그럴 때면 가장 먼저 대우에 인수의사를 타진해 왔다. 아주 소규모 섬유업체를 제외하면 대부분 주식회사 형태로 되어 있었기 때문에 사주의 보유 주식을 인수하는 것으로 경영권 인수작업이 끝나는 경우가 많았다.

그런데 인수한 회사에 뜻하지 않은 돌발사고가 발생해 인수 후 경영에 차질을 가져오는 때가 종종 있었다. 예를 들면 부외부채, 즉 전 사주가 회사 명의로 어음을 발행하고 재무제표에 표시하지 않았던 부채라든지, 전 사주가 세무조사를 받은 것이 인수 후에 세금으로 발생하기도 했다. 그래서 우리가 인수계약을 할 때는 표준

계약서 양식에는 없는 조항을 새로 만들어 넣었다. 기업을 인수할 때 제시된 계약서에 '재무제표에 기재되지 않는 채무는 전 소유자가 부담한다' 는 조건을 삽입해 시행한 것이다. 주식 인수 계약서에 그 같은 내용을 삽입해 시행하기는 아마도 한국에서 대우가 최초가 아닌가 싶다.

1975년 대우가 종합상사로 지정을 받았는데, 이미 오래전부터 대비하고 준비해왔기 때문에 한 치의 착오도 없이 업무를 처리해 업계의 제도개선에 선도적 역할을 했다. 당시 굴지의 재벌회사나 종합상사들이 대우의 제도를 벤치마킹했다. 전표양식에서부터 장부작성에 이르기까지 대우의 업무양식을 몽땅 그대로 도입해서 시행한 곳도 많았다.

조세제도에 있어서도 비슷한 상황이 연출됐다. 국세청에서 주관하는 대한상공회의소 수출기업 관련 회의 때의 일이었다. 그 자리에서, 대우의 시행방식대로 처리하면 혜택을 받을 수 있다고 결정해준 적도 있었다. 그 당시 경리회계 분야를 담당했던 터라 위와 같은 일은 나에게 평생토록 간직하고픈 소중한 추억으로 남아 있다.

출근시간은 있되 퇴근시간은 없는 회사

회사가 성장하면서 내가 맡은 경리회계 부문에도 업무가 폭주했다. 하지만 그에 비해 직원 수는 턱없이 모자랐다. 당시에는 사원 복지제도가 잘 마련돼 있지도 않은 데다 업무까지 폭주하다 보니 휴가제도가 있어도 사용하기 힘들었다.

대우는 1년에 한 번, 양력 정초 3일 동안 연휴를 실시했다. 그래서 신정 연휴 첫째 날은 가족과 차례를 지내고, 둘째 날은 친가에 인사를 드리고, 마지막 날은 처가에 인사를 드리는 식으로 연휴를 보내라고 권장했다. 하지만 늘어나는 일 때문에 언제부터인지 그마저도 사라져버렸다.

그래도 차례는 지내야 하니 정월 첫날 단 하루만 휴무일로 했다. 시간이 단 하루밖에 없다 보니 사원들이 회사의 임원이나 상사의 댁으로 세배를 가는 것 자체를 금했다. 초기에는 이토록 근무 여건이 어려웠다.

경리회계 부서는 정시출근의 개념마저도 없었다. 금융기관이나 관공서의 출근시간이 9시이므로 업무 관련 서류들을 사전에 준비해 9시가 되기 전에 해당 부서에 도착해 담당자가 출근하기를 기다렸기 때문이다. 경쟁업체보다 먼저 접수해 일을 처리하기 위해서였다.

대우는 설립 초기부터 매년마다 회사의 매출액이 기하급수로 증가했고, 그런 만큼 업무량도 폭주했다. 경리회계 부문 실무를 담당하던 나는 매일 이른 새벽에 출근해서 밤 통금시간이 임박해 퇴근했다. 경리부는 해마다 결산 회계연도에 맞추어 결산서를 작성하고 정해진 날짜에 정부 관계기관에 결산보고서를 제출하고 법인세 납부신고를 해야 했다. 업무량은 폭주하고 경리요원은 한정돼 있었다. 늘어나는 업무량을 기한 내에 처리하기란 물리적으로 도저히 불가능했다.

경리부에는 간부를 포함해 10여 명이 일했다. 다들 남성이고, 여성으로는 서울여상을 졸업한 여직원이 1명 있었다. 결산신고를 준비할 때에는 여직원마저도 함께 야근을 했다. 그리고 마감 3일 전부터 2박 3일 동안은 여직원을 포함한 모든 직원들이 귀가하지 못하고 철야작업을 했다.

2월 말인데, 사무실 안에서 잠 한숨 못 자면서 이렇게 일을 처리했다. 고생 끝에 결산보고서 준비를 마치고 나면 마감시간인 오후 5시까지 해당 관서에 신고를 끝내야 했다. 그리고 나서 윗분들한테 보고를 마치고 경리부 직원 10여 명이 한꺼번에 퇴근해 다 함께 목욕탕에 갔다.

그때 사무실을 나가는 직원들이 하나같이 가재걸음으로 비실비실 걷던 모습이 지금도 생생하다. 그때 같이 일한 동료 중에는 폐결핵으로 요양원 신세를 진 사람들도 있었다. 요양을 하고도 병이 좋아지지 않아 끝내 낙향할 수밖에 없었는데 회사에서는 건강이 회복되기만 하면 언제든지 근무하는 조건으로 치료를 권유하기도 했다. 그때 함께 근무하던 그분들이 지금은 건강히 잘 지내고 있는지 궁금하다.

업무에 대한 책임의식

회사 설립 초기에 김우중 회장으로부터 유가증권 등을 포함한 현금 자산 감사를 3번 받았다. 아침 7시 이전에 출근해 업무수행

준비를 마치기도 전에 불시에 김우중 회장이 내사했다. 현금 감사를 받았는데, 당시 금전 단위로 1원도 차질 없이 일치해 아무 문제가 없었다. 감사를 마치고 나서 김우중 회장은 경리부 직원들에게 위로와 격려의 말을 전해주었다.

"다른 회사에서 금전 사고가 크게 났습니다. 걱정이 되어 불시 감사를 했습니다. 이해하세요."

그 같은 불시 감사를 회사 초창기에 3번 받으면서 아무 문제가 없자 그 뒤로는 더 이상 불시 감사가 없었다.

김우중 회장의 불시 감사는 경리부 직원들이 자기 업무에 더욱 몰입해 자금을 철저히 관리하게 만들었다. 그런 뜻에서 불시 감사는 자기 업무에 대한 책임의식을 느끼는 전기가 됐다. 우리는 그때마다 우리가 하는 일이 회사에 얼마나 크게 기여하는지 자각할 수 있었다.

연일 업무량이 폭주하다 보니 절대적으로 더 많은 전담 인원이 필요했다. 경리회계 부문 경력사원을 공개 모집할 때 김우중 회장을 비롯해 관계 임원이 한자리에 앉아 면접을 진행했다. 나도 그 자리에 참석했다. 그런데 면접을 마치고 김우중 회장은 경리회계 부문 실무를 담당하고 있는 내게 채용 가능자를 지명해보라고 했다. 내가 순번 별로 채용 후보자를 지명하자 김우중 회장은 그 15명을 전원 채용했다. 단 한 사람 예외가 있었는데, 동료 간부의 친동생을 특별히 추가로 채용했다. 그 같은 인사는 내가 업무를 수행하는 데 격려가 되도록 하려는 배려였다.

그때 입사한 사원들이 대우 안팎에서 중견 임원으로 성장해 오늘날까지 훌륭히 자기 직무를 수행하고 있다고 알고 있다. 회사 성장과정에서 자칭 '별 보기 운동'을 하던 시절에 입사한 직원들에게 상사로서 그들을 너무나 혹사시킨 것이 매우 미안하다. 다른 한편으로는 그분들이 회사의 중견 간부로 성장해 열심히 살아가고 있는 모습을 보노라면 고맙기도 하다.

회사의 골키퍼 역할

1980년대는 사회가 불안해지면서 노사문제와 같은 많은 우여곡절을 겪었지만, 회사의 사세는 끊임없이 확장돼 굴지의 대기업 그룹이 됐다. 인재를 양성해 CEO도 많이 배출했다. 외부에서 고명한 인사들도 많이 영입했다.

대우는 꾸준히 수출기업으로 성장했다. 그러면서 내부적으로 안정된 조직을 구축해 국가에 대한 의무 중의 하나인 납세 의무를 성실히 수행했다. 그래서 1980년대 중반과 1990년대 중반 조세의 날에 다른 기업은 받지 못한 금탑산업훈장을 두 번이나 수상했다. 수출을 통해 국가 경제에 이바지하고자 한 대우의 철학은 납세에 있어서도 다르지 않았기에 주어진 명예였다.

대우는 납세 의무와 더불어 스포츠 분야에서도 국익을 위해 노력을 이어갔다. 처음에는 아마추어 권투선수를 지원해 육성하다가 나중에는 여자 실업배구단도 설립했다. 당시 국내 배구기술의 향상을 위해 일본의 유명 배구 감독인 다이마쓰(大松, 나중에 일본 참의원이 됨) 선생을 초빙해 상당기간 지도를 받게 한 적도 있었다. 이 것이 도움이 되어 몬트리올올림픽에서 한국 여자배구가 동메달을 따기도 했다. 1990년대 중반에 나는 '대우 로얄즈 축구단'의 단장을 겸임한 적이 있다. 그때, 전국 3관왕(대통령배, 프로축구협회배, 전국축구협회배)을 차지했던 것을 큰 보람으로 생각한다.

이런 이유 때문인지 김우중 회장은 내가 담당하던 경리회계 관리 부문이 '회사의 골키퍼' 역할을 해야 한다고 여러 번 강조했다. 골문 앞 수비수들에게 책임을 전가하거나 탓하지 말고 수문장이 최종 책임을 지라는 뜻이었다. 그러면서 운동경기와 기업운영을 같은 맥락으로 설명하곤 했다.

창업기로부터 중흥기에 이르기까지 많은 어려운 과정을 거치면서 대기업 그룹을 형성할 수 있는 토대를 마련했다는 것이 회사의 일원으로서 내가 느끼는 가장 큰 보람이다. 30여 년을 근무하면서 나는 단 한 번도 결근한 적이 없었다. 물려받은 건강과 가족의 한 결같은 이해와 전폭적인 협조가 있었기에 가능했다. 또한 정신적인 긴장과 열정으로 업무를 임해왔기 때문이다.

나는 사원으로 출발해 대표이사에 이르기까지 학연, 지연, 혈연에 관계없이 오로지 멸사봉공의 정신으로 정성을 다해 맡은 바 임무를 수행해왔다. 30여 년을 한 회사에서 근무했던 지난 세월이 참으로 보람되고 자랑스럽다. 할 수만 있다면 이 자세를 아이들에게 정신적 유산으로 물려주고 싶다. 더불어 사회생활을 하는 동안 많은 도움을 주신 회사 내외의 많은 분들께 진심으로 감사하게 생

각한다. 생을 마칠 때까지 영원한 채무로 가슴속 깊이 지니고 갈
것이다.

인내는 쓰지만
그 열매는 달다

_ 속도전으로 경탄을 자아내며 선점한 리비아 건설시장

이경훈

대우가 리비아에서 대규모 공사들을 진행하던 시절, 대우그룹에서는 시무식이 열리지 않았다. 김우중 회장이 항상 연말연시를 리비아에서 현지 근로자들과 함께 보냈기 때문이다. 늘 고생을 함께 할 수는 없지만 가족과 떨어져있는 외로움을 새해 첫날만이라도 근로자들과 함께하겠다는 마음으로 그는 매년 빠짐없이 연말이 되면 리비아로 갔다. 단지 연말연시에만 그런 것이 아니라 틈만 나면 그는 건설현장에 들러 직원들을 격려하고 위로했다. 직원들 또한 열정으로 화답했다. 그래서 대우가 하는 공사는 늘 예정기간을 앞당겨 마무리됐고 그렇게 대우에 대한 리비아의 신뢰가 쌓여갔다.

이경훈
1935년에 서울에서 태어나 경기고등학교, 서울대학교 화학공학과를 졸업했고, 포드햄대학교에서 경영학을 전공해 석사학위를 취득했다. 1958년에 산업은행에 입행한 후 한국투자, 한국종합금융 등을 거쳐 1978년부터 1999년까지 대우에서 봉직하면서 ㈜대우 회장, 회장비서실 회장을 역임했다. 대우그룹 퇴직 후 9년간 서울대 국제대학원 초빙교수, 산학협동교수로 강의했고, 현재는 서울과학종합대학원 겸임교수로 재직 중이다.

실적과 신뢰를 바탕으로

"이곳 가리우니스 의과대학에 기숙사를 지어주십시오. 기숙사 부지는 저기 보이는 땅입니다."

1979년 8월 어느 날, 나는 리비아의 벵가지에 있는 가리우니스 의과대학 건설현장에서 클라이언트를 만나고 있었다. 대우가 막 리비아에 진출해 그 첫 건설사업을 막 시작하던 초창기였다. 내가 처음 간 날 의과대학 건설현장은 막바지에 이르러 있었다. 거의 다지은 대학 본관건물에는 유리창을 맞춰 끼우는 작업이 진행 중이었다.

"알겠습니다."

"시간이 얼마나 걸릴까요? 보시다시피 대학 본관은 거의 다 지었는데 기숙사를 너무 늦게 발주했어요. 기숙사가 너무 늦을까 봐 걱정입니다."

"걱정하지 마십시오. 저 대학 본관 공사가 끝나기 전에 기숙사를 먼저 지어드리겠습니다."

"그게 무슨 말이요? 아직 땅도 안 닦았는데 그게 가능하겠소?"

"가능합니다. 대우를 믿고 지켜봐주십시오."

그는 못 미더운 눈초리를 거두지 못했다. 나와 리비아의 첫 만남은 이렇게 호기 있게 시작됐다. 그리고 약속대로 의과대학이 완공되기 전에 우리는 기숙사를 준공했다. 리비아에서 건설사업의 기회를 확대해나가려면 나는 대우가 남들과 다르다는 것을 명확히 보여줘야 한다고 생각했다. 내가 리비아에 온 목적이 바로 거기에 있었다. 예상대로 대우는 처음부터 리비아의 굳은 신뢰를 획득했다. 그것이 기반이 되어 대우는 리비아에서 새로운 공사를 계속 수주할 수 있었다.

나는 건설 전문가가 아니었다. 산업은행을 다니던 나는 김우중 회장의 요청으로 1976년 한국종합금융을 만드는 작업에 참여하면서 대우와 인연을 맺었다. 그 후 대우실업에서 특수사업부를 맡아 이머징 마켓(emerging market)에 플랜트, 기자재 등을 수출하는 업무를 주로 담당했다. 이런 나에게 김우중 회장이 리비아의 건설시장 개척 업무를 맡겨 현지로 보냈던 것이다.

당시 국내외 경제는 두 번째 겪는 석유파동으로 인해 어려움이 가중되고 있었다. 1978년 12월 OPEC 회의에서는 배럴당 14.5%의 원유가격 인상을 결정했는데, 설상가상으로 같은 시기에 이란이 석유생산을 대폭 줄이면서 수출을 중단해버렸다. 그러자 원유가격이 20달러 선을 넘어서고, 현물시장에서는 배럴당 40달러까지 가격이 치솟았다. 이와 같은 제2차 석유파동으로 한국경제는 극심한 피해를 입었다. 제1차 석유파동 때에는 그나마 큰 타격은 면했는데, 2차 파동 때에는 한창 중화학투자가 진행 중이었기 때문에 어려움이 가중됐다. 이런 위급한 상황에서 경제개발을 위한 투자재원을 마련하는 데 가장 크게 기여한 것이 건설사업의 해외 진출이었다. 중동 건설 특수는 국가가 외화를 획득하는 매우 중요한 창구가 됐다. 그 시절 대우는 수단에 이어 리비아에 진출하며 남들이 가지 않은 새로운 지역에서 건설시장의 문을 두드리고 있었다. 그 소임을 내가 맡게 된 것이다.

잠자는 시간도 잊은 채

벵가지에서 동쪽으로 250km 정도 가면 토부룩이 있고, 토부룩에서 남쪽으로 250km 정도 더 떨어진 지점에 또 다른 대우의 건설현장이 있었다. 어느 날 김우중 회장이 그곳 건설현장에 모습을 드러냈다. 그가 도착할 때 시계는 새벽 1시를 가리키고 있었다. 벵가지에서 편도원 전무의 안내를 받으며 오후 늦게 출발했는데 어두운 사막에서 모래바람을 만나 예정보다 도착이 늦어진 것이었다.

"아니, 이 시각에 여길 어떻게 오셨어요?"

"이곳 여건이 좋지 않아 우리 근로자들이 고생이 많다고 하더군요. 한번 만나고 싶어서 사막을 가로질러 왔는데, 사막에 불어 닥친 모래바람 때문에 이렇게 늦게 도착했네요. 지금 너무 늦지 않았나요? 다들 잠자리에 들었죠?"

최고경영자가 노동자를 격려하기 위해 모래바람을 뚫고 사막 한 가운데까지 달려왔다는데 노동자들도 그냥 잠자리에 누워 있을 수는 없었다. 그들은 갑자기 나타난 김우중 회장을 보고선 어리둥절해 하고 있었다.

"여러분, 수고 참 많으십니다. 이 먼 나라의 사막 한가운데서 여러분이 하는 노고는 결국 국가를 위한 노고입니다. 반드시 보람이 있을 겁니다. 두 차례에 걸친 석유파동으로 조국이 지금은 위기에 처해 있지만, 사막의 건설현장에서 벌어들인 달러가 조국의 산업화에 아주 큰 힘이 되리라 믿어 의심치 않습니다."

그는 1시간 넘게 직원들의 손을 일일이 잡아주며 격려와 용기의 말을 아끼지 않았다. 사막을 가로질러 500km를 달려오다 중간에서 길을 잃고 헤매다 온 사람이라고는 도무지 믿어지지 않을 정도로 힘이 넘치는 메시지였다. 그의 격려에 현장 일꾼들의 근로의욕이 한결 고무됐다.

일꾼들과 인사를 마친 김우중 회장이 현장소장에게 다가갔다.

"나…… 밥 좀 주세요."

"아니, 여태 식사도 못하셨습니까?"

현장소장은 얼른 식당으로 달려가 식은 밥에 김치 몇 조각을 주섬주섬 찾아들고 나왔다. 김우중 회장은 그 자리에서 황급히 식사를 마쳤다.

"밥 잘 먹었습니다."

"피곤하실 텐데 이제 그만 주무세요."

"아니에요. 내일 아침 비행기로 영국에 가야 합니다."

운전기사가 자동차에 이미 시동이 걸고 있었다.

"그럼 수고하세요."

현장소장의 손을 꼭 쥐며 악수를 하고 김우중 회장은 훌쩍 출발하더니 어느새 어두운 사막 쪽으로 멀어져갔다.

이 일화는 대우 임직원들에게는 널리 알려진 이야기이다. 다음 날 아침에 영국으로 가는 비행기를 타야 하는 그룹 총수가 전날 500km를 달려가 사막 한가운데서 노동자들을 만나 격려했다는 것은 당시 해외 건설현장의 중요성이 그만큼 컸다는 방증도 될 수 있을 것이다. 하지만 더욱 중요한 것은 대우가족이라고 불렀던 대우 임직원에 대한 그의 애정이 그만큼 강했다는 사실이다. 나는 훗날 신입사원 교육 때마다 이 이야기를 사원들에게 들려주었다.

김우중 회장은 자나 깨나 일밖에 모르는 사람이었다. 1978년부터 대우실업에 근무하며 나는 김우중 회장과 함께 해외출장을 다닐 기회가 많았다. 그럴 때마다 김 회장과 나는 비행기 안에서 눈을 붙였다. 가끔 김우중 회장은 잠에서 깨어나면 방금 꾼 꿈 이야기를 나에게 들려주었다. 그런데 그 꿈 이야기가 모두 비즈니스에 관한 것이었다. 꿈을 꿀 때도 그는 일을 하고 있었던 것이다.

김우중 회장과 나는 해외출장을 떠났다가 13일간 11개 나라를 방문하기도 했다. 출장길에서 단 하루도 호텔방 침대에 몸을 눕혀보지 못했다. 부족한 잠은 매번 밤 비행기를 타고 다음 약속 장소로 이동하면서 보충했다. 비행기에서 잠을 자다가 아침에 깨어나 공항에 내리는 시간이 곧 출근시간이었다.

공항에서 현지의 출근시간에 맞춰서 바이어들과 만나 비즈니스를 하며 하루 업무를 처리하고, 밤에 비행기를 다시 탔다. 그런 방법으로 출장을 다니노라면 비행기가 곧 호텔이나 마찬가지였다. 시차를 활용해서 시간을 아끼기도 했다. 나는 미국 출장이 많았는데, 항상 월요일 아침에 도착하도록 일정을 잡았다. 그렇게 하면 단 하루도 시간을 허비하지 않고 현지에 도착해서 곧바로 한 주를 가뿐하게 시작할 수가 있었다. 당시에는 한국에서 출발하면 미국 도착시간이 출발시간과 같거나 한 시간 빨리 도착했다. 그러면 나는 그 길로 공항을 빠져나와 약속된 사람과의 미팅장소로 이동했다.

　　매번 그렇게 빡빡한 출장길이었으나 예기치 못한 일도 있었다. 한번은 이집트 카이로공항에 비행기 출발시간에 맞춰 도착했는데, 공항에 모래바람이 덮쳐서 비행기가 뜨지 못했다. 오도 가도 못한 채 몇 시간이나 기다렸을까? 모래가 걷히고 공항이 다시 열렸을 때 김우중 회장이 말했다.

　　"저기 좀 보세요. 팔레비의 가족이 옵니다. 저 여자가 팔레비의 어머니고, 그 옆이 팔레비의 동생입니다."

　　가리킨 곳을 보니 그 시절 이란의 권력 핵심들이 가까이 걸어오고 있었다. 아프리카 출장 때에는 내가 탄 비행기의 중간 기착 예정인 나라에서 쿠데타가 일어나 인접 국가에 비행기가 내리는 바람에 나는 비자도 없이 그 나라에 입국하는 황당한 일을 겪기도 했었다. 워낙 해외출장이 잦다보니 이처럼 특별한 경험도 많다. 출장을 다니면서 비행기를 너무 많이 탔더니 나중에는 공항에 가서 내가 탈 비행기만 쳐다봐도 신물이 날 정도였다. 그래도 지성이면 감천이라고 했던가. 너무도 빠듯한 일정 때문에 많이 힘들었지만 내 나름대로 성실히 일하다 보니 그만큼 하는 일마다 행운도 따라주었구나 싶기도 하다.

김우중 회장이 한밤중에 위험을 무릅쓰고 사막을 다녀간 뒤로 현장에 활기가 돌았다. 가리우니스 의과대학 건설에서 시작된 대우의 리비아 건설공사는 늘 예정을 앞당겨 공사가 진행됐다. 그러다 보니 얘기치 못한 사태가 벌어졌다. 우리는 리비아 도로국이 발주한 도로공사를 한창 진행 중이었다. 일사천리로 공사를 진행한 관계로 이번에도 납기일보다 빠르게 공사가 진척되고 있었다. 그러자 문제가 생겼다. 대우는 현장에서 일을 일사천리로 진행하는데, 리비아 정부는 일의 진행에 맞춰 공사대금을 마련하지 못한 것이었다.

"밤낮 안 가리고 부지런히 일을 했는데 공사대금을 안 주면 어떡합니까?"

기다리다 못한 나는 리비아 정부의 도로국장을 직접 방문해 따졌다.

"여기 이 계약서를 보세요. 한 구간 끝날 때마다 돈을 지불하기로 약속을 했잖아요."

"미안합니다. 돈을 아직 준비하지 못했어요."

"그럼, 돈도 없이 공사를 발주했다는 겁니까?"

"그게 아닙니다. 한국 사람들이 일을 이렇게 빨리 할 줄 몰랐어요. 그래서 아직 돈이 필요할 때가 아니라고 생각했죠."

"뭐라고요?"

"이렇게 일을 빨리 끝낼 줄은 정말 몰랐습니다. 다른 나라 사람들은 약속보다 늦으면 늦었지, 빨리 끝내지는 못하더라고요."

"공사가 빨리 끝나면 당신네 나라에도 좋은 것 아닙니까?"

"물론 좋습니다. 하지만 빨라도 너무 빠릅니다. 왜 이렇게 일을 빨리 합니까?"

이렇게 옥신각신하고 있을 때 옆 사무실에서 전화벨이 울렸다. 그가 전화를 받으러 옆방으로 간 사이, 나는 도로국장을 기다리며 사무실을 눈으로 대충 훑어보았다. 그런데 사무실 한쪽 벽에 리비아의 신기한 지도가 눈에 띄었다. 도시와 도시를 빨간 줄, 노란 줄, 파란 줄로 이어놓은 지도였다. 순간 건설 프로젝트를 담아놓은 지도일지도 모른다는 생각이 머리를 스쳤다. 그래서 같이 간 김 차장과 함께 지도에 표시된 도시들을 메모지에 모두 옮겨 적었다. 잠시 후, 도로국장이 돌아왔다.

"미안합니다. 공사대금을 가능하면 빨리 마련하겠습니다."

"그런데 저것은 다 뭡니까?"

나는 벽에 붙은 리비아 지도를 가리키며 직설적으로 질문을 했다.

"저 지도요? 우리가 곧 발주하려고 준비하는 공사입니다."

"아, 그래요? 지금 진행하고 있는 공사대금도 못 주면서 새로 발주를 하신다고요?"

"이미 말했듯이, 공사가 계약서보다 너무 빨라서 그랬습니다. 그 점 이해해주세요. 대금은 곧 지불하겠습니다."

도로국을 나온 나는 그 길로 곧바로 '수주활동 보고서'를 작성해 대사관에 보냈다. 당시에는 '수주활동 보고서'를 제출하면 다른 회사가 손을 못 대던 시절이던 만큼, 공사대금을 받으러 도로국에 방문했다가 뜻밖의 횡재를 한 셈이었다. 수주활동 보고 덕분에 리비아의 신규 토목공사 대부분을 대우가 수주할 수 있었다.

고생 끝에 온 보람

1981년 7월 22일, 리비아의 수주가 갈수록 많아지자 김우중 회장은 대우실업과 대우개발을 합병해 주식회사 대우를 만들었다. 그 당시는 굳이 왜 합병하는지 궁금했지만 답을 알아낼 새도 없이 나는 주식회사 대우의 초대 사장으로 발령을 받았다. 내가 맡은 분야는 건설이 아닌 무역과 관리 부문이었다. 그렇게 해서 나는 다시 본사로 돌아왔다. 하지만 리비아와의 인연이 아직 남아 있었던지 나는 한 번 더 리비아 출장을 가야 했다. 지난번에 '수주활동 보고서'로 인해 기회를 얻게 된 토목공사에 대해 리비아의 은행 측이 계약이행보증에 대해 난색을 표하고 있어서 이 문제를 내가 직접 가서 처리해야 했다.

"은행 사람들은 우리가 리비아 토목공사를 독점한 사실을 납득하지 못하겠다는 입장이에요. 결자해지라고 하잖아요. 현지에 직접 가서 매듭을 풀어주세요."

김우중 회장의 걱정스러운 얘기를 듣고 리비아로 향하는 나의 발걸음이 너무 무거웠다. 리비아에 도착한 나는 그 사이 몇 차례 만난 은행 지점장을 방문했다.

"계약이행보증을 왜 안 해주십니까? 대우를 모르세요? 리비아에서 대우가 부실공사를 한 적이 있습니까?"

"저는 한국 사람들을 믿습니다. 하지만 은행장께서 반대를 하고 있어요."

"은행장을 만나게 도와주십시오."

"알겠습니다. 제가 추천할 테니 직접 만나보시죠."

다행히도 지점장의 추천으로 은행장을 만날 수 있었다.

"한국 사람들은 머리가 좋고 부지런하다는 보고를 지점장한테 여러 번 들었습니다. 그러나 이렇게 많이 진행하는 줄 몰랐어요. 한국에 건설회사가 많다는데, 다른 회사들은 안 하고, 오로지 대우만 공사를 하는 것도 이해가 안 가고요. 그런 것들을 누가 설명해주는 사람도 없어서 결심을 보류했습니다. 과연 하나의 회사에서 이 많은 공사를 진행하는 게 가능할까요?"

"은행장님의 입장은 충분히 이해합니다만, 결론부터 말씀드리자면 대우는 할 수 있습니다. 대우그룹이기 때문에 가능합니다."

"흠, 대우의 자본금 규모는 얼마나 되나요?"

"대우는 자본금 1억 달러 규모의 세계적인 기업입니다."

"아, 그렇습니까? 한국에 그만한 기업이 있다니, 놀랍군요."

해외에서 기업을 평가할 때 자본금의 규모로 따진다더니, 은행장의 태도가 이내 바뀌고 있는 것을 느낄 수 있었다. 김우중 회장이 대우실업과 대우개발을 왜 합병했는지 그제야 깨달을 수 있었다.

"대우를 믿고 보증을 해주십시오."

그 후로는 대화가 술술 잘 풀렸다. 리비아에 갈 때는 무거운 짐을 짊어지고 가는 듯했는데, 돌아올 때는 양 어깨에 날개라도 달린 듯이 발걸음이 가벼웠다. 대우는 이 일이 기반이 되어 리비아에서 더욱 많은 공사를 수주할 수 있었다.

석유파동 때문에 경제위기에 처한 나라를 구한다는 단심으로 똘똘 뭉친 사람들이 낯선 사막에서 필설로는 다 형언할 수 없는 고생들을 많이 했지만, 그들이 고생한 만큼 보람은 기대 이상으로 컸다.

하루하루를 모아
기적을 만들다

_ 모든 것을 새롭게 접근했던 가전사업

김용원

대우전자는 자동차와 함께 대우 세계경영의 두 바퀴 중 하나였다. 세계를 향해 먼저
뛴 쪽은 대우전자였다. '신뢰받는 품질, 세계를 무대로'라는 캐치프레이즈와 함께 적극
적인 수출에 나선 대우전자는 1980년대 후반 들어 적극적인 생산 및 판매 현지화에
나서기 시작했다. 그런 대우전자의 혁신적이고 도전적인 사고는 초대 사장을 맡은 김
용원에서 비롯됐다. 그는 대기업 중 최초로 호남 지역에 대규모의 최신 공장을 짓고
주부사원제도와 대형 양판점 '하이마트'를 만들어 마케팅에 획기적인 변화를 몰고 왔
다. 국내 최초의 민간 프로 합창단이었던 '대우합창단'도 그에 의해 창단됐다. 그리고
《삶과 꿈》이라는 고급 교양 잡지를 창간해 고객 서비스의 질을 높인 것도 그가 시작한
일이었다.

김용원

1937년 서울에서 태어나 경기고등학교, 서울대학교 법학과를 졸업하고, 미국 하바드대 대학원에서 최
고경영자과정을 수료했다. 1959년 조선일보에 입사하여 경제부장, 편집국장, 논설위원을 거친 후 1975
년 대우실업으로 자리를 옮겨 1991년까지 대우에 봉직하며 대우개발 부사장, 대우기획조정실장, 대우
전자 사장, 대우경제연구소 회장 등을 역임했으며, 대우그룹 퇴임 후에는 방일영문화재단 이사, 효성
사외이사, 한양로타리클럽 회장(44회), 문화비전 2000 위원회 위원 등을 역임했다. 현재는 1991년에
창간한 도서출판 삶과꿈 대표이사, 한강포럼 회장을 맡고 있다. 저서로는 《골프는 인격이다》, 《피카소
그림과 벤처주식》 등이 있다. 상훈으로는 문화발전에 기여한 공로로 마로니에 문화공로상(1986)을, 산
업발전에 기여한 공로로 금탑산업훈장(1989)을 수상했다.

대우전자의 기적 같은 성과

대우전자가 보여준 성과는 한마디로 기적이었다. 1983년에 부실 업체이던 '대한전선 가전사업 부문'을 인수해 해마다 60% 이상의 수출 신장률을 기록하고, 인수 5년 만에 매출 1조 원을 달성하는 등 대우전자가 그때 이룬 기록들을 기적이라고밖에 표현할 길이 없다.

'수출기업'이라는 대우의 신선한 기업 이미지와 함께 대우전자는 "신뢰받는 품질, 세계를 무대로"라는 캐치프레이즈를 내걸고 해외 판매력을 바탕으로 대대적인 판촉활동을 전개하며 매출 신장에 총력을 기울였다. 그 결과, 금성(지금의 LG)과 삼성으로 짜인 내수시장에 새로운 바람을 일으켰다. 당시 대우전자가 이룬 기적들은 OEM(주문자 상표 부착 생산) 전략을 통한 품질 고급화와 다양한 방법을 통한 정력적인 마케팅 활동의 결실이기도 했다.

1968년 3월에 창업해 수출입국의 선구자로 성장한 대우는 1973년에 대우전자를 출범시켰고, 그로부터 10년 후, 대한전선 가전사업 부문을 인수하며 본격적으로 내수시장에 뛰어들었다. 대우전자의 출범은, 창업 이후 줄곧 해외시장만 개척해온 대우가 내수시장에 참여하기 시작했다는 점에서 소비자들의 관심을 증가시켰으며, 대우 자체로서도 새로운 도전이었다.

비록 후발주자였지만 세계를 무대로 판로를 개척해오던 '수출기업'이기에, 대우의 진취적이고 신선한 이미지를 가전제품에 접목시키면 국내 소비자들을 설득할 수 있을 것으로 판단했다. 금성과 삼성의 양강체제로 짜인 시장의 굳건한 장벽을 뚫으려면 우선 품질을 높이고 디자인을 고급화할 필요가 있었다. 아울러 단순한 가격경쟁의 한계를 넘어 더욱 참신하고 새로운 마케팅이 절실했다. 또한 유능한 기술진이 참신한 제품을 계속 만들어낸다는 이미지를 부각할 필요도 있었다.

그래서 대우전자는 후발주자의 어려운 국면들을 타개할 목적으로 과감한 투자와 공격적 마케팅을 시도했다. 무엇보다 먼저 세계 유수의 기업들과 OEM 계약을 체결해 안정적인 생산물량을 확보하는 데 주력했다. 이를 통해 품질을 높이고 기술력을 쌓아나가는 전략을 구사했다.

한편으로는 소비자들의 감성을 자극하고 친근한 이미지를 쌓기 위해 대우전자 R&D 센터의 디자인실을 강화해 참신한 디자인 개발에 주력했다. 젊고 실력 있는 디자이너들을 적극 발굴하고 영입해 참신한 디자인의 제품을 시장에 내놓았고 이를 마케팅에 적극

접목시켰다. 당시 합류했던 디자이너들은 현재 산업디자인 분야에서 유명한 '이노디자인'의 김영세 대표, 캐릭터 '호돌이'를 디자인한 '디자인파크'의 김현 대표 등이다. 서울대 조용제 교수와 민철홍 교수는 대우전자의 디자인 분야 고문으로 위촉돼 회사의 디자이너들을 지도하기도 했다.

과감한 투자와 노력으로 대우전자는 대한전선을 인수한 지 불과 5년이라는 짧은 시간에 매출 1조 원을 달성하면서 국제적 종합가전 메이커로 발돋움하게 됐다.

기술력과 품질향상의 비밀

대우가 대한전선 가전사업 부문을 인수한 직후, 1983년에 나는 대우전자 초대 사장으로 부임했다. 내가 처음 추진한 일은, 전라남도 광주의 하남공단에 대우전자 공장을 세우는 것이었다.

당시만 해도 국내 대기업들은 전라도 지역에 투자를 꺼리던 분위기였다. 대우전자 광주공장의 설립은 전라도 지역에 대기업으로서 가장 먼저 진출한 뜻 깊은 기획이었다. 그동안 소외되던 호남의 우수한 인재 3천여 명을 현지 고용해 첨단산업인 전자산업을 육성 발전시키고, 호남권의 연관 업체들에게는 선진기술을 전파해 동반성장의 기회를 제공함으로써 지역경제의 안정과 지역사회의 발전에 이바지한다는 취지로 진행됐다. 국내 다른 대기업에 비해 호남 지역에서 대우제품의 시장점유율이 상대적으로 높았던 만큼 광주에서 대우전자의 제품을 직접 생산하면 판매가 한층 더 신장될 것이라는 기대 또한 컸다.

나는 1983년에 하남공단을 직접 방문해 공장부지 10만 평을 매입하고, 1984년 10월부터 공사를 시작해 대단위 주방기기 공장을 설립한 데 이어, 연 300만 대 생산 규모의 오디오공장을 새로 완공하고, 회전기공장, 모터 및 금형공장 등을 차례로 지어나갔다.

이처럼 대우전자는 전라도에 대기업으로선 처음으로 공장다운 공장을 설립하고, 전자레인지와 가스기기제품의 생산능력을 2배로 확장하는 한편, 구미의 컬러 TV, VCR공장도 생산시설을 확충해 대량생산 체제를 갖추었다.

광주와 인천, 구미 등에 대규모 설비투자를 한 대우전자는 품질과 가격 면에서 우수한 제품을 생산해 국제 경쟁력을 갖추고, 내수시장의 금성, 삼성의 진입장벽을 극복하기 위한 전략으로 OEM을 적극 활용했다. OEM 전략은 바이어에게 의존해야 한다는 단점이 있지만 단기간에 품질 고급화와 안정된 조업, 그리고 상품과 시장 지식을 힘들이지 않고 얻을 수 있는 장점이 있었다. 때문에 OEM 전략은 후발주자인 대우전자가 선발업체들을 따라잡기 위해 채택할 수 있는 훌륭한 전략이었다. 즉, 세계 유수의 전자제품 메이커의 제품을 주문 받아 생산하는 과정에서 대우전자는 세계 선진기업들의 기술을 습득하고, 동시에 세계적인 전자제품 생산기지로서의 입지도 강화할 수 있었다.

OEM을 잘 모르는 사람들은 대개 기술력이나 능력이 부족해서 어쩔 수 없이 OEM을 한다고 오해하곤 한다. 그런데 사실은 그렇지 않다. OEM을 하더라도 대상이 누구냐가 중요하다. 대우전자는 시시한 회사에 OEM을 하지 않고 세계적 메이커인 IBM, NEC 등에 OEM을 했다. 세계 최고 수준의 메이커들은 우리가 만들어 납품한 제품들이 전부 본인의 브랜드로 시장에 나가기 때문에 불량품이 시장에 나가면 본인 브랜드에 타격을 입게 되는 것은 당연하고 이에 책임도 져야 한다. 따라서 OEM을 맡기는 메이커는 생산 납품하는 기간 동안 대우전자 공장에 세계 최고의 기술자들을 상주시켰다. 파견된 그들은 공장을 샅샅이 점검하고 문제를 지적했다. 그런 과정에서 대우 기술자들의 생산 능력과 품질관리 능력 또한 제고되기 마련이다.

초기에 대우전자는 IBM에 모니터 100만 대를 OEM 방식으로 공급하는 계약을 맺었다. 계약 후 IBM은 자신들의 우수한 기술자들을 대우전자 공장에 상주시켜서 온갖 간섭을 하며 대우전자가 생산하는 모니터를 직접 감독했다. 하지만 공장 사람들은 이를 귀찮아하지 않고 IBM 기술진이 현장에서 요구하는 사항들을 적극 받아들여 시정했다. 그러다 보니 최고품질의 제품을 생산하는 능력을 자신들도 모르게 갖추게 됐고, 더불어 고급기술을 습득하는 기회가 되어 기술자립의 기반이 됐던 것이다.

훈련의 시간이 누적될수록 대우전자 기술자들의 능력은 일취월장으로 향상됐다. 그리하여 대우는 대우만의 새로운 제품을 만들어낼 수 있는 독자적 능력을 갖추게 됐다. 이처럼 OEM은 후발주자가 선두주자를 따라잡기 위한 훌륭한 전략의 하나임이 분명했다.

OEM 전략으로 대우전자 공장은 밤낮 없이 세계적인 제품들을 생산했고, 그 제품들은 전 세계 여러 나라 시장에 시판할 수 있는 기회를 갖게 됐다. 나는 이와 같이 초기 단계에는 세계 유명 브랜드의 상품을 만들면서 대우전자의 기술력을 올리고, 다음 단계에는 대우전자의 자체 상품을 생산한다는 전략을 세웠던 것이다.

대우전자의 경쟁력은 하루아침에 갑자기 이루어진 게 아니다. 그것은 광주 하남공단과 인천, 구미 등의 대량 생산기지화 전략과 세계 최고 브랜드의 OEM을 통한 품질향상과 기술력 확보를 위해 모두가 부단히 노력한 결과였다. 아울러 우수한 품질을 갖춘 전자부품들의 원활한 공급과 국산화를 통한 가격경쟁력을 확보한 덕택이다. 핵심 전자부품의 국산화와 안정적 공급선을 확보하기 위해 오리온전기, 대우전자부품 등과 협력체제를 강화하고 TV 브라운관, 콘덴서, 튜너, IC, 반도체 등 각종 전자부품 자체조달 시스템을 구축해나간 것이 주효했다.

주부사원과 《삶과 꿈》

세계 최고 브랜드의 OEM을 과감하게 받아들여 대우전자가 기술력과 품질향상을 도모했듯이, 후발주자로 출발해 내수시장에서 매출을 신장하려면 새로운 마케팅 방법을 도입할 필요가 있었다.

대우전자는 대한전선 가전사업 부문의 생산시설과 기술인력, 기술제휴처, 영업직원, 그리고 협력업체들을 그대로 인수했다. 아울러 최단 시일에 기존의 대한전선 대리점을 인수하고 정비하며 내수전략에서 상대적으로 약세였던 유통조직 확대에 심혈을 기울였다. 하지만 인수 당시 대리점 숫자는 150여 개로 경쟁회사의 30%에도 못 미칠 만큼 열악했다. 그러나 불과 2년 만에 상황을 역전시켰다. 1985년 5월 기준으로 대우전자 대리점은 직영점을 제외하고도 500개에 이르면서 경쟁사들을 앞지르기 시작했다. 보조 유통망에 있어서도 4,660개를 기록, 압도적 우세를 점했고, 1987년에 이르면서 가전제품 최초로 대리점 1천 개를 돌파해 국내 최대 규모의 가전 유통망을 구축하게 됐다.

그러나 기존의 대리점만으로는 내수시장점유율을 넓히는 데 한계가 있었다. 한계 극복을 위해서는 경쟁사들이 전혀 생각하지 못한 특별한 판매기법을 개발, 도입해야 할 필요가 있었다. 최상의 방법으로 소비자와 직접 만나는 기회를 최대한 늘려야 한다고 판단했다. 그래서 새롭게 도입한 마케팅 기법이 다름 아닌 주부사원을 활용한 방문판매였다.

대리점에 앉아서 소비자를 기다리기보다는 소비자를 직접 찾아나서는 적극적인 마케팅으로 방문판매를 하는 주부사원을 양성하는 것이었다. 그때부터 주부사원들이 소비자의 가정을 직접 방문해 1대 1로 상담을 시도하면서 가전제품을 판매하기 시작했다.

처음에는 다소 고전하기도 했지만 점차 나아져 당초 기대했던 효과 이상으로 큰 반향을 불러일으켰다. 주부사원들이 집집마다 방문해 전자제품을 판매한 것은 한국에서 대우전자가 처음 시도한 마케팅 기법이었다.

주부사원은 전국에 5천여 명에 이르렀다. 주부사원이 일단 소비자의 가정을 방문하면 그 집 주부와 대화를 나누고 불만사항들을 들어주며 친분을 쌓기 시작했다. 방문을 거듭하면서 그 집 주부와 신뢰가 쌓이면 그 집에서 사용하고 있는 가전제품을 조사해 리스트를 만들고 관리하도록 했다. 나중에 그 집에서 가전제품을 바꿀 필요가 생길 때 대우전자 상품을 구매하도록 권유해 판매가 이루어지면 판매수당을 지급하는 시스템이었다. 그런 방법으로 주부사원 한 사람이 600여 가구 이상을 고정적으로 관리할 수만 있으면 그 주부사원은 어엿한 직장인으로서 나무랄 데 없었다.

하지만 분명 고충도 있었다. 주부사원들이 각 가정을 방문해 "대우전자에서 왔습니다"라고 노크를 하면 "안 사요"라고 대답하고는 문도 안 열어주는 일이 많아졌다. 문전박대의 벽을 넘으려면 주부사원들이 단순히 물건만 파는 사람이 아니라 좋은 대화상대라는 인식을 심어줄 필요가 있었다. 닫힌 문을 어떻게 열어야 할까? 고민에 고민을 거듭하던 끝에 고객과의 대화를 연결해줄 매개체가 필요하다는 결론을 내렸다. 그래서 1984년 7월에《삶과 꿈》이라는 교양잡지를 창간했다.

《삶과 꿈》은 문화생활 교양잡지로서 '행복한 삶, 아름다운 꿈'을 화두로 문화·예술인, 기업인을 비롯한 평범한 우리 이웃들의 다양한 삶과 꿈을 담아냈다. 아름답게 꾸며진 이야기가 아닌 삶의 진실함이 녹아들어 있는, 모두가 공감할 수 있는 읽을거리를 제공하려고 노력했다. 아울러 시중에 널리 유통되고 있는 다른 잡지들과 차별화를 추구하기 위해 교양, 문화, 여행, 인터뷰, 상식, 건강 등 다양한 주제와 내용을 담아냈다.《삶과 꿈》은 그 우수성을 인정받아 공보처 주관 우수 잡지에 선정(1996)됐고, 제43회 잡지의 날 기념식에서는 국무총리 표창(2008)을 받기도 했다.

주부사원들은《삶과 꿈》을 공짜로 나눠주는 방법을 이용해 닫힌 문을 여는 데 성공했다.《삶과 꿈》은 주부들로부터 기대 이상의 반응을 얻었다. 문을 열고 한 번 말문이 터진 주부는 주부사원을 언니동생처럼 편하게 대했다. 주부사원은 그 집에서 사용하는 전자제품들을 점검했는데, 금성, 삼성 등 타사제품에까지도 청소와 간단한 정비 서비스를 제공했다. 다양한 서비스를 하면서 대우전자의 상품도 팔았다.《삶과 꿈》을 창간한 뒤 대우전자의 시장점유율이 눈에 띄게 향상돼갔다. 그리고 매년 판매실적이 좋은 주부사원에 대해서는 판매여왕으로 뽑아 성과에 따른 포상을 실시했다. 자동차를 상으로 주기도 했다. 이런 제도들의 시행으로 방문판매 실적은 한때 대우전자 전체 내수의 40% 정도를 차지할 정도로 좋은 성과를 나타내기도 했다.

한국 최초의 양판점 '하이마트'

대우전자가 내수시장의 매출 신장을 위해 시도한 적극적 마케팅 전략 가운데 하나가 '하이마트'였다. 1989년 8월, 한국에서 처음으로 종합 양판점인 하이마트가 개장될 때만 하더라도 국내 가전제품 대리점들은 국내 가전 3사 중 1개 업체와만 판매 계약을 체결했고, 다른 회사제품은 취급하지 않는 배타적인 판매 계약 관계였다. 이런 형식의 틀을 깬 것이 하이마트이다. 하이마트는 삼성, 금성, 대우 제품은 물론이고 중소기업 제품과 수입제품들까지 모두 취급했다. 이는 국내 가전제품 유통구조를 폭넓게 개편하는 일대 사건이었다.

어느 날, 나는 일본으로 해외출장을 갔다가 가전 유통 분야에서 세계 최고 수준이던 일본의 야마다전기, 베스트전기, 케스덴키 등 '양판점'을 견학했다. 소비자들이 여러 회사의 다양한 상품을 한자리에서 비교하고 선택하는 모습을 보자, 한국에도 양판점이 있으면 좋겠다는 생각이 들었다. 반면 회사도 소비자들이 선호하는 상품에 대한 정보를 판매현장에서 곧바로 얻을 수 있어서 유익할 것이라고 판단했다. 일본 출장을 마치고 귀국한 후, 양판점 설립을 시작했다.

대우전자의 국내 판매를 담당하던 한국신용유통㈜에게 용산전자랜드에 국내의 가전제품과 해외 수입가전 제품을 한자리에서 전시 및 판매하는 양판점을 열도록 했다. 그리고 나는 양판점의 이름을 '하이마트'라고 지었다.

미국의 '월마트'처럼 '마트' 앞에 '하이(hi)'라는 낱말을 붙였다. '하이(hi & high)'는 인사말도 되고, 높다는 뜻도 됐다. '하이마트'라고 이름을 지어놓고 몇 번 불러보니 발음하기도 좋고 듣기도 좋았다. 그리고 하이마트가 매장을 열 때쯤에는 일본 양판점의 전문가들을 초청해 진열, 조명 등에 대해 조언을 받도록 했다. 한국 최초의 종합 양판점 하이마트는 이렇게 탄생됐다.

애초에 기대했던 대로 하이마트는 소비자들에게 반응이 매우 좋았다. 소비자들은 하이마트에 가면 금성, 삼성, 대우뿐만 아니라 중소기업과 해외의 다양한 가전제품들을 한자리에서 접해볼 수 있기 때문이다. 또한 여러 회사의 다양한 모델들을 한자리에 모아놓고 팔다 보니 소비자들이 무엇을 왜 선택하는지 쉽게 파악할 수 있어서, 하이마트는 소비자들뿐만 아니라 생산자에게도 유익했다.

대한민국 최초 민간 프로 합창단

내가 대우전자 사장으로 근무하며 추진했던 여러 사업들 가운데 지금도 뿌듯한 보람으로 기억에 남는 것은 '대우합창단'을 설립한 일이다.

한국 산업화의 전위이던 대우는, '수출입국'의 기치 아래 수출전선의 최선봉에 서서 밤낮 없이 해외시장을 누볐다. 조선일보사 편집국장이던 내가 대우실업에 처음 출근(1975년 2월)하여 목격한 것 중 가장 인상적인 것이 사무실에서 남녀 직원들이 두 사람씩 한 팀을 이루어 열심히 일하는 모습이었다. 나중에 알았지만, 당시 수출업무의 특성상 수출 영업(남성)과 그 지원 업무(여성)를 두 사람씩 짝을 지어 효율적으로 업무분장을 한 것이었다. 그 같은 팀워크를 대우 가족들은 '짝지제도'라 불렀다.

당시 대우의 모든 직원들은 새벽같이 출근해 밤낮 없이 폭주하는 수출 업무를 감당하느라고 여가시간을 갖기가 무척 어려웠다. 그러니 취미활동이나 문화생활은 상상도 못할 일이었다. 그 당시 나는 사장 비서실에 근무하고 있었는데, 업무에 찌든 직원들에게 재충전 차원에서 합창단이나, 여직원들의 취미생활을 위한 꽃꽂이 강좌를 사내에서 하면 좋겠다는 생각을 했다. 그래서 김우중 사장께 건의했더니 흔쾌히 수락해, 국내 기업 최초로 사내 합창단을 구성하기에 이르렀다.

젊은 여사원들이 주축을 이룬 합창단은 업무를 마친 저녁시간이나 휴일에 따로 모여서 열심히 연습했다. 연말에는 김우중 회장을 비롯한 여러 임직원들이 참석한 가운데 발표회를 갖기도 했다. 바쁜 와중에도 발표회를 참관한 김우중 회장은 합창단원들의 노고를 직접 격려하며 선물도 나눠주었다. 날이 갈수록 합창단의 노래 수준이 향상되고 단원들의 자긍심 또한 높아갔다. 하지만 안타깝게도 내가 미국 유학을 떠난 사이에 합창단은 위기를 맞았고, 유학을 마치고 회사에 복귀했을 때는 합창단이 해체되고 없었다. 많이 아쉬웠다.

대우전자 사장에 부임한 내가 하루는 김우중 회장을 수행해 기차를 타고 대전으로 출장을 가고 있을 때, 김우중 회장이 느닷없이 합창단 얘기를 꺼냈다. 지나가는 말투로 "우리가 축구단도 만들었는데, 예전에 하던 합창단을 다시 만들어 활동하면 어떨까요?"라고 얘기했다. 사내 합창단의 해체로 아쉬움이 크던 차에 나는 "이번에는 성악을 전공한 제대로 된 프로 합창단을 만들면 좋겠습니다"라고 의견을 피력했다. 출장에서 돌아온 나는, 오늘날 한국 합창 음악의 '대부'로 칭송받는 윤학원 교수를 지휘자로 초빙하고, 성악을 전공한 사람 40여 명 선발해 1983년 10월 20일, 국내 최초의 민간 프로 합창단인 '대우합창단'을 출범시켰다.

기업의 문화예술 활동이 거의 전무하던 그 시절에 대우합창단의 인기는 실로 엄청났다. 단원들의 노래실력 또한 수준급으로서 세계 여러 나라의 합창대회에 초청을 받을 정도였다. 일본의 나가노 합창대회에 초청받아 참여하기도 했고, 비엔나에는 아시아 대표로 참여하는 등 세계적으로 유명한 합창단으로 성장해나갔다.

한국 예술계에서 최고의 대우를 받으며 활발한 활동을 전개한 대우합창단은 국내 소비자들에게 대우의 이미지를 높이는 한편, 대우의 브랜드를 해외에 알리는 데 지대한 기여를 했다. 아울러 대우합창단은 기업이익을 사회에 환원하는 선례로서, 기업과 문화예술이 연대하는 메세나(mecenat) 활동의 좋은 모범이 됐다.

대우전자의 세계경영 실천

태생이 남달랐던 '수출기업' 대우는 좁은 국내시장의 한계를 극복하기 위해 5대양 6대주를 밤낮 없이 누비며 다양한 분야에서 노력한 결과 많은 성과들을 내기 시작했다.

대우전자 또한 대우그룹이 역점을 두고 추진한 세계경영을 실행하며 그룹의 모체인 ㈜대우와 핵심 기업인 대우자동차 등과 함께 그 첨병 역할을 도맡았다. 대우전자는, 공산주의 국가인 중국과 한국이 국교를 수립하기 이전이던 1987년부터 한국 최초로 중국에 진출했다. 중국 정부와 합자로 푸젠성(福建省)에 연산 20만 대 규모의 냉장고공장을 설립해 중국시장 공략의 첫발을 내디뎠다. 1988년 6월에는 프랑스 롱위 지역에 연산 30만 대 규모의 전자레인지 공장을 설립 가동했다. 그 공장은 프랑스 정부의 실업난 해소를 위한 전폭적인 지원 아래 대우는 단돈 1프랑으로 설립, 운영할 수 있었다. 이는 대우의 경영능력에 대한 프랑스 정부의 신뢰가 있었기에 가능했다. 뿐만 아니라 1988년에는 영국 북아일랜드의 벨파스트에 VCR공장을 지었다. 회사 설립비용의 절반을 무이자로 지원하고 5년간 세금을 감면하는 등 파격적인 조건이었다. 나아가 1991년에는 북미 시장을 겨냥해 멕시코 소로나 주에도 1천만 달러를 단독 투자해 연산 30만 대 규모의 컬러 TV공장을 건설했다.

대우전자는 세계경영을 수행하는 중심 회사 중 하나로서 해외 현지에서 제품을 생산해 현지와 이웃시장에 내다 파는 현지화 전략을 구사했다. 이는 블록화된 해외시장의 관세 장벽을 극복하고 글로벌 기업으로 성장하려는 미래지향적인 접근이었다.

대우의 세계경영이 어느 한 특정 기업의 이윤추구에 그치지 않고 공동체의 성장에 이바지하는 대승적 길이었다는 사실은 시간이 지날수록 인정받고 있다. 대우와 김우중 회장이 실천한 세계경영을 지금은 삼성, 현대, LG 같은 여러 기업들이 그 바통을 잇고 있으며, 그 결과 오늘날 한국이 세계적인 경제 강국으로 지금 이만큼이나마 면모를 보여주고 있는 것이 아닌가 싶다.

대우가 세계경영의 프로젝트를 진행할 당시 김대중 정부가 대우의 세계경영을 조금만 더 긍정적으로 평가하고 협조가 이루어졌었더라면 대우의 세계경영 전개의 실적은 지금쯤 다양한 성과를 냈으리라고 믿는다. 이런 생각을 하면 많은 아쉬움이 남는다. 그 아쉬움에, 대우가 놀라운 속도로 세계경영을 실천해가는 모습을 지켜보던 선진국 여러 기업들이 다양한 방법으로 대우를 견제했다는 음모론이 일리가 있다고 생각되기까지 한다.

대우가 추진했던 세계경영은 단순한 장사가 아니었다. 대우는 진출하려는 나라의 사정을 구체적으로 이해해 그 나라의 현안들을 공동으로 해결하는 과정에서 그 나라 정부와 협력하며 윈윈을 추구했다. 따라서 그 나라의 정부와 깊은 이해관계에 있던 경쟁 기업들은 자기들이 그동안 공들여 구축한 아성이 무너질 수 있기 때문에 대우의 세계경영 전략을 매우 두려워하고 공동 견제에 돌입했을 수도 있다.

하지만 대우가 추진하던 세계경영의 기본 원칙에 깊이 공감한 국가들은 그들 스스로 대우의 참여를 요청했다. 특히 후진국이나 개발도상국들은, 한국이 산업화하는 과정에서 축적한 대우의 노하우를 매우 적극적으로 배우고 싶어 했다. 그런 의미에서 나는 대우의 세계경영이 언젠가는 재평가될 날이 오리라고 믿는다.

3

개척정신

창조 · 도전 · 희생으로 성장신화를 이루다

개척(開拓) : 새로운 영역, 운명, 진로 따위를 처음으로 열어 나감

창의적 발상만이 새로운 것을 만들어낸다는 사실을 대우 사람들은 경험을 통해 알고 있다. 그러나 창의적 발상만으로 모든 것을 이룰 수는 없다. 더욱 중요한 것은 기회를 얻으려면 먼저 준비하는 노력이 필요하다는 것. 대우는 개척할 시장이 있다면 지구촌 어디든지 마다하지 않고 나섰다. 그리고 어떻게 해서든지 그 시장을 성취해냈다. 늘 준비돼 있었기에 가능한 일이었다. 대우는 한국 사람이 지구 상의 어느 민족보다도 영리하고 성실하다는 사실을 잘 알고 있었다. 따라서 준비하고 도전하면 못 해낼 것이 없었다. 대우에서 개척의 의미는 준비된 자가 주어진 기회를 성취로 전환시키는 과정이었다.

집념이 없는 사람에게 미래는 없다

_ 국산화로 중화학 투자 조정의 위기를 극복한 굴삭기사업

윤영석

사업권이 없는 대우의 시장점유율은 94%인 반면, 사업권이 있는 한국중공업의 점유율은 6%였다. 국산화를 전제로 한 정부의 조건부 승인 아래 대우가 추진한 굴삭기사업의 3년 후 실적이 이러했다. 마침내 정부도 대우의 노력을 인정했다. 대우의 로고가 새겨진 굴삭기들은 마치 대우를 알리는 광고탑처럼 국내 건설현장마다 웅장한 모습을 뽐내기 시작했다. 사업권을 인정받자 대우는 곧바로 해외수출에 나서 전 세계에 대우의 굴삭기를 실어 날랐다. 당시 정부를 설득하고 국내외 업체들과 피나는 협상을 전개하며 국산화를 성공시킨 윤영석은 한국 중공업 분야의 산증인이기도 하다.

윤영석

1938년에 서울 궁정동에서 태어나 경기고등학교, 서울대학교 경제학과를 졸업했고, 미국 샌프란시스코대 대학원에서 경영학 석사, 러시아세계경제연구소에서 명예경제학 박사 학위를 받았다. 1964년에 한성실업 근무 중 김우중 대우그룹 회장의 대우 창업을 도왔고, 1968년 대우에 합류해 1998년까지 봉직하면서 ㈜대우 사장, 대우중공업과 대우조선공업의 사장 및 회장, 대우그룹 총괄회장, 미주 지역본사 사장 등을 역임했다. 1998년에 대우 퇴직 후 두산중공업 대표이사 부회장, 한국기계산업진흥회 회장, 플랜트산업협회 회장, 플랜트수출협의회 회장, 국제로타리 3650지구 총재 등을 역임했다. 현재는 진성티이씨 회장, 국제로타리 3659지구 총재, 우간다 명예총영사로 재직 중이다. 상훈은 국가발전 및 수출 증대에 기여한 공로로 금탑산업훈장(1991), 동탑산업훈장(1986), 석탑산업훈장(1983), 이태리대공로훈장 기사장을 수여받았고, 그 외에 한국품질대상, 무역인대상, 국제거래신용대상 등을 수상한 바 있다.

살아남을 방법

"정부는 중화학공업 분야의 중복 및 과잉투자, 부실경영 문제를 더 이상 방치할 수 없다고 판단해 발전설비, 건설중장비, 자동차, 중전기기, 전자교환기, 디젤엔진, 동 제련의 7개 분야에 대한 투자를 조정하기로 했습니다."

1980년, 경제계를 재편해 국가 분위기를 쇄신해야 한다는 포부를 지니고 있던 신군부는 '중화학공업 투자 조정'이라는 경제정책을 과감하게 추진했다. 그때 정부는 발전설비 부문은 현대, 대우, 삼성의 관련사들을 통합하고 정부, 산업은행, 외환은행이 추가로 출자해 한국중공업을 설립하는 등 그해 8월과 10월의 두 차례에 걸쳐 '중화학공업 투자 조정'을 실시했다.

"이번에 정부가 '중화학공업 투자 조정'을 하는 바람에 대우중공업의 종합기계 부문이 한국중공업 등으로 넘어가는 등 여러 가지 사업권을 상실했습니다."

당시 대우중공업 사장으로 근무하던 나는 중역회의에 참석해 김우중 회장에게 정부의 '중화학공업 투자 조정'에 대해서 보고했다.

"구체적으로 보고해봐."

"디젤엔진 부문에서는 상업용 및 선박용 디젤엔진에 대한 사업권을 상실하고, 소형 엔진에 대한 사업권만 남았습니다. 중전기사업에서는 견인전동기 사업권을 상실했습니다."

"그래서 지금 남아 있는 사업권은?"

"공작기계, 소형 디젤엔진 등입니다. 그 밖의 사업은 다 잃었습니다. 엔진 생산은 작년보다 40% 이상 줄고, 전체 매출은 1,500억 정도밖에 안 됩니다. 이대로라면 대우중공업은 존속하기 어려울 지경입니다."

"그래?"

"대한민국이 공산주의 국가도 아닌데, 정부의 간섭이 심해도 너무 심한 것 같습니다. 경제는 경쟁의 원리에서 살아나며, 경쟁은 공정한 룰을 바탕으로 해야 하는 것 아닙니까? 그런 뜻에서 경쟁의 원리와 공정한 룰이 얼마나 보장되느냐에 따라 선진국과 후진국이 구분됩니다. 대한민국이 후진국이라는 사실을 이번에 다시 알았습니다. 회장님, 이렇게 당하고도 가만히 있어야 합니까?"

"국가정책이 그렇다는데 어쩌겠어? 어쩔 수 없지."

"자동차공장도 하나, 발전 설비공장도 하나로 합쳐야만 국가경제가 발전한다고 주장하는 해외 유학파 경제학자들의 생각을 신군부가 100% 수용하는 것 같습니다."

"맞습니다. 해외에서 공부하고 돌아온 젊은 경제학자들과 국내의 일부 학자들이 이 따위 말도 안 되는 신군부의 경제정책을 수립했다고 들었습니다. 세상물정 모르는 그 책상물림들이, 중화학공업의 중복 투자를 한국 경제의 장애물로 규정하고 산업합리화 차원의 과감한 정책 변화를 신군부에 요구했다는 거예요."

여기저기서 신군부의 경제정책을 비판하기 시작했다.

"아니야, 꼭 그렇지만도 않아. '중화학공업 투자 조정'은 박정희 대통령이 재임하던 작년 5월에 경제안정화 종합시책의 일환으로 이미 입안됐어. 다만, 인수 업체들의 경영난과 관련 업체들 사이의 이해 상충과 정치적 불안정 때문에 그동안 실제 집행을 지연하고 있었을 뿐이지. 사실 '중화학공업 투자 조정'을 밀어붙이는 정부의 입장이 전혀 이해가 안 가는 바도 아니야."

"그게 무슨 말씀이십니까?"

"생각해봐. 두 차례나 석유파동을 겪으면서 세계경제가 장기적으로 불황에 빠져 있어. 이런 상황에서 중화학공업을 무리하게 진행할 수 없다고 보는 거야. 이럴 때일수록 정신 바짝 차려야 해. 살아남을 방법을 찾아보자고"

김우중 회장은 중역들을 타이르며 분명 살아남을 방법은 있을 거라고 다독였다.

국산화만이 살길

솔직히 차 떼고 포 떼어버리면 앞으로 뭘 해서 먹고 살아야 할지

막막했다. 그러자 김우중 회장은 우리끼리 큰소리 내봐야 소용없다며, 상공부에 들러서 말이 통할 만한 사람과 이야기를 해보라고 했다. 굴삭기라도 우리가 만들 수 있도록 운을 떼어보라는 것이다. 나는 그의 생각에 동의했다. 그동안 굴삭기를 만들기 위해 일본과 기술제휴까지 하면서 얼마나 고생했는데, 이제 와서 그걸 포기할 수는 없었다.

그 후 빠른 시일 내에 상공부를 방문했다.

"굴삭기라도 우리가 생산할 수 있겠습니까?"

"안 됩니다."

"우리도 뭔가 생산을 해서 팔아야 먹고 살지 않겠습니까? 생각 좀 해보십시오. 1977년 2월에 일본의 히타치(Hitachi)사와 대우는 굴삭기와 유압 크레인 생산을 위한 기술제휴 협약을 체결하고, 그해 12월에는 생산공장까지 완공했습니다. 그리고 벌써 3년이나 지났어요. 우리도 우리지만 일본한테는 또 뭐라고 설명을 합니까?"

"정 그러면, 방법이 하나 있기는 합니다."

"그게 뭐죠?"

"굴삭기를 만들기는 만들되, 수입품이 아닌 국산품으로 만들면 됩니다. 모든 부품을 국산화시키세요. 대우가 어느 누구한테도 의존하지 않고 직접 생산하는 것들까지야 정부에서 뭐라고 할 수는 없지 않겠습니까."

정부의 뜻을 확인한 나는 회사로 돌아와 대우중공업의 엔지니어들을 한자리에 모았다. 그리고 우리가 살아날 길은 국산화뿐이라고 힘주어 말하고는 엔지니어들에게 굴삭기를 국산화할 수 있겠느냐고 물었다. 하지만 그들은 선뜻 대답하지 못했다.

"일본과 기술제휴를 하며 그동안 만들었던 경험을 살려서 우리 손으로 굴삭기를 직접 만들자는 뜻입니다."

"무슨 말씀인지 알겠지만, 갑자기 굴삭기를 어떻게 만듭니까?"

"불가능하다는 뜻인가요?"

"아닙니다. 다만, 너무 갑작스러워서……."

"저도 압니다. 이런 제안이 얼마나 황당한지 너무 잘 알아요. 하지만 살아남을 길은 그 방법밖에 없습니다. 지금 공장에 굴삭기 재고가 얼마나 있습니까? 우선 그것부터 파악해주세요. 그리고 진지하게 생각해주세요. 국산품 굴삭기를 생산해서 살아남을 것인지, 이대로 문을 닫을 것이지 말입니다."

여기저기서 한숨 쉬는 소리가 들렸다. 회의를 마친 후 축 처진 어깨를 해서는 사무실을 나서는 엔지니어들을 보며 나 역시 눈앞이 캄캄해졌다.

며칠 뒤, 다시 회의를 소집한 나는 재고부터 물었다.

"공장의 굴삭기 재고를 조사해보니 앞으로 6개월 정도 생산할 부품이 남아 있었습니다."

"그렇다면 앞으로 6개월이라는 시간을 정해서 연구를 해봅시다. 현재 공장 재고를 활용해서 6개월 이내에 국산 굴삭기를 생산할 수 있는 가능성을 타진해보자는 뜻입니다. 할 수 있겠습니까?"

"네, 한번 해보겠습니다."

다행히도 지난번 회의 때와는 다르게 대답하는 목소리에 조금은 생기가 묻어났다.

"좋습니다. 지금부터 6개월 이내에 굴삭기 국산화에 대한 비전을 갖지 못하면 굴삭기 생산라인을 폐쇄할 수밖에 없습니다. 제가 왜 이런 말을 하는지 잘 아실 겁니다. 실패하면 공장 문을 닫아야 합니다. 제2차 오일쇼크의 여파로 국제경기가 지금 깊은 불황의 늪에 빠져 있습니다. 대외의존도가 높은 우리나라는 국제 원자재가격의 급등, 고금리, 국제 수요 감소, 보호무역주의 강화 등으로 타격이 더욱 큽니다. 이 시점에서 우리가 살아날 길은 국산화뿐입니다. 이번 일이 성공하면 우리 공장만 살리는 것이 아닙니다. 나라를 살린다는 마음으로 일을 해주세요."

1980년의 국내 경기는 1966년 이래 최초로 6.2%의 마이너스 성장을 기록하고 있었다. 사회의 그런 분위기인 만큼 엔지니어들도 국산화가 얼마나 절실한지 충분히 공감하는 듯했다.

"저희들이 분석해보니, 유압 쪽 문제만 풀면 국산화가 가능할 듯합니다."

"유압기기가 그렇게 어려운가요?"

"유압기기는 초정밀 기술이 요구되는 동력의 발생, 전달, 제어의 수단입니다. 일본 히타치의 협조를 받을 수 있었으면 합니다."

"그래요? 그럼 일본의 히타치는 내가 협조를 구해볼게요. 그동안 3년이나 히타치와 기술제휴를 하며 굴삭기를 생산했으니, 지금쯤 자립 모델이 나올 때도 됐다고 봅니다."

나는 그 길로 일본으로 건너가 히타치를 방문했다.

"정부에서 '중화학공업 투자 조정'을 했다는 소식은 아실 겁니다. 저희 회사에 이제 사업권이 없는데, 유압기를 분해해서 부품으로 보내주면 우리가 받을 수는 있습니다."

"부품을 가지고 뭘 하려고요?"

"국산화를 시도해볼까 합니다."

나는 솔직하게 나의 입장을 털어놓았다.

"우리 부품을 응용해서 대우가 기술 자립을 하겠다고요? 그건 좀 곤란합니다."

냉담한 일본의 반응은 당연했다. 하지만 뜻이 있는 곳에 길이 있다고, 나는 몇 번이고 일본으로 건너가 계속 부탁했다.

"그동안 우리 회사와 귀사의 관계를 고려해주세요. 우리는 귀사와 기술제휴는 물론이고 생산라인까지 새로 만들었습니다. 이대로 물러설 수 없습니다."

"음, 알겠습니다. 하지만 그냥 해줄 수는 없습니다. 지금보다 30% 비싸게 넘기는 조건으로 하겠어요. 그런 조건이라도 수입을 하겠습니까?"

이런 방법이라도 택해야 했다. 어쩔 수 없었다.

나는 평상시보다 30%나 비싸게 들여온 유압기 부품을 동명중공업에 보내 조립을 의뢰했다. 이를 계기로 동명중공업이 유압기기, 유압펌프 등을 만들기 시작했다. 유압기 조립이 해결되자, 나머지는 특별한 어려움이 없어 보였다.

며칠 뒤, 김우중 회장은 영국 정부가 하이맥스를 민영화하기로 했다고 말했다. 그러니 그 회사를 인수해 영국에서 굴삭기를 만들면 어떨까라고 제안했다. 그러면 유럽 시장에도 팔 수 있을 거라는 계산이었다. 나는 바로 영국으로 가서 하이맥스 입찰에 참여했다. 그러나 일본의 고마츠가 우리보다 2배나 높은 가격을 제시해서 인수에는 실패했다.

대우만의 솔라 프로젝트

"일본한테 졌다고 너무 기죽지 마. 문제는 국산화야. 국산화에 더욱 매진해봐."

김우중 회장은 나를 불러 격려의 말을 전했다.

"이번 입찰에 참여하면서 하이맥스 엔지니어들을 여러 명 만났다가 좋은 생각이 떠올랐습니다. 하이맥스에서 퇴직한 엔지니어들로 영국에 연구소를 세우면 어떨까 합니다. 그 사람들한테 새로운 굴삭기를 개발하게 하면 굴삭기 국산화가 예정보다 빨리 이루어질 가능성이 있을 것 같습니다."

"좋은 생각이야. 그런데……."

"무슨 문제라도 있습니까?"

"그건 아닌데, 지금 얘기한 그 영국 엔지니어들 말이야. 영국에 연구소를 낼 게 아니라 한국으로 오게 하면 어떨까? 영국에서 자기네끼리만 연구할 게 아니라 한국에서 한국의 엔지니어들과 협조해서 굴삭기를 개발하자는 거야. 어때?"

"아, 그렇게 하겠습니다."

나는 영국 엔지니어 10여 명을 한 사람씩 만나 힘들게 설득했다.

그 결과 그들이 한국의 굴삭기 국산화 프로젝트에 참여하기로 했다.

"수고했어! 일본이나 영국 기계의 도면을 카피하는 정도로는 기술 자립이라고 할 수 없어. 한국의 정예요원들을 선발해서 극비리에 개발하도록 해. 이번 프로젝트는 이름을 뭐라고 할까?"

"'솔라 프로젝트'라고 하면 어떨까요? 지난번에 '미파(MIPA) 운동'과도 일맥상통하니까요."

"하하하. 그래, 그렇게 해."

'미파 운동'은 '어려울 때일수록 강하다'는 대우의 정신을 살려 1980년 7월 1일부터 시행한 '불황 극복을 위한 경영합리화 운동(Management Improvement Plan for Anti-recession)'이었다. '미파 운동'은 불황의 긴 터널에서도 견뎌낼 수 있도록 기업 체질을 개선하고, 자생력을 배양하는 데 초점을 맞춘 전사적 차원에서의 품질관리 운동이었다.

이를 뒤이은 '솔라 프로젝트'는 굴삭기 고유 모델을 개발하기 위해 추진했고, 1985년에 마침내 기존의 장비보다 우수한 성능과 품질을 갖춘 고유 모델 '솔라 굴삭기'를 탄생시켰다.

"회장님, 성공입니다. 이 정도면 해외 어디에 내놓아도 흠 될 것이 없습니다. 솔라 굴삭기는 신뢰성(reliability), 유용성(availability), 정비회수 감소(maintainability), 그리고 내구성(durability)이라는 소위 RAM-D 시스템에 따른 최상의 제품을 목표로 개발했고, 단위 시간당 작업량이 월등하고 내구성이 높은 저연비의 에너지 절약 장비입니다. 저희들이 만든 굴삭기는 영국의 하이맥스나 일본의 히타치보다 성능이 우수합니다. 생산성이 서너 배 올랐습니다."

최초의 국산 굴삭기는 그렇게 태어났다. 1년 동안 필드에서 가혹한 테스트를 거쳤고 전혀 이상이 없었다. 그 정도면 국내시장은 물론이고 세계시장에 나갈 수 있다는 자신감이 생겼다.

"대우 굴삭기를 구매하시면, 1년 동안 무상으로 A/S를 해드리고, 6개월 안에 문제가 생겨서 반품하면 새 기계로 바꿔드립니다."

그 같은 A/S 전략은 시장에서 엄청난 신뢰를 얻으며 보급됐다. 3년쯤 지나자 굴삭기 부문에서 한국중공업을 단연 앞섰다. 대우는 94%, 한국중공업이 6%였다. 나는 그 자료를 들고 상공부에 방문해 상공부 장관과 기계국장 차관보를 따로 만났다.

"마켓 셰어가 94%인 기업은 사업권이 없고, 6%밖에 안 되는 기업은 사업권이 있습니다. 이런 불합리한 제도가 세상에 어디 있습니까?"

결국 정부는 대우중공업에게 굴삭기 사업권을 인정했다. 정부의 '중화학공업 투자 조정'으로 상실했던 굴삭기 사업권을, 7년 만인 1987년에 다시 인정받았다.

그리하여 대우중공업은 1987년 2월에 처음으로 대우의 상품을 부착한 솔라 굴삭기를 네덜란드에 수출했고, 중국에서는 한 해 동안에 3,833대(20억 위안, 약 2억 3천만 달러)를 판매했다. 국내의 건설현장에서도 대우의 로고가 새겨진 굴삭기들이 자리를 차지해 웅장한 모습을 뽐냈다. 그 후 대우 굴삭기는 전 세계의 시장으로 수출을 확대하며 대우의 기술력을 과시한 효자상품이 됐다.

최고의 경쟁력은
기본에서 나온다

_ 원칙을 지켜 혁명적 변화를 만들어낸 대우조선

박동규

극심한 노사분규와 장기간의 조선업 불황 속에서 대우조선은 극한의 상황을 맞았다. 1989년 김우중 회장이 그룹 총수의 자리를 잠시 내려놓고 옥포에 상주하며 경영혁신에 나섰다. 그는 현장 구석구석으로 매일 자전거를 타고 순회했다. 전 사원들과 대화를 시작하면서 만나는 사원들마다 설득을 시도하고, 밤에는 사원 집과 기숙사를 찾아다니며 회사의 위기와 회생방안을 일대일로 설명하는 초인적 노력을 이어나갔다. 마침내 대우조선 옥포조선소에서 회생의 꿈이 피어나기 시작했다. 혁신이 성공할 수 있었던 비결은 세 가지였다. 솔선수범, 시간 지키기, 그리고 청소와 정리정돈. 이 세 가지가 잘 되자 모든 것이 제대로 돌아가기 시작했다. 우리가 이미 유치원에서부터 배운 기본 중의 기본이 한 회사를 회생시켜낸 것이다.

박동규

1933년에 전라남도 고흥에서 태어나 광주사범학교, 제주 오현고등학교, 해군사관학교, 국방대학원 전략과정, 미국 US NAVY 대학원 국방경영과정을 수료했다. 해군에서 11전대(구축함전대) 사령관으로 재직하다 1981년에 전역 후 대우로 자리를 옮겨 1999년까지 대우조선공업 부사장, 옥포조선소 소장, 대우자동차 해외사업총괄 사장, 대우루마니아자동차 사장, 쌍용자동차 사장, 대우인력개발원 고문 등을 역임했다. 상훈으로 해군 재직 중 보국훈장삼일장(1979)을, 대우에 재직 중 석탑산업훈장(1984)을 받았다. 이 외에 경영혁신 활동과 관련 한국능률협회로부터 경영자상, 미국 VE협회장상을 수상했다.

대우조선, 극한의 상황

1987년, 전국을 휩쓴 노사분규는 진도 8 이상의 지진과 맞먹을 정도로 격렬했다. 노동자들은 노동현장의 악조건을 더 이상 참지 못했다. 낮은 임금, 고단하고 긴 작업시간, 안전 불감증, 열악한 잠자리와 식사, 더불어 관리자의 고압적이고 모멸적인 태도에 짓눌리며 축적됐던 것들이 활화산처럼 폭발한 것이다. 이미 타협과 공생의 터는 없고, 증오와 대립, 투쟁과 쟁취, 파괴와 무질서만이 난무했다. 회사 경영진은 생명의 안위까지 걱정해야 했다. 이것이 당시 국내 3D(dirty, dangerous, difficult) 노동현장의 상황이었다.

그런 와중에 대우조선은 경영 여건마저 좋지 않았다. 기술과 노동, 자본 집약적인 조선업의 특성을 고려할 때, 대우조선이 선진 조선소와 경쟁하기에는 기술력과 자본력, 그리고 생산성에서 너무나 버거웠다. 부채는 쌓여가고, 사원들의 처우와 환경개선은 엄두를 내기 어려운 형편이었다.

　이런 형국에서 발생한 극렬한 노동쟁의로 인해 회사는 존폐를 검토할 수밖에 없는 경지로 내몰렸다. 폐업까지 염두에 둔 김우중 회장은 마지막 승부수를 띄우고자 했다.

　"나와 함께 거제도에 가서 옥포조선소를 살려보겠소?"

　김우중 회장이 나에게 물었다.

　"네, 충무공의 필사즉생 각오로 해보겠습니다."

　바로 그날로 짐을 챙긴 나는 옥포조선소 소장으로 부임했다. 1981년 해군을 전역하자마자 대우에 입사해 줄곧 옥포조선소로 출근했던 나는 노사분규가 발생한 1987년과 1988년에는 서울사무소에 근무하느라 현장에 없었다. 그러던 1989년 3월 초에 김우중 회장의 지시로 옥포조선소로 다시 출근하게 된 것이다. 김우중 회장은 모든 직무를 뒤로한 채 나를 대동하고 거제도로 향했다.

　"당신이 소장으로 부임했다는데, 인사나 나눕시다."

　부임하자마자 예고도 없이 30여 명의 장정들이 소장실로 우르르 들이닥쳤다. 노조 간부들이었다. 이마에 '투쟁'이라는 붉은 띠를 두르고 내 책상 앞 회의용 탁자와 응접소파에 아무렇게나 걸터앉아 자리를 잡았다.

　순간 나는 어안이 벙벙했다. 2년 만에 돌아온 현장은, 바뀌어도 너무 많이 바뀌어 있었다. 순한 양 같던 사원들이 왜 이럴까? 무슨 한이 맺혀서 눈은 증오로 충혈되고, 표정은 비웃음으로 일그러지고 말았을까?

나는 "앞으로 협조해서 잘해봅시다. 잘 부탁합니다"라고 점잖게 말을 건네려다가, 이내 강경책을 택했다.

"너희들, 뭐야? 예의도 모르냐? 너희들은 고향에 가면, 애비야 나 왔다, 인사해라, 라고 할 놈들이지? 냉큼 이 방에서 나가!"

호통을 쳤다. 뜻밖의 노성에 모두들 어처구니없다는 표정을 지었다.

"세상 바뀐 것을 감조차 못 잡고 있구먼. 곧 후회하게 해주지."

그들은 별별 욕설을 한마디씩 남기고 소장실에서 나갔다. 연일 노동조합의 집회가 이어졌다. 꽹과리 소리와 구호가 스피커에서 계속 흘러나왔다. 나는 붉은색 페인트로 험악한 구호를 도배한 공장 벽에 둘러싸인 채 하루하루 버텨나갔다.

김우중 회장은 옥포에 상주하면서 현장 구석구석으로 매일 자전거를 타고 순회했다. 전 사원들의 집과 기숙사를 일일이 찾아가 대화를 시작했다. 회사의 위기와 회생방안을 설명하며 끊임없이 설득을 시도했다. 그리고 후생복지, 안전, 건강뿐 아니라 현장에서의 문제점, 개선점에 대해 적극적으로 대책을 마련했다. 그리고 더 훌륭한 회사로 거듭날 수 있다는 희망을 확산시켜나갔다.

노동조합 조합원이 분신자살한 일로 이성을 잃다시피 한 군중 속으로 김우중 회장은 직접 뛰어들어 온몸으로 대화하고 설득을 시도했다. 그 같은 용기와 확신과 집념은 감히 그 누구도 쉽게 흉내 내지 못할 것이었다. 상식적으로 불가능해 보이는 일들을 가능하게 만드는 그룹 총수를 현장에서 목격하며 나는 김우중 회장이 정말 대단한 사람이라고 생각했다.

그러나 현장에서 개선의 징후는 좀처럼 나타나지 않았다. 조선소의 경영은 암담하고, 존립 자체가 불가능해 보였다. 적자는 눈덩이처럼 불어나 어느새 1조 원을 돌파하고, 생산성은 정상 수준의 1/4에도 미치지 못했다. 품질 역시 결함투성이인 데다가, 공사기한은 계획보다 늦어졌는데, 그 기간이 3개월은 보통이고 1년 반까지 늦어진 경우도 있었다. 공기지연은 지체상금 부담으로 회사경영에 치명적이었다.

현장은 마치 쓰레기장 같았다. 중간 관리자, 현장 감독자들은 의욕상실증에 걸려 먼 산만 바라보았다. 현장 사람들은 일을 하러 왔는지, 놀러 나왔는지 분간조차 어려웠다. 아무도 나서서 작업을 독려하거나 주의를 주는 일을 하려 들지 않았다.

안전사고는 꼬리에 꼬리를 물고 그때마다 문상이나 문병을 가야 했던 나는, 유족들과 병원을 에워싼 과격분자들의 행패와 화풀이의 대상이 되어 사정없이 멱살 잡히고, 발길질을 당하고 욕을 들어야 했다.

마음을 열게 하는 '의식개혁 교육' 프로그램

무엇부터 개선해야 할까? 이 혼돈의 탈출구는 어디에 있는가? 김우중 회장은 우선 의식개혁을 위한 교육을 실시하고자 했다. '의식개혁 교육'을 통해, 우리는 모두 대우의 한 가족이지 원수지간이 아니라는 것을 일깨워줘야 했다. 고위 직급자나 하위 직급자나 똑같은 사람이고, 회장이나 소장도 이마에 뿔이 돋은 것이 아니라는 것도 보여줘야 했다. 서로 싸우는 것은 서로 협력하는 것만 못하고, 회사가 흑자가 나야 급여인상도 가능한데, 흑자는 열심히 일해야 얻어지는 열매라는 것도 알려줘야 했다.

이 교육 프로그램을 'FAMILY TRAINING'이라고 이름 지었다. 현장 사원들 1만 2천 명을 300명 단위로 40차수에 나누어 6박7일의 강좌, 견학, 여행, 좌담회 등을 짰다. 교육 마지막 날은 해변에서 여흥과 음식으로 온 가족을 초대했다. 그때마다 매번 이들과 함께 춤을 추느라 한여름부터 이듬해 겨울까지 땀도 어지간히 흘렸다. 7개월 동안 계속한 이 프로그램에 비용만 20억 원을 투입했다. 아마, 기업 역사상 전무후무한 이벤트였을 것이다.

'의식개혁 교육'의 다음 대상자는 현장의 감독자인 직장·반장들이었다. 우선 일상 업무에서 벗어나 3개월간 풀타임으로 공부할 수 있도록 계획을 짰다. 리더십, 작업계획 수립법, 작업표준 작성법, 능률과 생산성의 산정, 공법개선, 안전대책, 품질개선, 작업의 사전준비와 물류, LOSS의 발견과 시정, PC 조작법, 중장비의 운전과 정비법, 도면 해독, 기타 교양강좌 등등 실로 평생의 직장생활에서 처음 체험한다는 기쁨과 비명, 그리고 보람이 뒤범벅이 된 강도 높은 교육을 3차수로 나누어 9개월간 추진했다. 회고컨대, 대우조선이 비틀거림을 멈추고 힘찬 발걸음을 내딛게 된 것은 이 두 가지의 프로그램으로 비롯됐다고 믿는다.

교육의 그 다음 대상자는 과장·차장·부장들이었다. 우리는 이를 'Management Innovation 운동'이라고 이름 지었다. 과거의 습성과 고정관념을 버리고 기본으로 돌아가 다시 시작하는 마음을 심어주는 프로그램이었다. 각자가 변화의 중심이 되어 새로워진 마음으로 자기 주변과 맡은 일을 살피고, 비능률적이고 비합리적인 요소들을 발견하면 과감히 시정하게 하는 능동적인 사고방식과 행동력을 갖추게 하려는 것이 교육의 핵심 목적이었다.

40명의 엄선된 과장급 직원을 교육시켜 핵으로 삼고, 인터뷰, 교육, 개혁안 수립, 진단, 시정조치, 평가, 보고, 재도전의 사이클을 수없이 반복했다. 그렇게 시간과 돈을 투자한 결과 수만 건의 낭비 요소들이 제거돼나갔다.

희망90s 운동

1990년 초여름, 드디어 김우중 회장은 옥포조선소 운영의 전권을 나에게 위임하고 다시 그룹 총수의 업무에 복귀했다.

나는 여러 참모들과 폭넓은 관리혁명 운동의 틀을 짰다. 이름 하여 '희망90s 운동'이다. 악몽 같은 1980년대를 털어버리고 1990년대는 희망을 가꾸어나가는 대우조선의 시대로 만들자는 슬로건이었다.

이 운동은 1990년대가 끝나는 해까지 옥포조선소를 세계 1등 조선소로 만든다는 게 큰 목표였다. 이 목표 아래 사원과 가정의 복지 면에서, 국가경제와 지역사회 공헌 면에서, 생산성, 품질, 원가 등의 경쟁력에서, 시장점유율과 기업 이윤에서 "세계 조선소의 선두를 대우조선이 차지하자"는 비전을 공유했다.

세계 1등 조선소는 과연 어떤 조선소일까? 국제 경쟁력에서

1등이어야 한다. 그러자면 동종업체 중 고객이 가장 좋아하는 성능과 품질을 가진 상품을 가장 빨리 가장 저렴한 원가로 생산할 수 있어야 한다. 이를 위해서는 생산성과 기술력에서 앞서야 하고 무엇보다 의식구조가 앞서야 한다.

세계 1등 조선소를 만든다는 목표를 달성하기 위해 우선 5대 실천 과제를 설정하고, 이를 다시 15개 프로젝트로 나누어 프로젝트 리더(project leader)의 관장하에 전사적 운동으로 확산, 추진시켰다. 인간존중, 고객존중, 질서존중, 기술존중, 품질존중의 깃발을 내걸고, 그에 대한 객관적 평가척도를 만들어 그 수준을 측정해 더 높은 차원으로 재도약하는 체계를 갖추었다.

대우조선을 만년 적자와 끈질긴 노사갈등의 질곡에서 탈피시키고 명실 공히 세계 1등 조선소로 도약시킨 1등 공신은 '희망90s 운동'이다.

구성원들이 열정을 가지고 회사 살리기 운동에 자발적으로 동참하도록 하려면 우선 그 당위성이 명확하게 제시돼야 한다. 나는 이 운동은 왜, 누구를 위해, 무엇을 이룩하고자 전개하는가 하는지 세심하게 따져보기로 했다.

우리 인생 중 1/3 시간은 가정에서, 1/3의 시간은 직장에서, 나머지 1/3은 이웃과 더불어 산다고 한다면, 이 세 가지 삶이 모두 값지고 보람 있고 즐거운 것이 되도록 하는 것. 이게 바로 이 운동의 궁극적인 목적이며, 다른 모든 부수적 노력들은 다만 이 목적 달성을 위한 수단이요, 과정이요, 방법일 뿐이었다.

"그래. 바로 그거야. 다 함께 행복한 인생, 보람과 즐거움이 공유되는 삶. 이것이 궁극적인 목표가 돼야 해!"

나는 이런 목표가 자연스럽게 추구되려면 일상생활에서 실천할 수 있는 좀 더 명확한 가드라인이 있어야 한다고 생각했다. 몇 날을 두고 심사숙고한 끝에 나는 먼저 질서확립 운동부터 시작하기로 했다.

'3대 질서 운동'은 첫째, 시간 지키기, 둘째, 청소와 정리정돈 잘하기, 셋째, 안전복장 잘 갖추기였다. 1년 뒤에 인사 잘하기, 고운 말 쓰기, 유동인력 줄이기를 추가해 '6대 질서 운동'으로 확대 추진하면서, 그것이 생활화될 때까지 멈추지 않았다.

무엇을 왜 해야 하는지를 알아내기보다 그것을 실천하는 것이 더 어렵고, 그것을 끈질기게 유지하기는 더욱 어렵다. 특히 여러 사람의 구태의연한 악습을 바꾸어 귀찮고 힘들더라도 새로운 습관을 정착시키려면 시간과 인내를 갖고 구체적인 개선 방법까지 제공해야 한다.

가장 먼저 시간 지키기 운동을 실천해 나갔다. 직원들의 근무시간을 정밀하게 측정한 결과, 하루에 한 사람당 2시간의 시간낭비가 있음이 밝혀졌다. 이는 1만 명의 작업자에 대입하면 하루 2만 공수의 손실이 생기고, 1달 23일의 작업 일수를 곱하면 월평균 46만 공수에 해당한다. 실로 수백억 원의 배 한 척 건조하는 데 드는 비용과 같은 손실이 매달 발생하고 있는 셈이었다. 작업의 질과 방법, 절차 등에서 선진 조선소를 따라잡기 어려운 상황이었기에 이와 같은 시간의 낭비가 더욱 뼈아프게 느껴졌다.

그렇다면 2시간의 시간 낭비는 어떻게 발생하고 있었을까? 대우조선에서는 아침 8시에 출근해 10시까지 일하고 나면 10분의 휴식이 주어진다. 12시부터는 점심시간이 1시간 이어지고 오후 3시에 다시 10분의 휴식이 주어졌다. 그리고 5시에 근무가 종료된다. 이렇게 2교대 작업이 이루어지면 하루에 8차례의 업무 개시 및 종료가 발생하는 것이다. 그런데 지금까지는 작업을 끝낼 때는 15분 일찍 끝내고 시작할 때는 15분 늦게 시작하는 타성에 젖어 있었다. 이를 개선해 정시에 일이 시작되고 종료된다면 하루 평균 15분×8회=120분, 즉 하루 1인당 2시간의 LOSS가 절감될 수 있었다. 이처럼 구체적으로 근거를 제시하며 설득하니 현장에서는 생산적인 면을 떠나 그 이상의 효과가 나타나기 시작했다. 즉, '1분 더하기 운동'의 자발적 창출이었다. 한 현장 반장의 제안으로 매 작업시작은 1분 빨리, 작업종료는 1분 늦게 하자는 것인데 이것이 전사에 확산되니 그 효과는 1분이 아니고 하루 1인당 2시간 이상의 생산활동 손실시간을 보완해준 것이다. 이로 인하여 공기단축, 생산성 향상, 품질개선은 물론 안전사고 감소의 정신적 개혁 운동의 효과까지 얻게 되고 흑자경영을 앞당기는 단초를 가져왔다.

다음으로 청소와 정리정돈, 청결운동도 함께 실천했다. 나 자신부터 매일 아침 7시 이전에 출근해 임원회의 겸 조회를 마치고 7시 30분부터 30분간 청소를 했다. 나의 승용차 트렁크에는 빗자루와 쓰레받기가 항시 준비돼 있었다. 나는 맨 처음 누구의 지원이나 참여를 권유한 바 없이 혼자서 광활한 야드의 일각에서 청소를 하기 시작했다. 소문은 순식간에 퍼져 임원·부장·차장·과장·사원, 현장 직장·반장 순으로 동참을 얻어내어 일주일 내에 천여 명의 자발적 아침 청소부대가 형성됐다. 그 효과는 어마어마했다. 야드에 상주하는 선주의 칭찬이 수주 증가로 이어졌고 안전사고가 격감하는 등의 부수효과가 입증됐다. 그러자 당시의 살벌한 노동현장에서 있을 수 없는 일이라며 동종업체에서 비디오로 이 청소 광경을 촬영하여 자사에 도입하려 애쓰기도 했다.

그러나 현장 기능 사원들의 약 70~80% 인력까지 아침 청소에 참여시키는 데는 3년의 세월이 필요했다. 많은 직·반장들이 소속 기능사원 집을 방문해 아침 청소 동참을 호소하는 사례는 들을 때마다 깊은 감동으로 울려왔다. 쓰레기 분리수거와 청소 참여는 자연스레 쓰레기 발생량을 감소시켰고 청소에 소요되는 시간도 점차 줄어들었다. 그러자 남은 시간에 작업준비를 하거나 더 일찍 작업에 착수하는 작업현장까지 자연스레 나타나 작업자들 스스로도 놀라고 뿌듯해했다. 노조는 다른 형태의 착취라며 아침 청소와 조기 작업 착수를 금한다는 구호를 매일 차량으로 방송하며 반대했으나 '노사화합'과 '관리혁신 운동'의 큰 물줄기를 끊어놓지는 못했다.

청소가 잘되니 정리정돈이 따라오고, TPM활동을 통해 모든 시설, 장비류의 청결, 예방정비까지 괄목할 만큼 향상됐다. 자연스레 안전사고가 격감되고 품질이 급속도로 향상되며 생산성까지 높아지는 부수효과가 나타난 것을 모두가 인식하자 기쁨과 보람과 긍지로 아침 청소에 참여라는 것이 습관화·전통화됐다. 그래서 운동 시작 3년 뒤에는 모두가 기쁨과 보람과 긍지로 아침 청소에 참여하게 됐다. 외국 선주들은 말할 것도 없고, 북한의 김달현 부총리가 1993년에 옥포조선소를 방문했을 때에는 야드의 청결정리 상태에

4번이나 찬탄의 말을 하기도 했다.

이것이 1994년도부터 어느 경쟁사보다 수주가 많은 숨은 원동력이 됐다고 확신한다. 조선소는 청결유지가 어려운 반면, 유지만 되면 그 효과가 크게 나타난다.

현실적인 여러 어려움을 극복하고, 이 운동을 정착시킨 힘은 모든 경영자와 관리자의 솔선수범 덕이었다. 현장의 리더십은 뒤에서 미는 것이 아니라 앞에서 이끄는 것이다.

그리고 안전복장 갖추기에도 온갖 노력을 기울였다. 당시만 해도 우리나라 공사장 도비(고소작업자)들이 안전띠를 매지 않는 것, 자전거 주행자가 안전모 안 쓰는 것, 새벽 2~4시경 운전할 때 적색 교통신호를 안 지키는 것 등이 당연시돼 있었다. 설마 하는 마음과 준법정신 부족 등 기본적인 도덕개념이 없는 국민에게 안전규칙을 지키게 하기란 여간 어려운 일이 아니었다.

현장에서 50%가 작업모 쓰게 만드는 데 1년 반이 걸렸고, 거의 100%가 안전모, 안전화, 안전띠, 귀마개, 보안경, 방진마스크를 착용하는 것이 습관화되기까지는 3년이 걸렸다.

이에 더하여 옥포조선소의 '희망90s 운동' 성공의 든든한 버팀목은 '반생산회의'였다. 매주 월요일의 일과는 모든 사원의 반생산회의 참여로 시작했다. 평균 30여 명으로 구성된 생산 현장 반조직은 예외 없이 반장의 지도 아래 모였다. 그리고는 지난주의 작업계획 달성 여부와 평가 및 반성, 금주의 작업계획과 실천방안을 논의했다. 안전수칙 준수여부, 6대 질서 준수여부, 공법개선과 공구개발

등 생산성향상 방안의 아이디어 발표, 그리고 재작업율 검토 등 품질향상 방안 토의를 회의 안건으로 채택했다. 나중에는 주어진 1시간이 부족하다고 건의가 들어올 정도로 모두가 진지하게 참여했다.

'희망90s 운동'은 희망 없는 황량한 광야에서 농사의 풍요로운 결실을 이룩하는 기적을 이루어냈다. 증오와 갈등, 파괴와 폭력이 난무한 무질서한 직장에서 웃음과 희망, 협력과 흑자경영을 단기간 내에 이룩해냈다는 것만이 다가 아니다. 국내 경쟁업체들의 벤치마킹 대상이 되어 건전한 노사문화 정착에 기여하고, 정년퇴직한 중간관리층 간부들이 중소기업으로 영입돼 '희망90s 운동'의 전도사 노릇을 하고, 이에 감탄한 해당회사의 사장들이 나에게 감사의 메시지를 보내오기도 했다.

1989년 '희망90s 운동'을 시작한 해의 경영지표, 1995년 대우자동차로 부임하기 위해 내가 옥포조선소를 떠나던 해의 지표, 그리고 최근(2010년도)의 지표를 보면 그 변화와 발전의 정도를 한눈에 짐작할 수 있다.

	1989년	1995년	2010년	1989년 대비 1995년/ 2010년 성장률
매출액(억 원)	4,327	17,144	120,745	4배/30배 성장
영업이익(억 원)	-1,009	1,683	10,111	
생산성(MH/CGT)	37.1	19.5	10.4	2배/3.5배 향상
연간 수주(척 수)	13	17	62	1.3배/4.7배 증가
건조척수(인도기준)	12	30	75	2.5배/6.3배 증가

1995년 봄, 나는 대우자동차 해외사업 총괄사장으로 발령을 받고, 부평의 대우자동차에 있던 김우중 회장실로 출근을 시작했다. 참모나 직원도 없이 회장 사무실 옆방에 임시 사무실을 배정받아 김우중 회장의 세계경영 추진에 동참하게 된 것이다.

바로 그해의 1년 동안에 방문한 국가만 해도 헤아리기에 너무 많다. 중국, 우즈베키스탄, 러시아, 폴란드, 루마니아, 체코슬로바키아, 헝가리, 우크라이나, 인도, 베트남, 인도네시아 등을 자동차 합작회사 설립을 위한 교섭을 위해 연간 1~3회 방문했다. 그리고 지역회의 목적으로 영국, 프랑스, 독일 등 여러 국가를 방문하는 김우중 회장을 수행해 나는 많은 시간을 비행기와 호텔에서 보냈다.

방문국이 많고 출장일정은 늘 빠듯하다 보니 당시에는 전세 비행기를 자주 이용했다. 방문국에서는 국가원수 또는 총리, 장관급과 주로 면담했다. 국빈급 환영을 받은 나라도 많았다. 그러나 잠은 비행기에서 자고, 식사는 샌드위치로 때웠다. 한 국가에서 체류하는 시간은 짧게는 몇 시간이고 길어야 1박이 고작이었다. 이 기간에 성사된 프로젝트들이 많았다. 우즈베키스탄, 폴란드, 루마니아, 인도, 우크라이나에는 자동차 합작회사가 설립됐다.

대우의 장점은 스피드 경영에 있다. 조사(research), 타당성 연구(feasibility study), 위험요소 연구(risk study) 등의 지루한 기간을 단축하고 결심과정을 짧게 단순화시키는 대우의 스타일과 불가능을 가능하게 하려는 도전정신을 나는 항상 존경의 마음으로 지켜보았다. 하지만 한편으로는 조금만 더 여유를 가지고(slow down)

하면 어떨까 하는 우려도 없지 않았다.

폴란드와 우크라이나 국영 자동차 회사와의 합작투자(joint venture) 협상에서 세계 1위 GM을 제치고 계약을 성사시켰을 때도 기쁘고 자랑스러웠다. 그러나 마음의 한구석에는 여전히 불안감이 자리 잡고 있었다.

"GM을 너무 섭섭하게 해도 괜찮을까요?"

내가 김우중 회장에게 조심스레 물어보았다. 그러자 김우중 회장은 담담한 목소리로 이렇게 말했다.

"배려하고 있어요."

당시에 문외한이던 나는 어깨너머로 묵묵히 배운다는 심정으로 각종 협상과 기획회의에 참석했다. 그러면서 점차 마음속에 새겨진 한 가지 교훈이 있었다. '기회는 기다리는 자에게 오지 않고 붙잡는 자에게 온다.'

그리고 1년이 다 돼가던 차에 마침내 나에게 새로운 기회가 주어졌다. 1996년 1월, 나는 대우 루마니아 자동차 합작회사의 대표이사 사장으로 발령을 받았다.

"대우 루마니아 자동차 현장에 파업이 발생해 한국 직원을 대하는 분위기도 좋지 않아요. 하루빨리 부임해 사태를 수습하세요."

루마니아로 떠나는 내게 김우중 회장이 당부했다.

비행기 안에서 내려다보는 루마니아는 온통 흰색이었다. 겨울철 4~5개월은 항상 눈 속에 묻혀 산다고 했다. 허름한 여관에 여장을 풀고 크라이오바에서의 첫 밤을 지냈다.

아침 일찍 일어나 눈밭을 산책한 뒤, 주재원과 연락이 되어 공장으로 첫 출근을 했다. 공장 곳곳에 노동자들이 모여 "Korean go home!"을 외쳤다. 간혹 한국인 직원을 향해 눈뭉치를 던지는 사람들도 있었다. 하지만 위해를 느낄 정도로 살벌한 분위기는 아니었다. 1989년~1991년에 옥포조선소에서 겪은 노사분규에 비하면 오히려 애교스러운 수준이었다.

나는 현지인 통역을 불러 노조위원장과의 면담을 주선해달라고 했다. 한참 뒤, 간부 1명을 대동하고 나타난 노조위원장은 30대 후반의 구레나룻을 무성하게 기르고 체격이 뚱뚱한 카리스마가 풍기는 사람이었다.

"외국 자본이 당신네의 나라로 투자를 계속할 것인지, 발길을 돌릴 것인지 온 세계가 주목하고 있습니다. 우리는 노사분규가 없을 것이라고 믿고 투자한 것입니다. 그런데 이런 식으로 분규를 하면 우린 당장 철수하겠어요. 정부와 국민적 비난을 당신이 감당할 자신이 있습니까?"

내가 그를 설득하기 시작하자, 그의 대답이 걸작이었다.

"공산당 치하에서 우리는 파업을 상상도 못하고 살았습니다. 그런데 최근 한국을 방문했다가 한국 사람들한테 한 수 배웠죠. 분규를 해야 노동조건이 개선된다고 한국 사람들이 귀띔해주더군요."

한국의 기업체에 견학을 하던 중에 그 같은 조언을 들었다고 했다.

노조위원장을 면담한 나는 시장과 국회의원을 만나서 측면 지원을 부탁했다. 그리고 며칠 뒤 노조위원장에게 다음과 같이 제안했다.

(1) 루마니아 내 경쟁업체들의 평균 보수보다 항상 10%를 더 주

겠다.

(2) 그렇다면 앞으로 노동쟁의를 할 필요 없으니 최소한 향후 5
년간 무쟁의를 보장하라.

(3) 단체협약은 정부가 제시한 표준약관을 따른다.

(4) 어떤 경우에도 무노동 무임금의 원칙은 지킨다.

(5) 금번 쟁의기간 중 법과 사규 위반자는 인사위원회에 회부한다.

일주일 동안의 줄다리기 끝에 노조위원장은 승복했고, 그 뒤로
노동쟁의는 없었다. 그러나 노조위원장은 5년간 무쟁의 조건에 동
의한 탓으로 동료들의 규탄을 받아야 했다.

이 공장에서 주로 생산한 것은 씨에로였다. 경차인 티코와 마티
즈, 그리고 중형차 에스페로의 조립 생산도 이루어지고 있었다. 엔
진공장도 준공시켜 주변국에 수출까지 했지만, 열악한 철도망, 수
송 중의 도난사고, 그리고 관세 장벽이 늘 어려움을 가중시켰다.
차의 성능과 모양은 '꿈의 자동차'로 현지 사람들 마음을 사로잡았
다. 그러나 구매력이 취약해 연간 매출 목표인 10만 대에는 훨씬
못 미쳤다. 정부의 약속 위반으로 중고차 수입이 거의 자유화돼 독
일과 프랑스의 중고차가 들어와 팔리는 것도 예상하지 못한 위협
요인이었다. 거기에 더해 은행이자 폭등, 외환보유고 부족, 낙후된
인프라 등이 발목을 잡았다. 도로망 통신망이 너무 낙후돼 우리가
직접 전화설비에 투자하고 추후 통신료에서 상계하는 방식까지 동
원했다. 그러나 넓은 국토의 방방곡곡에 판매망, A/S망을 구축하
지 않을 수 없었고, 할부 판매까지 하게 되니 투자 대비 이윤회수

가 여의치 않았다.

　이와 같은 사정은 우리가 10여 개 나라에 동시 다발적으로 투자한 합작회사들이 초창기에 겪는 공통된 어려움이었다.

루마니아와의 문화적 차이

　나는 루마니아에서 한국의 옥포에서 실천했던 대우조선소의 '희망90s 운동'을 시작하려고 마음먹었다. 그래서 취임 1개월 뒤에 자동차공장을 이른 아침에 청소하기로 계획했다. 아침 청소에 모든 구성원을 자발적으로 참여시키기 위해, 청소의 필요성과 대우조선의 성공 사례를 열심히 강의하고 마침내 실천에 들어갔다.

　하지만 청소를 시작한 첫날 아침에 참여한 인원을 보니 한국인 간부와 현지인 중역 10여 명만이 참여하고 일반 사원은 물론 부·과장급도 동참하지 않았다. 사장이 그토록 역설했음에도 불구하고 대부분 불참한 것이다. 현지인 중역에게 이유를 물었다.

　"우리는 공산 치하에서 배우고 체질화가 돼서, 명령에만 복종하지 자발적 참여나 자원봉사라는 개념은 없습니다. 사장님께서 아침 청소에 모든 직원을 참여시키고 싶으면 자발적 봉사라는 용어를 쓰지 마시고 명령을 내리십시오."

　나는 어처구니가 없었지만 이해가 됐다. 그러나 그런 명령을 내릴 수는 없었다. 왜냐하면 그런 지시를 내리는 순간 청소시간의 시급(時給) 지불문제가 대두될 것이기 때문이다.

　루마니아에서는 겨울에 싱싱한 과일과 야채를 구할 수가 없었다. 왕년에는 루마니아 곳곳에 수백 평씩 유리 온실을 만들어 겨울에도 채소와 과일을 생산했으나 모두 국유시설이었기 때문에 혁명 후 전국적으로 방치돼 황폐화되고 말았다. 그래서 나는 여름에 준비한 토마토 피클만으로 야채 섭취를 대신하며 겨울을 보내야 했다.

사정이 좋지 않은 나라에서 일하다 보면 이런저런 불편이 따르게 마련이다. 세계경영을 내걸고 해외로 뻗어나가던 대우에서는 늘 이런 불편을 감수하며 최선을 다했던 임직원들이 있었다. 그들로 인해 조국은 작으나마 경제발전에 도움을 받았을 것이다. 비록 세계화 전략은 최종 결실을 맺지 못했어도 말이다.

공룡의 영원한 발자취

대우정신으로 대변되는 창조·도전·희생정신, 그리고 대우가 추구한 세계화 전략은 예기치 못한 IMF 사태로 좌초됐지만 그 족적만큼은 깊고 넓다.

대우조선은 이미 세계 정상의 기술력, 품질, 생산성, 매출, 영업이익을 달성한 지 오래고, 루마니아, 러시아, 중국, 앙골라에 생산기지를 다변화하고 있으며 조선 이외의 분야가 사업의 3/4을 차지할 정도로 팽창과 발전을 거듭하고 있다. 자동차도 비록 주인이 바뀌기는 했지만 우즈베키스탄, 폴란드, 루마니아, 인도 등지에서 착실한 성장을 거듭하며 대우자동차의 부품을 수입하고 있다. 기타 대우의 과거의 주력 업체들도 세계로 뻗어가고 있다.

이것이 세계경영을 지향하고 발 빠르게 도전한 대우가 남긴 유

산이다. 만약 김대중 정권이 대우의 저력을 믿고 IMF의 파고를 넘
도록 조금만 지원해주었더라면 오늘날 우리나라의 발전 속도와 폭
과 양상이 상당히 달라져 있을 것이라고 믿어 의심치 않는다.

모든 일에
최선을 다한다
_ 경차 보급 활성화 제안, 그리고 불가리아의 서울클럽

최영상

대우가 한국 최초의 경차인 국민차 티코를 출시했을 때 정부는 '경자동차 보급 활성화 정책'을 발표하고 통행료, 자동차세 감면 등 다양한 혜택을 제공했다. 그런데 유럽이나 일본에서 허용되는 이른바 개구리 주차가 한국에서는 허용되지 않았다. 이 일을 보고받은 김우중 회장은 전시된 티코를 직접 들어보면서까지 묘안을 찾으려고 노력했다. 최영상은 그때 매사에 최선을 다해야 함을 진심으로 깨우쳤다. 1996년 불가리아 지역 본사 사장을 맡아 현지에 부임했을 때 그는 그 깨우침을 실천에 옮겼다. 그러자 친구가 생기고 신뢰가 싹트기 시작했다. 그들과 함께 만든 '서울클럽'이라는 친목모임이 아직도 불가리아에 남아 있다.

최영상
1936년에 서울에서 태어나 용산고등학교, 서울대학교 영어교육과를 졸업하고, 동 행정대학원에서 행정학 전공으로 석사학위를 받았다. 조달청 사무관(1961~1974)과 청와대 대통령비서실 행정관(1974~1978) 등 공직을 거친 후, 1978년에 대우로 자리를 옮겨 1999년까지 대우에 봉직하면서 대우중공업 부사장, 대우회장비서실 부사장, 대우정보통신사업단 단장(부사장), 대우 불가리아 지역본사 사장 겸 쉐라톤 소피아 호텔 대표이사 회장 등을 역임했다. 불가리아 재임기간 중 서울클럽을 만들어 한-불가리아간 민간외교 역할을 수행하기도 했다. 대우 퇴임 후에는 휴니드테크놀러지스(전 대영전자공업) 대표이사 사장을 역임했고, 현재는 경영지도사 자격 및 C.P.C(미국, 전문공인코치) 자격을 취득해 서울스카우트㈜에서 회장 직책을 맡고 있다. 상훈으로는 수출에 기여한 공로로 석탑산업훈장(1992)을 수상했다.

경자동차 보급 활성화 방안

"티코(Tico)가 왜 잘 안 팔린다고 생각해요?"

김우중 회장이 기획조정실에서 근무하던 나를 불러 대뜸 물었다. 작은 차를 거부하는 국민들의 권위의식 때문이 아니겠냐는 나의 답에 다른 이유는 없겠냐고 다시금 질문했다.

"정부의 경차에 대한 정책이 부재한 탓도 크다고 봅니다."

"맞아요. 정부는 애초에 경차를 지원하기로 했어요. 그런데 왜 아무 지원도 안 하죠?"

"자동차 3사가 처음 약속대로 모두 경차를 개발했으면 정부도 지원정책을 결정하기 쉬웠을 겁니다. 하지만 대우만 경차를 개발한 지금, 만약 정부가 경차에 혜택을 주면 특정 재벌을 지원한다고 오해를 받을까 걱정하는 것 같습니다."

자동차산업에 뛰어든 대우, 현대, 기아 3사는 "경차를 생산해 국민들이 경제적인 효과를 거두도록 하자"는 정부정책에 합의했다. 하지만 현대와 기아는 경차가 수익성이 없다고 판단해 경차 개발을 시작조차 하지 않았고, 대우만 정부정책에 부응하며 수천억 원의 자금을 투자해 800cc 엔진을 개발하는 데 성공했다. 대우는 창원에 연간 23만 대 생산능력을 갖춘 자동차공장을 조성해 '티코'를 생산하고 시판을 시작했다. 하지만 연간 3만~4만 대밖에 팔리지 않았다.

"정부는 소신이 없어요. 이것저것 눈치 보느라고 애초에 한 약속도 못 지키고 있잖아요. 이러다간 정부정책에 부응한 우리만 손해를 보겠어요."

김우중 회장의 말을 들으며 나는 동조의 의미로 고개를 끄덕였다. 그러자 김우중 회장이 대뜸 정부를 설득해보라고 말했다. 예전에 공직에 근무했으니 정부 쪽 분위기를 누구보다 꿰고 있을 것 아니냐며, 잘 진행해보라고 했다.

나는 경차에 대한 정부정책 건의를 기조실에서 처리하기 위해 먼저 대우자동차가 작성한 〈대우 국민차 활성화 방안〉 문서를 검토했다. 먼저 제목에서 '대우'라는 브랜드 이름을 삭제하고 〈경자동차 보급 활성화 방안〉이라고 수정했다. 20여 년 공직에 있었던 내가 판단하기에 '대우'라는 이름이 없는 편이 좋을 듯했다. 그리고 내용을 면밀하게 검토해, 정부가 정책에 반영할 수 있는 정책 건의서를 작성하기 시작했다.

나는 새로 작성한 정책 건의서 〈경자동차 보급 활성화 방안〉을 정부의 특정기관에 발송하지 않고, 국무총리실의 행정쇄신위원회를 직접 방문해 담당자에게 설명해야겠다고 생각했다. 다행히도 행정쇄신위원회 위원장이던 박동서 박사는 나의 대학원 은사였다.

"교수님, 아니, 위원장님, 우리 국민들이 큰 차를 좋아하지만 사실 기름 한 방울 안 나오는 나라에서 그게 말이 되는 일입니까? 경차보급을 활성화하면 연간 1조 원의 경비를 절감하는 효과가 있습니다."

"그게 정말인가? 돈을 1조 원이나 절약한다고?"

"네, 이걸 좀 보십시오."

나는 준비한 정책 건의서 〈경자동차 보급 활성화 방안〉을 은사 앞에 펴놓고 차근차근 설명했다. 정책 건의서를 보며 나의 설명을 듣던 박동서 박사는 반색을 했다.

"이거 대단한걸."

그러면서 그는 곧바로 행정쇄신위원회 배병휴 간사를 나에게 소개해주었다.

"배 간사, 인사하게. 내 제자야. 이번에 아주 좋은 정책 건의서를 만들어 왔어."

"아, 그렇습니까?"

경차에 대한 정책 건의를 들은 배병휴 간사의 반응도 뜨거웠다.

"이렇게 효과가 클 줄 미처 몰랐습니다. 이대로라면 저희 위원회에서 추진해볼 만하겠습니다."

행정쇄신위원회는 경차 활성화 방안을 강력하게 추진해나갔다. 정책이 입안되고, 마침내 법을 제정하고, 시행령을 고치기에 이르렀다. 정부는 1995년 6월에 '경자동차 보급 활성화 정책'을 발표하기에 이르렀고, 그 같은 사실을 나는 김우중 회장에게 보고했다.

"회장님, 앞으로 경차에 대해서는 도로 통행료 50% 감면, 자동차세 50% 감면 등 10여 가지의 혜택을 주기로 했습니다."

"수고했어요."

김우중 회장이 밝은 표정으로 보고서를 검토하기 시작했다.

"그런데 이게 뭐죠? 개구리 주차는 불가능하다고요? 무엇 때문에 안 된다는 거예요?"

"아, 네. 그것은……."

주차난을 완화하는 방법으로 유럽이나 일본 같은 외국에서는 차도와 인도에 차를 걸쳐서 주차하는 일명 '개구리 주차'를 허용한다. 경차 활성화 방안에 의해 우리나라도 개구리 주차가 경차에 한해 애초에는 허용하기로 했다. 그런데 경찰청에서 개구리 주차가 현실적으로 불가능하다는 답변을 내놓았다. 이유를 물으니 우리나라는 유럽이나 일본보다 인도의 턱이 높아서, 자동차 바퀴가 인도를 올라가지 못해 법 시행이 불가능하다고 했다.

"그게 무슨 말이오? 국가정책으로 결정해 법을 만들었는데 왜 시행을 못해요?"

"턱이 높아서 안 된답니다. 전국의 모든 인도의 턱을 낮추기 전에는 안 된답니다."

그 이야기에 김우중 회장이 역정을 냈다.

"티코는 가볍잖아요. 가벼우니까 사람이 차를 들어서 올리면 되지 않나요?"

"아무리 티코라 해도 무게가 600kg이라서 사람의 힘으로는 들기가 불가능합니다."

"불가능하다고요? 직접 해보고 그런 말을 하는 거예요? 이리 따라와 봐요."

김우중 회장은 보고를 받다 말고 자리에서 일어서더니 회장실을 나섰다. 그 길로 곧장 티코를 전시한 대우센터 1층 로비로 향했다.

김우중 회장은 티코의 뒤쪽에 서더니 범퍼를 잡고 힘을 주었다. 하지만 차는 꿈쩍도 안 했다. 그러자 이번에는 앞쪽으로 가서 다시 들기를 시도했으나 티코는 여전히 움직일 줄 몰랐다. 대우센터 로비까지 내려와서 티코를 붙잡고 끙끙대는 김우중 회장의 모습에 나는 피식 웃음이 나왔다.

하지만 시도를 멈추지 않는 그의 뒷모습에서, 불가능을 가능케 하기 위해서는 할 수 있는 방법을 모조리 동원해서 최선을 다해야 한다는 깨달음을 얻을 수 있었다. 그리고 이것이 내 인생의 모토가 됐다.

대우그룹이 정부에 건의한 '경자동차 보급 활성화 방안'이 정부의 경차에 대한 혜택으로 이어지면서, 경차에 대한 소비자들의 인식이 변화하기 시작했다. 그 영향으로 연 3만~4만 대 정도 판매되던 대우 국민차 '티코'는 그해에 10만 대 이상을 판매하는 실적을 올렸다. 국내 판매의 호조와 더불어 수출도 늘었다. 1995년, 우리는 '경자동차 보급 활성화 방안'을 정부 측에 건의한 공을 인정받아 국무총리가 주는 '우수 국민 제안상'을 수상하기도 했다.

적을 동지로 바꾸는 방법

이듬해 1996년에 나는 불가리아 지역본사 대표로 파견됐다. 그해 11월 6일, 대우는 불가리아 쉐라톤 소피아 호텔 지분 67%를 확보하면서 동유럽 호텔시장에 본격적으로 진출하기 시작했다. 쉐라톤 소피아 호텔은, 1996년 7월 설립한 자동차판매법인에 이은 불가리아의 두 번째 대우 현지 법인이었다.

쉐라톤 소피아 호텔 사장으로 부임한 나는, 불가리아 무역센터의 주식 75%를 2천만 달러에 인수했다. 그 후 호텔과 무역센터를 운영한 지 1년 만에 250만 달러 남짓의 실적을 올리게 됐다. 그래서 기쁜 마음으로 성공적인 자유시장경제의 결과를 보고하는 주주총회를 개최하기로 했다.

공산주의 시절의 국영기업이 민영화되면서 처음으로 주식을 소유하게 된 주주들이 구름같이 몰려들었다. 나는 주주총회에서 결산보고와 함께 이익을 공개하고 이익금 100% 배당을 결정했다. 배당을 받게 되자 주주들은 크게 기뻐했다. 하지만 언론에 보도된 기사들은 대우에게 우호적이지 않았다.

시장경제 원칙에 생소한 현지 언론들은 "쉐라톤 소피아 호텔과 무역센터의 주식을 많이 소유한 대우는 몇백만 달러를 챙겼으며 반면에 불가리아 주주들은 겨우 5달러, 10달러밖에 못 받는다"라고 지적하면서 "사회주의 국가의 산업을 사유화한 외국기업이 부도난 나라의 돈을 몽땅 긁어간다"라고 비판했다.

당시 나는 호텔과 무역센터를 함께 운영하느라 너무나 바빴기 때문에 현지 언론의 대우에 대한 비판이 심상치 않다는 것을 그제야 깨달았다. 비판 여론은 호텔과 무역센터뿐만 아니라 대우자동차 영업에도 심각한 후폭풍을 가져올 수 있었다.

나는 바로 김우중 회장에게 보고했다.

"기자들이 편견을 가지고 외국기업을 보는 듯합니다. 터키 식민지로 500여 년을 지배받던 불가리아 사람들이라서 피해의식도 있어 보이고요. 이곳 지식인들이 대우라는 낯선 외국 자본을 경계하고 있습니다."

"대우는 기존의 다국적기업들과 다릅니다. 우리는 그곳에서 고용을 창출하고 산업화를 돕고 있잖아요. 대우 세계경영의 목적은 공생공영이에요. 그런 사실을 언론에 잘 좀 설명해주세요."

나는 재빠르게 해결방안을 모색했다.

"좋은 방법이 생각났습니다. 그들을 우리의 동지로 만드는 겁니다. 기자들을 한국에 초청해서 대우를 견학시키면 어떨까요? 산업시찰을 통해 대우를 구체적이고 정확하게 알릴 필요가 있을 것 같습니다. 오해가 풀리면 편견도 해소될 것 아닙니까."

"그거 좋은 생각이군요. 바로 추진하세요."

나는 불가리아의 유력 언론사에 공문을 보내 한국의 산업시찰을 제안했다. 그러자 내로라하는 현직 기자 12명이 산업시찰에 참여하겠다고 나섰다. 그 사실을 김우중 회장에게 다시 보고했다.

"현직 기자 12명이 산업시찰을 하기로 했습니다."

"그래요? 이번에 오는 기자들의 가이드는 최 사장이 직접 맡으세요. 가이드 하면서 불가리아 기자들과 잘 사귀어두세요."

"네, 알겠습니다."

첫날 관광버스를 동원해 인천의 대우자동차 공장을 견학한 일행은 다시 헬리콥터를 타고 옥포의 대우 조선소와 창원의 국민차공장을 견학하고 경주 힐튼 호텔에서 하루를 묵었다. 대우가 운영하는 회사들은 모두 돌아보려면 연일 바쁜 일정을 소화해야 했다.

견학을 진행하는 동안 나는 한편으로는 기자들과 친해지기 위해 노력했다. 사람과 친해지는 가장 좋은 방법은 상대방의 이름을 외우는 것이다. 그런데 불가리아 사람들의 이름은 풀 네임이 3어절 이상 돼서 꽤 외우기 어려웠다. 할아버지 이름, 아버지 이름 또는 남편 이름을 나열해 만든 그들의 길고 어려운 이름을 나는 일일이 메모해서 산업시찰하는 동안 모두 외웠다.

이동할 때나 식사 때 그들의 이름을 불러주면 그들은 무척 좋아했다. 처음에는 어색해했지만 이름을 외워서 부르고 농담도 건네는 사이가 되자 우리는 금방 가까워질 수 있었다. 불가리아 기자들은 나를 '미스터 최'라고 불렀다.

그들과 함께하는 동안 잊지 못할 에피소드도 생겼다. 국민차공장에 가서 자동차 생산과정을 시찰한 후, 다시 버스를 타고 경주로 출발하는 날이었다. 그런데 이동하는 버스 안에서 기자가 나를 찾는 다급한 목소리가 들렸다.

"미스터 최, 공장에 카메라를 두고 왔어요!"

"카메라를 공장 어디에 두고 왔나요?"

"회의실에서 대우 국민차에 대해 설명을 듣다가 거기 두고 온 것 같아요. 틀림없어요."

기자는 발을 동동 구르며 어찌할 바를 몰라 했다. 나는 얼른 휴대전화로 공장에 연락했다.

"기자 중 한 분이 회의실에 카메라를 두고 왔답니다. 지금 즉시 찾아봐주세요. 회의실에 없다면 오늘 기자단이 방문한 장소를 모두 찾아봐주세요. 부탁합니다."

내가 공장 책임자와 통화하는 사이에도 기자는 안절부절못했다.

"제 카메라가 낡아서 오빠 카메라를 빌려왔는데……. 난 이제 어떡해요?"

그녀는 끝내 울음을 터뜨렸다. 한국의 산업을 시찰하며 흥분되고 좋던 분위기가 동료 기자의 딱한 상황 앞에서 한순간에 숙연해졌다.

"너무 걱정하지 마십시오. 곧 찾을 거예요."

"정말 찾을 수 있어요, 미스터 최? 자동차공장에 사람들이 그렇게 많은데……. 누가 가져갔으면 못 찾는 것 아니에요?"

"아니오, 찾을 수 있습니다. 여긴 한국입니다. 만약 못 찾는다 해도 제가 똑같은 카메라를 사서 선물하겠습니다. 대우를 방문하기 위해 먼 길을 오신 여러분입니다. 아무리 사소한 일이라도 대우 그룹 시찰 중에 불이익을 겪는 일은 절대로 없을 겁니다. 제가 대우의 이름으로 약속합니다."

그러자 기자는 가까스로 울음을 멈췄다. 하지만 창원에서 경주로 가는 버스 안은 한동안 찬물을 끼얹은 듯 고요하기만 했다.

버스가 경주에 도착할 즈음, 내 휴대전화가 울렸다.

"사장님, 대우 창원공장입니다. 카메라를 찾았습니다."

"오, 그래요?"

"네, 카메라는 회의 테이블에 그대로 놓여 있었습니다."

전화를 끊고 나는 관광버스의 마이크를 다시 잡았다.

"여러분, 카메라를 찾았습니다. 회의 테이블에 그대로 놓여 있었다고 합니다."

카메라를 찾았다는 내 목소리에 버스 안에서는 함성이 터져 나왔다.

"브라보 대우!"

"캡틴 대우!"

바로 그 순간, 불가리아 기자들은 대우의 팬으로 변신했다. 자신의 부주의로 카메라를 잃어버린 당사자는 물론이거니와 함께 산업시찰을 하던 기자들 가운데 어느 누구도, 일하는 사람들이 분주하게 오가는 자동차공장의 한가운데서 잃어버린 카메라를 다시 찾을 수 있으리라고는 상상하지 못했던 것이다.

술잔에 담긴 진심

불가리아 기자 12명이 한국에서 산업시찰을 무사히 마치고 귀국한 후로 불가리아 언론에서 대우를 비난하는 기사는 말끔히 사라졌다.

그러던 어느 날, 한국의 KBS TV 데스크쯤 되는 불가리아의 방송국 기자가 나에게 전화를 했다.

"미스터 최, 한국에 다녀온 기자들이 불가리아에서 모임을 갖기로 했어요. 그 모임에서 저를 회장으로 선출하고, 미스터 최를 고문으로 추대했어요. 수락하시겠어요?"

"수락하고말고요. 영광입니다."

"매달 한 번씩 부부동반으로 모임도 갖기로 했습니다. 모임의 이름은 '미스터 최 클럽'이라고 정했는데, 어떠세요?"

"아니, 뭐라고요? 그것만은 사양하겠습니다. 모임 이름을 다시 지어주십시오."

"지난번 예비모임에 나온 기자들이 결정한 일이라 제가 회장이라 해도 마음대로 수정할 수 없습니다. 다음 모임에서 의논하겠습니다. 그때는 참석해주십시오."

"그렇게 하겠습니다."

내가 다음 모임에 참석해 정식으로 '미스터 최 클럽'을 거절하자 '대우클럽'으로 하자는 제안이 나왔다. 나는 그 이름 대신에 '서울클럽'이 어떻겠냐고 제안했다. 이미 대우와는 친구가 된 이들이니 이제는 대한민국에 도움이 되는 모임이 지속되는 것이 나을 것 같아서였다. 그리하여 불가리아에 '서울클럽'이라는 기자들의 모임이 탄생했다.

'서울클럽'은 약속대로 한 달에 한 번씩 모임을 가졌다. 주로 쉐라톤 소피아 호텔에 모여 식사하고, 무역센터의 관광버스를 타고 1박2일이나 2박3일 여행도 함께했다. '서울클럽' 회원들과 함께 여행을 하노라니 불가리아에는 경치가 참 아름다운 관광지가 많았다. 특히 흑해 쪽 경관이 아름다웠다.

1999년에 대우그룹이 해체되고, 내가 불가리아를 떠날 때 '서울클럽' 회원들이 환송회를 열어주면서 나에게 귀한 선물을 하나 건네주었다.

"똑같은 술잔을 두 개 만들었습니다. 술잔 하나는 미스터 최가 한국에 가져가세요. 나머지 술잔 하나는 우리가 보관하겠습니다. 한국에서 우리가 생각나면 이 잔에 샴페인이나 포도주를 담아서 마시세요. 우리도 미스터 최가 생각나면 이 잔에 술을 따라 마시겠습니다."

세계경영의 최전방에서 내가 받은 이 귀한 선물 '크리스털 술잔'은 지금도 우리 집 서재 유리장 안에 보관돼 있다.

처음에는 환심을 사기 위해 일부러 친해지려고 노력한 인연이지만, 그들의 진심 어린 행동에 나 또한 진심으로 대하게 됐다. 이름은 '서울클럽'이지만 회원은 불가리아 기자 12명으로 만들어진 이 모임은, 서재 유리장 안에 보관돼 있는 술잔처럼 내 마음속에 영원히 간직될 것이다.

경청,
세상에서 가장 강한 힘

_ 세계시장을 점령한 전자레인지사업

장기형

대우전자에 소사업부제가 도입될 당시 최대의 적자를 보인 문제의 사업부가 전자레인지사업부였다. 장기형은 이 사업부를 맡아 2년 만에 생산량을 3배로 키워냈다. 전 세계에서 시장점유율을 15%까지 끌어올렸다. 유럽과 아시아, 중동, 러시아, 남미에서는 점유율 1위를 차지했다. 전자레인지 사업부는 2년 사이에 손익이 무려 400억 원이나 개선되면서 회사 내 최대의 흑자 사업부로 탈바꿈됐다. 그가 이러한 혁신적인 성과를 만들어낸 방법은 두 가지였다. 하나는 조직 내에서의 소통, 다른 하나는 과학적이고 체계적인 원가절감이었다. 경쟁력의 근원은 결코 어려운 데 있는 것이 아니었다.

장기형
1943년에 서울에서 태어나 용산고등학교, 서울대학교 무역학과를 졸업했다. 1970년에 범한해상보험에 입사해 근무하다가 1976년에 대우로 자리를 옮긴 후 2003년까지 대우에 봉직하면서 ㈜대우 무역부장, 대우전자 가전사업 부문장(전무)과 대표이사 사장 등을 역임했다. 사장 재임기간 중 대우전자의 기업개선작업을 주도적으로 진행해 부실화된 경영을 흑자로 전환해 워크아웃을 졸업할 수 있도록 했다. 대우 퇴임 후 2006년 현진그룹 해외사업담당 사장을 역임했다.

최대의 적자 사업부

"저는 장사를 배우고 싶습니다. 수출현장으로 보내주십시오."

대우실업에 입사해 1년 남짓 기획조정실에서 근무하다가 회장에게 간곡한 부탁을 드렸다. 누가 봐도 충분히 주제 넘는 행동이었지만, 김우중 회장은 빙그레 웃더니 내게 기회를 줬다.

1978년 1월, 나는 화학제품 수출부로 발령받아 5년 동안 현장에서 수출영업을 본격적으로 배웠다. 1982년 초에는 차장으로 진급하고 이란과 전쟁 중인 이라크의 바그다드 지사장 발령을 받았다. 현장을 직접 발로 뛰면서 수출에 대해 몸소 느끼고 배우니 너무 좋았지만 5년이라는 시간이 흐르자 점점 한국이 그리워졌다. 그래서 어느 날, 바그다드를 방문한 김우중 회장에게 또다시 용기 내어 속내를 털어놓았다.

"회장님, 이제 그만 이라크를 떠나고 싶습니다."

"그래? 이번엔 어디로 가고 싶어? 그동안 후진국에서 고생 많이 했지? 이번에는 환경이 좀 괜찮은 유럽 쪽 지사로 발령을 내줄까?"

"아니요, 한국으로 돌아가고 싶습니다."

"그래? 알았어. 조치해줄게."

"감사합니다!"

드디어 한국으로 돌아가 ㈜대우 본사에서 근무를 하게 되겠구나, 생각하니 너무도 기뻐서 나는 김우중 회장에게 몇 번이고 감사하다고 인사를 건넸다. 그런데 ㈜대우 본사가 아니라 계열사인 대우전자로 발령이 났다. 순간 아차 싶었다. 내 의견을 구체적으로 전달하지 않아서 일어난 착오였다. 그래도 한국으로 돌아간다는 사실만으로 뛸 듯이 기뻤다.

1983년, 대우는 '대한전선' 가전 부문을 인수했는데, 내가 발령을 받던 1987년에도 많은 사람들이 회사 이름을 '대한전선'이라고 부르고 있었다. 냉장고, 세탁기, 전자레인지 등을 생산했으나, 생산능력(capacity)은 내수시장을 소화할 정도고 해외시장을 겨냥한 대량 생산은 아직 본격화되지 않고 있었다.

이라크에서 5년 만에 귀국한 후, 대우전자에 출근해 곧바로 업무 파악에 들어갔다. 나는 내가 무엇을 해야 하는지 곧 알 수 있었다. 줄곧 수출업무를 담당해온 나는 내수시장보다 해외시장을 공략해야겠다고 생각했다. 그러자면 생산능력을 키우고 상품 경쟁력을 강화할 필요가 있었다. 대우전자에 출근한 지 며칠이 지나자 김용원 사장이 나를 불러서 물었다.

"업무 파악은 좀 했어요?"

"네. 저는 해외시장에서 수출을 주로 담당했기에 전자상품을 수출하는 데 주력하고 싶습니다."

"해외시장에서 어떤 상품이 경쟁력이 있다고 보죠?"

"냉장고는 잘 모르겠지만, 세탁기와 전자레인지는 수출이 가능할 것으로 판단됩니다."

"우리 세탁기는 빨래하고 탈수하는 이조식(二操式) 세탁기인데, 해외에서도 통할까요?"

"세탁기는 후진국에 수출하고, 전자레인지는 미국과 유럽에 내놓으면 좋을 듯합니다."

"전자레인지는 일본 마쓰시타, 도시바, 산요 등의 회사에서 생산하고 있어요. 국내 기업으로는 삼성, 금성(지금의 LG)이 먼저 시작했고요. 우리 회사도 전자레인지를 생산하고 있지만 삼성이나 금성 등에 비해 브랜드 이미지가 약한 것이 현실이에요."

"알고 있습니다. 하지만 그렇다고 해외시장을 포기할 수는 없습니다. 현장에 나가서 직접 부딪치며 길을 열어볼까 합니다."

하지만 줄곧 내수시장에만 집중하던 가전제품을 해외시장에 수출하려는 시도는 결코 녹록치 않았다. 특히 전자레인지는 수출을 해도 돈이 안 남는 상황이었다. 고전을 거듭하며 해외시장을 계속 두드리던 중 1991년에 배순훈 사장이 새로 부임했다.

"미국에 우리 상품을 수출해도 이익이 안 나는 이유가 무엇이오?"

배순훈 사장이 나를 불러 상황을 물었다.

"품질은 손색이 없는데 브랜드 이미지가 낮습니다. 그런 이유로 바이어들이 자꾸 가격을 깎으려고만 하고 있어요. 워낙 싼값에 수출한 데다가 현지에서 덤핑까지 하고 있습니다."

"언제까지 이런 식으로 수출을 할 수는 없습니다. 제가 봐도 우리 회사의 품질은 다른 회사에 결코 떨어지지 않아요. 생산원가는 다른 회사와 똑같이 드는데, 바이어들이 다른 회사보다 값을 더 깎으니까 손해를 보고 있다는 것 아닙니까?"

"맞습니다. 그래서 현재로서는 생산가격을 낮추는 방법 밖에 없습니다. 품질을 유지하면서 생산원가를 낮추면 시장점유율을 올릴 수 있습니다."

"제조원가를 절감해서 시장으로 나가야 한다는 것이군요? 그럼 생산원가를 낮출 획기적인 방법이라도 있습니까?"

"지금부터 찾겠습니다."

나는 팀장들과 함께 생산원가를 절감하는 문제로 여러 차례 회의를 진행했다. 그런데 생산파트, 판매파트, 연구개발(R&D)파트의 의견이 너무 달랐다. 게다가 회의를 거듭할수록 자기 파트를 옹호하고 책임은 다른 파트에 미루는 태도가 심해졌다. 나중에는 어느쪽의 의견이 과연 타당한지 분별하기 어려울 정도였다. 나는 의견이 분분하고 서로 책임을 미루는 조직으로는 경쟁력을 담보하기 어렵다고 판단해 배순훈 사장에게 현재의 조직을 사업부제로 개편하자고 건의했다.

"지금처럼 생산, 판매, R&D 파트로 나뉘어 있으면 책임을 서로에게 미루게 되어 사업성과를 관리하기가 어렵습니다. 사업부제로 조직을 개편하고 연말에 각 사업부의 성과를 평가하도록 하면 어떨까 싶습니다. 예산도 소사장이 재량껏 집행하되 연말에 평가하면 좋겠습니다.”

배순훈 사장과 김우중 회장은 그 문제를 적극적으로 논의했다. 그리고 1992년 하반기부터 본격적으로 경영을 분석한 뒤 9월이 되자 사업부제로 조직을 개편한다고 발표하기에 이르렀다. 당시로서는 어려운 결단이 내려진 것이었다.

“대우전자의 체계를 사업부제로 개편하기로 했습니다. 이에 따라 각 사업부에 소사장을 임명하고, 소사장이 각 품목별로 책임을 집니다. 오는 10월부터 사업계획을 세워서 1993년 1월 1일부터 1년 동안 사업을 수행한 뒤 연말에 평가하겠습니다.”

나는 전자레인지 사업부 책임자로 임명됐다. 직책은 ‘전자레인지 사업부장’이었다. 전자레인지를 내가 맡은 이유는 전자레인지가 수출 위주의 사업이었기 때문이다. 냉장고는, 엔지니어로서 냉장고를 잘 아는 이민웅 전무가 책임을 지기로 했다. 그런 식으로 13품목을 13개 사업부로 나누어 책임자를 한 사람씩 두는 소사업부제로 대우전자는 조직체계를 재정비했다.

경청의 힘

전자레인지 사업부를 맡은 나는 판매뿐만 아니라 R&D와 생산 조직까지 관장했다.

“여러분, 전자레인지 사업부를 제가 책임지기로 회사에서 결정을 했지만, 저는 저 혼자서 한 사업부를 리드할 마음이 없습니다."

사업 계획을 세우기 위해 현장에서 의견을 수렴하면, 판매파트와 생산파트는 꼭 마찰이 생겼다. 판매파트에서 원하는 모델과 생산파트에서 만들고 싶은 모델이 미묘하게 달랐던 것이다. 그럴 때마다 나는 의견을 조율하고 최선의 판단을 하기 위해 노력했다.

몇 차례 회의를 진행한 결과, 우선 사업목표를 정하고 그 목표를 기준으로 논의하며 판단의 근거를 삼는 것이 현명하겠다는 결론에 이르렀다.

"우리 사업부의 목표가 무엇일까요? 제가 판단하기에 우리의 목표는, 그동안 적자를 면치 못하는 전자레인지 사업부를 흑자로 돌리는 것입니다."

"사업부장님, 무슨 말씀인지 알지만 13개 사업부들 가운데 전자레인지 사업부가 가장 열악합니다. 회사 전체적인 매출로 봤을 때 TV는 30% 정도이고, 저희 사업부는 10%에도 미치지 못합니다. 당장에 흑자를 낸다는 목표는 무리입니다."

여기저기서 볼멘소리가 쏟아졌다.

"게다가 회사에선 우리 사업부의 적자가 가장 큽니다."

"그래요. 전자레인지는 작년에 243억 원이나 적자가 났어요."

"사업부장님, 불량률도 장난 아니게 높아요. 불량률이 무려 10%대에 이를 정도라고요."

"상황이 이렇게 안 좋은데 어느 세월에 흑자를 낼 수 있겠습니까?"

의견을 끝까지 경청하고 있으려니 수출보다는 내수가 매출을 많이 올릴 수 있고, 단가도 내수가 더 유리하다면서 수출을 포기하고 내수에만 전념하자는 의견까지 나왔다.

"기업의 존재 이유는 이윤창출입니다. 계속 적자를 내면 우리 사업부는 퇴출될 수밖에 없습니다. 생각을 바꾸세요. 안 된다는 부정적인 생각은 그만하고 좀 더 적극적으로 아이디어를 내주세요."

나는 직원들을 독려했다. 그리고 다양한 의견을 집중적으로 논의할 수 있도록 워크숍을 추진했다. 그리고 무엇보다도 구성원들이 평소에 품고 있는 이야기를 가능하면 많이 듣기 위해 노력했다.

판매파트의 워크숍이 먼저 시작됐다.

"우리가 살아남으려면 어떻게 해서든 원가를 줄이고, 품질을 높여야 해요. 지금부터 계급장 떼고 속내를 털어놔주세요."

사업부 존립문제가 거론되자 다양한 의견이 제출됐다.

"새로운 상품을 계획하는 것이 좋겠습니다. 지금처럼 다른 회사와 비슷한 상품으로는 경쟁이 안 됩니다."

"디자인을 개선해야 합니다."

"소비자들은, 삼성 제품은 100달러에 사면서 대우 제품은 90달러에 구매하고 싶어 합니다. 그 이유는 품질의 차이가 아닙니다. 지명도의 차이로 값을 평가하기 때문입니다. 소비자들이 그렇게 나오니 파는 사람도 삼성 것은 100달러, 대우 것은 90달러라고 생각하면서 그 값을 역산해서 도매가격을 80달러 정도로 결정합니다."

"문제는 제작원가입니다. 제작원가가 85 달러인 제품을 80 달러에 소매점에 넘겨줄 수는 없는 노릇이 아닌가요? 제작원가는 어느 회사의 제품에 비해 낮지 않습니다. 오히려 대우가 더 비쌀 수도 있습니다. 이래서는 수지가 안 맞습니다. 품질이 브랜드보다 월등하거나 동등하면서 제작원가가 저렴한 상품을 개발하지 않으면 승산이 없습니다."

그날 직원들에게서 수많은 이야기가 쏟아져 나왔다.

"여러분의 의견을 정리해보니, 방법은 두 가지인 듯합니다. 하나는 여느 브랜드보다 월등하게 우수한 신상품을 생산하는 길이고, 다른 하나는 일반 제품의 제작원가를 싸게 하는 방법입니다."

나는 두 번째 길을 선택했다. 그 이유는 단일 품목으로도 노력 여하에 따라 단기적으로 성과를 거둘 수 있는 전략이라고 생각했기 때문이다. 또한 당시 전자레인지 사업부 직원들은 연말 성과에 따라 사업부가 퇴출될 수도 있다는 위기감에 싸여 사기가 땅에 떨어져 있었던 만큼 단기간의 성과가 반드시 필요하다고 판단했다. 첫 번째의 길은 월등히 우수한 신상품 개발과 더불어 회사 차원의 브랜드 이미지 제고가 병행돼야 성공을 거둘 수 있는 전사적으로 추진해야 할 중장기 전략이었다.

워크숍에서 돌아온 나는 R&D파트, 생산파트를 방문해 직원들과 1대 1로 면담하기 시작했다. 이 역시 직원들의 말을 경청하기 위해서였다.

"어떻게 하면 원가를 줄일 수 있을까요?"

"원가비중이 큰 마그네트론(magnetron, 이극 진공관)과 트랜스포머(transformer, 변압기)라는 핵심 부품에 집중해서 방법을 찾아보면 원가를 많이 개선할 수 있습니다.”

“원가를 절감하고 품질을 개선하려면 ERP(Enterprise Resource Planning, 전사적 자원관리) 시스템을 도입하십시오.”

“우선 원가를 정확하게 파악할 필요가 있습니다. 수출할 때 한 모델의 원가를 100원으로 알고 110원에 팔았다면 10원이 남지만, 알고 보니 제작비가 100원이 아니고 120원이었다면 결국은 10원 적자입니다. 판매실적을 올리느라고 제작원가를 무시한 채 내다 팔기 때문에 이런 문제가 생기는 겁니다. 따라서 전산 시스템을 활용해서 원가를 정확하게 파악하고 밑지면서 판매하는 제품이 없도록 해야 합니다.”

직원들과 대화를 나누는 사이에 원가를 절감하는 참신한 아이디어가 하나씩 나오기 시작했다. 문제는 그들이 알고 있는 방법을 실제 생산공정에 반영하는 것이었다. 그동안 현장 직원들의 아이디어가 무시되고 있었다. 이유는 간단했다. 그들의 목소리가 회사에서 너무 작고, 또 그런 기회가 주어지지 않았기 때문이다.

나는 결단을 내렸다. 사업부 내의 젊고 유능한 과장, 대리 중심의 원가혁신 TFT를 구성했다. 그리고 그 팀에서 원가가 혁신적으로 절감되고 품질과 디자인이 획기적으로 향상된 새로운 제품을 만들도록 했다.

“여러분이 회사를 살려야 합니다. 그래서 여러분만으로 새 조직을 구성하겠습니다. 여러분의 참신한 아이디어로 원가를 절감해주십시오.”

내 판단은 적중했다. TFT에서 원가를 30~40% 절감하는 제품을 만드는 데 성공해 미국에 수출하는 제품의 원가를 그만큼 줄이자 수출조건을 충족했다. 수출뿐 아니라 내수도 3배나 늘어났다. 전자레인지 사업부의 그 같은 성과는 다른 사업부에 자극제가 됐다.

혁신 제품의 주요 골자는 제품설계와 생산 시스템의 획기적 개선이었다. 부품 수의 감소, 모듈화, 재질의 변경, 생산라인의 축소, 근로자 작업강도의 평준화 등의 혁신이 당연히 뒤따라야 했다. 이와 같은 혁신의 추진에 있어 변화를 두려워하는 일부 간부사원, 노동조합, 협력업체 등 관련 당사자들의 저항도 만만치 않았다.

그러나 사업부장인 내가 공장에 거의 상주하면서 매일 회의를 열어 소통하고, "변화가 필요한 사업부에서 변화를 두려워하는 사람과는 함께 일할 수 없습니다"라고 계속 설득하자 저항 세력들도 더 이상 반대만은 할 수 없게 됐다.

특히, 변화하지 않으면 살아남지 못한다는 나와 전자레인지 사업부 젊은 직원들의 확고한 신념과 열망 앞에서 이들 저항 세력들은 완전히 무력화될 수밖에 없었다. 전자레인지 사업부는 이렇게 가격 경쟁력을 개선시켰다.

자율과 책임의 원칙

1992년에 243억 원의 적자를 기록한 전자레인지 사업부는 1993년에 흑자로 전환하는 데 성공하고, 1994년에는 흑자 200억 원이라는 놀라운 성과를 냈다. 불과 2년 사이에 이루어진 개선의 규모가 무려 400억 원이나 됐다. 이로써 최대의 적자 사업부였던 전자레인지 사업부는, 경영을 혁신하며 세계시장점유율 15%를 달성하는 등 최대의 흑자 사업부로 변신했다.

2년 동안에 전자레인지 사업부의 분위기를 쇄신하며 1차로 가격 경쟁력을 개선하고, 2차로 한 단계 더 발전한 새로운 상품을 기획하고 있을 때였다. 배순훈 사장이 나를 불렀다.

"전자레인지 사업부와 세탁기 사업부를 겸임해줘요."

"안 됩니다. 지금은 전자레인지 사업부에만 집중하고 싶습니다."

"무슨 이유라도 있어요?"

"전자레인지 사업부는 지금 새로운 전자레인지 제품 프로젝트를 진행하고 있습니다. 그동안 생산가격을 잡았지만, 이제부터는 상품의 질을 개선해 세계를 제압하고 싶습니다. 시간을 주십시오. 자신 있습니다. 저희 제품의 기능을 업그레이드 하면 세계시장을 제패하지 말라는 법도 없습니다."

"하지만 세탁기 사업부도 중요해요. 세탁기 사업부가 고전을 면치 못하고 있어요. 공기방울 세탁기로 히트를 친 뒤로 그걸 잇는 상품이 안 나오고 있잖아요. 공기방울 세탁기는 기능은 좋은데, 품질이 개선되지 않고 있어요. 어려운 줄 알지만 겸직을 하도록 하세요."

그동안 세탁기 사업부는 수출 쪽에서 시행착오가 여러 번 생기면서 수익이 너무 나빠져 있다고 했다.

"네, 알겠습니다."

사업부제를 도입한 뒤로 연말결산을 해서 적자를 낸 사업부장은 책임을 묻기로 규정을 정하고 있을 때였다. 규정에 따라 실제로 몇몇 사업부장이 면직됐고, 2개 사업부는 아예 폐쇄되기도 했다. 강력한 의지를 갖고 사업부제를 실행하면서 회사는 전체적으로 수익 구조가 개선되는 등 여러 모로 바뀌어갔다.

배순훈 사장은 수익구조의 결과를 인사에 반영하고, 변명을 받아들이지 않았다. 1년 동안 자율권을 주고 그 결과에 책임을 지도록 독려했던 것이다. 나는 세탁기 사업부를 맡아서 전자레인지 사업부 때와 똑같은 방법으로 품질을 개선했다.

전체 직원을 만나 진심 어린 대화를 하며 사기를 독려하고 회사를 살리려는 마음을 이끌어냈다. 경청과 소통보다 더 좋은 약은 없었다.

나는 그들이 회사에 하고 싶은 말을 처음부터 끝까지 들어주려고 노력했다. 직원들은 평소에 말을 안 해서 그렇지, 일단 입을 열기 시작하면 공장의 문제점이 무엇인지 너무도 잘 인식하고 있었다. 특히 대리급, 과장급들과 인터뷰를 해보면 문제점뿐만 아니라 개선방안까지 튀어나왔다.

"현장에 JIT(Just In Time, 적시 공급) 시스템을 도입하면 어떨까요?"

"필요할 때 그때그때 공급이 이루어지면 90m이던 생산라인을 30m로 줄일 수 있습니다. 라인을 1/3로 줄이고 라인 뒤에 박스를 놓아 그 박스에서 직접 라인에 자재를 공급하면 되거든요. 지금은 현장라인이 너무 길고 정신이 없는데, 1/3로 줄이면 오히려 정리가 더 잘될 겁니다."

이런 아이디어는 현장 사람들만이 제안할 수 있는 것이다. 해외 지사를 돌며 바이어를 만나 장사만 하던 나로서는 생각할 수조차 없는 아이디어였다. 현장 사람들과 소통하는 과정에서 이런 기발한 해답들이 속출했다.

대화 과정에서 튀어나온 이런 아이디어를 정리해 업무에 반영하는 사이에 산적해 있던 문제들이 하나둘 정리되고, 원가와 품질도 크게 개선됐다. 그래서 세탁기 사업부도 1년 만에 수익성을 대폭 개선해 흑자경영의 기반을 구축하였고 정상화될 수 있었다.

현장 직원들과 소통하며 수렴한 아이디어는 세탁기 생산현장뿐만 아니라 냉장고, 가스레인지 공장에도 반영하고, 더 나아가 대우의 세계경영 현장에도 적극 반영했다. 그리하여 그동안 1년에 전자레인지 30만여 대 생산하던 프랑스의 롱위공장을 1년에 100만 대 규모로 증설할 때 새로운 이 시스템을 도입해 1년에 160만 대까지 생산했다. 그렇게 프랑스에서 생산한 전자레인지는 유럽과 러시아에 수출돼 그곳 시장의 25~30%까지 점유할 수 있었다. 중국 천진공장에도 이 시스템을 도입해 1년에 전자레인지 150만 대를 생산해 미국시장에 수출했다.

1992년에 150만 대 규모였던 대우전자 전자레인지는 1995년에는 한국, 프랑스, 중국에서 450만 대 이상을 생산해 세계시장점유율 15%를 달성했다. 유럽시장과 아시아, 중동, 러시아, 남미의 시장점유율도 1위를 차지하기에 이르렀다. 3년이라는 짧은 기간에 이처럼 눈부신 성과가 어떻게 가능할 수 있었을까? 나는 그것이 분명 경청의 힘이 만들어낸 성과라고 믿어 의심치 않는다.

오늘은 배우지만
내일은 가르치자

_ 핵심 인력의 해외연수로 시작한 국민차사업

박용근

'국민차' 라는 이름으로 경차사업을 준비할 당시, 대우는 젊고 패기에 찬 우수 현장사원들을 선발해 일본 스즈키자동차에 연수를 보냈다. 이들은 현장에서 직접 일본 근로자들과 함께 일하며 그들의 노동강도에 깜짝 놀랐다. 그러나 그보다 더 견디기 힘든 게 있었으니, 바로 김치였다. 객지생활을 하는 동안 너무나 김치를 먹고 싶어 했다. 현지에서 농성까지 벌이는 상황이 벌어지자, 일본 현지 법인장으로 재직 중이던 박용근이 곧바로 이 문제를 해결하고 나섰다. 김치농성은 김우중 회장에게까지 보고가 됐다. 그해 추석 전날, 김우중 회장은 스즈키자동차의 공장으로 달려갔다. 그날 밤, 일본에서는 김우중 회장과 근로자들이 한자리에 모여 푸짐한 한식과 김치를 먹으며 추석을 맞았다.

박용근
1936년에 경상북도 영주에서 태어나 중앙대학교 법학과를 졸업하고, 동 대학원에서 행정학 석사학위를 취득했다. 동화통신 주일 특파원, KBS 정경부장으로 활동하다가 1976년에 경제기획원 대변인 등을 역임했다. 1979년에 대우로 자리를 옮겨 ㈜대우 부사장, 회장비서실 사장, 일본 지역본사 사장 등을 역임했다. 그 후 숭실대 초빙교수를 지낸 바 있으며, 1997년 6월 체육훈장 백마장을 수상했다.

최고의 경차, 티코의 탄생

환경변화에 대한 적응능력이 인류의 역사를 발전시킨다. 그런 의미에서 대우가 1991년에 출시한 국민차는 기름 한 방울 나지 않는 대한민국의 경제환경에 대한 적응능력이 출중한 자동차였다.

대우는 '국민차'라는 캐치프레이즈로 한국에서 최초로 경차를 개발하기 시작해 '티코'를 생산했다. 기름이 적게 들 뿐만 아니라 승용차의 값이 싸서 누구나 쉽게 애용할 수 있는 장점으로 인해 '국민차'는 한국 모터리제이션의 새 장을 열었다.

1991년 5월에 데뷔한 티코는 대우자동차 부평공장과는 별개의 조직에서 만들어진 승용차이다. 거제도의 대우조선에서 우수한 사원들을 특별히 선발해, 대우조선 국민차사업부를 신설하고 생산 공장(창원)과 판매조직을 따로 만들어 개발했다. 티코는 24.1km/ℓ의 뛰어난 연비와 실용성을 바탕으로 한국뿐만 아니라 남미와 동유럽에서도 꾸준한 인기를 모았다. 대우가 독자 개발한 2세대 경차 '마티즈'가 나온 뒤에도 수요가 끊이지 않아 계속 생산되다가 2001년 3월에 이르러서야 10년 만에 단종이 됐다.

티코를 처음 개발할 때 나는 ㈜대우 일본법인 대표로 근무하고 있었다. 일본의 경차 '알토'를 생산하던 스즈키자동차와 대우가 기술제휴를 할 수 있도록 현지에서 백방으로 노력했다. 마침 일본의 종합상사 닛쇼이와이㈜ 하야미 사장의 주선으로 나는 스즈키자동차 사장을 만날 수 있었고, 그 후 김우중 회장과 함께 수십 번 스즈키자동차를 방문하며 기술제휴를 협의하는 과정에 참여했다. 스즈키가 1988년~1994년 사이에 출시한 알토의 5도어 모델을 베이스로 하여, 대우가 티코라는 이름으로 개량 생산하는 데 따르는 중요하고 기본적인 내용은 김우중 회장이 결정하고, 실무 관계는 현지에서 내가 거들었다. 그 과정에서 나는 한국과 일본의 차이를 구체적으로 목격할 수 있었다. 경차 생산공장의 규모를 두고 김우중 회장과 스즈키 사장의 의견 차이가 바로 그것이었다.

"작은 차의 기본개념은 최소화(minimize)에 있습니다. 가능하면 뭐든지 최소화를 해야 소형차의 가치와 경쟁력이 있어요. 그래서 저희 스즈키자동차의 생산공장은 연간 8만 대 규모입니다. 대우도 그 정도의 규모가 적정하다고 판단합니다."

스즈키 사장이 그렇게 추천했지만, 김우중 회장은 최소화를 수용하지 않았다.

"그게 무슨 말씀이세요? 1년에 8만 대밖에 못 팔아서야 장사가 됩니까? 최소한 24만 대는 팔아야 이익이 나지 않을까요?"

"아니, 그만한 공장을 조성하는 데 드는 원가를 어떻게 감당하려고요? 대우에 그만한 경쟁력이 있나요? 24만 대 규모는 제가 볼 때 경비(cost)가 너무 많아요. 그렇게 큰 규모의 공장을 만드는 비용을 그 조그만 자동차로 어떻게 벌어들일 수 있겠어요? 작은 차는 작은 공장에서 만들어야 해요."

"과연 그럴까요? 저는 생각이 다릅니다."

김우중 회장은 단호했다. 그래서 국민차 생산공장을 창원에 건설하는 일을 앞두고 스즈키 사장과 김우중 회장의 생각은 좀처럼 좁혀지지 않았다.

그때 두 사람의 대화를 통역하면서 나는 한국과 일본의 차이를 몸소 실감했다. 한국인은 넓고 큰 것을 좋아하는 반면 일본인은 뭐든 축소지향적이었다.

한국인에게 김치는 힘의 원천

대우조선 국민차사업부와 스즈키자동차는 기술제휴에 합의했다. 그리고 대우는 젊고 패기에 찬 우수 현장사원들을 선발해 일본 스즈키자동차에 해외연수를 보냈다.

어느 날, 스즈키 사장이 나에게 직접 전화를 걸어 왔다.

"연수를 온 대우 사람들이 우리 공장에서 지금 스트라이크를 시작했습니다! 실무를 익히기 위해 연수를 와놓고는 스트라이크를 하다니! 정말 이해할 수 없습니다! 한국의 노동 운동을 일본에서 재현하는 겁니까?"

스즈키 사장의 목소리는 격앙돼 있었다. 나는 전화를 받으면서 정신이 아뜩했다. 기술을 배우러 온 청년들이 기술을 배우기는 고사하고 스트라이크를 한다고 하니 놀라지 않을 수 없었다. 나는 급히 신칸센으로 하마마츠 스즈키자동차 공장으로 달려갔다. 현장은 정말로 연수 온 직원들이 한자리에 모여 있었다.

"여러분, 왜들 이럽니까? 우리가 여기에 왜 왔는지 잊었습니까? 지금 기술을 배워서 기술 독립을 못하면 일본한테 영원히 헤어날 수 없어요. 그런 마당에 스트라이크가 무슨 말입니까? 도대체 이유가 무엇입니까?"

"법인장님, 여기 사람들은 우리가 무슨 말을 해도 도대체 알아듣지를 못합니다. 답답해서 미치겠습니다."

자동차공장은 조립, 용접, 도장의 세 업무파트로 구성돼 있다. 그런데 대우조선에서 우수사원으로 선발돼 스즈키자동차의 공장에 처음 온 우리 직원들에게, 스즈키 측은 공장의 시스템이나 시간 활용에 대한 아무런 설명도 없이 생산라인에 곧바로 투입해 작업을 시켰다는 것이다.

"생산라인에서 작업하는 요령조차 듣지 못한 채 작업을 하다 보니 답답한 게 한두 가지가 아닙니다. 뭐 이런 경우가 있습니까? 일본 연수를 떠나올 때 우리가 기대했던 것과 달라도 너무 다릅니다. 일본공장을 먼저 견학한다거나 작업 시스템이나 시간운용에 대해 사전교육이 당연히 있을 줄 기대했는데, 일주일이 지나고 한 달이 지나도 누구 한 사람도 그 같은 교육을 하거나 작업 요령을 설명해 주지 않아요. 하루 종일 말도 안 통하는 일본 직원들 틈에 끼어 꼼짝없이 작업만 합니다. 궁금한 게 생겨도 물어볼 수조차 없습니다. 게다가 노동강도 또한 상상 이상으로 높습니다.”

나는 우선 잠자코 경청했다.

“대화가 안 통해서 일을 못하겠습니다!”

“우리가 말 못하는 기계입니까? 왜 우리를 기계 취급하냐고요!”

“저희는 컨베이어 라인에 붙어 있는 기계가 아닙니다!”

여기저기서 불만이 쏟아졌다. 그들의 이야기를 가만히 듣던 나는 혹시 일본 사람들이 한국 사람들을 의도적으로 차별했는가 싶은 생각이 들었다. 나는 즉시 스즈키 사장을 만났다.

“혹시 한국 노동자들을 차별했습니까?”

“아닙니다.”

“아니라고요? 그럼 우리 직원들이 아무 이유도 없이 스트라이크를 했다는 겁니까? 솔직히 말해주세요. 당신네들이 우리한테 소형 자동차 생산 노하우를 빼앗기지 않으려고 우리 직원들을 괴롭힌 것 아닙니까?”

“오해하지 마십시오. 그런 일은 절대로 없었어요. 그런 마음이라면 처음부터 기술제휴를 시작하지도 않았을 겁니다.”

침묵이 흘렀다.

“그럼 왜 저러지요?”

“한국 노동자들은 일본 노동자들이 하는 것과 똑같이 작업을 했습니다. 제 판단이지만, 일본공장의 노동강도를 한국 노동자들이 못 견디는 듯합니다.”

“그건 또 무슨 말입니까?”

"생각해보세요. 한국은 1시간당 45~50대를 생산하고 있습니다. 그런데 우리 일본은 1시간당 65~68대를 생산해요. 라인 속도부터 차이가 있습니다. 그걸 감안하지 않고 그대로 작업을 진행하다 보니 무리가 온 듯합니다."

"정말 그 문제일까요?"

"글쎄요. 지금으로서는 그것 외에 다른 무엇이 문제인지 저도 모르겠습니다."

"만약 그렇다고 하면, 어떻게 하죠?"

"만약 그렇다면 이번 연수는 파기해야 하지 않을까 싶습니다. 기술제휴 또한 아직 때가 이른 듯하니, 나중으로 미룰 수도 있겠고요."

"아닙니다. 그럴 수 없어요. 우리 직원들을 내가 설득해보겠습니다. 노동강도도 노동강도지만 그보다는, 제가 보기에 이번 일은 한국과 일본의 문화 차이에서 비롯된 듯합니다."

"문화 차이라고요?"

"네. 제가 정황을 보니, 스즈키자동차 공장에는 외국 연수 직원들을 위한 매뉴얼이 아직 없었습니다. 그리고 매뉴얼이 없으면 움직이지 않는 일본 사람들에 대해 한국에서 온 직원들이 오해를 한 것 같고요. 이런 사실을 제가 우리 사람들에게 설명하겠습니다."

"그런 생각은 저도 미처 하지 못했습니다. 만약 매뉴얼이 문제라면 저희도 대안을 세워보겠습니다."

스즈키 사장을 만난 뒤 나는 다시 대우 직원들이 모여 있는 곳으로 갔다.

"일본 사장을 방금 만나고 왔습니다. 그의 말에 따르면 일본 사람들과 여러분은 똑같은 환경에서 일을 하고 있다고 합니다. 왜 한국 사람들이 스트라이크를 하는지 이해할 수 없다고 했어요."

그러면서 나는, 매뉴얼이 없으면 움직이지 않는 일본 사람들의 문화를 차근차근 설명하고 우리 직원들을 설득했다.

"여러분, 이번 연수가 얼마나 중요한지 모르세요? 일본 자동차 기술을 익혀 우리 것으로 이전할 수 있는 절호의 기회입니다. 일본 사람들에게 차별대우를 받더라도 그걸 반드시 이겨내야 합니다. 그런데 차별이 전혀 없다는데도 불구하고 이렇게 못 견디면 어떡합니까?"

잠깐의 침묵이 흘렀다.

"저는 지금 너무 속상합니다. 우리가 언제까지 일본한테 뒤지면서 살아야 합니까? 여러분이 만약 이대로 귀국하면 우리는 일본 자동차를 영원히 따라잡을 길이 없어요. 오늘은 배우지만 내일은 가르쳐야 하는 것이 여러분의 임무 아닌가요?"

그때 한쪽에서 목소리가 들렸다.

"법인장님, 무슨 말씀인지 저희도 압니다. 솔직히 일본에 와서 기술을 연수하려니 자존심도 상했습니다. 이를 악물고 배우려고 했는데…… 정말 견딜 수 없는 것이 있습니다."

"그래요? 그게 무엇입니까? 제가 해결할 수 없는 문제인가요?"

"사실은…… 김치를 먹고 싶습니다. 김치를 못 먹고 일을 하려니까 버틸 수가 없습니다."

"김치를 못 먹으니 힘이 안 납니다!"

'김치'라는 단어가 언급되자 여기저기서 웅성거렸다.

"그게, 사실입니까? 아, 알겠습니다. 그럼 이번에 스즈키자동차가 매뉴얼을 새로 짤 때 김치문제를 해결해달라고 주문하겠습니다. 그러면 업무에 복귀하는 데 문제가 없겠습니까?"

"네! 김치만 먹을 수 있게 해주면 곧바로 복귀하겠습니다. 약속합니다."

순간, 나는 울컥하고 목이 막혀왔다. 김치가 먹고 싶어서 스트라이크를 했다니, 너무 미안한 마음이 들었다.

"제가 너무 무심했습니다. 미안합니다. 여러분의 마음도 모르고……. 괜한 걱정을 했습니다. 어떻게 해서든 김치를 먹을 수 있도록 하겠습니다. 약속합니다."

나는 스즈키 사장을 다시 만나서 매뉴얼에 김치문제를 포함시켜달라고 부탁했다. 마침 공장 근처에 한국 식당이 있다고 하기에, 비용은 대우에서 지불할 테니 그곳에서 하루에 한 끼라도 김치와 된장국을 먹을 수 있게 조치를 취해달라고 했다. 그리고 한 가지를 더 배려해주기를 부탁했다.

"우리 직원들은 자동차 분야에서 모두 신입사원들입니다. 즉, 자동차 생산라인에 붙어서 일을 처음 해보는 친구들이라고요. 화장실 가는 때 말고는 휴식시간이 없는 지금 같은 조건으로는 오래 못 버틸 것 같습니다. 짧더라도 휴식시간을 일정하게 정해주십시오. 그 정도는 배려해줄 수 있으시겠지요?"

"좋습니다. 그렇게 조치하겠습니다."

스즈키 사장과 나는 이번 스트라이크를 그렇게 정리했고, 우리 직원들은 작업에 복귀했다. 그리고 나는 이 사실을 김우중 회장에게 보고했다.

"어떻게 됐나요? 일본 자동차공장의 노동강도가 너무 세서 그랬답니까?"

"아닙니다. 김치를 못 먹어서 소동을 한 것입니다. 김치를 먹게 해준다고 약속하자 그들은 바로 작업에 복귀했습니다."

"김치라고요? 그게 지금 말이 돼요?"

"사실입니다. 그래서 스즈키 사장과 상의해서 김치를 먹을 수 있게 조치했습니다."

"허, 그래요? 김치를 못 먹어서 일을 못했다고요?"

김우중 회장이 다시 한 번 물었다. 김우중 회장의 목소리는 당황스러우면서도 그 와중에 다행이라고 생각하는 듯했다.

당시 한국은 노동 운동으로 나라 전체가 몸살을 앓고 있었다. 대우도 예외는 아니어서 강성 노조 때문에 회사가 안 돌아갈 정도였다. 그런 만큼 대우조선 국민차사업부는, 군필자 중 다른 사업장에 취업한 경험이 없는 신입사원을 선발해 일본으로 연수를 보낸 것이다. 그들을 중심으로 국민차 개발에 전력한다는 계획이었다. 그런데 그 우수사원들이 일본공장에서 김치 때문에 스트라이크를 벌였다. 당황스러우면서도 가슴이 먹먹한 사건이 아닐 수 없었다.

"이번 연수생들은 앞으로 창원공장에서 국민차를 생산하는 핵심적인 역할을 할 사람들입니다. 잘 챙겨주세요. 부탁합니다."

김우중 회장의 목소리는 분명 다정한 아버지의 그것이었다.

일본보다 앞서려면 일본을 알아야

대우 직원들이 스즈키자동차의 생산라인에 복귀한 며칠 뒤 김우중 회장이 일본으로 왔다. 추석 전날이었다.

"걱정이 돼서 왔어요. 지금 한국에는, 일본인이 한국인에게 너무 지독하게 일을 시켜서 모두 나가떨어졌다는 소문이 퍼졌어요. 그런데 진실은 김치를 못 먹어서 스트라이크를 했다고 해서 내가 이렇게 찾아왔어요."

"네."

"아무래도 내가 연수생들을 직접 만나봐야겠어요. 여기 오면서 근사한 한국 식당이 보여서 미리 예약해두었으니, 오늘 일 마치고 모두 그 식당으로 모이라고 해주세요."

"알겠습니다. 다들 좋아할 겁니다."

그렇게 예상치 못한 회식이 갑자기 이루어졌다. 김우중 회장은 연수생을 한 사람씩 손을 잡아주고, 안부를 묻고, 고생한다고 격려해주었다.

"한국에 있었으면 부모님, 형제들과 한자리에서 명절의 즐거운 시간을 보낼 텐데, 바다 건너에서 수고들이 많습니다. 그런데 일본 사람들하고 일을 해보니 어떻습니까?"

김우중 회장이 물었다.

"일본 사람들은 철저하게 시간을 아껴 쓰고 있습니다."

"그래요?"

"네, 공장은 출근시간이 8시입니다. 그런데 직원들은 늦어도 7시 40분이면 모두 출근합니다. 20~30분 먼저 출근해서 작업복으로 갈아입고 작업장 청소도 합니다. 그러다가 8시 정각에 바로 작업을 시작합니다. 저희들이 8시까지 와서 작업복 갈아입고 장갑 끼고 있을 때 일본 사람들은 이미 작업을 시작한 상태입니다."

김우중 회장과 나는 연수생들의 말을 줄곧 듣고만 있었다.

"출근시간이 곧 작업 시작시간이었어요. 그건 일본 사람들이 옳다는 생각이 들더라고요. 그걸 깨닫는 순간 얼굴이 화끈거리고, 어디 숨고만 싶었어요."

"그래서 저희들끼리 얘기해서 출근시간보다 30분 먼저 공장에 도착하기로 했어요."

연수생들의 말을 듣던 김우중 회장이 빙그레 웃었다.

"이만하면 이번 연수는 성공입니다. 이 친구들이 귀국하면 일본 자동차보다 더 좋은 차를 만들 겁니다."

내가 한마디 거들자 김 회장이 고개를 끄덕였다.

"성공이오. 암, 성공이고말고. 여러분이 한국 자동차의 미래입니다! 든든합니다! 사실 며칠 전에 스즈키 사장이 나한테 전화를 했어요. 한국에서 연수 온 사람들이 일을 못하겠다고 한다고요. 일본에 노동 운동을 수출하려고 연수생들을 보냈느냐고 펄펄 뜁디다. 그 전화를 받고 얼마나 걱정했는지 몰라요. 하지만 여러분을 직접 만나보니 듬직합니다. 아, 그리고 듣자하니 김치를 못 먹어서 그랬다고요?"

"네, 회장님. 김치를 먹으니 속이 어찌나 편한지 모릅니다. 힘이 솟았습니다."

"하, 그래요?"

"김치를 못 먹으니 목구멍에 뭐가 꽉 막힌 것 같고 영 불편했거든요."

김우중 회장은 그제서야 내 쪽으로 고개를 돌리더니 활짝 웃었다.

"아주 좋은 얘기예요. 한국 사람은 김치를 먹어야 힘이 나지요. 여기서 기술을 배워서 한국 사람들 몸에 맞는 김치 같은 차를 만들어주세요."

김우중 회장이 재치 있게 말했다.

"네, 알겠습니다!"

연수생들이 한 목소리로 우렁차게 대답했다.

"그리고 여러분, 김치를 먹을 수 있게 이런저런 조치를 취한 도쿄 법인대표에게 감사의 박수를 쳐주십시오. 박 대표가 아니었으면 나는 여러분이 일본에서 노동 운동을 하는 줄 오해할 뻔했습니다."

"하하. 감사합니다!"

여기저기서 박수소리가 터져 나왔다.

"우리 도쿄 법인 대표는 언론계와 관계를 거쳐 우리 회사로 왔습니다. 제가 특별히 대우로 모셔와 비서실에 근무했고, 지금은 일본에서 아주 큰일을 많이 하고 있습니다. 대표님, 현해탄 건너와서 추석을 맞이한 우리 직원들에게 덕담 한 말씀 하시지요."

"김치 때문에 스트라이크를 하는 여러분을 보면서 저는 생각을 많이 했습니다. 1987년부터 도쿄에서 대우 일본법인을 책임지고 있는 사람으로서, 오늘 이 자리에서 다시 사죄합니다. 제가 너무 무심했습니다."

"덕담을 하라고 했지, 내가 사과를 하라고 했어요? 추석인데 좋은 말씀 좀 해주세요."

김우중 회장이 자꾸 덕담을 재촉했다.

"그럼 한 말씀 하겠습니다. 일본으로 새로 발령을 받아오는 대우의 주재원들한테 저는 매번 세 가지를 먼저 주문합니다. 첫째 후지산 정상에 올라가라, 둘째 일본의 최신 엔카(유행가)를 끝까지 외워서 불러라, 그리고 일본의 베스트셀러 소설을 원문으로 읽을 수 있도록 노력하라."

회식을 하려고 모인 연수생들의 눈이 초롱초롱 빛나고 있었다.

"일본에서 무역상사 일을 하려면 일본을 몸으로 경험해야 합니다. 일본은 단순한 사회가 아니에요. 굉장히 깊이 알아야 대화가 통합니다. 그냥 통계학적으로 수학적으로 알아서는 일이 진행되지 않는 사회예요. 일본을 깊이 알려면 이 나라에서 제일 높은 산꼭대기에 올라서서 일본을 내려다보며 포부를 품어야 해요. 그렇게 한다면, 일본에 있는 동안에는 무엇을 하든 일본시장에 자신감을 가질 수 있을 겁니다."

연수생들과 한 사람 한 사람 눈을 맞추면서 나는 덕담을 계속했다.

"일본에 현재 유행하는 유행가를 처음부터 끝까지 외워서 노래로 불러보면 그 가사들이 무척 아름답습니다. 그걸 이해하고 2절, 3절 노래할 수 있을 정도가 되면 어휘가 머리에 잘 들어옵니다. 학원에 가서 일본어를 배우는 것 이상이에요. 그리고 일본 책 가운데 베스트셀러 소설을 읽을 수 있는 단계에 오면 일본 사회구조의 깊은 면을 어렴풋하게나마 느낄 수 있습니다. 이제 제가 주재원들에게 이 세 가지를 주문하는 이유를 아시겠습니까? 일본을 알아야 일본을 이길 수 있기 때문입니다. 여러분이 보았듯이, 일본 사람들은 시간을 아끼고, 또 자기 기술을 쉽게 남에게 노출하지 않습니다. 그런 일본을 이기려면 일본을 제대로 바로 알아야 합니다."

"⋯⋯."

"여러분은 일본 사람을 배우는 것으로 그쳐서는 안 됩니다. 일찍이 손자가 말했습니다. 적과 아군의 실성을 살 비교 검토한 후 승산이 있을 때 싸운다면 백 번을 싸워도 결코 위태롭지 않다고요. 적의 실정을 모른 채 아군의 전력만 알고 싸운다면 승패의 확률은 반반이고, 적의 실정은 물론 아군의 전력까지 모르고 싸운다면 싸울 때마다 반드시 패한다고 했어요. 여러분, 우리는 곧 일본 사람들보다 앞서가야 합니다. 그러려면 일본 사람이 하는 것보다 더 철저하게 시간을 아끼고, 그들의 기술을 더욱 철저하게 배워주십시오. 제 얘기가 길었습니다. 오늘 추석인데 노래도 하고 즐겁게 지냅시다."

내가 말을 마치자 김우중 회장은 자리에서 이내 일어섰다.

"오늘 같이 좋은 회식 자리에 내가 오래 앉아 있으면 못 놀 테니먼저 가겠어요."

김 회장을 따라 나도 식당을 나서는데 보름달이 휘영청 밝았다.

"회장님은 명절인데 쉬지도 못하시는군요."

"하하. 아닙니다. 그런데 주재원들이 후지산 정상에 모두들 다녀오기는 합니까?"

"처음에는 안 가려고 해도 한번 다녀오면 눈빛이 달라집니다."

"그래요?"

"사실 후지산 꼭대기 등반은 쉽지 않습니다. 후지산은 백두산 못지않게 높은 산으로 처음 2천m까지는 차를 타고 가고, 거기서부터 밤을 꼬박 새우면서 걸어 올라가야 하거든요. 낮에는 자외선이 너무 심해서 못 오르고 하루 업무 마치고 야간 등반을 하죠. 초저녁에 시작해서 다음 날 새벽 4시경에 산꼭대기에 이르면 자기만이 느끼는 매우 큰 성취감이 생긴다고 확신합니다."

"나도 후지산 정상에 꼭 한번 올라가보고 싶군요."

"편히 쉬십시오."

김우중 회장은 직원들과 나를 남겨둔 채 뚜벅뚜벅 호텔로 향했다. 휘영청 밝은 달빛을 맞으며 걸어가는 뒷모습이 무척 쓸쓸해 보였다.

지금 와서 돌이켜 생각해보면 자기 영토 확장을 위한 산업사회의 경쟁은 전쟁을 방불케 했다. 한국전쟁을 사실적으로 기술한《가장 추운 겨울》의 저자이며《뉴욕 타임스》기자인 데이비드 헬버스탐은 "전쟁은 승자와 패자 모두에게 오산의 산물일 뿐"이라는 함축성 있는 표현을 남겼다.

대우 국민차에 관여했던 일본의 닛쇼이와이㈜ 하야미 사장은 그후 일본중앙은행 총재를 역임하고, 3년 전 타계했으며, 스즈키자동차의 스즈키 회장은 80세를 지난 고령에도 현재 활발한 경영활동을 하고 있다.

역경은 있어도
불가능은 없다

_모래바람과 싸우며 리비아 사막에 건설한 비행장

오현창

아무것도 없는 사막 한가운데 들어섰을 때 비가 억수같이 쏟아졌다. 연이어 모래바람
이 밀려왔다. 밥을 먹을 수조차 없었다. 날씨는 연일 50도를 오르내리는 폭염의 연속.
그 속에서 밤에 불을 밝혀 비행장을 지었다. 부스타 비행장은 상상할 수 없는 어려움
속에서도 공기를 3개월이나 단축하며 완공됐다. 당시 현장을 찾은 리비아의 카다피 국
가원수는 칭찬을 아끼지 않았다. 그리고 정중하게 부탁했다. "이와 똑같은 비행장을 하
나 더 건설해주시오!" 두 번째 비행장을 건설하는 동안 가다피의 방문이 잦아졌다. 그
는 현장 직원들과 함께 사진을 찍고 탁구를 치며 직접 사인한 선물을 나누어주었다.
그리고 리비아는 한국 정부와 정식 국교를 맺었다.

오현창
1943년 서울에서 태어나 중동고등학교, 한양대학교 토목공학과를 졸업했다. 1968년 가야기술공단,
임광토건, 한국건업 등을 거쳐 1977년 대우개발(대우건설)로 옮겨 대우건설의 아프리카 건설시장 개
척 시 멤버로 참여해 나이지리아 현장소장, 리비아 사바도로 현장소장 등을 역임한 후 1995년 상무로
대우를 퇴임했다.

아프리카에서 처음 본 북한 사람들

1974년, 사회주의 국가 리비아와 대한민국 사이에 아직 국교가 없을 때, 북한이 먼저 리비아와 국교를 수립했다. 북한은 리비아에 진출해 청소년 수련관을 짓고, 농가주택 개량 공사도 맡아 했다. 북한 사람들 8천여 명이 활보하고 있던 리비아에 1978년에 도착한 대우개발의 선발대 10여 명은 아파트를 빌려서 여장을 풀었다.

대우가 공사를 본격적으로 시작하게 되면서 리비아에 대우 사람들이 많이 들어왔다. 그러자 북한 사람들과 남한 사람들의 세가 뒤바뀌는 형국이 됐다. 대우 사람들 2만여 명이 드나들자 북한은 리비아에서 수적으로 밀렸다. 공사 규모 또한 북한이 하는 공사와 비교가 안 됐다. 우리가 대형 공사를 계속 진행하자, 처음에 기세가 등등하던 북한 사람들도 나날이 위축됐다.

대우는 리비아에서 가리우니스 의과대학 신축을 시작으로 도로,

비행장, 업무시설, 아파트, 학교, 공장 등 많은 건설실적을 쌓아갔다.

한편, 대우를 제외한 한국의 다른 기업들은 리비아에 진출하지 않았다. 그도 그럴 것이 사회주의 국가인 리비아는 한국보다 북한과 더 가까웠고, 리비아와 미국의 관계는 나날이 악화되고 있었다. 리비아 주재 미국 대사관이 리비아 시위대의 공격(1979)으로 불에 타지, 미국의 레이건 대통령은 리비아의 카다피 국가원수를 '미친 개'라고 명명하기도 했다. 이런저런 정황으로 한국기업들이 리비아에 진출하려고 시도해도 한국 정부의 허가를 받기가 쉽지 않았다. 게다가 한국 기업들은 리비아에서 공사를 한 뒤에 공사 대금을 제때에 받을 수 있을지 불안해했다. 그러나 김우중 회장은 과감했다. 리비아는 지하자원이 풍부하므로 공사대금이야 원유로 받아도 된다고 생각하며 추진력 있게 밀어붙였다.

리비아는 사우디아라비아와 비교하면 기후도 괜찮은 편이었다. 지중해 연안에 위치한 리비아의 트리폴리나 벵가지는 날씨가 좋았다. 물론 지중해 연안이 아닌 아프리카 내륙 쪽 사막 지역의 기후 조건은 그리 녹록하지 않았다. 리비아는 남한보다 영토가 18배나 큰 나라지만 인구는 200만 명밖에 안 되는 작은 나라이고 트리폴리, 벵가지는 지중해 쪽으로 붙어 있지만, 그 밖의 지역은 대부분 사막으로 이루어진 허허벌판이었다.

황무지 리비아 사막

리비아는 지중해변 쪽의 트리폴리나 벵가지 같은 도시들만 발전이 좀 되고 내륙의 사막은 개발이 전혀 안 되어 있었다. 가리우니스 의과대학 건축에 이어 대우개발이 두 번째로 수주한 공사는 부스타 비행장을 짓는 일이었다. 리비아는 사막에서 얻은 원유를 토브룩 항까지 파이프라인을 통해 보내는데, 사막 한가운데서 압력을 '부스팅(boosting)'했다. 부스팅을 하는 바로 그 지역의 이름이 '부스타'였다.

부스타에서 가장 가까운 도시는 토브룩 항구. 제2차 세계대전 때 롬멜과 몽고메리가 싸운 전쟁터로도 유명한 그 항구에서 부스타 비행장 건설현장까지 약 250km이다. 그곳에서 원유가 나오는 싸리피까지 다시 250km나 됐다. 그러니까 500km의 파이프라인이 사막을 가로질러 연결돼 있었다. 사막에는 길이 따로 없었다. 길은 고사하고 방향을 짐작할 수 있는 산도 없었다. 물론 이정표도 하나 없었다. 사막은 말 그대로 사막일 뿐이었다. 앞에도 뒤에도 허허벌판이고, 왼쪽도 오른쪽도 모래밭뿐이었다. 멀리 500km 떨어진 사막에서 뽑아 올린 원유를 항구로 보내기 위해 설치한 송유관이 길게 뻗어 있어, 그 송유관만이 유일한 길라잡이였다.

송유관을 따라 차를 타고 가면 차가 지나간 흔적이 곧 길이 됐다. 리비아 사막의 모래는 습기가 없어서 차가 모래에 한 1m만 빠져도 못 나오곤 했다. 모래에 빠진 차를 움직이려면 장비가 가야 했다. 그런 사막에서 자동차의 기름 탱크에 기름을 가득 채우면 약 400km 정도 갈 수 있었다. 자동차로 달리다가 길을 잃거나 기름이 떨어지면 그때는 꼼짝도 못한 채 누군가 찾으러 올 때까지 기다려야 했다.

아프리카 사막에 대우의 첫 깃발을 꽂기 위해 부스타 비행장 건설현장으로 처음 향할 때였다. 우리 선발대가 현장에 도착할 시각보다 먼저 현지인이 도착해서 기다리기로 약속했다. 우리는 벵가지 아파트에서 비상식량으로 비스킷, 치즈, 물 등을 챙겼다. 현지인들에 따르면 현장까지 자동차로 사흘이나 걸린다고 했다.

걱징 반 기대 만으로 출발했나. 송유관을 따라 사막을 가로질러 잘 가던 차가 갑자기 멈췄다. 기름이 떨어진 것이다. 이리저리 둘러봐도 모래밖에 안 보였다. 오도 가도 못하고 발이 묶인 것이다. 배가 고팠지만 출발할 때 부식으로 챙겼던 비스킷, 치즈, 물도 남아 있지 않았다.

차에서 내려 우선 텐트부터 쳤다. 텐트를 치고 얼마나 있었을까? 먼지바람을 일으키며 사막 경찰이 나타났다.

"사막에 왜 왔습니까?"

사막 경찰은 나에게 다짜고짜 물었다. 나는 리비아 정부 측 서류를 보여주었다. 그러면서 도움을 요청했다.

"사막에 비행장을 지을 계획입니다. 현장을 보러 가다가 기름이 바닥났어요. 배가 고프니 빵을 좀 주세요."

"빵은 없고, 우리들 숙소에 가서 식사를 하시지요."

사막 경찰을 따라 그들의 숙소로 갔다. 사막 경찰들이 특별히 하는 일은 없어 보였다. 사막에서 멈춘 자동차가 있으면 기름을 넣어주고 자동차가 잘 굴러가는지 확인하면 그만이었다. 그네들 숙소에는 사막 경찰 3명이 묵고, 이들을 지원하는 주방에는 요리사만 7명이 넘어 보이는, 이해가 안 가는 모습이었다. 사고로 뜻하지 않게 리비아 사막 경찰의 생활상을 엿볼 수 있었다. 사막 경찰들 숙소에서 요기를 한 뒤, 그들의 안내로 부스타에 가까스로 도착했다.

"여기가 현장 맞아?"

"그런데 왜 아무도 없어?"

현장에 미리 도착해 있을 줄 알았던 현지인들은 한 사람도 보이지 않았다.

"여기가 부스타예요. 그럼 수고들 하세요."

사막 한가운데에 우리만 남긴 채 사막 경찰이 돌아가고 사막에 남은 우리는 주섬주섬 텐트를 치기 시작했다.

"비다, 비가 온다!"

텐트를 치는데 비가 왔다. 리비아 사막에 대한 기본 지식이 없었기 때문에 우리가 준비해간 장비들은 어설프기 짝이 없었다. 야외로 나들이 가듯 그렇게 떠나와 야영이라도 하듯이 천막을 치는 사이에 비가 오고 바람이 불더니, 이내 텐트가 찢어지고, 찢어진 텐트가 날아갔다. 날마저 저물어가고 있었다.

"이제 어쩌죠? 사막 한가운데서 바람이 텐트를 송두리째 걷어갔어요."

비는 좀처럼 그칠 것 같지 않았다.

"오늘은 차에서 잡시다."

아무리 궁리해도 더 이상 어떻게 해볼 방법이 없었다. 차에 앉아 비가 그칠 때까지 기다리기로 했다. 비바람이 몰아치는 사막에서 자동차에 쭈그린 채 하룻밤을 떨며 지새웠다.

새벽녘에 비가 그치고, 아침에 현지인이 트럭을 타고 여유 있게 나타났다.

"왜 이렇게 늦었습니까?"

"내가 멀리 간다고 하니, 우리 아이가 같이 놀아달라고 해서 아이와 놀아주느라고 늦었습니다."

어처구니가 없어서 더 묻지 않았다. 사막에도 종종 비가 왔다. 처음에는 몰랐는데, 사막에서 비가 오면 상상할 수 없는 무서운 일이 생기곤 했다. 평소에 사막은 평평해 보였다. 아무리 보아도 내 눈에는 사막의 굴곡이 안 보였다. 현지인은 우리더러 비가 안 올 때도 '와비'에 들어가지 말라고 주의를 주었다. 와비를 우리나라 말로 번역하면 '계곡'이다. 와비에 들어갔다가 갑자기 비가 오면 꼼짝없이 죽는다고 했다. 그의 주의를 듣고 찬찬히 둘러보았지만, 사막을 모르는 우리 눈에는 어디가 평지이고 어디가 와비인지 분간이 안 됐다.

빗물은 으레 높은 데서 낮은 데로 흐르게 마련이다. 문제는 어디가 높고 어디가 깊은지 분간할 수 없다는 것인데, 비가 와서 빗물이 흐를 때 자칫 잘못하면 물길에 휩쓸리기 쉬웠다. 드넓은 사막을 덮으면서 빗물이 한쪽으로 몰리면 그 흐르는 속도가 얼마나 빠른지 홍수가 따로 없었다. 그 갑작스러운 자연의 변화는 위협적이었다. 그 힘은 우리나라에서 큰 홍수가 날 때의 파괴력과 비교가 안 되게 무서웠다. 그런 사정을 아무것도 모르고 빗속에서 무사히 하룻밤을 지새운 우리 앞에 나타난 현지인은, 빗속에서 살아남은 우리가 대견한 듯 한참 바라보았다.

사막에서 부는 바람을 현지 사람들은 '샌드스토밍'이라고 했다.

샌드스토밍이 불 때는 먼지 앞에서 속수무책이었다. 아무리 천막을 틀어막아도 먼지가 들이쳤다.

바람이 불면 현지 사람들이 입을 가리고 다니는 게 있었다. 하지만 그걸로 입을 아무리 잘 막아도 먼지가 입에 가득 고였다. 먼지 바람은 우리나라에서 구름이 몰려오듯 그렇게 사막을 가로질러왔다. 문에 테이프를 아무리 단단히 붙여도 벌써 '자각자각' 하는 먼지 소리가 났다. 막아도 막아도 먼지가 들어왔다. 먼지를 뒤집어쓴 채 앉아서 우는 친구도 보였다. 그럴 때 나는 소리치곤 했다.

"달걀 좀 삶자. 먹어야 살잖아!"

그런 어수선한 상황속에서 달걀을 삶아 가지고 왔다. 그런데 먼지가 어찌나 몰려오는지 먹을 수가 없었다. 궁하면 통한다던가. 달걀 껍데기를 물속에서 까고 얼른 입에 넣으니 겨우 달걀을 먹을 수 있었다. 물론 물속에서 껍질을 깐 다음에 아무리 얼른 입에 집어넣어도 먼지가 따라 들어오기는 했다. 그나마 먼지를 조금 덜 삼킬 수 있어 다행으로 알고 요기를 했다.

사막이 아니면 겪어보지 못할 극한 상황이었다. 사막에 도착해서 처음 3개월은 그렇게 갈팡질팡하며 지냈다. 3개월쯤 견디었더니 집 생각이 좀 덜 났다.

공사가 진척되면서 사람이 차츰차츰 늘었다. 사람이 늘자 먹고 사는 문제를 더 체계적으로 해결해야 할 필요가 생겼다. 먹을거리를 조달하려면 현장에서 출발해 가장 가까운 도시인 토브룩 항에 나가야 했다. 250km를 차로 달려가 시장에서 사오는 먹을거리는 고기, 생선, 야채 같은 것들이었다. 그러나 생선을 사 오면 이동하는 동안에 사막에서 변질되는데, 그걸 막아볼 냉장고나 냉동차가 없었다. 지중해 연안은 야채가 잘 자라서 토브룩 항의 시장에 나오는 야채들은 괜찮았다. 그런데 야채를 사서 싣고 오는 동안 자동차가 튈 때마다 이파리가 떨어져나갔다. 결국 공사 현장에 와서 야채를 꺼내놓으면 줄기만 남았다. 매번 그런 식이었다. 궁리 끝에 시장 근처에서 아예 김치를 담아서 오기로 했다. 그랬더니 좀 괜찮았다. 사막에서 먹고 사는 요령을 하나씩 체득하면서 우리는 비행장을 건설했다.

부스타 비행장을 건설하는 공사는 1978년 5월에 현장요원을 투입해 풍속과 풍향, 강우량, 기압, 기온 등의 기상자료를 참고로 활주로 방향을 결정하고, 설계 작업과 우물개발공사를 착수해, 1979년 1월에 우물공사와 캠프시설공사를 완료하고 2월 14일부터 토목공사를 착수했다.

공사 규모는 길이 3,500m, 폭 45m의 활주로, 길이 1,300m, 폭 23m의 유도로(誘道路, taxiway), 600평 규모의 비행장을 건설하는 것이었다. 연일 50도를 오르내리는 폭염의 날씨 속에서 모래폭풍으로 숙소와 시설 일부가 파괴되는 일이 발생하기도 했고, 기능공들의 소요사태 등으로 공사가 중단되기도 했다.

그러나 포기하고 싶지 않았다. 행동의 가치는 그 행동을 끝까지 이루는 데 있다고 생각했기 때문이다. 끈질긴 집념 하나로 공사를 진행해 1979년 말 드디어 어렵게 공사를 완료했다.

리비아도 두 손을 든 대우인의 근면성

리비아가 사회주의 국가 체제라서 겪어야 하는 어려움도 있었다. 내가 처음에 리비아에 갔을 때만 해도 개인이 장사를 했다. 그런데 어느 순간에 주유소나 일상 점포가 모두 국영으로 바뀌었다. 그 뒤로는 물건을 살 수 없었다. 심지어 공사에 필요한 시멘트, 화약 같은 자재도 구하기가 쉽지 않았다. 개인이 장사할 때와 사뭇 달랐다. 국가에서 운영하는 점포에서 일하는 사람들은 장사를 적극적으로 하지 않았다. 많이 팔든 적게 팔든 국가가 정한 급여를 지급하기 때문이었다.

"이대로는 공사가 안 돼. 리비아 정부를 믿었다간 공사를 제때에 마무리할 수 없겠어."

대우는 그 대안으로 공사현장에서 필요한 자재는 직접 만들어서 조달하기로 했다. 그래서 벵가지에 공장을 세우고 필요한 자재를 직접 생산해 공급하기에 이르렀다. 그때부터 현장이 원활하게 움직였다.

난생처음 사막에 간 한국 사람들이 겪은 어려움은 그밖에도 한두 가지가 아니었다. 하지만 다양한 한계 상황들을 대우 특유의 도전정신으로 극복해나갔다. 극복한 정도가 아니라 애초에 계약한 공사기한보다 오히려 3개월 정도 앞당겨서 부스타 비행장 공사를 마무리했다.

"아니, 벌써 완성하셨다고요? 정말 놀랍군요."

리비아 정부는 대우 사람들이 일하는 모습을 보며 한국 사람들이 열의를 가지고 일을 잘한다고 극찬했다. 부스타 비행장은 군용 비행장으로 카다피 국가원수의 지시에 따라 급하게 수주가 이루어진 공사였다. 비행장 건설을 지켜본 카다피는 비행장을 하나 더 지어달라고 요청하기에 이르렀다.

"부스타 비행장과 똑같은 비행장을 우조에 만들어주십시오."

우조 비행장은 리비아 남단 차드와의 국경지대 사막 한복판에 위치하고 있었다. 이탈리아 업체가 건설하다 중단된 비행장이었다.

"건설현장에 물이 나오면 하지요."

나는 우조 비행장 공사현장에 우물이 나오면 공사를 하겠다고 조건을 걸었다.

"알았소. 우물을 파도록 조치하겠소."

카다피 국가원수의 지시로 스웨덴 기술자들이 동원됐고, 우조 비행장 건설현장에서 땅속의 물줄기를 찾는 데 성공했다.

대우가 이 공사를 수주하자, 이탈리아 건설업체도 시공을 포기한 공사를 수주한 것은 무모한 일이라고 비난이 쏟아졌다. 그러나 대우개발은 1979년 12월 22일부터 공사를 진행했고, 1980년 12월 6일 비행장 건설은 성공리에 완료됐다.

카다피 국가원수는 우조 비행장 건설현장을 자주 방문했다. 사막의 오지에서 한밤중에도 대낮같이 불을 밝히고 일하는 대우 사람들의 근면함에 그는 진심 어린 찬사를 보냈다.

"수고가 많습니다."

카다피 국가원수는 작업장을 방문해 일꾼들을 격려하고, 휴식시간에 탁구장에 들러 탁구도 함께 치고 기념촬영도 했다. 초상화에 사인을 해서 현장 사람들에게 나누어주는 등 호의를 잊지 않았다. 카다피와 나란히 촬영한 사진과 카다피의 친필 사인은 리비아에서 그 어떤 신분증보다 막강한 힘을 발휘했다. 그걸 들고 시내에 나서면 아무도 시비를 걸지 못했다.

우조 비행장을 자주 방문하던 카다피는 내각회의에서 대우를 정식으로 거론했다.

"대우야말로 리비아가 녹색혁명을 이룩하는 데 꼭 필요한 참된 우군이오. 나는 그걸 우조에서 확인했소. 앞으로 추진되는 개발 계획에 대우를 적극 참여시키시오."

그리고 며칠 뒤, 리비아 정부는 그동안 미수교 국가로 있던 한국과 국교를 수립할 것을 김우중 회장에게 통보하기에 이르렀다.

이로써 대우는, 한국과 리비아의 국교수립을 도우며 한국 외교사에 빛나는 이정표를 세웠다. 리비아뿐만 아니라 수단, 나이지리아, 알제리 등의 사회주의 국가와 국교를 수립하는 데에도 대우는 결정적인 역할을 했다.

명분을 주고
실리를 얻다

_수교 이전에 북경에 설치한 대우지사

여성국

대우는 일찍부터 가장 가까운 거대시장 중국에 대해 관심의 끈을 놓지 않았다. 1980년대 들어 중국이 개혁개방에 나서자 발 빠르게 홍콩을 경유한 중국과의 무역을 늘려가던 중, 1987년에는 국내 기업 중 최초로 중국 현지에 냉장고 합작회사를 설립해 중·소형 냉장고를 생산했다. 이듬해에는 중국의 심장부 베이징에 연락사무소를 설치하고 더욱 적극적인 교류와 협력에 나섰다. 국교수립조차 이루어지지 않았던 시절, 아무런 연고도, 정보도 없이 혈혈단신으로 중국에 들어가 그 첫 단추를 꿰는 작업을 담당했던 이가 여성국이다.

여성국
1945년 경상남도 거제에서 태어나 경남고등학교, 서울대학교 외교학과를 졸업했다. 반도상사를 거쳐 1973년 대우에 입사했다. 그 후 1999년까지 대우에 봉직하면서 ㈜대우자동차 수출 부문 부사장, 회장 비서실, 폴란드 자판법인 대표, 폴란드 FSO 대표 등을 역임했다. 대우그룹 퇴사 후에는 대우자동차에서 분리 매각한 버스 부문의 대우버스㈜ 대표이사를 역임했다.

중공에 들어가다

"여성국 팀장, 중국에 한번 다녀와. 앞으로 중국과 비즈니스를 확대하려면 현지 지사가 필요할 거야. 중국은 사회주의 국가라서 수도인 베이징이 중요해. 이번에 베이징에 가서 사업도 타진하면서 지사를 세울 수 있는지 조사해 봐."

1985년 어느 날, 김우중 회장이 부르더니 중국에 가서 지사 설립을 추진하고 오라는 너무도 뜬금없는 지시를 내렸다.

참혹했던 6·25가 끝난 뒤 한국과는 줄곧 적이었던 관계로 입국하는 것조차 불가능한 중국에 들어가서 지사 설립을 추진하라니……

"중국에 갈 때 필요한 서류와 절차는 내가 다 준비해줄 테니 다녀와. 한국 정부와 중국 공산당에는 이미 특별 허가를 받았어."

김우중 회장의 간결하고도 단호한 태도에 더 이상 아무 반론도

할 수 없었다. 결국 나는 1985년 12월에 15일 일정으로 홍콩을 경유해 베이징으로 향하는 비행기에 몸을 실었다.

베이징에 도착하자 군복 비슷한 제복을 갖춘 조선족 남자와 일본계 중국 여성이 나를 향해 다가와 말을 건넸다.

"어서 오십시오. 기다리고 있었습니다. 중국에 계시는 동안 저희 두 사람이 안내하겠습니다. 팀장님을 만나려고 기다리는 사람들이 많습니다. 대우와 협력해서 사업을 시작하고 싶어 하는 사람들이에요. 대부분 중국 국영 기업의 고급 간부들입니다. 지금의 중국을 움직이는 실세라고 할 수 있지요. 팀장님에 대해서는 저희가 미리 설명을 잘해두었습니다. 먼 길에 피곤할 텐데 오늘은 쉬고 내일부터 사람들을 만나보십시오."

그들은 다소 긴장한 내 상태를 눈치챘는지 편하게 식당으로 안내했다. 가는 길에 대화를 주고받으며 서서히 내 긴장이 풀렸다.

"베이징에 오셨으니 훠궈(중국식 샤부샤부)부터 드시지요. 베이징은 날씨가 사납습니다. 봄에는 황사와 꽃가루, 여름에는 불볕더위, 겨울에는 칼바람, 그리고 대기오염에 급수난까지 더해서 살기 어려운 도시죠. 이렇게 고약한 환경을 견디기 위해 베이징 사람들은 훠궈를 먹고, 얼궈퉈(이과두주)를 마십니다."

조선족 남자가 말하길, 중국에는 세 가지 독한 것이 있는데 그것은 담배와 여자 그리고 술이라고 했다. 그가 건넨 얼궈퉈를 받아 한입에 털어 넣자 불줄기가 목줄을 타고 내려가면서 온몸에 불을 지르는 듯했다. 순식간에 몸과 마음이 풀리면서 정신이 아득해졌다. 과연 독한 맛이었다. 다음 날부터 보름 동안 베이징에 머물며 중국 국영기업의 고급 간부들을 만나 그들의 사업계획에 대해 이야기를 나눴다.

"우리는 선진기술을 도입하는 일이면 무엇이든 하고 싶습니다."

생각 외로 그들은 대우에게 매우 우호적이었으며, 대우와 협력하는 사업을 절실히 희망했다. 선진기술과 외국 자본이 필요한 게 이유였다. 그들은 냉장고도 필요하고, 텔레비전도 만들고 싶고, 자동차 사업도 발전시키고 싶었던 것이다. 그랬기에 대우와의 상호 협력이 너무도 간절했다. 그들의 절실함이 느껴지자 마냥 불가능하리라고만 생각했던 내 자신이 부끄러웠다.

"우리는 지금 새로운 사업이 필요합니다. 남조선이 자본주의 국가이든 아니든 그런 것은 중요하지 않아요. 우리의 면밀한 조사로는 대우가 남조선에서 가장 진취적인 기업집단으로서 선진기술을 우리에게 접목시켜줄 수 있는 기업이며, 특히 김우중 회장께서 대단하신 분이라고 알고 있습니다. 선생께서 남조선에 돌아가셔서 김우중 회장께 전하세요. 대우가 중국에서 어떤 비즈니스를 하든지 중국 공산당은 기꺼이 돕겠소. 이데올로기를 넘어……."

"그러니까, 선진기술과 외국 자본이 필요하다는 말씀이지요?"

"그렇소. 기계설비를 도입하려면 자본도 투자를 받아야 해요."

"좋은 말씀입니다. 저는 비즈니스를 하는 사람입니다. 먼저 어떤 사업을 추진하고 싶은지 사업 항목별로 중국 측 구상을 설명해 주세요."

"우리는 냉장고도 필요하고 TV도 만들고 싶고, 자동차사업도 발전시키고 싶습니다."

"잘 알겠습니다. 그런 사업을 구체적으로 어떻게 풀어나갈지 구체적으로 협의할 수 있도록 품목별 전문가와 함께 다시 오겠습니다."

"그렇게 해주시오. 조만간 꼭 다시 만납시다. 우리가 상호 협력해 호혜평등의 원칙하에 함께 발전해나갔으면 좋겠소."

1985년에 내가 그렇게 중국을 방문해 중국의 수도 베이징 한가운데에서 중국 국영기업 고급 간부와 한자리에 앉아 휘궈를 먹고 얼궈터우를 마시는 바로 그 시각에도 한국 사람들에게 중국은 '중공(中共)'이고, 중국 사람들에게 한국은 '남조선'이었다.

불가능을 가능으로 바꾸는 간절함

보름의 일정을 마치고 한국으로 돌아오던 길, 나의 생각은 180도 바뀌었다.

남들이 모두 불가능하리라고 말했던, 그래서 나 역시 불가능하리라 생각했던 중국 진출이 오히려 가능할 거라는 믿음이 막연하게나마 생겼다. 간절함이 있다면, 세상에 오르지 못할 나무는 없다.

서울에 도착해 김우중 회장을 만나 그간의 일을 보고했다. 더불어 미팅을 진행할 때마다 느꼈던 중국인의 특색에 대해서도 전달했다.

"중국 사람들은 대우의 투자를 기대하고 있습니다. 하지만 지금 당장 사업을 착수하려면 고민을 더할 필요가 있습니다."

"베이징에 지사를 설치하는 게 가능하겠어?"

"중국의 수도에 바로 지사를 설치하기는 어렵다고 보입니다. 왜냐하면 중국인만의 특색 때문입니다. 그들은 체면을 중시하고 명분을 따집니다. 한국과 중국이 외교관계를 아직 수립하지 않은 상황에서 한국의 대표적 그룹인 대우의 이름으로 대놓고 투자하는 방식에 대해서 신중한 태도였어요. 그렇기 때문에 사업을 시작하더라도 대우가 직접 하기보다는 우회진출 방법을 찾아내야 합니다. 중국의 명분도 살려주면서 실질적으로 대우가 일할 수 있는 방법을 찾아서 조심스럽게 접근해야 할 것 같습니다."

그렇게 찾아낸 방법은 베이징이 아닌 홍콩을 거점으로 하여 대우라는 이름이 아닌 홍콩의 현지 법인 이름을 이용해 중국 비즈니스를 진행하는 것이었다.

마침내 중국의 심장부에 서다

1988년 초, 나는 '대우 홍콩법인' 법인장으로 발령을 받아 부임했다. 그때부터 나는 중국으로 출장을 다니며 중국시장을 대상으로 하는 사업추진을 본격적으로 모색하기 시작했다.

대우의 임원 및 직원들은 대우 홍콩법인을 거쳐서 중국을 방문했고 현지에서 대우의 중국 투자를 구체적으로 논의하기 시작했다. 대우는 이미 1983년부터 미국과 홍콩을 경유해 중국에 철강을 수출하고 있었다. 내가 북경을 처음 다녀온 이후 사업은 많은 진전을 보여 1987년 5월에는 대우와 중국이 합작해 푸저우에 냉장고공장을 설립한 바 있었다. 이 공장은 한국업체가 중국에 진출해 설립한 최초의 투자사업이었다. 이런 성과들을 토대로 이제 대우는 중국에 자동차 부품공장 등 더욱 다양한 미래 사업들을 구체화시켜 나갔다.

그때마다 대우 홍콩법인은 한국과 중국을 잇는 다리와 같은 역할을 했다. 아직은 한국과 중국 정부가 공식적인 외교관계를 맺기 훨씬 전이었기 때문이다. 대우 홍콩법인은 홍콩 법에 의해 허가받은 합법적인 법인이었기에 가능했다. 그래서 중국 내에서도 별다른 제약 없이 자유롭게 비즈니스를 펼칠 수 있었다. 이를 이용해 대우는 대우 홍콩법인의 이름으로 다롄, 칭다오, 상하이 등에 지사를 설립했다.

하지만 여전히 베이징에는 지사를 설립하지 못하고 있었다. 중국 공산당의 체면 때문에 중국의 수도인 베이징만큼은 허가를 쉽게 내주지 않고 있었다. 그렇지만 중국이 여전히 대우를 필요로 한다는 사실만큼은 변함이 없었다. 다만 형식적으로는 대우가 안 드러났으면 하는 것이 그들의 속내였던 것이다. 대우라는 한국기업의 이름만은 대놓고 허용할 수 없다는 입장, 그것은 그들의 자존심이었을 것이다. 그래서 생각해낸 것이 한국의 느낌이 전혀 안 나는 이름으로 법인을 내는 방법이었다.

"중국 사람들은 실리에 능합니다. 명분도 살리면서 실리를 추구하고 있어요. 중국은 무엇을 하든지 한국 굴지의 대기업인 대우와 협력해 새로운 기술과 자본을 도입하고자 할 겁니다. 본인들의 자존심을 건드리지 않는 선에서 대우를 이용하려는 것이지요."

"그럼 제3국 법인 이름으로 베이징에 지사를 설립하도록 해."

그렇게 대우는 한국기업 중 최초로 사회주의 국가인 중국에 진출해 또 한 번 비즈니스의 신대륙을 개척했다. 한국 정부는 대우가 중국에 진출한 지 7년 후인 1992년에야 중국과 국교를 체결했다.

대우는 마침내 중국의 심장부인 베이징에 사무소를 설치해 중국과의 전략적인 비즈니스를 더욱 긴밀하게 추진할 수 있었다. 당시 중국 상황에서 한국기업이 베이징에 지사를 설치하는 작업은 그만큼 힘든 사안이었고 상징적 중요성이 컸다. 베이징 지사 설치 후 대우는 중국 정부와 더욱 긴밀한 협의를 통해 중국에서 수많은 사업들을 전개해나갔다. 세계경영이 최고조에 달하던 시기에 대우는 중국에서 총 60개가 넘는 합작회사들을 운영하는 수준에 이르기도 했었다.

처음에는 아무런 연고도, 정보도 없이 혈혈단신으로 떠난 중국 비즈니스 길이었다. 하지만 상사맨에게는 언제 어디서나 불가능이란 없는 법이다.

그들의 특색을 파악하고 전략을 세워 꾸준히 도전했기에 마침내 중국의 심장부 베이징에 지사를 설치하는 성과를 만들어낼 수 있었다. 그 작은 노력이 지금의 한중관계를 만드는 데 일조한 것이라면 내 인생에서 그만한 보람은 다시없지 않을까 생각해본다.

가장 큰 위험은
위험 없는 삶이다

_ 현지 토착화와 지속성장을 일궈낸 미국 총괄법인

김석환

미국은 대우의 성장에 밑거름이 됐던 중요한 시장이다. 1969년 봉제제품을 가지고 처음 문을 두드린 대우는 이후 더욱 다각화된 비즈니스를 펼치면서 미국을 가장 핵심적인 수출시장으로 키워냈다. 김석환이 대우 아메리카의 대표를 맡았던 1990년대 중반에는 미국에서 32개의 대우 현지 법인과 3개의 연구소가 운영되고 있었다. 대우 아메리카의 지휘를 받는 무역지사만 해도 15개, 건설지사 4개, 전자와 통신지사 6개, 그리고 중공업과 증권지사가 각각 2개씩이나 됐다. 김석환은 새로 부임한 대우 아메리카에서 기존의 역할을 벗어나, 지속적으로 성장할 수 있는 새로운 사업 모델을 만들어내는 과제를 안고 매일 일과 씨름해야 했다.

김석환
1944년 경북 청도에서 태어나 경북고등학교, 서울대학교 경영학과를 졸업했다. 1968년 산업은행에 입행하여 외자심사부, 외국부에서 일하다 1975년 대우로 자리를 옮겨 2007년 까지 봉직하며 대우전자 상무, 대우 아메리카 법인장, 대우인천자동차 사장을 역임하였고, 대우그룹 퇴임 후에는 GM대우 오토앤테크놀로지㈜ 사장을 역임했다.

머릿속에는 오로지 일뿐

1994년 겨울, 나는 대우 아메리카 법인대표로 부임했다. 당시 대우그룹은 재계 1, 2위를 다투고 있었다. 정부와 기업들은 모두 세계화를 외쳤고, 국민소득은 유사 이래 처음으로 2만 달러를 넘어서는 등 바야흐로 국운이 뻗어가는 시대였다.

대우 아메리카는 NAFTA(미국, 캐나다, 멕시코) 지역을 사업영역으로 하는 ㈜대우(지금의 대우인터내셔널)의 현지 법인이고, 주요 업무는 상사와 금융 업무로 대별됐다.

더불어 미국이 갖는 위상으로 인해 세계 각국을 보는 안목, 국제 금융시장의 흐름 같은 사업정보를 본사에 보내는 일도 중요한 업무 중 하나였다. 때때로 중요하고 긴급한 사항은 회장실에 직접 보고하기도 했다.

내가 새로 부임한 대우 아메리카는 기존의 본사 수출입에 대한 후속조치(follow-up)와 그에 따른 금융, 물류를 개발하는 역할에서 벗어나, 현지에 토착화된 기업으로 어떻게든 지속적으로 성장할 수 있는 비즈니스 모델을 만들어내는 문제로 씨름을 하고 있었다.

나는 뉴저지의 아름다운 숲 속의 사택에서 머물고 있었다. 사업상 중요한 손님들도 초대하기 위해 회사에서 마련해준 곳이었다. 그곳은 눈이 꽤 많이 와서 낙조가 찬란한 겨울 산들은 제법 운치가 있었다. 하지만 그때는 주변 광경을 감상할 여유가 없었다. 그저 늦은 밤까지 내내 서재에 앉아 신년도 사업계획과 참고 자료들을 보고 또 보던 기억뿐이다.

사업계획서만으로는 5년 혹은 10년 후의 대우 아메리카의 미래를 내다보기가 어려웠다. 우선 세밀한 현황파악을 위해 기획관리 담당 이동진 상무와 전산 팀장과 의논했다.

"무역 부문 영업 중에서 품목 혹은 사업별로 그룹사의 구매 부문과 무역 부문을 구분해서 자료를 만들도록 해. 그리고 무역 부문 중에서 후속조치(follow-up)와 자체 영업을 구분해 세부 품목 별로 지점 담당과 거래처별 매출이익, 재고, 채권 등의 현황을 조사해서 자료를 만들어줘. 금융 부문 거래에서도 본사 금융 대행거래와 법인 자체 사업을 위한 금융거래에 따른 손익 등을 볼 수 있도록 해주고. 해줄 수 있지?"

"현재의 시스템으로는 불가능합니다. 보완하는 데만도 6개월 이상 걸릴 겁니다."

"안 돼. 6개월은 너무 길어. 가장 효과적으로 보완하는 방법을 찾아 3개월 내로 노력해봐."

"품목 코드(code) 구성을 우리 사업에 맞게 구성하는 일은 우리 전산 팀과 현업 부서 간에 많은 논의가 필요합니다."

"이 상무, 지점장 회의를 소집하지. 그전에 현재의 사업계획을 수작업으로라도 만들어줘. 내가 말한 대로 최대한 파악할 수 있도록 보완하고 사업 하나하나를 다시 검토해보자."

"상당한 시일이 걸릴 텐데요."

"손을 떼야 할 사업과 집중해서 성장시켜야 할 사업을 판단해야 해. 그렇게 정한 전략에 따라 사업계획을 다시 세우면 우리의 모습을 볼 수 있겠지."

10여 개 지사의 지사장, 본부 팀장 등이 모여 많은 회의를 진행하며 격론을 벌였다. 브레인스토밍이 아닌 브레인스퀴즈(brain squeeze)를 한다고들 했다. 우리는 조금도 거리낌이 없었다. 오로지 일을 중심에 두고 매달렸다. 5년, 10년을 내다보며 지속적으로 성장할 수 있는 종합상사, 현지 법인의 비즈니스 모델을 집중적으로 검토하고 의견을 모았다.

캐나다, 멕시코, 중국, 미국 등에 걸쳐 있던 수산물 사업은 잘 관리하면 약간의 이익을 볼 수도 있겠지만, 리스크가 너무 크고 상사가 더 깊이 참여해도 사업의 성과가 확실치 않았다. 그런 사업은 과감하게 철수 계획을 짰다.

조명기구사업도 현재의 품질 수준으로는 미국시장의 높은 A/S 비용 때문에 앞에서 남고 뒤에서 밑질 수밖에 없었다. PPM 수준의 획기적 품질관리를 기대하기 힘든 이상 즉각 철수하기로 했다.

패션, 의류사업은 독립된 전문 법인으로 하든지 틈새시장을 노려야 하는데, 당시의 사업부 체제로는 승산이 없었다. 남는 것 같지만 결국 재고 채권을 정리하면 적자였기 때문이다.

이런 토의과정을 거친 후에는 관계자들과 함께 현지로 출장 가서 현황을 직접 보고 거래처들과도 의견을 많이 나누었다. 서울 본사에서 출장 오는 사람이나 거래처 등과 어울려 소주도 많이 마셨다.

환율이 너무 많이 올라서 수출이 정말 어렵던 시절이었다. 800~900원대의 환율에서는 도저히 경쟁력을 유지할 수 없었다. 정부는 물가와 소득 2만 달러를 위해 원화의 환율을 고평가하고 있었다. 이래서는 무역수지가 계속 적자를 기록해 상황이 심상치 않을 텐데 그럼에도 정부는 그 부담을 고스란히 기업에게 전가하고 있었다.

한편 자동차 개발단계부터 참여해 부품을 공급하는 자동차 부품사업은 괜찮아 보였다. 그래서 거래처를 GM뿐만 아니라 포드, 크라이슬러까지 추가로 개척하기로 했다. 그리하여 대우자동차에 납품하는 우수한 부품회사를 중심으로 연간 10억 달러를 목표로 대대적인 자동차 부품사업을 전개하기로 했다.

전자부품도 비슷한 형태의 사업으로 상권을 확보토록 했다. 푸에르토리코를 포함한 카리브해 지역의 작은 섬나라들을 묶어 자동차를 판매하는 사업도 전략사업의 하나로 추가해 대우자동차로부터 정식으로 판권계약을 하고 본격적으로 추진키로 했다.

딜러들과 만나서는 서로의 어려움을 테이블에 올려놓고 재고, A/S, 채권, 금융 등에 관해 하나씩 기본을 정해서 서로 공생하는 사업모델을 구축해나갔다. 그때 꽤 알차게 키운 하나하나의 사업들은 아름다운 섬나라들만큼이나 아름다운 기억으로 남아 있다. 그 소박하던 딜러들은 지금 어떻게 장사를 하고 있을지 궁금하다.

멕시코의 비료회사에서 상당한 물량과 상권을 확보해 본사의 세계적인 비료사업 네트워크를 통해 파는 삼각무역을 확대하고, 우즈베키스탄의 면화를 수입해 멕시코에서 타월 등 편의성(commodity) 품목을 생산해 미국시장에 파는 등의 사업도 추진했다.

철강 사업은 유통 및 가공에 좀 더 선별적으로 투자해 철강 소매(retail) 사업을 구축하는 등 사업들을 체계화하고 안정시키는 데 주력했다. 이렇게 사업 전반에 걸친 재점검을 마치자 대우 아메리카는 앞으로 현지에 토착화된 투자기업으로서 알찬 성장기회를 계속 발굴하고 키워나갈 수 있으리라는 자신감이 생겼다.

대우가 늘 그렇게 해왔듯이 그때 대우 아메리카도 새로운 환경에서 새로운 패러다임을 구축하는 지난(至難)한 작업을 이어가며 정말 열심히 일했다. 우리의 머릿속에는 오로지 일뿐이었다.

열정으로 피가 끓는 사람들

한번은 김우중 회장이 미국시장을 둘러보고 귀국 비행기를 타러가는 길에 공항 앞에서 나에게 대뜸 물었다.

"자네, 대우에 온 것을 후회하지는 않나?"

"아니오, 후회한 적 없습니다."

"산업은행에 그냥 있었으면 지금처럼 고생은 안 할 것 아닌가. 이번에 미국에 와서 보니 다들 고생이 많아. 자네가 대우에 들어온 지 올해로 20년이 넘었지? 열심히 해봐."

내가 대답할 시간도 안 주고 김우중 회장은 공항으로 뚜벅뚜벅 걸어갔다. 그런 뒷모습을 바라보며 서 있으려니, 내가 대우실업에 처음 입사할 1975년 당시의 일이 떠올랐다.

나는 1968년에 산업은행에 입사해 1975년까지 외자심사부에 근무하며, 한국에 근대적인 공장을 세울 목적으로 차관을 도입하는 업무를 주로 취급했다. 산업은행에서 대우실업으로 직장을 옮긴 권동열 선배가 하루는 나를 불러 대우실업으로 직장을 옮길 생각이 없느냐고 물었다. 마침 삼성의 스카우트 제의를 받고 있던 나로서는 삼성이라면 몰라도 대우로 옮길 마음이 없었다. 그때만 해도 대우실업이 사람들 사이에서 회자되기는 해도 사세가 미미했다.

"대우실업이 산업은행 사람들을 스카우트 할 정도의 회사가 되나요?"

그러자 권동열 선배가 씩 웃더니 사무실에 한번 방문해보라고 권했다.

썩 내키지 않은 마음으로 방문한 대우실업은 무척 낯선 풍경이었다. 한마디로 일할 수 있는 환경이 아니었다. 한쪽에서는 "야, 인마, 너 일을 그렇게 하면 되냐!"라고 맞붙어서 싸우듯이 큰소리를 내고, 여기저기서 시끄럽기가 이루 말할 수 없을 정도였다.

은행에서 점잖게 근무하던 나 같은 사람은 도무지 이해할 수 없는 분위기였다. 은행에서는 아무리 윗사람이라 하더라도 아랫사람에게 말을 놓는 법이 없었다. 하지만 대우실업은 그런 은행과 전혀 달랐다. 이곳에서 고함은 예삿일이었다.

그런 와중에서 여직원들의 타이프 치는 소리는 또 얼마나 요란한지 귀가 먹먹할 정도였다. 사무실에 낯선 사람이 와서 두리번거리든지 말든지 거들떠보지도 않고 모두 자기 일에 몰두하느라고 정신없이 분주했다.

"이렇게 좁고 시끄러운 사무실에서 일을 어떻게 하세요? 여기는 회사 사무실도 아니고 그렇다고 무슨 시장 바닥도 아니고 정신이 하나도 없습니다."

권동열 선배는 빙그레 웃었다.

"대우실업은 수출하는 회사야. 수출이 아니고는 우리나라를 살릴 길이 없기 때문이지. 수출입국의 기치를 들고 피가 끓는 젊은 사람들이 모여 있다고. 오늘 자네가 본 사람들은 수출로 나라를 살리겠다고 모인 젊은 사람들이야."

"산업은행 대리가 사세 미미한 대우실업에 과장직으로 오는 것은 좀……."

"나도 과장으로 왔었어. 그래도 저쪽 사람들보다 보람 있게 일해. 와봐."

생각해보겠다고는 했지만 나는 어느 정도 거절의 의미를 건네고는 돌아왔다.

하지만 이상했다. 그날 이후로 내 머릿속에는 대우실업 사람들이 자꾸만 떠올랐다. 비록 산만해 보였지만, 그토록 열정적으로 일하는 사람들은 처음 봤다. 산업은행의 외자심사부와 외국부에서 줄곧 근무하며 수출관계 업무를 취급해온 나로서는 수출을 하여 달러를 벌어들이는 기업의 활력과 매력을 도저히 뿌리칠 수 없었다.

마침내 나는 수출 역군의 뜻을 세우고 산업은행에 사표를 제출했다. 그러자 은행의 동료 직원들은 놀랐고, 담당 차장은 내 사표를 기어이 수리해주지 않았다. 그렇다고 물러날 수는 없었다. 내가 끝내 사표를 거두지 않자, 차장은 앞으로 3개월 동안 휴직하고 대우에 근무해보고 마음에 들면 대우에서 계속 근무하고 마음에 안 들면 다시 산업은행으로 오라고 했다.

그리고 20년이 지난 1996년 김우중 회장에게 그런 질문을 듣는 순간 울컥하는 무엇이 가슴에서 치밀어 올랐다. 확실한 것은 나는 은행에서 근무할 때보다 대우에서 보람을 더 느끼며 일하고 있다는 사실이었다.

내가 대우 아메리카에서 일하던 1995~1996년은 우리나라에 대한 국제 신인도는 최고조에 달했다. 세계경영을 표방하고 성장하는 대우에 대한 신인도는 국내 시중은행보다 좋은 금리로 국제금융시장에서 자금을 조달할 정도였다. 미국의 모 은행은 나에게 10억 달러 정도의 여신공여를 제의하기도 했고, 세계 유수의 은행이 주최하는 송년회에서는 늘 상석의 테이블로 초대되곤 했다.

이러한 금융환경에서 일부 금융회사들은 쉽게 조달받은 자금으로 러시아 등의 정크 본드(junk bond: 신용등급이 낮은 기업이 발행하는 고수익, 고위험 채권)를 사서 년 20~30%의 수익을 올렸다고 자랑하는 식의 방탄한 금융운용을 했다. 이러한 일들도 IMF사태의 주요 원인들 가운데 하나였을지 모르겠다.

1996년에는 '지역본사제'가 시행되면서 대우 아메리카에 이경훈 회장이 부임해 왔다. 무역, 자동차, 전자, 증권 등 주요 그룹사의 법인 대표들이 모여 전략회의를 하고나면 감미옥에서 점심이나 저녁을 먹곤 했다. 설렁탕에 수육과 소주를 곁들이는 그 자리는 늘 훈훈했다. 이따금 웃음꽃이 만발했다. 이경훈 회장이 영어로 하는 조크(joke)는 정말 일품이었다. 그때 열심히 기억해두려고 했는데 지금 하나도 기억이 나지 않는다. 말이 나온 김에 좀 더 부언하면 '지역본사제'는 그 당시로는 획기적인 것이었다. 그룹 각 사를 국가별 혹은 지역별로 묶어 사업을 추진해 시너지를 높이고 전략국가나 지역을 거점 삼아 세계화를 추진한다는 구상이 '지역본사제'에 담겨 있었다.

논문《대우 세계경영, 내용과 시사점》(이상훈 외 5명)에서 쓴 바와 같이 country business는 산업 패키지와 기능 패키지를 전략의 기반으로 하는 활착형 현지화 전략이었다. 대우가 몰락하지 않았다면(이 가정은 늘 우리를 가슴 아프게 한다) 전략 국가 또는 지역별로 대우그룹이 하나씩 성장 발전하고 있을 것이다.

1997년 사업계획을 마무리할 때였다. 2년 동안 각고의 노력 끝에 순수 무역 부문도 변모되고 이익도 괜찮게 나기 시작했다. 그런데 갑자기 나는 대우자동차 전략기획실장으로 발령이 났다. 세계 여러 나라에서 근무하며 10년 남짓한 해외생활 중 가장 행복하고 짧았던 미국생활을 나는 그렇게 마감하고 귀국했다.

1997년 3월에 대우자동차로 부임했다. 대우자동차는 국내외 250만 대 생산판매 체제를 구축하느라 정말 눈코 뜰 새가 없이 많은 일들을 벌이고 있었다. IMF사태가 2~3년만 늦게 왔어도 대우자동차는 지금쯤 자동차 500만~600만 대를 생산판매하는 세계 5~6위 자동차 회사로 우뚝 설 수 있었을 것이다.

대우의 위대한 도전과 협력이 꽃을 피우고 이제 막 열매를 맺으려고 할 때 IMF라는 쓰나미가 몰려왔고, 대우의 세계경영이 순진하게도 그 재앙에 휩쓸리고 만 것이 너무 안타깝다. 그래도 대우에서 열정을 불태웠으니 내 인생에 분명 보람은 있다.

옛 속담에 "가장 큰 위험은 위험 없는 삶이다"라고 했다. 대우에서 나는 늘 위험을 감수하면서도 새로운 무엇에 도전하며 그렇게 살아온 것 같다. 나는 요즘 젊은이들에게 이런 가치 있는 삶을 권하고 싶다.

마치 젊은 시절 내가 편안한 은행 생활을 뿌리치고 고단한 수출 역군의 길을 선택했듯이. 젊은이들은 닥쳐올 위험을 두려워 말고 젊을 때 패기와 열정을 불태울 줄 알아야 한다.

포기를 모르면
불가능은 없다

_ 보스니아의 평화유지를 위해 활약한 한국형 장갑차 K200

이태용

K200장갑차는 대우중공업이 만든 국내 최초의 보병장갑차이다. 이 장갑차는 "한국군에 의한, 한국군을 위한, 독자무기 체계 개발" 목표에 맞춰 1984년 최초로 개발돼 지금까지 2천 대가 넘게 제작됐다. 1991년 이태용은 쿠알라룸푸르 지사장으로 재직하면서 K200장갑차의 말레이시아 수출을 주도했다. 첫 접촉이 이루어진 후 계약이 성사되기까지 1년 반의 기간이 소요됐다. 그 사이 본사 사장과 대우중공업 사장이 두 차례씩 현지를 다녀갔고, 사업을 성사시키기 위해 이태용이 만난 말레이시아 인사만 200명이 넘었다. 해외 경쟁기업의 방해도 집요했다. 영국, 터키 등에서는 국가 차원에서 자국기업의 수주지원에 나서기도 했다. 그러나 결국 승리는 대우의 것이었다. 국내 최초의 대규모 무기 수출 뒷이야기를 이태용에게 들어본다.

이태용
1946년 서울에서 태어나 보성고등학교, 서울대학교 상과대학 상학과를 졸업했다. 1972년 한국은행에 입행하여 근무하다가 1976년 대우기획조정실로 자리를 옮겨 2007년까지 대우에 봉직하며 ㈜대우 무역 부문 철강금속 본부장(전무)과 수출 부문장, 대우자동차 수출 부문 부사장을 역임했고, (주)대우의 워크아웃에 따른 무역과 건설의 분리 이후 초대 대우인터내셔널 대표이사 사장 등을 역임했다. 이후 아주그룹으로 자리를 옮겨 현재는 아주그룹 해외사업총괄 부회장으로 재직 중이다. 상훈으로는 수출에 기여한 공로로 석탑산업훈장(1998, 제35회 무역의 날)과 금탑산업훈장(2005, 상공인의 날)을 수상했다.

한국형 장갑차 K200

1991년 3월의 일이었다. 서울 출장을 다녀온 지 이틀째 되던 날, 나는 본사 윤영석 사장실로 한 통의 팩시밀리를 보냈다. 당시 나는 ㈜대우의 제5대 쿠알라룸푸르 지사장으로 재직 중이었다.

"Z와 접촉해 두꺼비 문제를 타진했음. 방한 날짜는 4월 중순경으로 잡았음. 후속 지시 바람."

추진 중인 사안에 청신호가 켜졌음을 알리는 보고였다. 두꺼비는 K200장갑차를 가리키는 본사와 지사간의 은어였다. 중요한 사안인 만큼 윤영석 사장도 잔뜩 기대하며 보고를 기다리고 있을 터였다. 아니나 다를까, 예상대로 빠르게 서울에서 답신이 도착했다.

"적극 지원할 터이니 계속 접속하기 바람."

비밀결사의 암호문 같은 짤막한 두 통의 팩시밀리로 K200장갑차 말레이시아 수출사업은 갑자기 활기를 띠기 시작했다.

내가 Z를 만난 것은 1991년 3월 초였다. 당시에 말레이시아의 수도 쿠알라룸푸르는 열대 지역답게 32도를 웃도는 무더운 날씨가 이어졌다. 기이한 열대수가 습한 공기를 머리에 이고, 이국적인 풍광을 만들어주고 있었다. 3월 초는 회교도들의 라마단기간이다. 단식(斷食)으로 가라앉은 토요일 오후, 쿠알라룸푸르 중심가에 자리 잡은 로열 세랑고 골프 코스(R.S.G.C)에는 세 사람의 신사가 힘겨운 라운딩을 하고 있었다.

한 사람은 콧수염을 기른 건장한 체구의 말레이시아인 Z. 그는 단식을 했을 터라 힘도 없을 텐데 비지땀을 흘리면서 열심히 스윙을 하고 있었다. Z가 친 하얀 공이 긴 포물선을 그리며 날아가자 두 사람이 흥미롭게 그 공을 눈으로 쫓았다. 그 두 사람은 바로 홍순영 주말레이시아 대사(전 외무장관)와 나였다.

라마단 기간이라 필드에는 손님들이 뜸했다. 홍 대사의 주선으로 인사를 하게 된 나와 Z는 오래된 지인마냥 격의 없이 골프를 치고 있었으나, 사교적인 언행 뒤에는 서로의 마음을 탐색하려는 팽팽한 긴장감이 흐르고 있었다. 나는 단식 중인 Z를 배려해서 9홀만 돌았다. 그 후 클럽하우스에서 몸을 풀고는 다음을 기약하며 헤어졌다. 일주일 후, 쿠알라룸푸르 시가지가 한눈에 내려다보이는 어느 고층빌딩의 맨 위층 창가 쪽에 나와 Z가 다시 마주 앉았다. Z가 침묵을 깨고 입을 뗐다.

"나와 국방장관은 죽마고우입니다. 휴가가 시작되면 함께 한국을 방문하고 싶습니다."

Z는 이어 대우그룹 내의 회사들을 방문하고 싶은데 주선해줄 수

있느냐고 물었다. 좋다는 내 말이 떨어지기가 무섭게 Z는 그 자리에서 국방장관 다토 나지브(현 수상)에게 전화를 걸었다. 우리는 방한 날짜를 4월 중순쯤으로 정했다. 내가 본사 사장실에 팩시밀리를 보낸 것이 바로 이날이었다.

며칠 뒤, 나는 Z의 안내로 국방장관을 예방했다. 이 자리에서 대우그룹을 소개하고 대우중공업이 제작한 군장비에 대해서도 브리핑을 했다. 아울러, 한국 방문날짜가 확정되면 그에 따른 모든 준비를 하겠다는 의사를 전달했다.

1991년 4월 18일, 말레이시아 국방장관 내외는 아들 셋과 보모 한 사람을 데리고 한국 방문의 길에 나섰다. Z와 내가 이들을 수행했다. 서울에 도착한 장관 일행은 힐튼 호텔에 여장을 풀었다. 그날 저녁 힐튼 호텔에서는 장관 내외를 위한 환영만찬이 베풀어졌다. 원형의 식탁을 중심으로 장관 내외와 대우의 운영위원 내외분들이 함께 자리했다. Z와 나도 합석했다. 분위기는 매우 화기애애했다.

말레이시아인들은 대부분 무슬림이라 술을 입에 대지 않지만, 낭만적이고 낙천적인 성격이라 즐거운 담소와 노래로 흥을 내는데 기질이 있었다. 장관 내외도 예외가 아니었다. 만찬이 끝나고 분위기가 한창 무르익자 우리는 준비된 밴드의 연주에 맞춰 노래를 불렀다. 특히 장관 부인의 노래 솜씨는 가히 프로급이었다. 부인의 팝송이 끝나자 요란한 박수와 함께 브라보가 연호됐다.

다음 날인 19일, 장관 내외는 부산과 창원의 공장을 시찰했다.

창원공장에서 K200장갑차 생산라인을 둘러보고 장갑차의 주행시험, 등판능력시험, 도하시험을 관람했다.

K200장갑차를 시승해본 장관은 매우 관심을 보였다. 최고속도로 시험장 트랙을 한 바퀴 돌자, 그의 얼굴에는 희색이 만연했다.

"바로 이것이오. 내가 사고 싶었던 장갑차가 바로 이것이오(That's it! I want to buy it!)."

시험 주행이 끝나자 그는 감격해 이렇게 말했다. 그가 힘주어 말한 K200장갑차에 대한 감탄사는 단순한 외교적 언사가 아니라 느낀 대로의 진솔한 표현처럼 보였다. 이때 장관의 머릿속에는 K200장갑차에 대한 감명이 깊이 새겨졌을 것이다.

장관 일행은 창원공장 방문에 이어 옥포 대우조선소도 시찰했다. 장관은 헬리콥터 아래로 펼쳐진 드넓은 조선소의 전경에 매우 놀라며 감탄했다.

"군함도 건조합니까?"

"물론이지요. 우린 잠수함도 건조합니다."

나는 겸손하면서도 당당하게 그의 질문에 답했다. 장관은 벌어진 입을 다물지 못했다. 대우조선에서 김태구 사장과 인사를 나눈 다음, 공장 경내를 시찰했다. 점심을 함께하면서 말레이시아군 현대화계획 중 하나인 연안경비정(OPV) 27척 건조에 대해 의견을 교환하기도 했다. 견학을 마치고 헬리콥터편으로 이동하는 동안 장관은 한국의 아름다운 봄의 풍경에 연실 감탄사를 연발했다. 그는 말레이시아와는 다른 이국적인 아름다움에 매료된 듯싶었다. 군데군데 산을 깎아 만든 묘지의 모습을 보면서 그는 한국인의 조

상승배사상에 경의를 표하기도 했다.

　나지브 국방장관이 한국을 떠나기 전 윤영석 사장과 Z, 그리고 나는 향후 추진방향에 대한 의견을 교환했다. 우리는 가까운 시일 안에 쿠알라룸푸르에서 다시 만나기로 다짐했다. 하지만 그 뒤로 지루한 시간과의 싸움이 계속됐다. 소강상태가 지속되는 동안에도 우리의 노력은 중단 없이 계속되고 있었다. 지사장인 나는 현지에서 말레이시아 관련 인사들에 대한 의사타진과 교감 조성작업을 지속해나갔다. 하리라야(Hari-Laya)와 같은 말레이시아 명절 때를 활용해 관계자들과 교분을 쌓고, 담당자가 바뀌면 찾아가 K200장갑차에 대한 홍보를 새롭게 하는 수고를 마다하지 않았다. 그렇게 내가 만난 말레이시아 인사가 무려 200명에 달했다.

대우경영진의 수출활동

　말레이시아 국방장관의 내방 시에 약속한 대로 윤영석 사장은 1991년 8월, 말레이시아를 방문해 수상을 만났다.

　"말레이시아는 자동차, 전자산업은 발전해가고 있으나 기계산업은 아직 열악한 상태가 아닌지요?"

　윤 사장은 고(故) 박정희 대통령이 기계공업 육성정책을 폈던 선례를 들어, 기계공업 육성의 필요성을 강조했다. 기계공업의 발전이야말로 방위산업의 육성을 모태로 하여 이루어지는 점도 아울러 강조했다. 수상은 윤 사장의 설명에 이렇게 답했다.

　"대우중공업은 방위산업체로서 넘버원입니다. 대우중공업 같은 회사가 말레이시아에 있어야 하는데, 아직 없습니다. 그 점이 안타깝습니다."

수상의 말에 고무된 윤영석 사장은 장갑차 300대만 사준다면 엔진공장, 굴삭기공장 등 플랜트수출을 하겠다고 약속했다.

"적합한 기업체가 어디인지 모르니 수상께서 추천해주시면 그 회사와 손을 잡겠습니다."

수상을 면담한 다음 날, 말레이시아 행정부는 각료회의를 열었다. 이 자리에서 수상은 국방장관 책임하에 한국에 소개할 만한 자국 기업체를 찾아보라고 지시했다. 그 후 국방장관은 나에게 참모총장과 국방부 차관을 소개시켜주었다.

한 달이 지난 후, 이번에는 대우중공업 이경훈 사장이 기술진을 이끌고 쿠알라룸푸르를 방문했다. 이 사장은 장관, 총사령관, 총장을 만나 K200장갑차 수출사업을 다시 거론했다. 이어서 참모총장을 위시한 군의 주요 참모 등 60여 명의 장성, 영관급 장교들이 모인 자리에서 기술 발표회를 열고, 열띤 토론회를 가진 후 본국으로 돌아갔다.

12월이 되자 ㈜대우 윤영석 사장과 대우중공업의 이경훈 사장이 함께 쿠알라룸푸르를 방문했다. 연내에 사업이 실행될 수 있도록 실마리를 풀어보기 위해서였다. 국방성 장·차관, 총사령관, 총장들을 만났지만 그때도 확실한 답을 얻어내지 못했다.

본사와 대우중공업, 그리고 지사가 혼신을 다해 노력했지만, 사업 실행의 단서는 쉽게 찾아지지가 않았다. 그런데 실마리는 다른 곳에서 풀리기 시작했다. 어느 날 신문을 보니 구 유고연맹이 해체되면서 보스니아에서 내전이 일어나 UN평화유지군으로 말레이시아군이 파견될 것이라는 기사가 실려 있었다. 군이 파견되면 장비가 수반될 것이기 때문에 우리 장갑차를 수출할 기회가 생기는 것이었다. 나는 곧바로 말레이시아 국방장관, 총사령관, 육군참모총장, 군수사령관을 예방하고 국산 장갑차를 최단 기일 내 납품할 수 있다고 설득하고 다녔다. 빠른 납품(short-delivery)을 최고의 강점으로 강조하면서 국산 장갑차를 구매할 것을 역설했던 것이다.

대우중공업을 선택한 말레이시아

사업을 추진한 지 1년 반이 지난 1993년 7월 16일, 드디어 말레이시아 국방성으로부터 K200장갑차 오퍼를 제출해달라는 공식요청을 받았다. 그간의 지속적인 노력이 드디어 결실로 이어질 기회를 얻었다고 생각하니 뛸 듯이 기뻤다. 우리는 닷새 만에 기다렸다는 듯이 대우중공업으로부터 받은 오퍼를 제출했다.

그로부터 1개월가량이 지난 8월 18일, 나는 말레이시아 각료회의에서 대우중공업의 장갑차로 결정됐다는 내용의 연락을 받았다. 소식을 듣는 순간 모두들 흥분의 도가니였다. 각료회의에서 통과됐다는 것은 여러 경쟁 기종(shot list)에서 어느 한 기종이 선정됐음을 의미한다. 그렇다면 이제부터는 가격과 함께 말레이시아 정부가 요구하는 납기가 초미의 관심사가 될 터였다. 이때부터 사업이 활기를 띠기 시작했다. "최우선으로 장갑차 수출사업에 총력을 기울이라"는 지시에 따라 모든 관련 부서는 제각기 추진계획을 세웠다.

말레이시아 측의 요구 기종은 처음에 6개 기종이었다. 기본형 장갑차 외에 박격포탑재 장갑차, 구난 장갑차, 구급용 장갑차, 지휘용 장갑차, 제설용 공병 장갑차 등이 그것이었다 이들 6개 기종에 대해 말레이시아 측은 '최적의 가격', '최단기 납기'를 요구해 왔다. '최단기 납기'란 계약 후 1개월 내의 납품을 의미했다. 통상 장갑차와 같은 군장비는 주문 후 생산이 이루어지기 때문에 장갑차의 경우 정상납기는 통상 최소로 잡아도 18개월이며, 비행기나 군함 같은 장비는 5년이 소요된다.

당시 대우중공업에서 생산하고 있는 장갑차의 기종은 구난 장갑차, 박격포탑재 장갑차 등 3개의 기종뿐이어서 그들이 요구한 지휘용 장갑차, 구급용 장갑차, 공병 장갑차는 공급이 불가능한 실정이었다. 그래서 지휘용 장갑차나 구급용 장갑차는 그들의 요구대로 기본형 장갑차를 부분 개조해 대치키로 하고 공병장갑차는 제외시키기로 결정했다. 그러나 문제는 말레이시아 정부의 요구대로 장갑차를 개조해 과연 납기 내에 납품을 할 수 있느냐 하는 데에 있었다.

기종결정 소식이 전해진 다음 날인 8월 19일 대우중공업에서는 즉각 아침 회의가 소집됐다. 이 회의에서 당일로 기술답변서 준비를 완료한 후 말레이시아 국방성 및 군 관계 요원들에게 이를 설명하기 위해 안인 이사와 유인조 차장을 현지에 급파하기로 결정했다. 8월 20일, 이들이 쿠알라룸푸르에 도착하자 나는 이들과 함께 관련 군 수뇌들을 방문했다. 단 하루 만에 자신들이 요구한 기술답변서를 가지고 기술자들이 직접 나타나자 그들은 모두 깜짝 놀랐다. 대우의 신속한 대처에 그들은 큰 감명을 받아서인지 그 다음 날, 곧 구매의향서를 발급해주겠다고 했다.

당시 말레이시아 정부가 발급하는 구매의향서는 정부 측의 사업 승인과 관련 예산이 반영된 후에 발급되는 것이기 때문에 일반적인 경우와 달리 확실한 사업시행 약속과도 같았다. 그러나 다음 날, 약속한 구매의향서가 발급되지 않았다. 또 그 다음 날도 발급되지 않았다. 여러 경로를 통해 접촉을 시도했으나 만나주지도 않았다. 시간은 흐르고 초조하기 그지없었다. 5일을 기다리다가 안 이사는 먼저 귀국하고 유 차장만 남아서 결과를 기다렸다. 결국 13일이 지난 9월 3일에야 내가 직접 말레이시아 정부로부터 구매의향서를 발급받을 수 있었다.

알고 보니 2주간의 공백 기간은 경쟁업체의 악의에 찬 방해공작 때문이었다. 경쟁업체들은 한국형 전투장갑차(KIFV)가 신뢰도에서 떨어지고, 몇 가지 결함이 있다는 비방을 말레이시아 정부와 군 측에 유포했고, 말레이시아 국방장관이 조사보고서를 제출토록 담당관들에게 지시했던 것이다. 당시 총사령관이던 '탄 스리 보르한' 장군이 국방장관에게 K200장갑차는 다른 경쟁사의 장갑차에 비해 성능이 매우 우수하고 아무런 하자가 없다는 것을 보고함으로써 이 문제는 해결됐다. 보르한 장군은 1990년3월에 한미 팀스피리트 훈련 참관을 위해 일찍이 한국을 방문했던 말레이시아군 장성이었다.

당시 대우의 경쟁사는 프랑스의 GIAT, 영국의 ALVIS, 터키에서 면허생산 중인 미국의 FMC, 중국의 NORINCO 등이었다. 말레이시아가 보스니아 내의 회교도를 보호하기 위해 파견하는 병력은 UN PROFOR(United Nations Protection Force)라고 하는데 이는 UN평화유지군(UN PKO)과는 성격이 조금 다른 것이었다. 따라서 공격무기를 배제하기 때문에 프랑스의 GIAT는 제외될 수밖에 없었다. 중국의 NORINCO의 제품은 성능이 의문시됐다. 그리고 영국의 ALVIS와 FMC의 M113장갑차는 종합 군수지원 측면에서 문제점이 지적됐다. 부속품의 적기 공급이 원활하지 못하다는 것은 평상시의 훈련이 아닌 전투 상황에서는 중대한 문제가 아닐 수 없었다.

그러다 보니 자연스레 대우중공업의 K200장갑차가 차별화됐다. 또한 최근에 말레이시아 정부에서 추구하고 있는 정책이 기술이전을 통해 자국의 방위산업을 향상시키는 것이었는데 독자개발 장비인 한국의 K200장갑차만이 기술이전에 아무런 제한이 없었다.

그러나 경쟁사들의 K200장갑차에 대한 공략은 주도면밀했다. 국제 경쟁입찰 과정은 그야말로 손에 땀을 쥐게 하는 드라마였다. 영국은 수상이 직접 나서서 선사용 후정산의 조건을 말레이시아에 제시했다. 그러나 이미 구매해 말레이시아군이 운용하고 있는 26대의 스토머장갑차의 사후관리 미비로 장비가 데드라인 상태에 있었기 때문에 영국은 제외됐다. 프랑스의 AMX13장갑차(90mm포 탑재)는 앞서 말한 대로 공격형 장갑차였기에 불가능했다. 중국은 말레이시아의 화교 중심의 상권과 저가(低價)라는 장점을 들고 나왔으나, 장비의 신뢰성 부족은 물론이려니와 운용의 불편성, 기술이전의 미흡으로 제외됐다. 터키는 말레이시아 수상에게 무려 3페이지에 이르는 대통령의 친서를 보내왔다. 또한 터키는 터키에서 생산되고 있는 미국의 FMC의 M113장갑차를 사달라고 하면서, 현지 미 대사관과 CIA 정보요원을 동원해 K200장갑차를 왜곡평가하고 저가공세를 취하기까지 했다.

이런저런 방해공작과 국가간의 치열한 경쟁 속에서 대우중공업과 말레이시아 정부 간에는 가격과 기술사항에 대한 본격적인 협상이 진행됐다. 마침내 가격이 합의되고 종합군수지원체계(ILS)에 대한 내용도 어느 정도 선까지 접근이 이루어졌다. 이처럼 숱한 우여곡절 끝에 협상은 이제 막바지를 향하고 있었다.

협상과정에서 나는 많은 것을 배우고 느꼈다. 말레이시아 국방성에서 협상할 때에는 정말 진땀을 빼기도 했다. 구매자 측에서는 계약실무자, 각 병과별 담당 장교, 법률변호사 등 약 25명이 참석한 반면 대우 측에서는 나를 비롯한 쿠알라룸푸르 지사의 임성수 과장, ㈜대우 본사의 권중인 부장과 대우중공업 오영일 상무, 안인 이사, 이규춘 부장 등 6명만이 참석해 그 많은 참석자들의 질의에 일일이 답변을 해야 했다. 그들은 각자 자기 분야에서 필요한 질문을 해왔고, 우리는 거기에 대해 성실하게 최선을 다해 답해주었다.

또 하나, 우리에게 감명을 준 것은 말레이시아 관리들과 군인들의 강한 애국심이었다. 계약 시 그들은 조항 하나하나를 까다롭게 따졌다. 국민들의 혈세로 장갑차를 사들이는 것이므로 최대한으로 유리한 조건을 제시하려 들었다.

최종 단계에 이르자 이번에는 국방성 제1차관보가 지급조건을 들고 나왔다. 선적 시 80%, 그리고 도착검사 후 20%로 되어 있는 지급조건을 정반대로 20:80으로 바꾸라는 것이 아닌가. 줄다리기 끝에 50:50으로 타협을 보았지만, 이번에는 국방차관이 자기의 말을 듣지 않았다 하여 계약일을 6일이나 더 끄는 것이었다.

이런 우여곡절 끝에 드디어 10월 26일, 대우중공업 이경훈 사장과 말레이시아 측의 다토 사무차관이 계약서에 서명을 하는 것으로 K200장갑차의 수출이 확정됐다. 실로 역사적인 순간이 아닐 수 없었다.

K200장갑차의 수출을 실현하기 위한 역정은 마라톤 경주와도 같았다. 그것도 장애물이 많은 험난한 경주였다. 과정은 무척이나 힘들었으나 그것을 이루어내자 감격은 이루 말할 수 없었다. 시상대의 가장 높은 자리에 오른 금메달리스트의 벅찬 감격이 바로 이럴까?

K200장갑차의 수출은 정보수집, 접촉, 협상, 계약, 선적, 도착 후 사용부대에 인도, 보스니아 현지도착에 이르기까지, 반전에 반전을 거듭한 그야말로 서스펜스가 넘치는 한 편의 드라마로 비유되기에 족했다. 선적 일정을 맞추기 위해 자기희생을 감수한 공장현장의 사원들, 자랑스러운 제품을 개발해 국내납품은 물론 수출까지 할 수 있도록 한 모든 기술진들, 처음부터 확고한 방향을 잡고 강력한 지도력을 보여준 임원들, 이들 모두가 창조, 도전, 희생의 슬로건 아래 하나가 됐으므로 마지막에는 활짝 웃을 수 있었다.

국가적 성과인 한국산 장갑차 첫 수출이라는 꿈을 갖고 처음 시작을 하고 모든 관련된 사람을 통합 조정하면서 수출 계약을 성사시킨 나 스스로도 뿌듯한 마음에 취해 있었다. 이를 계기로 대우중공업 K200장갑차는 영국에서 발간되고 있는, 세계무기 연감인 《Jane's Book》에 당당히 한 페이지를 차지할 수 있었다. 한국산 장갑차 수출에 관여했던 모든 실무 임직원들이 '두꺼비클럽'을 만들어 서울에서도 쿠알라룸푸르에서도 만날 때마다 소주잔을 기울였으나, 대우그룹의 해체로 뿔뿔이 흩어진 지도 어언 10여 년이 지났다. 역전의 수출 용사들을 다시 만나 '대우'의 이름을 큰 목소리로 외쳐야겠다.

4

계승정신
세계시장에 희망의 그물을 던진다

계승(繼承) : 앞사람의 문화유산, 업적 따위를 물려받아 이어 나감

'가난이야 한갓 남루에 지나지 않는다' 라고 노래한 서정주의 시는 적어도 대우 사람들에게는 감동적이지 못했다. 그들은 가난의 대물림을 끊고자 했다. 앞 세대의 희생으로 다음 세대가 더욱 잘살기를 바랐다. 어느 나라나 그런 희생의 세대가 존재할 때 부강한 나라가 만들어진다고 믿었다. 굶주리면서도 자식들을 교육시켜준 부모 세대의 희생 덕분에 그들이 경제개발의 주역이 됐다면, 이제 자신들도 후대의 더 큰 발전을 위해 기꺼이 희생할 수 있어야 한다고 생각했다. 그래서 이렇게 외쳤다. "우리는 개발도상국인 한국의 마지막 세대가 되자. 그리고 후대를 반드시 선진 한국의 첫 세대가 되게 하자." 대우의 사훈은 창조, 도전, 희생이었다.

못다 이룬 꿈

_프랑스의 자존심을 넘지 못한 톰슨 인수

전주범

"당신들이라면 포항제철을 베트남 사람에게 넘기겠느냐?" 프랑스의 국영기업으로 세계적인 전자업체인 톰슨멀티미디어를 대우가 인수하기로 최종 확정되자 프랑스인들은 이렇게 반응하며 극력 반대에 나섰다. 그러자 프랑스 의회의 승인에 앞선 7인 원로회의는 이 사안을 부결시키고 말았다. 대우의 톰슨멀티미디어 인수는 그렇게 물거품이 됐다. 당시 대우는 세계경영을 외치며 전 세계에 걸쳐 사업을 영위하고 있었다. 전자통신 부문에서만 해외에 74개의 법인과 9개의 연구소 등 총 107개의 해외조직을 운영하고 있었다. 종사하는 해외 현지 인력만 1만 5천 명에 달했다. 1996년 김우중 회장은 프랑스 정부가 수여하는 최고 훈장인 '레종도뇌르훈장'을 수여받기도 했다. 프랑스 국익에 기여한 공로를 평가한 것이었다. 이처럼 대우의 역량과 경영능력은 톰슨을 인수하기에 충분했다. 그래서 정당한 입찰에 의해 인수가 결정됐다. 그러나 문제는 다른 데 있었다. 대우가 한국기업이라는 것. 대우가 그토록 선진 조국을 갈망하고 애국심을 불태운 이유의 하나가 여기에 있었다.

전주범
1952년에 서울에서 태어나 경기고등학교, 서울대학교 경영학과를 졸업하고, 미국 일리노이 주립대 대학원에서 경영학을 전공해 석사학위를 취득했다. 1975년에 대우실업에 입사한 후 1999년까지 대우에 봉직하면서 대우전자 사장, 대우전자 유럽 사업단 대표, 대우그룹 구조조정본부 사장을 역임했으며, 한–브라질 경제협력위원회 위원장을 맡기도 했다. 대우 퇴임 후에는 영산대 부총장, 서울대 공과대학 기술정책대학원 초빙교수, 한국예술종합학교 예술경영과 교수, ㈜아이레보 회장 등을 역임했다.

세계 1위 브랜드를 향한 발돋움

1996년 2월에 나는 대우전자 유럽 사업단장으로 보임됐다. 그해 4월 초, 폴란드의 TV공장에 들렀다가 일을 마치고 독일 사무실로 돌아가기 위해 공항에서 비행기를 기다리고 있는데, 대우전자 배순훈 회장이 나에게 프랑스의 '톰슨멀티미디어'에 대해 아느냐고 물었다. 톰슨멀티미디어(톰슨)는 필립스, 소니, 마쓰시타와 함께 세계 4대 종합전자 브랜드였다.

"지금 프랑스 정부는 톰슨을 민영화시키려 하고 있어요. 그래서 말인데, 우리 대우가 톰슨을 인수하면 어떨까요?"

"아무리 헐값이라도 그렇게 큰 회사를 인수하는 게 가능할까요? 세계 여러 나라의 기라성 같은 기업들이 달려들 텐데 말이죠."

"하하, 우리는 대우잖아요. 프랑스 정부에서 김우중 회장께 인수할 의사가 있느냐고 물어보는 중이라고 하네요. 그러니 한번 검토해보세요."

순간, 쇠망치로 뒷머리를 한 방 맞은 듯했다.

"프랑스 정부가요?"

"네. 혹시 생각 있냐고 러브콜이 몇 차례 온 것 같아요."

당시 세계경영에 대한 긍정적 소문 때문에 유럽 전역을 휘몰아
치던 대우와 김우중 회장에 대한 관심이 이런 일을 가능케 하고 있
는 것이었다.

톰슨멀티미디어는 당시에 RCA와 GE 브랜드로 미국 가전시장
의 25%를 점유하고 있었다. 그러니 만약 톰슨을 합병하면 대우전
자는 한순간에 세계 최대의 TV, VCR 생산업체로 부상하게 된다.
더욱이 톰슨이 보유한 자회사인 RCA는 텔레비전의 기본 특허를
보유하고 있었다. 따라서 TV를 생산하는 회사는 반드시 RCA에 로
열티를 지불해야 했다.

"김우중 회장님은 뭐라고 하셔요?"

"대우전자를 세계 최고로 만들자는 취지에서 김 회장님은 긍정
적이에요. 현재 가전업계 세계 7위인 대우전자와 세계 4위인 톰슨
이 합병하면, 대우전자는 세계 1위 브랜드로 단숨에 도약할 수 있
거든요. 또 대우의 세계적인 생산, 판매 네트워크와 톰슨의 전통적
인 브랜드 위상이 묶이면 강력한 경쟁력이 생길 수 있지요. 일본에
게 기술 사용료를 받는 톰슨을 인수하면 국내 기술개발을 촉진하
는 계기도 될 수 있고요."

"사실 대우전자의 품질이 선진국이나 경쟁국에 비해 손색이 없
는데도 브랜드 이미지가 낮아서 제값을 받지 못하기는 했죠. 톰슨

을 인수해 세계적인 브랜드로 재구축하자는 말씀이시군요."

"바로 그거예요. 톰슨을 인수하는 것은 대우전자의 세계적 브랜드 구축이나 기술개발 외에도 여러 가지 의미가 있어요."

배순훈 회장은 여러 가지 시너지효과를 기대할 수 있을 거라고 기대했다. 톰슨은 세계적인 브랜드와 첨단기술을 가지고 있고, 대우는 제품양산능력, 마케팅능력뿐 아니라 그룹이 추진하는 세계경영이라는 아주 좋은 울타리가 있기 때문이다. 또한 대우가 동유럽, 독립국가연합, 남미, 아시아 등 신흥시장을 차지하고 있는 데 반해, 톰슨은 미국, 서유럽 등에 시장이 집중돼 있으므로 대우전자는 말 그대로 전 세계의 시장을 석권할 수 있게 될 것이다. 제품군 면에서도 대우전자는 일반제품을, 톰슨은 고가제품을 주로 생산하고 있기 때문에 제품군을 고루 갖추는 것이 가능해지며, R&D 측면에서도 서로의 중복 부분이 없어지고 신규제품 개발능력이 배가될 수 있다는 이점이 있었다.

"인수가 가능하다면 최고의 시너지를 낼 수 있는 가장 좋은 기업결합이라고 할 수 있겠지요."

독일 사무실로 온 나는 그날부터 톰슨그룹에 대해 구체적 조사를 시작했다. 톰슨은 프랑스의 대표적인 군수 전자업체로 당시 프랑스 정부가 민영화를 추진하면서 세계적인 주목을 끌고 있었다. 프랑스 정부가 76%, 프랑스 통신공사(텔레콤)가 20% 등 사실상 정부가 대부분의 지분을 점유하고 있었다.

톰슨그룹은 크게 방위전자산업 분야의 톰슨CSF(자산 100억 달러 규모)와 일반 가전제품을 생산하는 톰슨멀티미디어(자산 70억 달러 규모)로 구성돼 있었다. 1995년 당시 톰슨그룹 전체 매출액은 718억 프랑(약 11조 원)으로, 35억 프랑의 적자를 기록하고 있었다. 부채는 225억 프랑이었다. 그러나 그중에서도 톰슨CSF는 160억 프랑(약 2조 5천억 원)의 부채를 안고 있는 톰슨멀티미디어에 비해 재무구조가 양호한 편이며, 연간 매출액은 355억 프랑(약 5조 3천억 원)으로 톰슨멀티미디어와 비슷했다.

톰슨이 상당한 부채를 안고 있지만 1995년 가전 분야에서 필립스, 소니, 마쓰시타 등 세계적인 가전그룹과 대등한 경쟁을 벌이고 있었다. 특히 세계 최대시장 미국에서는 TV 점유율 1위를 차지하고 있는 대단히 강력한 전자회사였다. 여기에 디지털 TV와 위성 TV 등 차세대 미디어 분야에 주력하고 있어 기술력에 있어서도 탄탄한 위상을 자랑하고 있었다.

그런 톰슨그룹 민영화 프로그램을 국제적으로 오픈하면서 프랑스 정부는 외국회사도 참여할 수 있도록 허용은 하되, 외국회사가 살 때는 방위산업 부문은 못 사도록 제한하고 있었다.

일주일 후, 대우전자 배순훈 회장이 나를 불러서 의견을 물었다.

"조사를 좀 해봤습니다. 예상보다 엄청난 기업인데, 방위산업 부문은 외국기업이 인수하지 못하도록 되어 있더군요."

"방위산업은 프랑스의 다른 회사와 대우가 제휴해서 각자 나눠서 인수하면 될 겁니다. 제휴 파트너는 김우중 회장님하고 내가 찾을 테니, 전 상무는 지금 곧바로 톰슨의 전자 부문 인수 팀을 구성해줘요."

내가 톰슨그룹을 구체적으로 알아보는 사이에 김우중 회장과 배순훈 회장은 이미 결심을 굳힌 분위기였다.

"다른 직원을 시키시죠. 저는 이제 막 유럽에 왔는데요."

나는 그때 유럽 사업단장으로 출국한 지 딱 두 달 만이었다.

"아니, 이 일을 유럽 사업단장이 안 맡으면 누가 하겠어요? 전 상무가 팀장을 맡으세요. 팀원들은 잘 판단해서 안을 내보고요."

그렇게 해서 나는 졸지에 톰슨멀티미디어 인수 프로젝트의 팀장이 됐다.

주사위는 이미 던져져 있었다. 하지만 당시만 해도 대한민국에 M&A를 할 줄 아는 회사가 거의 없었고, 나 역시 경험이 없었다. 게다가 이번 건은 규모가 너무 컸다. 대한민국 역사상 초유의 국제적 브랜드(RCA, GE, Thomson) 및 다국적 기업을 인수하는 건이었다. 아무리 궁리에 궁리를 해봐도 경험 없는 사람들로 팀을 구성해서는 일이 안 될 성싶었다. 결국 돈이 들더라도 세계 1류급 전문가들을 현지에서 수배하기로 결정했다.

총괄책임자인 나를 비롯, 파리 지사장 이성 이사, 본사 기획실 주영석 부장까지 한국인은 단 세 사람만 참여하도록 했다. 그리고 나머지는 모두 M&A 국제 전문가들을 동원했다. 어카운팅 펌은 KPMG 프랑스를, 로펌은 도미닉을, 홍보 전문회사는 퓨빌리시스를, 전략은 보스턴컨설팅 그룹을 섭외했다. 그렇게 로펌, 어카운팅 펌, PR 등을 외국 전문가들로 구성한 인수 팀이 만들어졌다.

그 사이 방위산업 부문을 인수할 파트너 회사가 마트라로 결정이 됐다. 마트라는 미사일 생산업체로 유명한 프랑스 방위산업회사였다.

톰슨그룹 인수에 성공하면 방위산업 분야는 마트라에, 가전 분야인 톰슨멀티미디어는 대우전자에 합병하기로 합의했다. 그리고 1996년 5월 첫 주에 톰슨그룹 인수의향서를 제출하기로 했다.

경험과 판단과 직감을 믿다

세계 여러 회사들이 톰슨그룹 인수에 관심을 보인 가운데, 프랑스의 다국적 통신회사 '알카텔'이 가장 강력한 후보로 떠올랐다. 프랑스 정부는 세계 여러 나라의 기업들이 5월에 제출하는 인수의향서를 검토해 6월에 1차 우선 협상대상자를 선정하겠다고 했다.

우리는 톰슨그룹의 각 부문에 대한 사업 자료를 받아 세밀히 검토했다. 그리고는 향후 5개년 계획에 대해 부문별·단계별로 판단하고, 관련기관 및 이해 당사자들에게 대우를 알리는 작업과 면담을 지속했다. 그간 대우전자가 유럽 및 미국 내에서 쌓아온 성과를 알림과 동시에, 대우그룹이 추진하고 있는 세계경영에 대한 설명도 빼놓지 않았다. 대우그룹과 대우전자는 전문가들 사이에서 이미 많이 알려져 있었기에 다행히도 기대 이상의 관심이 쏟아졌다.

검토와 면담의 첫 번째 목표는 적정한 인수가격과 조건을 산정해 1차 우선 협상대상자로 선정되는 것이었다. 직접 들여다본 톰슨은 예상했던 것 이상으로 병들어 있었다. 특히 유럽 전역은 낮은 생산성으로 인해 오랫동안 적자를 면치 못하고 있고, 기술적으로는 지나치게 첨단 분야에만 집중하고 있어 당장의 사업 전개에 힘이 붙지 않는 형국이었다.

"프랑스 정부는 고용을 줄이면 절대로 안 된다는 조건을 내걸고 있어요. 고용 100% 승계는 대우가 수용할 수 있는 조건이니, 인수 가격이 관건이 되겠군요. 어때요? 톰슨멀티미디어를 평가해봤어요?"

배순훈 회장이 나에게 물었다.

"전 세계 사업장 및 품목, 시장별로 지난 5년의 실적과 향후 5년의 예상 실적을 바탕으로 회사를 평가했습니다. 물론 그들이 제시한 전망을 저희 판단으로 조정해낸 것이지요. 장부상 톰슨멀티미디어는 자산에서 부채를 뺀 순자산은 110억 프랑(23억 달러)이지만, 향후의 구조조정 비용 등을 감안할 때 회사 평가액이 순자산보다 많이 내려가야 할 듯합니다."

"적정 인수가격이 얼마로 나왔나요?"

"70억 프랑이면 적절할 것 같습니다."

"그 가격으로 프랑스 정부를 설득할 수 있겠어요?"

내 말은 들은 배순훈 회장은 고개를 절레절레 저었다. 그 모습을 보자 나 또한 걱정이 됐다. 과연 나는 인수가격을 적절하게 판단한 것일까? 우리 인수 팀의 향후 프로젝션이 확실히 맞는다고 장담할 수도 없었다.

모든 것이 불확실한 상황이니, 해보지 않고는 그 누구도 모르는 법. 그동안의 전자업계에서 갈고닦은 경험과 판단과 직감을 믿는 수밖에 없었다.

강력한 경쟁 상대인 알카텔은 어떻게 판단하고 있을지 궁금했다. 상대가 우리보다 월등하게 높은 가격을 제시할 수도 있기 때문이다. 궁금하기는 알카텔 입장도 마찬가지였다. 그래서 나와 알카텔 측 담당자는 가끔 만나 함께 식사하며 정보를 교환하곤 했다. 그럴 때면 나는 "톰슨 그 회사를 평가해보니 좀 썩었더라"며 상대방을 떠보기도 했다. 하지만 인수 희망가격은 끝내 서로 공개하지 않았다.

프랑스 정부에 인수 희망가격을 제시하기에 앞서 나는 서울 본사의 회계담당 임원과 전화로 의논했다.

"프랑스 정부에 톰슨 인수가격을 70억 프랑을 제시할까 합니다."

"아니, 전 상무, 그게 지금 무슨 소리요? 톰슨은 장부상 순자산 가격이 110억 프랑이에요. 150억 프랑 이상을 제시해도 대한민국 기업에게 줄까 말까 고민할 텐데, 70억 프랑을 제시하면 우린 곧바로 탈락되고 말 거예요."

"제가 여러 모로 알아보고 판단한 가격입니다. 100% 정확하지는 않지만 알카텔 측도 아마 우리하고 크게 다르지 않을 겁니다."

하지만 회계담당 임원은 많이 불안해했다. 한밤중에 전화를 걸어서는 지금 일을 망치려 하냐며 펄펄 뛰기도 했다.

본사와 내가 계속 옥신각신하던 어느 날, 김우중 회장이 파리에 들렀다. 날 설득하러 직접 오셨구나 싶었는데, 오히려 시원스레 내 손을 들어주었다.

"서울에서는 현지 사정을 몰라서 그러니, 미스터 전이 소신껏 제시하라구."

며칠 동안의 트러블로 인해 나는 점점 자신감을 잃고 있던 중, 김우중 회장의 말을 들으니 다시 용기가 생겼다.

나는 다시 한 번 내 판단을 검토했다. 내 판단의 기준은, 톰슨멀티미디어의 빚을 뺀 금액으로 70억 프랑에 인수하겠다는 것이었다. 즉, 프랑스 정부가 빚을 탕감해주는 것을 전제로 톰슨멀티미디어를 인수하겠다는 뜻이었다. 그리고 분명 알카텔 측도 80억 프랑 이상은 쓸 수 없으리라고 예감했다. 나는 내 예감을 굳게 믿었다.

드디어 1차 자료로 인수 예정가 및 인수 후 운영전략의 자세한 내용이 담긴 방대한 분량의 자료가 공식적으로 제출됐다. 그리고 알카텔 역시 경쟁사로서 응찰했다.

보름 후, 나의 기대는 보란 듯이 이루어졌다. 프랑스 정부는 대우전자(마트라를 포함)와 알카텔 두 회사를 우선 협상대상 업체로 선정했다. 향후 실물실사의 기회를 줘서 자세한 운영전략을 제시케 한 후, 실현 가능성, 프랑스 국익과의 합치여부, 전문성 등을 판단해 최종 인수자를 결정하겠다고 발표했다.

We have won!

프랑스 정부의 민영화위원회는 대우와 알카텔이 톰슨멀티미디어에 대해 실사(7월, 8월, 9월)를 할 수 있도록 데이터룸(data room)을 만들어주고, 톰슨의 주요 집행진과의 인터뷰 등 모든 편의를 제공했다. 이런 과정을 거친 후 마지막 단계에서 최종 인수가격과 운영전략에 대해 공개 프레젠테이션(일종의 공청회)을 통해 최종 인수자를 선정하는 것이다. 이제부터가 톰슨그룹 인수를 둘러싼 대우전자와 알카텔의 결승전이었다.

프랑스뿐 아니라 전 세계 전자업계 사람들은 이번 결승전을 알카텔의 승리로 점쳤다. 그들은 프랑스 정부가 톰슨그룹을 국민적 기업으로 회생시키려 한다고 해석했으며, 매출규모 또한 3배 이상 큰 알카텔을 선호할 것이라고 판단했다.

여론도 대우와 마트라에게 불리하게 작용했다. 톰슨그룹의 가전 부분이 외국업체로 넘어갈 수도 있다는 기사는 자존심이 강한 프랑스 국민들의 심기를 마구 건드렸다. 그들은 강한 거부감을 보였다. 알카텔 역시 "인수업체로 선정되더라도 전자 부문과 관련해 외국기업과 기술제휴는 모색할망정 매각은 없다"라고 인터뷰를 하며 마트라와 대우전자를 궁지로 몰아갔다.

막강한 자본과 국민 여론을 등에 업은 알카텔을 상대로 승리하는 방법은 하나밖에 없었다. 대우그룹과 톰슨의 강력한 시너지효과, 이를 성공적으로 경영할 수 있다는 국제적 전문성을 프레젠테이션을 통해 밝힘으로 프랑스 정부와 여론을 설득하는 길밖에 없어 보였다.

드디어 모든 실사와 자료작성, 그리고 관련된 여러 종류의 확약서 등이 제출됐다. 이제는 마지막으로 가장 중요한 프레젠테이션만 남았다.

공개 프레젠테이션의 발표자는 그간 준비한 많은 자료를 토대로 국제적 전문가, 프랑스 관료, 그리고 언론을 설득해야 하는 막중한 임무를 해내야 한다. 처음에는 영어와 불어를 능숙하게 구사하고 발표력이 뛰어난 KPMG의 담당 시니어 컨설턴트가 하기로 추진했으나, 그가 막중한 중압감을 못 이기고 끝내 고사했다. 결국 전자업계에 대한 직접경험을 가진 데다, 향후 인수할 경우 경영진으로 나설 가능성이 있는 인수 팀장으로서 내가 발표를 맡기로 최종 결정됐다.

사회생활을 하며 산전수전 다 겪고, 대학교 때는 연극배우 경험도 있는 나지만, 그날의 부담과 긴장감은 이루 표현할 수 없을 정도였다. 나는 "피할 수 없다면 즐겨라"라는 말을 주문마냥 계속 되새길 뿐이었다.

발표 당일, 행사장에는 전 세계의 톰슨멀티미디어 임원, 프랑스 정부의 관계자들, 그리고 프랑스 정부가 초청한 세계 각 나라의 전자 부문 전문가들 50여 명이 나의 발표를 기다리고 있었다. 나는 떨리는 마음으로, 그러나 자신 있는 어투로 대우의 세계경영을 소개하면서 프레젠테이션을 시작했다.

"대우의 세계경영은 짧은 기간에도 불구하고 커다란 변화를 이루어냈습니다. 세계경영은 자동차, 전자, 통신 등 내구 소비재산업을 주축으로 대우그룹 내의 조선, 건설, 중공업 등 다양한 산업 역량을 효율적으로 결합해 막 개방된 동유럽과 구소련뿐 아니라 전 세계를 대상으로, 산업화를 통한 인류 공영을 추구하는 것입니다."

세계경영에 대한 소개를 시작으로 향후 전 세계 전자시장에 대한 우리의 판단을 근거와 함께 제시하고, 그에 맞춘 대우전자와 톰슨멀티미디어의 합병 후 운영전략을 발표했다. 다양한 자료와 명쾌한 분석, 창의적인 전략전개, 그리고 청중들과 대화하듯이 진행한 발표는 바로 반응이 왔다. 참가자들의 집중도가 상당히 높았으며, 그들은 연신 고개를 끄덕이며 내 발표를 경청했다. 청중들의 호응이 느껴지자 나 역시 준비한 것 이상으로 잘 발표할 수 있었다.

프레젠테이션이 약 1시간 30분에 걸쳐 끝이 났다. 발표를 마치자 참가자 모두 일어나 기립박수를 보내주었다. 그들의 이례적이고 뜨거운 반응을 목격하면서 나는 대우의 세계경영이 이들에게도 뚜렷이 각인됐다는 걸 느낄 수 있었다. 진인사대천명(盡人事待天命)이라고 했다. 톰슨멀티미디어를 대우전자가 인수하는 문제는 이제 하늘의 뜻에 달렸다고 생각하며 나는 행사장에서 물러나왔다.

독일로 돌아온 지 일주일 뒤인 1996년 10월 16일 새벽 1시, 휴대전화가 울렸다. 막 잠들었던 나는 비몽사몽에 전화를 받았다. 상대방은 톰슨그룹 인수 프로젝트를 함께 진행하던 프랑스 회사 마트라사의 인수 팀장 제르고랭이었다.

"We have won!"

그의 메시지는 간단했다.

"We have won, 이라고요? 우리가 이겼다는 말인가요?"

"톰슨 인수가 잠시 전에 확정됐습니다. 프랑스 내각이 톰슨그룹을 대한민국의 대우와 프랑스의 마트라에 매각하기로 발표했어요!"

대우그룹의 세계경영 그리고 대우전자의 전자산업에 대한 전문적 경영능력에 대한 평가가 알카텔의 프랑스 국적과 막강한 자금력에 대한 평가를 누르고 톰슨멀티미디어의 인수를 우리 쪽으로 돌려놓았던 것이다.

날이 밝자 프랑스 신문들은, 대우의 톰슨 인수를 확정하는 알랭 쥐페 총리의 성명을 호외로 보도했다. 그런데 신문기사의 제목이 '1프랑짜리 선물'이었다. 기사를 읽어보니, 프랑스 내각이 톰슨의 인수 대상자를 확정하면서 부실기업인 톰슨 멀티미디어의 총 부채 160억 프랑(2조 5천억 원)을 프랑스 정부가 갚아주는 조건으로, 즉 1프랑이라는 상징적인 가격으로 톰슨 멀티미디어를 대우에게 넘겨주었다고 보도했다.

그날 아침 프랑스의 거의 모든 신문의 논조는 프랑스 정부의 결정에 대해 부정적이었다. 프랑스의 보물을 남의 나라에 공짜로 넘긴다고도 하고, 프랑스의 수치라고도 비판했다. 프랑스는 들끓기 시작했다. 주로 프랑스의 좌익 언론들이 반대여론을 조성하고, 대우에 대해 온갖 비난의 목소리가 쏟아졌다.

영원히 기억될 땀방울

여론의 거센 반대 분위기 속에 톰슨멀티미디어 노동자들은 10월 17일에 공공 부문 노동자들의 파업에 참가했다. 제1야당인 사회당은 10월 21일 정부의 민영화 계획 중지를 엄숙하게 요청하겠다고 밝혔다. 국영기업의 민영화 자체에 반대하는 입장에 있던 사회당과 공산당은 이번 사건을 계기로 시라크 대통령과 쥐페 총리의 경제정책 전반에 문제를 제기하려 했다. 또한 정부 부처 일각에서도 이 사건이 '재정적인 선물'이며 기술을 헐값에 팔아넘기는 일이라고 주장했다. 이에 프랑스 정부는 '새로운 인수자 선정은 있을 수 없는 일이며 대우의 톰슨 인수는 확정적'이라고 재차 확인했다.

그 같은 분위기 속에서도 나는 인수 예정자의 자격으로 톰슨멀티미디어 공장을 방문했다. 노동조합 조합원들은 일부러 단체행동을 하며 우리 일행을 쳐다보지도 않았다. × 표시를 한 마스크로 입을 가린 채 눈도 마주치지 않으려고 했다. 며칠 뒤에는 노동조합 조합원들이 관광버스 50여 대를 타고 샹젤리제에 모여 데모를 하기도 했다.

공장에 들러 인수 후 운영계획을 논의했다. 톰슨과 대우전자가 합병한 후 다시 미주, 유럽, 아시아의 세 개 회사로 분리하고, 품목 역시 전자제품과 전기제품을 구분 투입하는 계획을 세우는 등 인수 후의 작업을 구체화했다. 그때 공장 임원 한 사람이 귀띔했다.

"톰슨그룹 인수가 법적으로 아직 완결된 것은 아닙니다. 프랑스 의회에서 승인하는 절차가 남아 있습니다. 의회 승인을 앞두고 톰슨 민영화에 대한 프랑스 원로 7명이 의견 제시를 하게 되어 있습니다."

그 말을 들으니 산 넘어 산이라는 생각이 들었다. 식사를 제때 못하는 건 기본이요, 잘 씻지도, 잠을 자지도 못한 채 노력해온 우리의 땀방울이 물거품이 될까 봐 너무 걱정이 됐다.

"그러나 너무 걱정하지 마십시오. 프랑스 역사에서 원로회의가 내각의 결정과 다른 의견을 제시한 적이 없었습니다. 톰슨 민영화에 대해 원로회의에서 긍정적인 의견이 나올 것입니다. 그러면 여론도 수그러들 것이고요."

하지만 불행하게도 이번에는 달랐다. 약 한 달 동안에 걸친 좌파 언론의 지속적인 부정적 여론 조성, 그리고 노조의 파업, 이에 편승한 사회당의 강공에 영향을 받은 원로회의는 정부의 톰슨 민영화 결정에 대한 안건을 4대 3으로 부결시키고 말았다. 이는 프랑스 역사에서 원로회의가 내각의 의견에 반대한 첫 번째 사건이 됐다.

강력한 힘을 발휘하는 전국 단위 노조들이 대우의 인수에 반대하는 선봉에 선 가운데, 12월 2일에 열린 프랑스 민영화위원회는 프랑스 내각의 선택에 부정적 입장을 표명했다. 결국 프랑스 정부는 12월 4일, "논란이 일고 있는 톰슨의 민영화 절차를 잠정 중단한다"라고 발표하기에 이르렀다.

결국 프랑스 의회의 승인을 얻지 못한 톰슨 민영화 프로그램이 무산되기에 이르자, 대한민국 언론들은 연일 사설과 칼럼 등을 통해 대우전자의 톰슨멀티미디어 인수 결정을 번복한 프랑스 정부의 조치에 대해 깊은 유감을 표시하고, 대한민국과 프랑스 관계의 재검토를 정부에 촉구했다.

"대우와 톰슨의 문제는 이제 단순히 두 기업 간의 인수나 인수 중단의 차원에서 벗어나 대한민국과 프랑스 두 나라의 관계 진전에도 중대한 영향을 미칠 현안이 되고 있다. 이번 대우의 톰슨 인수 중단이 자칫 한 나라의 국민적 자존심에 상처를 주게 되고 국가적 모멸감을 느끼게 한다면 불행한 일이 아닐 수 없다."

－《조선일보》12월 14일

"자존심은 프랑스에만 있는 것이 아니라는 점을 필요하다면 반드시 보여주어야 한다."

－《매일경제신문》12월 9일

　"고속전철을 팔기 위해 프랑스가 대한민국에 보낸 웃음을 기억하는 대한민국인은 톰슨멀티미디어를 인수하려는 대한민국 기업에 프랑스가 보내는 비웃음에 크게 당혹감을 느낀다는 점을 분명히 기억하기 바란다."

－《한겨레신문》12월 19일

　톰슨그룹의 민영화 문제를 계속 지켜보던 해외 언론들도 프랑스 정부의 매각 중단조치에 우려의 시각을 보이면서 이 문제를 적극적 이슈로 다뤘다.

"프랑스 민영화위원회의 매각 중단결정은 유럽의 전자기술이 동아시아보다 발전됐다는 암시에 기초하고 있는 어처구니없는 일이다."

－《월스트리트저널》12월 6일

"프랑스가 대우전자의 톰슨멀티미디어 인수를 거부한 것은 국제 경제 경쟁의 새로운 형태에 프랑스가 잘 적응하지 못하기 때문이다."

그밖에도 영국의 《파이낸셜 타임스》를 비롯한 각 나라의 언론들은 프랑스 사람들이 국제화 시대에 역행한다고 비판했다. 그해 12월 12일에 열린 국회통산산업위원회의 전체회의에서도 여야 의원들은 한목소리로 "대(對)프랑스 무역역조가 심화되고 경제협력이 편중된 상황에서 우리 기업이 부당한 대우를 받는 것은 있을 수 없다"고 정부의 대책을 촉구했다.

대한민국 정부는, 국제입찰을 통해 결정한 일을 프랑스 내부 절차상의 문제로 부결시킨 프랑스 정부에 대해 공식적인 항의를 하기에 이르렀다. 이에 프랑스의 시라크 대통령은, 내각의 결정을 거부한 의회를 해산하고, 국민들이 의회를 다시 구성하는 총선을 실시했다. 그러나 대우와 시라크 대통령의 기대와 달리 총선에서 사회당이 간발의 차이로 다수당이 되면서 사회당의 조스팽이 총리가 됐다. 조스팽 총리는 프랑스 정부의 민영화 프로그램 자체를 취소했다. 결국 그 조치로 대우의 톰슨멀티미디어 인수는 무산됐다.

비록 이루지 못한 꿈이 돼버렸으나 대우의 톰슨멀티미디어 인수 프로젝트는 역사적인 사건이었다. 어떤 프랑스 사람은 내게 이런 말을 건넸다.

"당신들이라면 포항제철을 베트남 기업에게 넘기겠습니까? 이번 일은 그것이랑 비슷합니다. 당신이 생각해도 말이 안 되지 않습니까?"

대우전자의 톰슨멀티미디어 인수 프로젝트는 대한민국 기업의 위상과 인식을 세계적으로 크게 발전시킬 수 있는 기회였다. 실패의 원인은 M&A 전략상 문제도, 인수 과정상의 문제도 아니었다.

지금 생각해도 당시 톰슨멀티미디어를 대우전자에 매각하기로 한 프랑스 정부의 결정은 톰슨멀티미디어나 대우전자 모두에게 최선의 선택이었다. 그럼에도 불구하고, 그 같은 선택이 백지화될 수밖에 없었던 것은 정치논리 때문이었다. 그리고 그 배후에 있는 가장 큰 이유는 인수자가 대한민국 회사라는 점이었다.

그 사건을 겪으면서 나는 당시 대한민국의 위상을 다시금 깨달을 수 있었다. 만일 인수 파트너가 대한민국이 아닌 미국이나 일본의 기업이었다면 프랑스 여론의 방향은 많이 달라졌을 것이다. 우리는 프랑스를 선진국이자 문화국이라고 인식하고 있었지만 정작 그들은 대한민국을 가난하고 아직 덜 국제화된 제3세계 국가 정도로밖에 인식하지 않았다.

이해할 수 없는 정치적 결정이 이루어지는 나라, 국민 정서가 자본의 논리를 넘어서는 나라는 지구 상에 유일하게 대한민국만 있는 것이 아니었다. 세계가 온통 자유무역의 환상에 빠져 있는 것처럼 보이기도 하지만, 결국 각 나라들은 자국의 이익을 위해 가장 적정한 전략적 포지션을 취하고 있을 뿐이다.

세계화는 그때그때 상황에 가장 알맞은 전략을 수립하고 운영하는 기업 단위에서의 노력도 중요하지만 국가적 차원의 이미지, 경쟁력 강화를 위한 노력이 선행돼야 하는 것이다.

비록 톰슨멀티미디어 인수를 통한 세계 1위 전자업체로의 도약은 한순간에 물거품이 됐지만, 그 일을 준비하면서 흘린 귀중한 땀방울과 국가의 위상에 대한 깨우침은 마음속에 영원히 기억하고 있다.

대우의 승리와
한국의 패배

_ 국내의 무관심으로 잃어버린 폴란드 자동차사업

유춘식

폴란드는 동구에서 가장 큰 나라이다. 정치적으로 안정돼 있고 인구가 4천만 명으로 내수시장도 제법 큰 편이었다. 이러한 여건은 대우가 관심을 갖기에 충분한 것이었다. 그러나 대우는 폴란드에 대해 더 큰 그림을 그렸다. 지리적으로 유럽의 한가운데 위치한 폴란드는 머지않아 EU에 가입할 것이 확실했다. 그러면 관세 부담 없이 서유럽에 자동차를 수출할 수 있게 된다. 김우중 회장은 폴란드를 거점으로 유럽시장 전체를 공략하려는 생각을 가지고 있었다. 대우FSO는 그런 전략에 근거해 전격적으로 인수가 추진됐다. 대우가 인수할 당시 FSO는 폴란드 유일의 승용차 생산공장으로서, 연간 30만 대 규모의 생산라인과 모든 부품에 대한 일괄 공급체계를 갖추고 있었다.

유춘식
1944년에 서울에서 태어나 경기고등학교, 서울대학교 금속공학과를 졸업했다. 1966년에 한국비료 입사 후 효성중공업 등을 거쳐 1977년 대우실업으로 자리를 옮겨 2000년까지 대우에 봉직하면서 ㈜대우 부사장, 대우자동차 사장, 폴란드 DMP법인 대표, 폴란드 센트룸대우 대표, 대우 FSO 사장 등을 역임했다. 상훈은 폴란드 재임기간 중 한-폴란드 경제협력에 기여한 공으로 폴란드 대통령으로부터 유공훈장(2000)을 수상했다.

폴란드의 유일한 자동차공장 인수

1995년 봄, 나는 폴란드에서 폴란드 재무부 장관을 만났다.

"저희 대우자동차는 폴란드 정부와 동업자가 되기를 희망합니다. 다시 말해 폴란드에 자동차 생산공장을 세우고 싶습니다."

"대우가 우리나라에 투자한다면 우리는 환영입니다. 그런데 폴란드에서 무슨 차를 어떤 방식으로 생산할 계획인가요?"

"소형 승용차를 생산하고 싶습니다. 부품을 한국에서 수입해 폴란드에서 조립하는 세미녹다운(SKD) 방식이 좋을 것 같습니다."

"폴란드에서 자동차를 조립, 생산하면 대우는 면세 효과를 얻을 수 있습니다. 그럼 폴란드는 어떤 이익을 얻을 수 있죠?"

"폴란드 자동차공업을 전반적으로 발전시키는 효과가 있겠지요."

"그렇군요. 그렇다면 생산 규모는 어느 정도로 생각하나요?"

"연산 최소 5만 대는 돼야 한다고 봅니다. 어떻습니까?"

"바르샤바에서 160km 떨어진 루블린에 상용차 제조공장 FSL이 있습니다. 그 공장을 인수하시지요. 그래서 상용차 생산을 계속하는 한편 승용차 생산라인을 추가로 설치해 생산하면 어떻습니까?"

"그렇습니까? 공장을 보고 결정하겠습니다."

1995년 6월, 대우는 폴란드에서 처음으로 자동차생산을 시작하게 됐다. 루블린의 FSL를 인수한 후 DMP(Daewoo Motor Polska)라고 이름을 바꾸는 동시에 승용차 생산을 시작한 것이다. FSL을 인수하면서 대우는 인근에 있는 상용차 엔진공장 앤도리아(Andoria)도 인수해 현지에 일괄 생산체제를 갖추었다.

하루는 김우중 회장이 나에게 전화를 했다.

"회장님, 어쩐 일이십니까?"

"루블린의 상용차공장 인수하느라고 수고했어. 그런데 말이야, 바르샤바의 FSO는 좀 어떤 것 같아?"

"네? 지금 FSO라고 하셨습니까?"

"그래, FSO."

"그 공장에 관심 있으세요? FSO라면 GM이 인수하려고 벌써 7년 동안이나 협상을 계속해오고 있는 것으로 압니다만."

"나도 알아. 그런데 그게 잘 안 되는 모양이야. 무슨 상황인지 현지에서 정확하게 알아봐."

"네, 알아보기는 하겠습니다만……."

김우중 회장의 지시를 받긴 했지만 내 생각은 회의적이었다. 만약 대우가 FSO를 인수하게 된다면, 폴란드에서 대우의 승용차 생산기지가 중복되기 때문이다. 하지만 김 회장의 생각은 달랐다.

"기왕이면 FSO에 적극적으로 대시해봐. 폴란드는 정치적으로 안정돼 있고 장래성도 있어. 게다가 동구에서 제일 큰 나라잖아. 인구가 4천만 명으로 내수시장이 제법 되고, 지리적으로 유럽의 한가운데 위치해 있어. 앞으로 EU에 가입하면 EU 여러 나라에 관세 장벽 없이 자동차를 수출할 수 있어."

나는 폴란드만 바라보고 있었는데, 김 회장은 폴란드를 거점으로 유럽시장까지 크게 내다보고 있었던 것이다. FSO는 유럽에 잘 알려진 브랜드 '폴로네즈'를 생산하는 폴란드 유일의 승용차 생산공장이었다. 연 30만 대 규모의 생산라인과 모든 부품에 대한 일괄 생산체제를 갖추었을 뿐 아니라 판매망을 200여 곳이나 가지고 있었다.

"마침 DMP 일로 폴란드 재무부 장관을 만나는 일정이 있는데, 장관에게 FSO에 대한 폴란드 정부의 입장을 문의하겠습니다."

"재무부 장관을 만나거든, 대우가 FSO를 정상화시키면 폴란드 국익에 도움이 된다는 점을 충분히 설명해줘. 대우의 세계경영이 폴란드에 도움이 된다고 믿고 협력하면, 폴란드와 대우는 새로운 시대의 경제협력 모델이자 세계경영의 모범사례가 될 거야."

며칠 뒤, 폴란드 재무부 장관을 만나는 자리에서 나는 FSO와 GM의 협상 상황을 넌지시 문의하고 대우의 인수 가능성을 타진했다. 그러자 그는 의외라는 표정을 지으며 "대우가 FSO에도 관심이 있습니까?"라고 반문했다.

"조건만 맞으면 관심이 있습니다."

"그렇다면 대우도 입찰에 참여해주세요."

"아니오. 입찰을 한다면 우리는 참여하지 않겠습니다."

"관심이 있다면서 왜 입찰에 참여하지 않겠다고 합니까?"

"생각해보십시오. 그동안 GM이 7년째 협상을 끌고 있습니다. 그런 FSO 입찰에 대우가 참여하면 앞으로 7~8년은 더 시간을 끌게 아닌가요? 하지만 우리는 7~8년이나 더 기다릴 수 없습니다. 인수 가능 여부를 알아야 계획을 세울 것이 아닙니까?"

이에 재무부 장관은 별 대답이 없었으나, 표정을 보아하니 나의 주장에 수긍을 하는 눈치였다.

"만약 대우가 인수하면 FSO 공장과 그 산하 부품공장에 종사하는 2만여 명의 고용문제를 어떻게 할 것인지 의견을 제시해주십시오. 그들의 고용을 보장할 수 있습니까?"

"대우는 인수 후 3년 동안 고용을 100% 보장하겠습니다."

"그래요? GM은 종업원 80%를 해고해야 한다고 주장하고 있는데, 대우는 고용을 100% 보장한다고요?"

"GM과 대우는 입장이 다릅니다. GM은 폴란드의 기능공들이 부담스러울지 몰라도, 대우는 폴란드의 기술자들을 자산으로 보고 있습니다. 대우가 고용 100%를 보장하는 이유는 첫째, 세계경영에 폴란드의 숙련된 고급기술 인력이 많이 필요하기 때문입니다. 둘째, FSO 산하의 부품공장 체계가 세계경영에 필요하기 때문입니다. 셋째, 대우가 세계경영을 성공하려면 판매망이 더 필요한데, FSO가 현재 200여 개의 판매조직을 가지고 있기 때문입니다."

"무슨 말씀인지 알겠습니다. 그렇다면 인수 조건은 무엇이지요?"

"고용을 보장하는 대신 인수가격을 깎고 싶습니다. 지금보다 4

천만 달러는 깎아야 합니다."

"근거가 무엇입니까?"

"FSO 노동자들을 해고하면 폴란드 정부는 실업수당을 지불해야 합니다. 그런데 대우가 고용을 100% 보장하면 폴란드 정부는 재정부담이 줄어듭니다. 따라서 인수가격을 깎아야 한다는 것이 제 개인적인 의견입니다."

대우가 고용을 100% 보장한다는 설명을 듣고 재무부 장관은 시간을 좀 달라고 했다. 정부의 관계부처와 협의한 후 입장을 정리할 시간이 필요하다는 것이었다. 3주가 지나자 답변이 왔다. FSO공장 인수에 대해서 폴란드 정부가 대우와 협상을 개시하고 싶다는 반가운 소식이었다. 그리하여 대우와 폴란드 정부는 FSO공장 인수에 대한 구체적이고 본격적인 협상을 시작해 LOI를 체결하고, 1995년 11월 14일에는 폴란드의 자존심이던 FSO를 대우가 인수한다는 사실이 확정됐다. 대우의 FSO 인수가 확정되자 구라파 자동차 업계가 충격을 받았다. 폴란드의 민주화 운동 이후 최대 규모의 외신기자들이 폴란드에 모여들어 취재경쟁을 펼쳤다. 폴란드 언론들은 대우의 FSO 인수를 그해의 10대 뉴스로 보도했다.

폴란드 FSO를 인수한 김우중 회장은 폴란드에 자동차판매조직을 새로 만들기로 했다. DMP가 씨에로를 생산하고 FSO가 폴로네즈를 생산하면서 자동차의 판매 볼륨이 커지는 만큼 기존의 판매조직으로는 감당하기 어렵다고 판단한 것이다.

"판매가 문제야. 판매 법인을 하나 만들어야겠어. FSO와 DMP가 생산하는 차를 판매하려면 대리점 수준으로는 곤란해."

"맞습니다. 생산 볼륨이 커진 만큼 판매 전담조직이 필요합니다. 하지만 폴란드에서 대우가 판매회사를 새로 등록하기가 법적으로 용이하지 않습니다. 그래서 드리는 말씀인데, 기존의 딜러회사를 인수하는 방법은 어떻습니까?"

"좋아, 그렇게 하도록 하지."

그렇게 해서 기존의 판매회사를 인수해 만든 회사가 센트룸 대우(CENTRUM DAEWOO)였다. 자동차 판매를 전담하는 센트룸 대우는, ㈜대우 직원들과 대우자동차 판매 출신 직원 10여 명이 바르샤바의 센트룸 대우 본사와 각 지역본부로 분산해 마케팅과 영업활동을 시작했다.

"FSO는 석진철 사장한테 맡기고, DMP와 센트룸 대우는 미스터 유가 맡아서 운영해. 나는 기획을 맡을게."

"회장님, DMP 하나만으로도 저는 버겁습니다. 하나만 집중하게 해주십시오."

"힘이 들더라도 내 말대로 해."

김우중 회장은 곧 DMP와 센트룸 대우의 사장으로 나를, 폴란드 FSO의 사장으로는 석진철 사장을 정식으로 발령했다. DMP와 센트룸 대우는 160km 떨어져 있었다. 나는 두 회사에 일주일씩 머물면서 업무를 진행했다. 2년 정도 그렇게 근무를 하니 몸도 많이 지친 데다 DMP에서 개발이 확정된 상용차 신모델 개발에 좀 더 전념하고 싶은 마음이 들었다. 그래서 김우중 회장에게 한 가지 일에 몰두할 수 있도록 해달라고 다시 보고를 드렸다.

"알았어. 센트룸 대우에 사람을 새로 보낼 때까지만 관리해.

DMP는 어때?"

"폴란드는 상용차 시장 여건이 좋습니다. 그동안 개발한 새 차를 곧 생산하면 더 활기를 띨 전망입니다. 폴란드는 물론이고 유럽시장에도 팔고 한국으로 수출을 시도할 수도 있습니다."

곧 센트룸 대우에 최정호 사장이 새로 부임해 왔다. 그리하여 폴란드에는 대우자동차와 관련해 FSO, DMP, 센트룸 대우 등에 세 사람의 사장이 근무하게 됐다.

상용차 생산에 전력투구

나는 DMP에 전력투구하며 신모델 개발에 주력했다. LD-100 소형 모델의 설계와 개발, 그리고 생산이 완료돼 주행시험도 마쳤다. 이제 3개월 뒤에는 새 차를 생산해 출시한다는 기대에 부풀어 있었다. 하지만 새 차 생산에 돌입하기 직전의 바로 그때, 꿈에도 상상하지 못한 상황이 닥쳐왔다. IMF 외환위기가 한국을 강타한 것이다. IMF는 생산의 마지막 단계에 필요한 금형의 선적을 중단시키도록 만들었고, 금융 사정을 점점 악화시켰다.

한국의 IMF 사태로 폴란드에 있는 우리가 자금난에 허우적거리고 있던 어느 날, 폴란드 주재 한국 대사가 전화를 걸어왔다. 그는 내게 한국에서 국회의원 6명이 폴란드를 방문했다면서, DMP에 들를 테니 식사라도 함께하자고 나에게 권했다.

"대사님, 지금 상황에 그게 무슨 말씀이세요? IMF 때문에 혼이 다 빠져나갈 판국에 제가 국회의원들 만나서 밥을 사고 말고 할 여유가 있겠습니까?"

"그걸 모르는 바가 아니에요. 그런 상황이니 오히려 한국에서 온 정치인들한테 하고 싶은 얘기나 해보세요."

내키지는 않았지만 대사관 측에서 여러 차례 권해 마지못해 국회의원들과 식사하는 자리를 마련했다. 하지만 국회의원들은 대우가 폴란드에서 어떤 일을 하고 있는지 전혀 모르고 온 눈치였다.

"폴란드에는 대우가 월급을 주는 사람이 3만 명이나 됩니다."

"이 공장 종사자가 그렇게 많습니까?"

"폴란드에는 대우가족이 많습니다. 여기 DMP에 7천 명, 바르샤바의 FSO에 2만 명이나 됩니다. 또 DMP에 관계하는 영국인도 1,500명이나 됩니다."

"아, 그렇습니까?"

"물론 그게 다가 아닙니다. 전자 쪽 사람들까지 포함하면 폴란드의 대우가족은 더 늘어납니다. 한국 역사에서 단군 이래로 한국이 해외에서 이렇게 많은 사람들을 고용한 역사가 있습니까?"

"……."

"제 개인적인 생각이지만, 앞으로 100년 이내에는 이런 규모의 고용을 창출할 수 없을 것입니다."

"과연 그렇군요."

"인원이 많다는 자랑을 하려는 게 아닙니다. 폴란드 사람들이 대우와 한국인을 얼마나 신뢰하고 있는지 심사숙고하셔야 합니다. 폴란드의 자동차 소비자들을 생각해보십시오. 아니, 마침 폴란드에 오셨으니 폴란드 사람들한테 물어보십시오. 대우가 폴란드 자동차 소비자들에게 얼마나 잘하고 있는지, 진짜 잘못한 게 무엇인지 말입니다. 대우공장의 종업원들 가운데 아무나 붙잡고 물어보십시오. 아니면 폴란드 정부에게 물어보든지…….”

“무슨 말씀이오?”

“지금 한국 정부가 캐시 플로우(현금 흐름)로 대우를 압박한다고 들었습니다. 폴란드에 관한 한 한국 정부가 대우에게 상을 주어도 시원치 않다고 보는데, 상은 고사하고 대우를 지금 집중적으로 압박하고 있으니, 이게 말이 되는 겁니까?”

“유 사장, 심정은 알지만…….”

내가 격해지자 대사가 만류했다. 하지만 나는 폴란드를 방문한 국회의원들에게 직설적으로 물었다.

“대우의 폴란드 진출은, 한국 역사에서 전무후무한 활동입니다. 향후 100년 이내에 실현이 불가능한 자랑스러운 쾌거가 아닙니까? 이것은 결과적으로 국익에 기여하는 일입니다. 이 이상 국익에 도움 되는 일이 어디 있습니까? 이런 기업을 정부가 도와주지는 못할망정 왜 계속 압박하는지 당최 이해가 안 됩니다.”

아무 말 없이 조용히 내 말만 듣고 있던 국회의원들은 한 사람씩 자리에서 일어서더니 이내 슬그머니 사라졌다. 나와 국회의원들 사이에서 안절부절못하며 난처해하던 한국 대사도 그들의 뒤를 따라 사라졌다. 그 와중에 한 국회의원은 자신이 김대중 대통령에게 보고하겠다며 내 얘기를 정리해달라고 했다. 그래서 밤샘을 하여 자료를 만들어 전달했으나, 그 후 아무 소식이 없었다.

한편, 대우가 IMF 때문에 자금 사정이 어렵다는 뉴스를 접한 폴란드 정부는 대우를 적극 지원해주었다. 부총리가 TV에 직접 출연해 국민들 앞에서 정부 입장을 발표했다.

"폴란드 정부는 한국 정부의 입장을 확인한 뒤에 폴란드의 FSO와 DMP에 3억 5천만 달러를 지원키로 했습니다."

나는 내심 폴란드 정부가 먼저 북을 치면, 한국 정부가 장구를 쳐주리라고 기대했다. 그러나 한국 정부는 반응이 없었다.

"미스터 유, 한국 정부의 의중을 모르겠어요. 우리가 이만큼 하면 뭔가 반응이 있어야 하는 것 아닌가요?"

"방송 발표만으로는 폴란드 정부 측의 입장을 한국 정부가 접수하지 못할 수도 있습니다. 한국에 정식으로 특사를 파견해주십시오."

폴란드 정부는 재무부, 상공부, 대통령 특보 등 고위급으로 구성된 특사를 파견해 향후 지원 대책을 한국 정부와 논의하기를 희망했다. 그러나 한국에 갔던 폴란드 특사는 한국 정부의 입장을 파악하지 못한 채 아무 성과 없이 폴란드로 돌아왔다.

"미스터 유, 우리 정부는 한국 정부를 이해할 수 없습니다. 우리가 대우에 대한 지원 대책을 구체적으로 제안했지만 아무 반응이 없었습니다. 특사가 한국에 도착해 한국 정부의 관련 부처 사람과 회담을 했습니다. 그런데 회담에 나온 공무원은 30분 동안 처음부터 끝까지 딴청만 부리고, 대우에 대한 지원문제에 대해서는 아무 언급을 하지 않았어요."

"아니, 그럴 리가 있나요?"

"모두 사실입니다. 이는 한국 정부가 폴란드를 무시한 처사라고 밖에 규정할 수 없습니다. 우리는 이번 일에 대해 정식으로 외교문제를 삼을까 합니다."

그러나 끝내 한국 정부의 반응은 없었다. 이후 나는 "무엇이 왜 잘못됐을까?"라는 생각만 곱씹은 채 귀국길에 올라야 했다. 그 당시 한국 정부의 태도는 지금도 이해할 수 없다. 폴란드 시장점유율 30%에 육박하는 대우의, 아니 한국의 자동차공장이 폴란드에서 붕괴하는 것을 한국 정부는 왜 수수방관했는지 난 아직도 모르겠다. 폴란드에서 품어온 대우의 꿈과 포부는, 우리를 냉정하게 모른 척한 한국 정부로 인해 그렇게 산산조각 나고 말았다.

하지만 단 하나의 생각은 아직도 명확하다. 아무도 가보지 않은 길을 출발해 먼 이국 땅 폴란드에서 대우가 펼쳤던 세계경영은 곧 우리 대한민국의 수출을 증대시키고 파생산업을 키우고 중소기업의 해외 동반 진출을 이끄는 기회의 확대이자 어마어마한 경제영토의 확장이었다. 그런 의미에서 대우의 세계경영 정신만은 반드시 계승돼야 한다. 대우가 철수한 뒤 여러 다른 기업들이 폴란드에 진출해 대우가 일구어놓은 과실을 따먹고 있는 것은 분명히 그때 대우가 쌓아놓은 노력들이 노력이 지대한 영향을 주었으리라 확신한다. 당시 현지를 다녀온 다른 기업인들이 이 사실을 증언하고 있다.

최선을 다했기에
후회는 없다

_ 모로코에서 최초로 추진된 전자·자동차 복합공단

남귀현

대우가 추구한 세계경영의 취지는, 해외의 여러 나라에 대우그룹과 같은 규모의 회사를 하나씩 설립한다는 것이었다. 그러기 위해 대우는 해당 국가의 산업 발전과 고용 창출 및 외화획득에 기여하면서 현지에서 다양한 사업 기회를 확보하는 윈윈의 원칙을 추구했다. 이런 전략 때문에 대우에서는 항상 내부적으로 사업 기회를 공유하려고 노력했다. 대우전자가 길을 닦으면 대우자동차가 진출하고 대우자동차가 기회를 만들면 대우전자가 뒤따랐다. 남귀현은 대우전자의 해외사업을 담당하면서 항상 이런 복합적인 기회를 만들어내고자 노력했다. 그리고 마침내 모로코에 최초의 대규모 전자·자동차 복합공단을 성사시키기에 이르렀다.

남귀현
1945년에 강원도 정선에서 태어나 중동고등학교, 고려대학교 경제학과를 졸업했다. 1971년에 금성전선에 입사해 근무하다가 1973년에 대우로 옮겨 2000년까지 대우에 봉직하면서 대우건설 이사, 대우전자 부사장, 모로코 지역본사 전자담당 사장, 대우 인도 본사 사장 및 대우자동차인도 사장을 역임했다. 대우그룹 퇴직 후에는 아남전자 대표이사 사장 및 부회장을 역임했고, 현재는 아남전자 고문으로 있다.

세계경영의 기치

대우가 추구한 세계경영의 취지는, 해외의 여러 나라에 대우그룹과 같은 규모의 회사를 각각 하나씩 설립한다는 것이었다. 그리하여 현지에서 보다 많은 고용을 창출하며, 해당 국가의 외화가득률(外貨稼得率)을 높이고, 대우의 기업이윤도 높이려고 했다. 세계경영의 그 같은 윈윈 전략은 기존의 다국적 기업들과 다른 방법의 투자였다. 그런 이유로 개발도상국 정부들은 대우의 진출을 적극 환영했다.

1993년에 대우가 세계경영을 공식적으로 선언하기 전인 1990년부터 대우전자는 멕시코에 공장을 건설하는 등 전자제품 생산의 현지화를 일찍이 시도했다. 멕시코와 미국의 접경 에 있는 사막 마킬라도라(Maquiladora)의 국경도시에 대우전자는 조립공장을 짓고, 그 공장에서 생산한 TV를 멕시코 내수시장에서 팔고, 미국과 남미로 수출했다.

한국에서 생산해 이들 에 수출하면 관세(12.8%) 때문에 가격경쟁력이 떨어졌다. 그러나 생산의 현지화를 통해 멕시코 국경에서 대우전자 상품을 만들어 팔면 나프타(NAFTA, 북미관세협정)의 혜택으로 관세가 0%였다(품목에 따라 2% 정도의 상징적인 관세가 있기도 했다). 이런 특혜 속에서 멕시코의 대우전자는 TV를 1년에 300만 대 남짓 만들어 수출했다. TV뿐만 아니라 컴퓨터용 모니터 100만 대, VCR 100만 대도 생산했다. 그 500만 대 규모의 생산 물품 가운데 70~80%를 미국에 팔고, 나머지 20~30%는 멕시코와 중남미에 팔았다.

대우가 세계경영의 기치를 들 무렵에 대우전자는 세계경영의 선봉에 서서 멕시코에 이어 아르헨티나에도 진출했다. 아르헨티나에서 여객기가 닿을 수 있는 최남단의 섬 우스와야(Ushuaia)에 조립공장을 짓고 TV나 오디오 등을 생산해, 아르헨티나는 물론 파라과이, 우루과이 등에 무관세로 판매했다.

남미의 개발도상국들뿐만 아니라 프랑스에도 대우전자 조립공장을 짓고, 프랑스에서 생산한 상품은 프랑스를 비롯해 EU 에 수출했다. 그러자 EU 에서는 12~13%의 관세 부담이 4.8% 정도 수준으로 낮아졌다. 4.8%는 부품 관세인데, 부품을 수출하고 이를 현지공장에서 완제품으로 조립해 판매하면 관세가 8%나 절약돼 그만큼 가격 경쟁력이 생겼다.

이처럼 대우전자는 세계경영의 선봉에서 남미와 프랑스에 이어 우즈베키스탄, 카자흐스탄, 폴란드 같은 동구권 국가에도 조립공장을 만들어나갔다.

1994년 11월 어느 날, 대우전자 부사장으로서 해외사업본부장으로 일하던 내게 외무부에서 뜻밖의 전화가 걸려왔다.

"바웬사 대통령이 한국에 들러 대우전자를 방문하고 싶어 합니다."

바웬사 대통령이 일본 방문 후 귀국길에 한국을 방문한다는 폴란드 정부의 연락을 한국 외무부가 내게 전달한 것이다. 그때는 한국에서 폴란드에 투자한 회사가 대우전자밖에 없을 때였다. 나는 곧바로 대우전자 배순훈 회장에게 보고했다.

"바웬사 대통령이 한국을 방문할 예정인데 대우전자에 들르고 싶어 한답니다. 우리에게 좋은 기회 아닙니까?"

1994년 12월 10일에 한국에 온 바웬사 대통령은 안타깝게도 스케줄이 빠듯해, 대우전자의 구미공장을 방문할 여유가 없었다. 그러자 김우중 회장이 그를 부평의 대우자동차 공장으로 안내했다. 김태구 사장의 브리핑을 들은 후, 바웬사 대통령은 김우중 회장과 나란히 공장을 한 바퀴 돌아보았다.

"훌륭한 공장입니다. 폴란드에도 똑같은 공장을 세우고 싶군요. 빠른 시일 내에 폴란드를 한번 방문해주실 수 있나요?"

바웬사 대통령이 즉석에서 김우중 회장에게 물었다.

"그러죠. 꼭 폴란드에 가겠습니다."

그날 바웬사 대통령은 김우중 회장이 한 달 내에 폴란드를 방문한다는 약속을 확인하고 귀국길에 올랐다. 그리고 김우중 회장은 1994년 12월 22일에 폴란드의 수도 바르샤바에 도착해 대통령과의 약속을 지켰다.

유춘식 상무와 내가 김우중 회장을 수행해 저녁 7시경에 바르샤바 공항의 VIP룸에 들어섰다.

"회장님, 오셨습니까?"

마중 나온 ㈜대우 바르샤바 지사장 전병일 부장은 이내 가방에서 주섬주섬 무엇을 꺼냈다.

"회장님께서 오신다고 했더니 제 집사람이 된장국을 끓여주었습니다. 먼 길 오시느라 시장하실 텐데 한 술씩 뜨십시오."

그는 보온병에 담긴 뜨거운 된장국과 보온도시락에 싸온 밥을 꺼내더니 탁자 위에 저녁상을 차려주었다. 김우중 회장과 우리는 VIP룸에 앉아 머나먼 이국땅에서 된장국에 밥을 한 그릇씩 말아먹었다.

"잘 먹었어요. 부인께 고맙다고 꼭 전해줘요."

김우중 회장은 바르샤바 지사장에게 감사의 말 한마디를 하고는 자리를 툭 털고 일어섰다.

"밥도 잘 먹었으니 이제 출발하지."

"지금 이 시각에요? 피곤하실 텐데⋯⋯. 공항 근처 호텔에서 잠깐 쉬고 가시지요."

"아니야, 지금 출발하자고."

김우중 회장과 유춘식 상무 그리고 나는 밤 8시 경에 자동차를 타고 루브린(Lublin)공장으로 향했다. 루브린에 도착하니 밤 11시였다. 피곤이 몰려왔다. 공항 근처 호텔에서 잠을 자고 출발했으면 좋을 텐데, 우리는 루브린에 도착 후 공장 근처에 있는 호텔에서 잠시 휴식을 취하며 날이 밝기를 기다렸다.

"이제 공장에 들어가 봐야지."

김우중 회장의 목소리에 화들짝 놀라 잠에서 깨어보니 아침 7시였다. 하지만 겨울이라 주변은 어두컴컴했다. 우리 일행은 아침 식사도 거른 채 아침 7시에 루브린공장으로 들어갔다. 그곳은 자동차 부품을 만들고, 피아트 자동차(트럭)를 조립하는 공장이었다. 반나절이 넘도록 공장 여기저기를 꼼꼼히 살폈다. 그리고 그날 저녁, 김우중 회장은 폴란드 총리를 만나서 루브린공장을 인수하고 싶다고 말했고, 대우자동차는 폴란드 정부와 후속 협상 끝에 공장을 인수했다. 대우는 그렇게 폴란드 자동차시장에 투자하기 시작했고, 그 일이 계기가 되어 나중에 FSO까지 인수했다.

만일 바웬사 대통령이 바쁜 일정 때문에 구미의 대우전자공장에 갈 수 없다고 했을 때 그냥 포기하고 지나쳤다면 이런 기회는 오지 않았을 것이다. 나는 매사에 최선을 다하는 김우중 회장의 적극적인 마음가짐과 놀라운 순발력에 새삼 경탄하지 않을 수 없었다.

지중해와 북아프리카로 진출
1997년 어느 날, 김우중 회장이 나에게 모로코 출장을 지시했다.

"모로코예요?"

"대우전자가 그동안 남미에서 시작해 유럽, 동구권으로 진출했는데, 이제 아프리카 시장에도 나갈 때가 됐다고 봐. 모르코를 거점으로 북아프리카에 진출하면 어떨까 해. 우선 현지에 나가서 시장조사부터 해줘."

"네, 알겠습니다."

㈜대우는 모로코에 지사를 설치하고 현지에서 힐튼 호텔을 운영하는 등 다양한 투자를 하고 있었으나, 대우전자와 모로코 사이에는 그때까지만 해도 특별한 거래가 없었다.

출장을 준비하면서 나는 ㈜대우 모로코 지사장 전인수 부장을 통해 미리 모로코의 상공장관과 면담 약속을 잡았다.

"장관님, 모로코 정부와 대우가 합작해 전자제품공장을 만들면 어떨까 싶습니다."

전인수 부장과 함께 면담하는 자리에서 나는 제토(Jettou) 장관에게 단도직입적으로 제안했다. 그러면서 가방에 넣어간 대우전자 카탈로그를 꺼내어 상공장관 집무실 테이블 위에 넓게 펴서 보여주자 장관은 깜짝 놀랐다.

"대우전자가 이런 것들을 모두 만듭니까?"

"물론입니다."

"그런데…… 어쩌죠? 모로코에는 전자제품에 대한 수요가 그렇게 많지 않습니다."

"알고 있습니다, 장관님. 대우는 모로코의 내수시장을 보고 투자하는 것이 아닙니다. 만약 대우가 모로코에서 전자제품을 만든다면 그 일부는 물론 모로코에 공급하겠지만, 대부분은 마그레브(아프리카 북서부 일대) 국가들에 수출하려고 합니다. 우선은 프리 트레이드 존(Free Trade Zone, 자유무역지대)의 다섯 나라에 전자제품을 공급하겠습니다."

"아, 그렇습니까?"

"대우전자는 스페인, 이탈리아, 프랑스에도 수출할 수 있습니다. 따라서 모로코에 저희가 공장을 지어 수출을 시작하면 모로코는 고용이 늘어날 것입니다. 어떻게 생각하십니까?"

"좋은 아이디어군요. 대우가 어떤 제품을 만들고 있는지 좀 더 자세히 말씀해주십시오."

나는 대우의 카탈로그를 좀 더 자세히 보여주었다. 200여 개 모델을 보면서 그는 놀라는 눈치였다.

"이렇게 큰 회사인 줄은 몰랐습니다. 대우 같이 좋은 회사가 모로코에서 제품 생산하기를 정말로 희망하는 것입니까? 그렇다면 우리가 왜 반대를 하겠습니까?"

모로코 상공장관은 대우전자의 현지 투자를 긍정적으로 검토하겠다고 했다. 나는 출장을 마치고 귀국해 그 같은 사실을 김우중 회장에게 보고했다.

"수고했어."

"우선 텔레비전부터 시작하려고 합니다. 나중에 냉장고, 세탁기도 조립하고요. 북아프리카는 물론 유럽도 틀림없이 우리가 점유할 수 있을 것 같습니다."

"그래? 가능성이 있단 말이지?"

"네. 프랑스는 인건비가 한 사람당 2,500달러가 넘는 반면 모로코는 인건비가 100달러밖에 안 됩니다. 구미공장이나 프랑스공장을 모로코로 이전하는 게 좋을 것 같습니다. 그렇게 하면 경쟁력을 올릴 수 있습니다. 시장 규모를 보아도 얼마든지 기회가 있고 가능성 또한 상당히 높습니다."

"모로코를 거점으로 북아프리카로 뻗어나가면 되겠군. 이 은 대우가 오래전부터 진출해 거래를 해왔으니 전자사업도 잘될 거야."

"네, 알겠습니다."

대우는 1976년에 국교도 없는 수단에 진출한 이래 지난 20년간 리비아, 나이지리아, 알제리, 이집트, 에리트리아 등 북아프리카 국가들과 다양한 사업들을 펼치고 있었다. 무역, 건설, 자원개발, 호텔 등을 대우가 현지에서 진행해온 기업활동은 단지 외화를 획득하는 비즈니스에 머무르지 않고 국위를 선양하는 민간외교의 역할까지 톡톡히 해내고 있었다.

모로코 출장을 다녀온 지 얼마 안 되어 모로코 상공장관이 연락을 했다.

"미스터 남, 국왕께 대우전자가 모로코에 공장을 세우기를 희망한다고 보고했습니다. 그 일로 국왕께서 김우중 회장을 만나고 싶어 합니다."

"아, 그렇습니까?"

모로코의 국왕 하산 2세(Hassan Ⅱ)가 모로코와 대우의 합작투자 건으로 대우에 회합을 제의했다고 했다.

"가능하면 뉴욕에서 만났으면 합니다."

모로코 국왕은 그해 10월 UN 총회에 참석차 뉴욕을 방문할 예정이었다.

모로코 상공장관의 연락을 받고 나는 대우통신의 박성규 회장과 함께 뉴욕으로 향했다. 김우중 회장은 다른 일정이 있어서 하루 전날 뉴욕으로 출발했다.

"아침 9시에 19층에서 만나기로 했습니다."

우리 일행은 맨해튼의 플라자 호텔에서 김우중 회장과 합류해, 모로코 국왕과 상공장관을 만나기로 한 약속시간을 기다렸다.

그런데 애초에 약속한 아침 9시가 다 됐을 때, 우리 일행이 있는 룸으로 상공장관이 전화를 걸어왔다.

"약속을 1시간만 늦추어주십시오."

하지만 1시간 뒤에 다시 전화해 1시간을 또 미루었다.

"무슨 일이지?"

김우중 회장이 나에게 물었다.

"이유는 말하지 않은 채 약속 시각을 계속 1시간씩 미루고 있습니다. 다음에 또 미루면 이유를 물어보겠습니다."

오전 11시에 다시 전화가 왔다. 하지만 이번은 약속을 미루겠다는 게 아니었다.

"지금 19층으로 올라오십시오. 기다리고 있습니다."

우리 일행은 19층으로 올라갔다. 국왕은 호텔 한 층을 통째로 빌려서 쓰고 있었다. 한 층 전체에 모로코의 화려한 카펫이 깔려 있었다.

"미스터 남, 어서 오십시오."

"안녕하십니까? 이분이 대우그룹의 김우중 회장님이십니다."

"회장님, 오늘 실례가 많았습니다. 저희 쪽에 부득이한 사정이 생겼거든요."

그때 국왕인 듯 보이는 한 남자가 방으로 들어왔다. 긴장을 하며 바라보는데, 첫눈에 보아도 굉장히 젊어 보였다.

"황태자님, 이분이 대우그룹의 김우중 회장입니다."

상공장관이 소개하는 걸 들으니 그는 모로코 왕 하산 2세가 아닌 모하메드 황태자였다. 어쩐지 젊어 보인다 싶었다. 왕이 곧 나타날 듯해서 다들 조용히 기다리고 있을 때 황태자가 입을 열었다.

"아버님은 오늘 회담에 참석을 못하시게 되셨습니다."

일이 뭔가 잘못돼가고 있는 건가 싶어 나는 내심 불안했다. 아침 9시부터 벌써 2시간이나 약속을 미룬 것도 불안했는데, 막상 올라오니 국왕이 안 나타난다고 하는 것이 아닌가.

"미국 호텔에서 에어컨의 찬바람을 쏘여서 폐렴이 생기셨습니다. 오늘 회담은 아버님을 대신해서 제가 주관하겠습니다."

나는 김우중 회장의 표정을 살폈다. 김 회장은 실망한 내색을 전혀 드러내지 않았다.

"국왕님의 건강을 빕니다. 황태자님, 저희 대우그룹에 관심을 가져주시어 감사합니다. 국왕님을 알현하고 제가 드리고 싶었던 말씀을 드리겠습니다. 저희 대우그룹은 전자는 물론이고, 자동차 및 통신까지 모로코에 투자하고 싶습니다."

모로코 황태자와 관료들은 김우중 회장의 제안을 크게 환영했다.

"감사합니다. 이번 회담을 갖기에 앞서 아버님과 저, 그리고 상공장관은 대우에 대해 조사를 했습니다. 그리고 대우가 원한다면, 대우가 투자할 수 있도록 모로코의 법을 개정하고, 대우에게 80만 m^2의 땅을 내어주기로 했습니다. 뿐만 아니라 모로코 정부가 공장도 지어드리겠습니다. 구체적인 일정은 상공장관과 의논해 주십시오."

그날 회담을 마치고 나는 모로코 공장에 대한 기초자료를 조사하고 사업 계획을 작성했다. 모로코 상공장관과 나는 수시로 만나 구체적인 계획을 논의했다.

"대우는 공단 부지를 어떻게 사용할 계획입니까?"

"예. 대우는 전자공장 부지로 38만m^2를 사용하고, 자동차공장으로 42만m^2를 사용하겠습니다."

"좋습니다. 모로코 정부는 공단 부지를 99년 동안 대우에게 임대하고 공장 건물은 모로코 정부에서 짓겠습니다."

"공장이 들어서면 모로코 사람들 5,700명을 고용하고, 전자 및 자동차를 5년 동안 해마다 3억 달러 이상 수출할 수 있습니다. 전자공장에서는 연간 TV 100만 대를 생산하고, CPT 200만 대 등 각종 전자부품도 함께 생산해 80% 이상을 유럽 및 중동, 아프리카 여러 국가에 수출할 수 있습니다. 나머지 20%는 모로코 내수시장에 판매할 계획을 세웠습니다. 이와 같은 1차 계획이 잘 마무리되면 점차 냉장고, 세탁기 등 여타 제품으로 생산을 확대할 생각입니다."

"자동차는 어느 정도 규모입니까?"

"자동차는 승용차와 트럭 등 상용차를 합해 연간 10만 대를 생산해 모로코에 50%를 판매하고 나머지는 중동과 아프리카에 수출할 계획입니다."

대우와 모로코는 협의내용에 따라 MOU를 체결했다. 그리고 1997년 12월 8일 나는 ㈜대우 모로코 지역본사 사장으로 전보 발령을 받았다.

아쉬움의 대우 마그레브 공단

㈜대우 모로코 본사의 사업은, 카사블랑카 누아쎄르 공단 내에 대우복합공단부지(일명 대우 마그레브 공단)를 조성하는 일이었다.

1998년 7월 16일에 모하메드 황태자를 비롯해 김승호 주모로코 대사, 김우중 회장 등 양국 주요 인사 500여 명이 참석한 가운데 기공식을 가졌다. 이날 기공식은 한국은 물론이고 모로코 및 아프리카와 유럽의 언론들이 크게 보도했다.

대우 마그레브 공단은 대우가 지중해 및 북아프리카 지역에 처음으로 건설하는 대규모 완성차 및 전자공장인 동시에 국내외를 통틀어 처음으로 적용하는 자동차와 전자가 동반 입주하는 공단이었다.

대우는 80만m²의 공단 부지에 향후 5년간 총 4억 달러를 투자할 계획이었다. 연간 10만 대 규모의 자동차를 생산할 자동차공장은 물론 컬러 TV 연간 100만 대, 컬러 브라운관 연간 200만 대, 각종 핵심 전자부품 200만 개를 생산하는 공장을 설립해 빠르면 1999년부터 가동에 들어갈 예정이었다.

관세 감면 혜택 등을 감안한 비교적 안정된 계획이었던 모로코 합작투자는, 그러나 1999년 3월에 중단됐다. 대한민국에 불어닥친 IMF의 여파가 대우에도 영향을 미치기 시작했기 때문이다. 대우그룹에 차관대출(syndicated loan)을 약속했던 은행들이 누굴 믿고 돈을 빌려주느냐며 등을 돌렸던 것이다. 결국 모로코 정부와 대우는 큰 포부와 의욕을 갖고 모처럼 준비하던 꿈을 한순간에 접어야 했다.

그때 만약 IMF가 한국에 상륙하지 않고, 모로코 정부와 대우가 함께 진행한 사업들이 순조롭게 진행됐다면 지금쯤 어떤 성과를 거두고 있을까? 모로코를 거점으로 한 대우의 세계경영은 또 하나의 성공신화를 기록했을 것으로 나는 굳게 믿는다.

땀과 노력은
아끼지 않는다

_ 구조조정 와중에 이룩해낸 무차입경영

서두칠

대우에는 부실기업 정상화와 관련한 신화가 몇 개 있다. 대표적인 사례가 1975년 한국기계를 인수해 설립한 대우중공업이다. 단 한 번도 흑자를 내지 못한 이 회사를 대우는 단 1년 만에 흑자기업으로 전환시켰다. 한국전기초자의 정상화 사례도 이에 못지않았다. 1997년 인수 당시 부채비율이 1,114%에 달하는 극도의 부실상태였던 회사가 1년 만에 흑자로 전환되고 2000년에는 무차입경영을 실현하기에 이르렀다. 대우그룹의 해체 속에서 안팎의 어려움을 겹으로 짊어진 채 이룩한 한국전기초자의 경영혁신은 그래서 더욱 많은 이들에게 관심과 교훈의 대상이 됐다. 그 혁신의 주인공이 서두칠이다. 부도회사를 흑자회사로 만든 역전의 명수인 그는 "21세기형 리더란 조직의 한복판에서 솔선수범하는 기업문화를 만들어내기 위해 노력해야 한다"라고 역설한다.

서두칠
1939년에 일본 효고현에서 태어나 진주고등학교, 경상대학교 농과대학을 졸업하고, 연세대학교 경영대학원에서 회계학을 전공해 석사학위를 받았다. 1976년에서 2000년까지 대우에 봉직하면서 대우중공업 이사부장, 대우전자 부사장, 한국전기초자 사장을 역임했다. 대우그룹 퇴임 후에는 이스텔시스템즈 사장, 동원시스템즈 부회장 등을 역임했고, 현재는 이화글로텍 회장으로 재직 중이다. 저서로는 《서두칠의 지금은 전문 경영인 시대》, 한국전기초자의 경영혁신활동을 다룬 《우리는 기적이라 말하지 않는다》 등이 있다. 2000년 제9회 다산 경영인상을 수상했다.

G-프로젝트

1995년, 대우는 브라운관 유리사업의 필요성을 인정하고 유리 생산에 대한 프로젝트를 시작했다. 그 당시 삼성전관이 그룹 내에 삼성코닝이라는 브라운관 유리회사를 가지고 있어서 안정적인 공급을 받는 것과는 달리, 대우 계열의 오리온전기는 국내외에 튜브 공장과 텔레비전공장을 가지고 있었지만 벌브 유리의 안정적인 공급선을 확보하지 못하고 있었다. 그래서 브라운관 유리공장을 추진하자고 나섰고, 이 사업을 'G-프로젝트'라 칭했다.

프로젝트 추진 팀은 우선 유럽에 공장을 짓는다는 계획을 세웠다. 국내는 삼성코닝과 한국전기초자의 생산량만으로도 공급이 남아돌 정도인 데다, 공장설립에 따른 정부차원의 지원을 기대할 수 없기 때문에 일찍이 후보에서 제외됐다. 최종 후보로 떠오른 곳이 프랑스와 영국이었다.

유럽의 경우 외국자본에 의한 공장설립 시 다양한 지원을 한다. 특히 영국의 경우 각 지역의 자치정부 단위로 한국에 투자 유치단을 파견할 정도로 공장 유치에 적극적이었다. 그러나 다각적인 검토 끝에 현지에 텔레비전 공장이 있는 프랑스로 일단 결정이 됐다.

문제는 어디서 기술을 가져오느냐는 것이었다. 세계적인 브라운관 유리회사들을 대상으로 검토한 끝에 일본의 '아사히 글라스'를 파트너로 선정했다.

아사히와의 기술제휴 협상은 무난하게 잘 진행되는 듯했다. 대우와 아사히가 공동경영을 한다는 조건이었다. 그러나 결국 마지막 단계에서 협상은 무산되고 말았다. 아사히가 독자적인 경영권을 요구했던 것이다. 아사히와의 유리공장 합작 설립 건이 결렬되자 대우는 독자적으로 공장을 짓겠다는 계획을 세우게 됐다. G-프로젝트 팀은 세계 각국을 돌면서 기술자 확보에 나섰다.

1997년 말, 대우는 그룹 차원에서 투자를 하느냐 마느냐를 놓고 최종적인 검토 작업을 벌이고 있을 때였다. 바로 그때 한국유리 그룹에서 "한국전기초자를 인수할 의향이 없느냐?"는 의사타진이 들어왔다. 그리고 얘기가 나온 지 한 달 만에 주식인도 방식으로 경영권을 인수인계하기로 결정이 났다.

결국 한국전기초자의 경영권 이양은 한시바삐 '애물단지'를 떨쳐버리고자 했던 옛 주인과 유리공장이 절실히 필요하던 새 주인 사이에 시기적으로 절묘하게 맞아떨어진 거래였다.

그러나 경영권을 넘기던 한국유리 경영자도, 그리고 세계경영을 기치로 사업 확장을 꾀하던 대우도 IMF 구제금융 사태라는 폭풍은 전혀 예상하지 못했다. 특히, 대우는 회사의 이모저모를 꼼꼼히 따져보고 실사과정을 거쳐서 경영권을 주고받은 것이 아니라, 주식인도 방식으로 경영권을 넘겨받았기 때문에 재무구조가 어떤지 세세한 내막을 몰랐다.

이제 IMF 사태라는 전대미문의 난국에서 한국전기초자라는 부실 덩어리를 어떻게 꾸려 가느냐 하는 책임은 새로 부임한 나의 몫으로 떨어졌다.

1997년 12월 7일 일요일 새벽, 대우전자 부사장으로 일하던 중 한국전기초자 사장으로 내정된 나는 대우전자 사람들이 베풀어준 송별연이 끝나자마자 집에도 들르지 않고 밤 열차를 타고 구미역에 도착했다.

법적으로 12월 29일에 있을 임시 주주총회에서 임원으로 선임되기 전까지 나는 대우전자 소속으로, 월급도 대우전자에서 받도록 되어 있었다. 구미에 내려온 것은 회사 개황을 브리핑 받고 한번 둘러보자는 심산에서였다. 시계는 새벽 1시를 넘어서고 있었다.

나는 전자회사에서 잔뼈가 굵었다. 공장이란, 아무리 복잡한 공정을 가지고 있는 경우라도 가장 무식한 사람이 들어가서 훑어봤을 때 한눈에 그 운영체계가 척 들어와야 효율적이라는 생각을 나는 가지고 있었다. 그런 나에게 한국전기초자의 첫인상은 낙제점이었다. 그리고 회사를 인수한 대우 출신을 대하는 현장 사원들의 태도는 그날 밤 구미공단을 휘감던 북풍보다 더 싸늘하게 가슴에 와 닿았다.

하지만 모든 곳에 희망이 깔려 있다고 생각했다. 무질서하고 비효율적인 공장 운용체계와 지저분한 환경, 한숨이 절로 나오는 사원들의 근무태도, 우호적이지 않은 눈빛 그 모두가 나에게는 오히려 희망이었다.

모든 현장에는 언제나 관리자의 눈길이 닿아야 문제점이 노출되고 그 개선방안이 뒤따를 수 있다. 그 정도가 되려면 사장을 비롯한 전 임원, 간부들이 연중무휴로 근무를 해야만 한다.

사람들이 안 된다고 고개를 내저었던 현장에서 가능성과 성공의 확신을 발견한 나는 그날부터 구미에 눌러앉아 3년 동안 서울 집에 들르지 않았다.

사망선고를 내린 경영진단 보고서

우선 정확한 상황판단이 필요했다. 1996년 당시 당시 세계 TV 브라운관시장은 NEG(일본전기초자)가 29.6%, 아사히 글라스가 25.6%, 한국의 삼성코닝이 14.8%, HEG(한국전기초자)가 8.1%였고, 기타 필립스 등이 나머지 시장을 차지하고 있었다.

언뜻 보면 8.1%의 점유율에다 세계 4위이므로 한국전기초자가 대단한 비중을 차지하고 있었던 것처럼 보인다. 그러나 TV 브라운관 유리가 컴퓨터 모니터용 유리에 비해 부가가치가 훨씬 떨어지는 상황에서 단순한 TV 브라운관 유리의 점유율은 의미가 없었다. NEG나 아사히 글라스, 삼성코닝에서는 컴퓨터 모니터용 유리를 양산하고 있는 데 비해 HEG는 그렇지 못했다.

그렇다면 어떻게 해야 할 것인가? 과연 HEG에서 스스로 고부가가치 제품인 컴퓨터 모니터용 유리를 개발해서 선진 회사들과 겨룰 것인가? 아니면 다른 회사와의 전략적인 제휴가 필요한가? 그것도 아니라면 제3의 방법은 없는가? 이에 대해 이미 인수 전에 경영진단을 받은 결과보고서가 있었다. 과거의 경영진들도 이런 과제들에 대한 답을 경영진단 결과로부터 얻어내려 했던 것이다.

경영진단 결과는 간단했다.

"아무리 낙관적으로 보더라도 국내 시장에서의 수요 증가를 기대할 수 없고, 세계적으로도 공급 과잉 상태이기 때문에 1~3위 업체만 살아남을 수 있다. HEG는 상대적으로 축적된 노하우가 부족하며 생산제품도 저 부가가치 제품에 치중돼 원가 및 수익성 측면에서 경쟁력이 없다. 이로 인한 회사의 어려움은 가중될 것이다."

보고서 말미에 이런 결론이 씌어 있었다.

"결론적으로 말해서 한국전기초자는 현재의 경쟁력으로 볼 때 도저히 살아남을 수 없다."

경영진단 평가서는 극비로 취급돼 그동안 한국유리그룹 경영진과 한국전기초자의 상층부 몇 사람 정도만 알고 있었을 뿐 다른 임원들이나 간부들은 그 내용을 알지 못했다. 그러던 중 회사가 대우로 넘어온 것이었다.

1997년 총매출은 2,377억 원인 것에 비해 차입금은 3,480억 원이었다. 1995년에 제2공장과 제3공장을 증축과 신축할 때 은행에서 차입한 자금 말고도 77일간의 파업기간 중에 필요했던 회사의 운전자금을 종금사에서 CP를 발행해 단기자금으로 끌어다 쓴 상태였다. 그 자금만 800억 원에 이르렀다. 일주일짜리 단기차입금도 있었고 하루짜리 초단기차입금도 있었다.

차입금 외에도 설비를 사들일 때 분할상환식으로 갚도록 계약한 리스채무가 1억 달러나 됐다. 그런데 달러 환율이 800원이었을 때 끌어다 쓴 외화 차입금은 IMF 구제금융 여파로 원화가치가 계속 하락세여서 그 규모가 얼마로 불어날지 모르는 형편이었다. 거기에다 미지급금 1,200억 원이 따로 있었다. CP 이자율 한도가 24%였으나 그 상한선을 깨고 39.9%의 이자로 일주일 혹은 1개월짜리 CP를 발행해서 날마다 목을 조여오는 채무상환금 조달에 매달려야 했다.

당시 회사가 심각한 자금난에 빠진 결정적인 이유는 1997년 여름에 일어난 77일간의 파업 때문이었다. 장기파업 여파로 금융기관이나 원료 공급업체로부터 전혀 신뢰를 얻지 못한 것이다. 또 파업기간 중에 제품을 제대로 공급하지 못하다 보니 거래처가 끊겨 돈 나올 구멍이 없었다.

살아남기 위한 구조조정

나는 제로베이스에서 새 출발하기 위한 대대적인 구조조정을 선언하고 그 방향을 제시했다. 가시적인 변화 중 가장 두드러진 것은 근무체제의 변화였다. 당시 한국전기초자는 작업의 특성상 1시간 일하고 30분 쉬는 방식으로 근무체제를 운용했다. 전 세계의 모든 경쟁사가 이와 비슷한 체제로 일하고 있었다.

하지만 한국전기초자가 처한 상황에서 남들과 똑같이 일해서는 살아남을 수 없었다. 남보다 늦게 출발하면서 그들을 앞서고자 한다면 남들과 똑같이 해서는 어림도 없는 일이다. 그래서 2시간 일하고 10분 쉬는 체제로 전환하자고 제안했다. 성공을 위해서는 땀과 노력을 아끼지 않았다.

또한 기동력 있는 회사로 탈바꿈하기 위해 사장의 결심이 12시간 내에 모든 간부에게, 24시간 내에 전 사원에게 전달돼 실행에 옮겨지도록 인력을 전환 배치했다.

생산공정 단순화도 병행해 반제품 재고를 줄여 100억 원을 절감하는 효과를 가져왔다. 단지 생산 팀의 혁신만으로는 부활을 꿈꿀 수 없었다. 기술 사용료를 지불하는 외국회사와의 관계를 정리하고, 연구소를 독려해 고부가가치 제품개발과 제조기술 확보에 나섰다.

또한 고객의 요구에 따라 중소형 TV용 유리뿐 아니라 평면 모니터용 유리, 대형 TV용 유리 등으로 생산품목을 확대했다. 국내외 고객의 의견을 반영해 판매방식이나 생산라인을 바꿔나갔다. 모든 업무분야에 걸쳐 혁신을 꾀하면서 그 기본적인 원칙은 늘 '고객은 왕이 아닌 하느님'이라는 생각에 두었다.

특히 간부사원들에게 더 많은 주문을 했다. 경영의 기본원칙은 열린 경영과 솔선수범이라고 믿었기 때문이다. 과장급 이상 전 간부에게 3년간 연 365일 출근하자고 제안했다. 무엇보다 사장과 임원이 먼저 나서서 솔선수범했기 때문에 곧 의견 일치를 볼 수 있었다. 어떠한 조직 속에서든 관리자란 가치인식에 있어 정의로운 판단기준이 돼야 하고, 언행체계와 질서의 모범이 돼야 하며, 지도력

유지를 위해 평생 동안 학습해나가야 하는 존재다.

사원들의 의지를 더욱 공고히 하기 위해 '가장 어려운 일을 항상 즐거운 마음으로 열심히 일하는 회사'라는 간판을 공장마다 내걸었다. 회사의 전반적인 경영상황은 물론이고 모든 경영정보를 낱낱이 공개했다. 전 사원이 사장과 같은 생각과 판단력을 가질 수 있는 환경을 조성한 것이다.

전 사원이 한마음 한 방향으로 한 치의 흐트러짐 없이 나아가기 위해서는, 가족들의 협조 또한 중요하다. 매년 두 차례 전 사원의 부인과 가족을 회사로 초청해 경영현황을 상세히 설명하고 힘든 작업환경을 견학시켰다.

이러한 노력들이 연결돼 기계설비라인 구조조정, 제품 구조조정, 금융 구조조정, 노사관계 구조조정, 인력 구조조정, 기술 구조조정, 사고방식 구조조정 등이 충실히 이루어졌다. 혁신운동은 부분적이 아니라 전체적으로, 순차적이 아니라 동시다발적으로, 쉬엄쉬엄 하지 않고 숨 가쁘게 진행했다. 그 결과는 놀라웠다. 사람들은 기적이라고 했다.

이듬해 1998년에는 305억 원의 순이익을 냈다. 매출은 4,842억 원으로 1997년의 2배를 넘었다. 그리고 1999년에는 5,717억 원의 매출을 실현하고 순이익 745억 원을 달성했다. 2000년도 말에는 매출 7,104억 원에 순이익이 1,717억 원으로 급증했다. 차입금 전액 상환, 무차입경영 실현, 부채비율 34%, 1,850억 원의 순 현금 보유. 이 모든 것이 불과 3년 만에 이루어낸 성과였다.

독자 생존 노력의 시작

한국전기초자는 이미 1998년에 정부의 구조조정 프로그램에 따라, 대우그룹의 퇴출계열사로 지목됐다가 간신히 빠져나왔다. 그런데 이번에는 대우그룹 내에서 각 회사의 경쟁력을 높이고 효율을 높이기 위해 회사 수를 줄여 슬림화해야 할 필요성이 대두됐다. 그러자면 그룹 내 동종업체 혹은 연관 사업체들을 분야별로 묶어야 했다.

대우그룹 구조조정본부에서 처음 내놓은 안은 4개 업체를 통합하는 것이었다. 대우정밀, 한국전기초자, 코람 프라스틱, 경남금속을 한데 묶는 안이었다.

그러나 대우그룹이 제출한 재무구조 개선안은 정부로부터 미흡하다는 판정을 받았다. 그룹은 구조조정의 강도를 더 높였다. 힐튼호텔도 매각대상에 포함됐고, 대우중공업의 조선 부문과 대우자동차의 엔진 부문도 팔기로 했다는 뉴스가 보도됐다.

유사업종 통합방안도 한국전기초자–대우정밀–코람 프라스틱–경남금속으로 묶겠다던 초안이 변경돼 여기에 대우통신이 추가된 것으로 보도됐다. 당시 대우통신은 많은 적자를 낸 것으로 알려진 회사였다.

한국전기초자는 독자 생존의 방식으로 홀로서기를 해야겠다고 생각을 바꾸었다. 하지만 50% 이상의 지분을 대우 측에서 가지고 있는 터에 '우리는 흑자 낼 자신 있으니 건드리지 말아달라'고 얘기하기 어려운 실정이었다. 그래서 김우중 회장의 결심을 이끌어냈다.

한국전기초자의 지분을 파는 것이었다. 1997년 말에 대우에서 주당 10,300원에 인수했는데 현재 매각한다면 경영이 획기적으로 개선됐으므로 그 몇 배의 값을 받을 수 있다고 나는 주장했다.

1999년 5월, 대우그룹 구조조정 본부에서 김태구 본부장, 김영남 오리온전기 사장, 나, 그리고 일본 NEG의 모리모토 이사 등 네 사람이 마주 앉았다. 한국전기초자에 대한 매각협상이 시작된 것이다.

당시 한국전기초자 주식은 오리온전기가 46%, 대우전자가 5% 지분을 갖고 있었다. 1997년 말에 대우가 한국전기초자를 인수할 때에는 주당 가격이 10,300원이었다.

NEG 측에서는 2만 원을 불렀고, 나는 8만 원을 불렀다. 협상은 몇 차례 거듭한 끝에 결렬됐다. 8만 원과 2만 원은 너무 차이가 컸던 것이다. 다음 해 2000년 말에는 무차입경영을 자신하고 있는 나는 8만 원도 너무 싸다고 주장했지만 받아들여지지 않았다.

협상은 실패로 돌아갔지만, 한 가지 분명해진 것은 한국전기초자가 독자경영을 해도 생존이 가능하다는 사실을 대우그룹 상층부에서 인정했다는 사실이다. 독자경영으로 나간다는 것은 곧 대우그룹에서 회사를 따로 매각하기로 방침을 세웠다는 얘기나 다름없었다.

1999년 하반기에 접어들자 그룹 전체가 흔들리기 시작했다. 정부에서는 돈 되는 것은 뭐든 팔아서 재무구조를 건실하게 하라고 채근했다. 7월을 넘어서면서 대우그룹 내 오리온전기, 대우전자 등이 워크아웃 대상이 됐다. 이 두 회사가 한국전기초자 주식의

51% 지분을 가지고 있었다. 다급해진 쪽은 오리온전기였다.

오리온전기의 주 채권 은행인 외환은행 측에서는 왜 한국전기초자를 서둘러 팔지 않느냐고 성화였다. 당시 은행장은 나를 불러 협조해달라고 간곡히 당부하고 있었다. 당시 오리온전기의 경영수지는 괜찮은 편이었으나 노사관계가 극도로 악화돼 있었고 과다한 차입금으로 인한 이자부담 때문에 어려움을 겪고 있었다. 다급해지자 오리온전기 김영남 사장이 원매자를 찾아 나서고, 팔려나갈 회사의 대표이사인 나는 뒤로 물러나 있었다.

일본 NEG는 '인수의사 없음'을 표명한 바 있고, 김영남 사장이 인수문제를 본격 타진한 쪽은 일본의 아사히 글라스였다. 아사히 글라스가 한국전기초자를 인수하게 된다면 NEG를 누르고 세계 1위 업체로 올라설 수 있었다.

결국 한국전기초자는 주당 5만 2천 원에 아사히 글라스에 인수됐다. 내 예상한 대로 회사는 2000년 말 무차입경영을 실현했고 회사 주가는 2001년 5월에 주당 13만 3천 원까지 주가가 치솟았다. 내 주장이 옳았던 것이다. 성공을 위해서 사원들과 함께 흘렸던 땀과 노력은 우리를 배신하지 않았다. 시간이 흘러 되돌아보니 그때의 감동이 새삼 전해진다. 다만 당시 회사를 너무 헐값에 넘겼다는 아쉬움은 여전하다.

세계경영의
첨병이 되다

_ 대우자동차 생산시설의 표준화와 세계화

왕영남

- -

1978년 5월에 대우는 새한자동차를 인수했다. 며칠 뒤 김우중 회장이 부평공장에 나
타나 새벽 6시에 간부회의를 소집하고 직접 주재했다. 한두 번 하다 그만둘 줄 알았던
새벽회의는 매일 열렸다. 회사의 미래를 위해 새로운 비전을 만들기 위해서였다. 마침
내 대우는 합작 파트너인 GM으로부터 경영권을 인수했다. 그리고 월드카 프로젝트가
시작됐다. 10년이 더 지나 대우자동차는 세계경영에 나섰다. 세계 각지에 현지 공장이
들어서고 핵심 부품공장이 들어섰다. 왕영남은 신진자동차 공채 1기로 입사한 이래 대
우가 세계경영을 펼칠 때까지 한국 자동차산업의 산증인으로 그 현장을 지켰다.

왕영남
1941년에 서울에서 태어나 광성고등학교, 서울대학교 조선공학과를 졸업했다. 1966년에 대우자동차
의 전신인 신진자동차, GM KOREA를 거쳐 1978년부터 2000년까지 대우그룹에 봉직하면서 대우기
획조정실, 대우국민차를 거쳐 대우자동차 사장, ㈜대우가 우크라이나에 설립 투자한 오토자즈사 사장,
우크라이나 지역본사 사장 등을 역임하며 대우자동차의 세계경영을 주도하는 데 핵심 역할을 했다.

엔진 국산화 프로젝트

'와, 이런 세상이 다 있구나!'

6·25 전쟁 때 9살이던 나는 미군들이 보던 만화책에서 미국의 거리를 처음 보았다. 뉴욕 시가지에 자동차가 즐비한 모습에 놀라고 또 놀랐다.

1986년, 어릴 적 책에서나 보던 미국의 거리에 내가 만든 한국 자동차를 수출하기 시작했다. 그해에 나는 대우자동차 공장장으로 근무했다. 내가 만든 자동차를 미국인들이 운전하며 미국 시가지를 지나다닌다고 생각하니 감개무량했다. 미국으로 향해 공장을 나서는 자동차들을 보며 너무 가슴이 벅차서 나는 한동안 우두커니 서 있었다.

서울대에서 조선공학을 전공하고, ROTC 2기로 육군에 입대해, 수송부대에 배치를 받은 나는 군대에서 자동차의 매력에 흠뻑 빠졌다. 아니, 자동차에 미쳤다. 하루라도 자동차 운전을 하지 않으면 몸살이 날 정도였다. 그러다 보니 자연스럽게 자동차 정비에도 관심을 갖게 됐다.

전역 후, 나는 신진자동차 부평공장에 입사지원을 하여 공채 1기로 합격했다. 그 공장은 훗날 대우자동차 제1공장이 됐다. 그 공장으로 생애 첫 출근을 한 나는 한국의 자동차산업의 역사와 함께 성장해, 바로 그 공장에서 만든 차를 미국에 처음으로 수출까지 하게 됐다.

1966년 5월부터 1972년 11월까지 7년 동안 신진자동차(대우자동차의 전신)는 부평공장에서 코로나 44,248대를 생산했다. 우리나라의 도로사정에 꼭 알맞은 코로나는 시판에 들어가자마자 폭발적인 인기를 끌었다. 만들기가 바쁘게 곧바로 팔려 나갔다. 그래서 어떻게 하면 차를 좀 더 만들어낼 수 있을까 많이 고민했다. 그러다 보니 생산량에만 집중할 뿐 품질에는 신경을 쓰지 않게 됐다. 그 당시 자동차의 엔진을 포함한 주요 부품은 100% 일본에서 수입하고 있었다.

자동차 1대를 팔면 집 한 채만큼의 이익을 남기던 시절이라 한 달에 100대를 생산한다는 건 실로 어마어마한 일이었다. 생산 축하기념으로 제1한강교에서 퍼레이드도 할 정도였다. 생산 속도는 점점 빨라졌다. 한 달에 100대씩 만들던 것이 얼마 뒤에는 한 달에 200대씩 만드는가 싶더니, 곧 500대, 1천 대까지 만들었다. 만들어내는 족족 판매로 이어지니, 생산의 강행군을 멈출 수 없었다. 그러다 보니 직원보다는 자동차를 만드는 기계가 소중해져서, 직원들은 춥더라도 기계에는 난방을 했다. 자동차도 마찬가지였다. 엔진이 중요하지 내장은 어떠하든 상관이 없었다. 엔진은 수입품이고 내장재는 국산이었다.

1968년부터 신진자동차는 도요타 코로나 엔진을 국산화하는 프로젝트를 추진했다. 그때 나는 450만 달러를 투자하는 엔진 국산화 프로젝트의 책임자로 임명됐다. 회사에 입사한 지 얼마 안 된 나로서는 큰 영광이었다. 그러나 당시 한국의 자동차 산업에서 엔진 국산화는 오늘날 우주선을 만드는 일과 같은 수준의 어려운 과제였다.

1972년에 신진자동차와 GM이 합작하고, 1975년부터 승용차의 대량 생산이 가능한 엔진공장을 대한민국 최초로 부평에서 가동시켰다. 그럴 즈음에 현대자동차가 '포니'를 출시하기 시작했다. 그 영향으로 신진자동차는 시장에서 입지가 좁아지고 경영이 악화돼 갔다.

경영이 악화된 신진그룹은 계열회사인 '한국기계'를 산업은행에 넘길 수밖에 없었다. '한국기계'를 1976년에 대우가 인수했다. 당시 대우는 놀라운 속도로 성장하며 사람들 사이에서 '산업계의 신데렐라'로 통했다. 그 무렵에 나는 김우중 회장을 처음 만났다. 신진자동차 엔진공장의 기술책임자였던 나는, 자동차 엔진 크랭크 샤프트 단조 소재를 한국기계에서 납품을 받았는데, 자꾸 불량이 나왔다. 불량품을 조사하고 개선책을 세운 나는 그 길로 한국기계를 방문했다.

"안녕하세요. 신진자동차에서 나왔습니다. 납품하신 주물에 불량이 너무 잦습니다."

한국기계에서 머리가 반백인 사람이 나를 맞았다. 불량품에 대해 이런저런 변명을 할 만도 한데 그는 내 얘기를 조용히 들을 뿐 단 한마디도 변명하지 않았다. 그리고 분명하게 대답했다.

"개선하겠습니다. 그러니 걱정 말고 돌아가십시오."

"알겠습니다."

나도 더 이상 무슨 말을 보태지 않고 그대로 돌아왔다. 그런 일이 있은 후, 납품을 받아보니 불량품이 전혀 없었다. 약속을 지켰던 것이다. 나중에 알고 보니 그날 한국기계에서 만난 사람이 바로 김우중 회장이었다.

대우자동차의 탄생

경영이 더 악화된 신진그룹은 신진자동차마저 1976년에 산업은행으로 넘겼다. 산업은행은 이름을 '새한자동차'로 바꾸고, 1978년 5월에 대우가 새한자동차를 인수했다.

그 후 며칠 뒤, 김우중 회장이 부평공장에 나타나 새벽 6시에 간부회의를 소집하고 직접 주재했다.

"신진자동차나 새한자동차는 경영이 왜 악화됐다고 판단합니까?"

평소 같으면 아직도 꿈나라를 헤매고 있을 시각에 시작한 회의에서 김우중 회장이 나에게 물었다.

"비전이 없었기 때문입니다. 차가 만들어지기를 소비자들이 줄을 서서 기다릴 정도였기에, 자만심으로 인해 경영진의 긴장감이 많이 떨어졌던 것 같습니다."

"그렇습니까? 그렇다면 GM 사람들은 어떻습니까?"

"GM 사람들이 나중에 왔지만, 그들도 안일하기는 마찬가지였습니다. GM의 입장에서는 한국의 신진자동차나 새한자동차에 유능한 인력을 배치할 이유가 없으니, 본사에서 말썽이 있거나 신통치 않는 사람을 파견했습니다. 저는 그동안 GM 사람들한테서 배울 점을 발견할 수 없었습니다."

김우중 회장과 함께 대우실업에서 새한자동차로 온 사람은 모두 3명이었다. 구매담당 김태구 이사, 판매담당 최정호 이사, 총무담당 윤원석 이사였다. 회의 때마다 나는 이런저런 지적을 많이 받았다. 신진자동차에서 5~6년 근무하며 나 역시 안일함이 몸에 배어 있었던 것이다.

새한자동차는 대우가 인수한 뒤 회사 분위기가 확 바뀌었다. 갑자기 바뀐 분위기에 적응하기가 너무 힘이 들었지만 남들에게 떨어지지 않기 위해서 나는 많은 노력을 기울여야 했다. 한두 번 하다 그만둘 줄 알았던 새벽회의는 매일 열렸다. 이에 적응하는 게 가장 힘들었다.

"한국 자동차 산업의 비전은 무엇입니까?"

한번은 새벽회의에서 김우중 회장이 물었다.

"제가 자동차를 시작한 궁극의 목적은 자동차의 국산화에 있습니다. 그러나 GM이 제동을 걸고 있어요. GM은 우리와 입장이 근본적으로 다르다는 것을 알았습니다. 저는 생산시설을 연간 30만

대 규모의 경제단위로 확장해서 자동차를 외국에 수출해야 한다고 봅니다. 그러나 GM은 현상유지만 하려고 합니다. 즉, 한국의 싼 노임을 이용해서 미국 차를 한국에서 조립해 한국시장에 팔 생각만 하고 있어요."

김우중 회장은 간부들을 둘러보았다.

"여러분, 저는 GM에 과감한 경영전략을 촉구하려고 합니다. GM 본사에 가서 GM의 조지 스미스 회장을 만나 담판을 짓겠습니다."

그날 회의를 마치고 김우중 회장은 미국 출장을 떠났다. 하지만 미국 최대의 기업이라고 자랑하는 GM의 벽은 높았다. 김우중 회장은 GM의 조지 스미스 회장을 만날 수 없었다. 헛걸음을 하고 돌아온 김 회장은 비장한 마음으로 회의를 주재했다.

"이번에는 GM 회장을 못 만났습니다. GM의 한국지사 담당자를 만나서 새한자동차의 경영전략을 근본적으로 전환하라고 건의했지만, 그의 반응은 냉담했습니다."

"……."

"GM이 보기에 대우의 존재가 아직은 너무 작기 때문일 것입니다. 현재 GM 매출고는 우리나라 전체 수출고의 5배가 훨씬 넘는 549억 6천만 달러입니다. 대우가 GM에게 의젓한 파트너로 대접을 받으려면, 대우도 100억 달러 매출을 달성해야 합니다. 저는 이번 출장길에서 새로운 도전을 받았습니다. 비록 오늘은 내가 문전박대를 당했지만 다음에는 그가 우리를 찾아오게 만들고 말겠습니다!"

당시 연 1천만 대 생산하던 GM은 연 1만 대 생산하는 새한자동차가 안중에도 없을 뿐더러, 한국 현실을 무시하며 독선적으로 새한자동차를 경영했다. 하지만 그 결과는 참담했다. 1980년에 적자 294억 원, 1981년에 적자 331억 원, 1982년 9월 현재 적자 약 220억 등으로 도합 845억 원이라는 막대한 누적 적자가 쌓여갔다. 심각한 경영 위기에 직면한 GM은 1972년 이래 자신들의 실패를 자인하지 않을 수 없었다. GM이 독선적으로 경영한 새한자동차에 비한다면 대우가 비슷한 시기에 인수한 대우중공업이나 대우조선의 경영실적은 하늘과 땅 차이였다.

이쯤 되자 GM은 김우중 회장의 제안에 귀를 기울이기 시작했다. 그리하여 대우와 GM은 자본금을 445억 원으로 증자하고, 수출용 승용차로 월드카(world car) 개발계획을 추진하며, '회사 경영의 최종결정권은 대우가 행사한다'는 내용의 새로운 주주협약을 체결하게 됐다. 뿐만 아니라 새한자동차의 이미지를 쇄신하기 위해 1983년 1월 1일부터 회사 이름을 '대우자동차'로 변경하기로 합의했다.

"마침내 대우자동차가 탄생했습니다. 이번에 우리가 경영권을 인수한 만큼 새로운 각오로 일을 해주십시오!"

나는 부평공장 직원들을 독려했다.

미국에 국산 자동차 수출

대우자동차가 태어난 이듬해인 1984년 6월 30일, 신문들은 경제면 머리기사를 "대우자동차 미국 진출 확정"이라는 특대호 활자로 장식하며 한국 자동차의 수출시대를 거창하게 예고했다.

신문들은 세계 최대 자동차 메이커 GM과 대우자동차가 소형 승용차 생산능력을 연산 30만 대로 늘리기로 합의했다고 보도했다. 신문들은 대우와 GM은 이를 위해 증자협약을 체결하고 GM의 증자분 1억 5천만 달러에 대한 국내 도입을 외자도입 심의위원회로부터 어제 날짜로 승인받았다고 밝히면서 양측의 합의내용을 구체적으로 보도했다.

대우와 GM이 합의한 계획에 의하면, 대우자동차는 소형 승용차 생산라인 증설공사를 곧 착수해서 1986년 초까지 공사를 완료한다, 1986년 후반기부터 매년 10만 대는 미국을 포함한 세계시장에 수출하기로 한다, 이에 따른 시설투자 약 4억 3천만 달러 중 2억 달러는 양측이 각각 1억 달러씩 투자하고 나머지는 국내외 차입금으로 충당한다는 내용이었다.

또한 GM은 대우의 소형차가 계획대로 수출될 수 있도록 안전도와 배기가스, 소음 등을 미국의 규제치에 맞게끔 기술을 제공하며, 차종은 서독의 GM 자회사인 오펠(OPEL)이 개발한 최신 고유모델인 배기량 1,500cc의 5인승 전륜구동형으로 결정될 것이라고 했다.

이와 같은 자동차 수출전략은 김우중 회장의 오랜 구상이었다고 나는 알고 있다. 그러나 그 구상이 실행계획으로 확정되기까지는 18개월이라는 오랜 협상과정을 거쳐야 했다. 김우중 회장이 GM 본사를 세 번이나 직접 찾아가고, GM 사장이 두 번이나 한국을 다녀갔다. 한때는 40명으로 구성된 GM 조사 팀이 내한하기도 했다.

연 30만 대 규모의 부평공장을 준공한 1986년 10월에는 김우중 회장의 초청으로 GM의 스미스 회장이 방한했다. GM 회장의 방한으로 한국 재계가 한바탕 떠들썩했다. 지금까지 많은 외국 경제인들이 우리나라를 방문했지만 국제적으로 GM 회장만큼 큰 비중을 차지하는 경제인이 방문하기는 처음이었다.

1984년, GM과 대우가 30만 대규모의 공장을 짓기로 합의했다. GM은 새로 짓는 부평공장의 기술을 감사하려고 독일 오펠과 미국 GM의 엔지니어 10여 명을 분야별로 파견했다. 그 과정에서 한국 엔지니어들과 트러블이 생겼다.

"공장장님, 저 사람들이 사소한 것 하나까지 꼬치꼬치 간섭해서 일을 못하겠습니다. 시어머니도 저런 시어머니가 없어요."

엔지니어들이 나를 찾아와 하소연했다.

"무슨 간섭을 어떻게 하는데 그래?"

"저희는 회사의 방침에 따라 FM대로 작업을 하고 있어요. 그런데 저 사람들은 독일이나 미국의 노하우가 합리적이라면서 자꾸 자기네 방법을 따르라고 해요."

"독일과 미국 엔지니어들이 사사건건 간섭하며 트집을 잡는데, 이건 우리더러 일을 하지 말라는 것 같아요."

실제로 외국 엔지니어들이 나를 찾아와서 '대우는 공장건물만 지어라. 공장시설은 오펠이 설치하겠다'며 자기네 생산 시스템을 그대로 이식하게 해달라고 요구했다. 내가 그걸 거절하자 현장에서 사사건건 생트집을 잡았던 것이다.

"공장장님, 우리를 이렇게 무시해도 되는 겁니까?"

현장 직원들의 하소연을 듣고 있으려니 답답했다. 한국은 독일보다 자동차기술이 50여 년은 뒤처져 있었기에 독일과 미국의 엔지니어들을 100% 무시할 수도 없었다. 하지만 그렇다고 그들의 주장을 수용할 수도 없었다. 우리 현실에 맞지 않을 뿐만 아니라 정해진 예산으로 1986년까지 공장을 완공할 수 없을 듯했기 때문이다.

"이건 누가 옳고 누가 그르다는 문제가 아니야. 사고방식의 차이야. 서양의 합리주의와 동양의 합리주의가 부딪친 거야. 문제는 시간과 돈이야."

현장 직원들과 나는 의논에 의논을 거듭해 우리는 서양의 완고한 합리주의보다 한국의 현실을 따르기로 결정했다.

"저 사람들의 주장에 따라 독일식으로 공장을 지으면 비용도 비용이지만 시간이 너무 많이 들어. 게다가 그것이 최선도 아냐. 내가 보기에 독일식보다 일본식이 우리 현실에 더 맞아."

고민에 고민을 하던 나는 결심을 하고 현장에 확실하게 지시했다.

"우리는 우리식으로 하자."

"그럼 저 사람들은 어떡하죠? 저렇게 눈에 쌍심지를 켜고 트집을 잡는데……."

"이렇게 하면 어때? 그 사람들이 퇴근하면 그때부터 우리는 우리 방법으로 일을 하는 거야. 알았어?"

한국 엔지니어들은 미국과 독일의 데스크 엔지니어들이 퇴근하기를 기다렸다가, 한밤중에 우리의 의견대로 프로젝트를 추진해나갔다. 그러자 이튿날 출근한 외국 엔지니어들은 노발대발했다. 그러거나 말거나 우리는 우리 방법으로 부평공장을 지었다. 독일이나 미국이 100만 달러 든다는 공사를 우리는 5만 달러에 짓기도 했다. 그리고 서양 엔지니어들이 최소 5년을 예상한 공장을 우리는 2년 6개월 만에 완공했다. 처음의 예상보다 절반이나 공기를 앞당기자 그들은 조금씩 위축되는 듯했다. 그리고 GM 측 데스크 엔지니어들이 우려한 것과 다르게 GM의 미국이나 독일공장에서 생산한 차보다 부평공장에서 생산한 차의 품질이 월등하게 좋다는 평가가 나왔다. 똑같은 사양으로 생산했는데, 부평공장이 생산한 자동차는 불량률이 거의 없었다. 이쯤 되자 GM은 부평공장이 생산한 자동차 5만 대를 별도로 수입하기까지 했다.

드디어 부평공장에서 월드카 르망을 생산해 1986년부터 수출을 시작했다. 우여곡절 끝에 대우에서 만든 자동차를 미국으로 수출하기 시작한다는 사실 앞에서 나는 감격하지 않을 수 없었다.

세계경영 제1호 자동차공장

부평공장에서 GM 사람들과 매일같이 씨름을 반복하던 나는 1990년 1월 1일에 이란으로 향하게 됐다. 이란과 합작해서 자동차공장을 세웠으면 한다는 김우중 회장의 계획에 의해 이란으로 파견된 것이다.

호메이니가 1980년 2월부터 1989년 6월까지 통치한 이란에도

GM공장이 있었다. 그 공장에서 '뷰익' 같은 차를 조립해 생산했는데, 너무 낡은 데다 공간 또한 협소해 작업환경이 무척 열악했다. 게다가 테헤란의 거리에는 족히 20년은 되어 보이는 차들만이 있을 뿐, 새 차는 눈을 씻고 찾아봐도 없었다. 당시 이란이 자랑하는 '페이칸'을 생산하는 푸조공장은 이란의 기술능력이 부족해 대우자동차와 합작을 시도했다. 여러 차례 논의를 했으나 말도 안 되는 무리한 조건으로 인해 끝내 논의를 중단하게 됐다. 그러자 김우중 회장은 이란 합작은 일단 접고 중국으로 가라고 했다.

"중국이요?"

"중국 동풍의 '중국제2자동차제조창'에서 외국기업이 철수했어. 현지에 가서 대우와 합작할 수 있는지 논의해줘."

그 공장은 예전부터 푸조와 합작을 하고 있었는데, 천안문 사건이 벌어지자 외국기업들이 철수한 것이다. 나는 중국으로 가서 합작을 논의하기 시작했다. 하지만 천안문 사태 때 철수했던 푸조가 다시 돌아오자 합작 논의는 중단됐고, 나는 빈손으로 귀국할 수밖에 없었다.

이란과 중국에서 시작한 합작 논의가 모두 무산되자, 1991년 5월에 김우중 회장은 나와 함께 모스크바에 들렀다. 소련이 붕괴한 지 1주기가 되기 직전이었다. 김우중 회장은 러시아의 정계 거물과 만나는 자리에서 러시아에 자동차공장을 세우고 싶다고 제안했다. 그러자 그는 소련은 조건이 매우 까다롭다며, 우선 중앙아시아 CIS 국가에 진출하는 것이 좋다고 권했다.

"중앙아시아에 국가들이 많은데 어느 나라가 자동차공장 세우기에 입지 조건이 좋습니까?"

"그중 우즈베키스탄이 좋습니다."

그 길로 나는 우즈베키스탄의 수도 타슈켄트로 향했다. 비행기에서 내리자 밴드가 나와서 연주를 하고 있었다. 유명 인사가 오나 보다 생각했는데, 알고 보니 나를 영접하느라고 나온 사람들이었다. 책임자 이름이 '비탈리 편'이었다.

"어서 오십시오."

그는 나를 호텔이 아닌 대통령궁의 영빈관으로 안내했다. 그곳에 이틀간 머물면서 기본 합의서에 서명했다. 그 후 우즈베키스탄의 카리모프 대통령이 한국을 방문했다.

"대우 창원공장과 똑같은 공장을 우즈베키스탄에 세워주십시오."

창원공장을 둘러본 카리모프 대통령은 김우중 회장에게 직접 요구했다. 그리하여 대우 세계경영의 제1호 자동차공장을 우즈베키스탄에 세웠다.

내가 우즈베키스탄 비행장에 처음 도착했을 때 나를 대통령 궁으로 안내한 비탈리 편은, 88 서울올림픽 때 선수단과 함께 한국에 오더니, 1995년에는 주한 우즈베키스탄 대사가 되어 한국에 왔다. 그 후로도 인연은 계속 이어졌다.

실현 가능한 세계경영의 큰 뜻

김우중 회장의 세계경영 구상에 따라 나는 우즈베키스탄에 이어 루마니아, 폴란드 등을 방문해 현지의 자동차공장을 인수했다. 그중 폴란드의 FSO를 대우가 인수한 일은 아주 큰 사건이었다. 폴란드는 유럽 자동차시장의 앞마당 격이었다. 그런 이유로 GM은 몇 년 전부터 FSO를 인수하려고 협상을 해오고 있었다. 그런데 대우가 끼어들어 FSO를 인수하자 그 일로 GM은 대우를 비난했다.

그러나 FSO가 대우 쪽으로 기울게 된 분명한 이유가 있었다. GM은 FSO의 종업원 2만 명 가운데 80%를 해고하겠다고 했기 때문이다. 그것은 100년을 기다린다 해도 GM이 FSO를 인수할 수 없는 조건이었다. 반면 대우는 FSO의 종사자를 100% 고용 승계하겠다고 약속했다. 그러니 폴란드 정부는 당연히 대우를 선택할 수밖에 없었다. 김우중 회장은 공장 가동률을 높이면 현지 노동자들을 100% 수용할 수 있다고 판단했다. 그리고 실제로도 FSO는 해고자 없이 공장을 가동할 수 있었다.

폴란드 FSO를 인수할 무렵에 하루는 '퀴리부인 박물관'에 들렀다. 퀴리부인이 1890년대에 정밀저울을 제작하고 라듐을 발견할 때, 우리나라는 고종황제 시절이었다. 고종황제와 퀴리부인이 동시대 인물이었구나 생각하니, 고종황제의 후예가 퀴리부인의 후예들이 사는 폴란드에 와서 자동차공장을 인수하고, 세계경영을 하겠다고 나서는 지금의 현실이 믿기지 않았다. 격세지감이 느껴졌다.

폴란드에서 FSO를 인수한 직후, FSO 사람들을 서울로 초대했다. 안내를 맡은 나는 FSO 사람들과 함께 지하철을 타고 서울 투어를 했다.

"한국에 지하철이 언제 생겼나요?"

FSO 사람이 나한테 물었다.

"1970년대에 처음 생겼습니다."

"그렇게나 늦었어요? 폴란드 사람들은 100년 전부터 지하철을 탔어요. 과학문명이 그렇게 뒤떨어졌던 한국이 어떻게 이렇게 잘 살고 있죠?"

듣고 보니 대답하기에 참 난감한 질문이었다.

"마르크스와 레닌에게 감사합니다."

잠깐 생각한 끝에 나는 대답했다.

"마르크스와 레닌에게 감사한다고요? 무슨 말씀이에요?"

"세계 여러 나라를 방문하면서 보니 제2차 세계대전 이후에 자본주의를 선택한 나라는 미국, 캐나다, 호주, 그리고 서유럽과 영국 연방의 일부였어요. 아시아에서는 한국, 일본, 대만, 필리핀이 전부였어요. 그 나라들을 빼면 대부분의 나라들이 사회주의를 선택했어요."

"그래서요?"

"한국은 1960년대부터 수출입국의 기치를 세웠습니다. 그때 한국이 해외시장을 개척할 때 경쟁자가 특별히 없었어요. 중국은 문화혁명을 했고, 여러 나라들이 사회주의를 건설한다면서 정신이 없었거든요. 경쟁자가 없으니 한국이 장사를 잘할 수 있었습니다. 그래서 저는 한국의 은인은 마르크스라고 가끔 생각합니다. 마르크스가 아니었으면 한국은 해외시장에서 이만큼 돈을 벌지 못했을 것 같거든요."

물론 그것은 역설적 표현이었다. 나도 모르는 사이에 그렇게 설명을 하고 생각해보니 한국은 1970년대만 해도 자동차 기술이 보 잘것 없었다. 한번은, 한 달에 500대 생산하는 파키스탄의 카라치 에 있는 아주 작은 규모의 자동차공장을 방문한 적이 있었다.

"1970년대에 한국 사람들이 우리 공장에 와서 기술제휴를 하자 고 했어요."

그곳에서 만난 사람이 나에게 말했다. 1970년대까지만 해도 파 키스탄은 한국보다 자동차 기술이 발전해 있었다. 1960년대는 더 말할 것도 없거니와, 1970년대 한국의 자동차 공업은 내놓을 것이 없었다. 1970년대를 기준으로 보면 파키스탄뿐만 아니라 이집트 도 알제리도 한국보다 앞서 있었다. 그런데 1990년대에 내가 목격 한 중동 지역의 자동차 공업은 한마디로 엉망진창이었다. 사람들 은 사회주의 때문이라고 했다. 중동 지역의 한 시멘트공장은 가동 률이 엉망이었다. 한때 한국 사람들에게 외주 줄 때는 90% 이상 가동되던 공장이, 현지 사람들이 다시 운영하자 가동률이 또 떨어 졌다고 했다.

"왜 안 된다고 생각하세요?"

내가 물었다.

"시멘트 공장의 컨베이어가 돌면서 여러 부품들이 마모되고 고 장이 자주 납니다."

"그럼 한국 사람들이 할 때는 고장이 안 나던가요?"

"한국 사람들은 부품들을 미리 확보를 해놓고 작업을 했어요. 고 장이 날 것을 미리 대비했죠. 그래서 마모되거나 고장이 나기 전에 미리 갈았어요. 그러니 3교대를 해도 기계가 쉬지 않았죠. 그런데 현지 사람들은 부품 확보도 하지 않고 작업을 해요. 그러다가 고장이라도 나면 그때서야 부품을 확보하기 시작하죠. 그러니 어느 세월에 공장을 돌리겠어요. 기계부품이 수입품입니다. 부품 하나를 구하려면 몇 달 기다리기도 하죠. 그러다 보니 공장이 돌아가는 시간보다 멈추는 시간이 더 길어요."

이런 사례는 내가 방문한 사회주의 국가의 여러 생산현장에서 수도 없이 목격됐다. 사회주의는 사람을 나태하게 만들 뿐만 아니라, 어떤 창조적인 사고도 못하도록 방해한다고밖에 보이지 않았다.

세계경영의 일환으로 대우는 아시아의 인도, 중국, 베트남, 필리핀을 비롯해 아프리카의 이집트, 동유럽의 폴란드, 루마니아, 체코, 그리고 CIS의 우크라이나, 러시아, 우즈베키스탄 등에 자동차 공장을 세웠다. 그때 세계 여러 나라에 세운 공장들은 대우그룹이 해체된 이후에도 계속 가동됐다. 그중 여러 공장들은 GM의 방계 공장으로 2011년 현재도 가동하고 있으며, 현대자동차의 차들을 생산하는 공장도 있다.

세계경영의 큰 뜻을 펼치면서 대우는 2000년에 국내에서 100만 대를, 국외에서 150만 대를 생산한다는 목표를 설정했었다.

국내외로 1년에 총 250만 대를 생산해 5대양 6대주에 판매한다는 게 세계경영의 목표였다. 비록 1997년 말 한국경제에 불어 닥친 IMF 사태로 인해 허망하게 무너지고 말았지만, 10여 년이 지난 현시점에서 한국의 자동차공업의 발전된 모습을 미루어보면 대우의 세계경영은 충분히 실현 가능한 목표였다고 판단한다.

그 목표를 달성키 위해 앞장서서 뛰었던 당사자로서 안타까움을 금할 수가 없다. 되돌아보건대 대우와 김우중 회장의 세계경영은 최소 10년을 앞선 선각자다운 경영이었다.

한 번은 김우중 회장과 함께 러시아의 로스토프에 있는 아주 조그만 규모의 자동차 SKD 조립공장을 방문했었다. 그 회사는 대우자동차가 생산한 자동차를 차체, 엔진 등으로 분해해 수입한 다음, 로스토프에 있는 공장에서 조립해 판매하는 회사였다. 이처럼 완제품이 아닌 상태로 들여와 조립하는 경우, 러시아 정부는 한시적으로 수입 관세를 감면해주었기 때문에 그 시절에는 러시아에서 대단히 좋은 사업이었다.

당시 35살의 젊은 청년이던 그 회사의 창업자는, 김우중 회장의 자서전 《세계는 넓고 할 일은 많다》를 30번도 더 읽었으며 가장 존경하는 인물이라고 말했다. 그 회사를 연산 5만 대 규모로 확장하는 공사를 대우의 기술로 완성시킨 직후에 IMF 사태가 발생해 그 공장과는 거래가 중단될 수밖에 없었다. 그러자 대우자동차 대신 현대자동차를 조립 생산해 러시아에 판매하기에 이르렀고, 큰 성공을 거두기도 했다.

세계 여러 나라에 자동차공장을 세우던 나는 나중에 우크라이나 공장에서 2년 동안 사장으로 근무했다. 대우의 세계경영이 동유럽과 러시아에서 성공적으로 진행되자 여러 나라에서 대우자동차와 협력하자는 요청이 쇄도했고, 그중 우크라이나 정부도 대단히 열성적으로 대우에 접근했다.

우크라이나공장은 연산 20만 대 규모의 대단위이었으나 소련이 몰락한 후 생산이 거의 중단된 상태였다. 그래서 2만여 명 종업원들의 생활이 어려워졌을 뿐만 아니라 지역경제도 엉망이 되어 있었다. 현지에서 자포자기 상태에 있던 그에 대우의 기술과 대우가 현지에 파견한 기술자들이 들어갔다. 각고의 노력 끝에 우리는 이 공장을 환골탈태시켰을 뿐 아니라 환경을 정화해 깨끗한 공장의 표본으로 만들었다. 그때 대우의 시스템으로 다시 가동시킨 그 공장은 지금도 GM대우의 자동차를 생산하고 있으며 우크라이나시장에 가장 많은 차를 판매하고 있다.

의리와 신용으로
공영의 길을 열다

_ 미얀마 원유 장기공급 계약과 가스전 개발 계약

오광성

대우가 미얀마 앞바다에서 가스전 개발을 처음 추진한 때가 1990년이었다. 아쉽게도 그때에는 대우가 시추한 M광구의 매장량이 적어 경제성이 없었다. 당시 미얀마는 김우중 회장이 1년에 7번 이상을 방문할 정도로 긴밀한 협력관계를 이어가고 있었다. 대우는 이미 다양한 투자사업을 현지에서 진행하고 있었다. 그런 노력과 신뢰가 기반이 되어 대우는 일본 종합상사를 제치고 미얀마 에너지성에 원유를 공급하는 권한을 따낼 수 있었다. 오광성은 이 막중한 거래를 성사시키고 어려운 시기에 성심을 다해 관리해냈다. 그러자 2000년에 더 큰 기회가 찾아왔다. 10년 전 무산됐던 가스전 개발에 대우가 다시 한 번 참여할 기회를 얻은 것이다.

오광성

1949년에 경상북도 의성에서 태어나 동성고등학교, 연세대학교 경영학과를 졸업했다. 1977년부터 2000년 10월까지 ㈜대우 무역 부문에 근무하는 5년간 물자자원본부장(상무)으로 역임했고, 대우그룹 퇴임 후에는 ㈜씨앤앰 대표이사 사장 및 부회장, 한국케이블방송국(SO)협의회 회장, 한국디지털케이블연구원 이사장 등을 역임했다. 현재는 (사)민생경제정책연구소 소장, 총리실 직속 사행산업통합감독위원회 위원, 사회보장심의위원회 위원, 한국대학검도연맹 회장, ㈜사회안전방송 상임고문으로 재직 중이다.

석유에너지 분야에서의 경험과 능력

1990년에 ㈜대우는 미얀마에서 '가스전 개발과 LNG 생산 프로젝트'를 추진했다. 당시 ㈜대우 무역 부문 투자기획 팀장이었던 나는 가스전 개발 프로젝트 추진 팀에 합류하기 위해 미얀마로 출장을 가게 됐다.

"김우중 회장님이 요즘 미얀마에 관심이 많아. 그 나라에서 가스가 나오면 상황이 달라지거든. 그때는 미얀마가 대우의 중요한 전략 지역이 될 거야."

"가능성은 있나요?"

"응. 충분히 있어. 그러니 이번에 가서 잘해봐. 대우와 미얀마 정부가 가스전 개발 프로젝트를 추진하기로 결정하면 오 팀장이 현지에서 실무총괄을 맡게 될 거야."

실무총괄 책임자를 맡아 사업을 추진하려면 미국 근무 경력과 개발도상국 정부 관계 비즈니스 경험이 있어야 하는데, 나이지리아(4년 5개월)와 미국 시애틀(5년간)에서 근무한 경력이 있는 내가 적임자로 평가를 받아 선발됐다고 했다.

내가 미얀마에 도착했을 때, 프로젝트 추진 팀은 한국가스공사와 미국 석유탐사회사의 자문을 받으면서 미얀마 앞바다 M광구에 대한 가스전 개발과 LNG프로젝트의 타당성 검토를 위한 현지조사를 하고 있었다. 대우에서는 ㈜대우 자원본부, 대우엔지니어링이 참여했다. 추진 팀은 미얀마에서 에너지성(EPD: Energy Planning Dept), 미얀마 석유가스 개발공사(Myanmar Oil&Gas Enterprise) 등과 미팅을 하면서 타당성 검토에 필요한 자료수집을 진행했다. 나는 에너지성 책임자에게 대우의 석유관련 비즈니스 현황을 설명하는 기회를 가졌다.

"대우는 미얀마에서 자동차 판매, 셔츠공장, 재킷공장, 전자공장, 합판공장 등을 운영하고 있는 것으로 알고 있는데 석유사업 분야에서는 경험이 있나요?"

"대우는 리비아산 원유를 연간 3천만 배럴 정도 벨기에, 네덜란드, 독일, 프랑스 등에 공급하고 있으며, 벨기에에서는 대우가 정유공장도 직접 운영하고 있습니다."

"대단합니다. 대우가 원유거래도 하는 줄 몰랐습니다."

"대우는 한국의 대표적인 종합상사입니다. 일본 종합상사와 비즈니스 범위가 거의 유사하다고 보시면 됩니다."

추진 팀은 미얀마에서 15일간의 현지조사를 마치고 서울로 돌아왔다. 그로부터 약 1달 후, 안타깝게도 LNG프로젝트를 추진하기에는 M광구의 가스 매장량이 충분하지 않다는 결과가 나왔다. 프로젝트 추진은 중단됐다. 하지만 분명 성과는 있었다. 비록 프로젝트는 성사되지 못했지만 에너지성을 비롯한 미얀마 정부 관계자들에게 석유에너지 분야에서의 대우의 경험과 능력을 알리는 좋은 기회가 됐다.

차별화 전략으로 계약체결

그 후, 나는 ㈜대우 무역 부문 북한팀장을 거쳐 회장실 프로젝트팀에 근무하다가 1995년 3월 ㈜대우 물자자원본부장으로 발령받았다. 그해 11월부터는 중점전략사업으로 미얀마 에너지성에 원유를 공급하는 계약을 추진하게 됐다. 그 당시 미얀마는 대우그룹 세계경영의 전략 지역으로 선정돼 김우중 회장이 1년에 6~7차례 미얀마를 방문하고 있었다. 나는 김우중 회장이 미얀마를 방문할 때마다 미얀마 정부 고위층과의 미팅에 함께 참석할 수 있었다.

원유와 경유를 공급하는 계약을 추진하는 최대 걸림돌은 이미 에너지성에 원유와 경유를 공급하고 있던 스미토모, 이토추와 같은 일본 종합상사들이었다. 만만치 않은 경쟁사들을 상대로 고심할 때 미얀마 현지에서 김우중 회장이 나를 격려해주었다.

"미얀마는 가능성이 있는 시장이야. 미얀마는 현재 경제적으로 어려움을 겪고 있지만 본격적으로 가스전만 개발되면 사정이 완전히 달라질 거야. 포기하지 말고 미얀마의 오일섹터(oil sector)에서 계속 승부를 걸어야 해. 문제는 차별화야. 우리가 일본 종합상사들보다 더 좋은 조건으로 안정적으로 원유를 공급할 수 있다는 확신을 주어야 해. 그래야 승산이 있어."

"명심하겠습니다."

"그리고 한 가지 더 알아둬. 미얀마도 우리처럼 식민지 경험이 있는 사람들이야. 영국과 일본의 식민지에서 독립한 국가라고. 그래서 반일감정이 남아 있어. 가능하면 일본보다 우리와 사업을 하고 싶어 해. 문제는 신뢰야. 대우가 일본 종합상사들보다 더 잘할 수 있다는 믿음을 주어야 해."

나는 김우중 회장의 지침을 받고, 일본 종합상사와 미얀마의 거래조건을 확인하며 차별화를 시도했다. 일본 종합상사는 1년 계약, 360days 결제조건으로 원유와 경유를 공급하고 있었다. 대우는 이에 대한 대응으로 장기간 동안 안정적으로 원유와 경유를 공급하겠다는 것을 강조하면서 5년 계약조건을 제시했다. 그리고 대금결제는 일본 측보다 훨씬 더 유리한 조건을 제안했다. 미얀마 대외무역은행(Myanmar Foreign Trade Bank)이 발행하는 720days Usance L/C를 결제조건으로 제안한 것이다.

우리의 차별화된 조건을 접수한 미얀마 에너지성이 망설이고 있을 때, 김우중 회장이 협상에 직접 개입해 "대우그룹 차원에서 차질 없이 계약을 이행하겠다"라는 서면 확약서에까지 서명해 미얀마 정부에 제출했다. 서면 확약서를 확인한 미얀마 에너지성은 "좋습니다. 대우그룹의 회장께서 직접 약속을 하시니 믿겠습니다"라고 반색했다.

협상에 탄력이 붙었다. 협상을 진행하는 동안은 경유를 spot

base로 몇 차례 공급해가며 1년여 동안 조율하던 끝에 최종 합의를 도출했다. 물론 일본 종합상사들도 자신들의 조건을 수정 제안하면서 마지막 순간까지 협상의 끈을 놓지 않았다.

1997년 2월, 드디어 ㈜대우는 미얀마 에너지성에 향후 5년 동안 원유와 경유를 공급하는 총금액 약 7억 5천만 달러(연간 500만~600만 배럴)의 계약을 성공적으로 체결했다. 세계 여러 지역에서 터득한 대우의 개발도상국 정부를 대상으로 하는 사업경험과 노하우가 미얀마 에너지성과의 장기공급 계약을 가능하게 했다고 생각한다. 과감히 리스크를 지면서도 철저한 관리를 할 수 있는 축적된 역량이 대규모 장기공급 계약이라는 성과를 만들어냈던 것이다.

계약에 따라 1997년 4월부터 본격적으로 원유와 중유공급이 시작됐다. 원유는 말레이시아 국영석유회사인 페트로나스(Petronas)와 장기구매 계약을 체결하고, 경유는 싱가포르 spot 시장에서 구입해 공급했다. 그때까지 대규모 물량을 직접 취급한 경험이 없는 물자자원본부가 연간 500만~600만 배럴의 물량을 장기 계약 방식으로 구매해 공급한다는 것은 적지 않은 위험부담을 갖는 것이었다. 그리고 금융은 미얀마 대외무역은행이 발행하는 720Days Usance L/C를 base로 주로 국내 시중은행에서 제공 받았다.

그러나 1997년 11월 아시아 외환위기, 1998년 대우그룹 위기사태를 거치면서 원유와 경유 구매를 위한 금융라인 확보에 심각한 애로가 발생하기 시작했다. 아시아 지역 금융위기가 발생하자 국내의 어느 은행에서도 미얀마 대외무역은행이 발행한 720Days Usance L/C를 가지고는 금융을 받을 수가 없었다. 설상가상으로 그해 4월부터 10월까지 720Days 금융을 제공해주었던 국내 거래 은행들조차도 360Days로 조건을 변경해 상환해달라는 요청을 해왔다. 대우의 긴급요청으로 우여곡절 끝에 미얀마 정부는 계약의 결제조건을 720Days에서 360Days로 변경하는 데 동의해주었다.

이렇게 하여 1998년 4월부터 거의 매월 360days로 변경된 L/C의 만기가 돌아왔으며 다행히 약간의 지연은 있었지만 미얀마 중앙은행은 변경된 계약 조건대로 미얀마 대외무역은행이 발행한 L/C의 결제를 위해 외환배정을 차질 없이 진행해주었다. 미얀마 정부로서도 외환보유고가 부족한 상황에서 아시아 지역 외환위기가 발생한 가운데 매년 1억 5천만 달러의 L/C를 결제한다는 것이 쉬운 일이 아니었다.

1999년에 대우그룹의 워크아웃이 결정되자 ㈜대우가 원유와 경유 구매를 위한 금융라인을 확보하는 조건이 더욱더 까다로워졌다. 1달이라도 미얀마에서 결제가 늦어지면 국내 거래은행들은 금융라인을 동결하는 조치를 취해버렸다. 나는 미얀마로 가서 재무성과 중앙은행 고위층을 만났다.

"우리 회사가 지금 안팎으로 사정이 나쁩니다."

"뉴스를 통해 알고 있습니다. 너무 걱정하지 마세요. 우리 정부는 대우와 김우중 회장이 이번 시련을 슬기롭게 잘 극복할 것이라고 믿습니다."

"어려운 상황에서도 지금까지 차질 없이 L/C를 결제해줘서 고맙습니다."

"원유와 경유를 어김없이 꼬박꼬박 주셨는데, 저희도 약속을 지켜야죠."

물자자원본부장으로서 나는 매월 미얀마 현지로 뛰어가 L/C 결제를 독려하는 것이 가장 중요한 일 가운데 하나였다. 이렇게 L/C 결제가 원만하게 이루어질 수 있었던 것은 미얀마 내에 구축된 대우의 인적 네트워크 덕분이었다고 생각한다. 재무장관, 중앙은행 총재 등 대우를 잘 알고 있는 고위인사들이 대우의 미얀마 정부와 산업에 대한 공헌도를 고려해 적극 협력해주었다. 무엇보다도 김우중 회장의 두터운 신망이 큰 도움이 됐다.

대우만이 할 수 있는 일

미얀마 에너지성과 계약을 체결한 후, 물자자원본부에서는 물류방식에 대한 많은 검토와 논의가 있었다. 원유의 경우 가장 간단한 방법은 싱가포르의 전문 물류회사를 선정해 전담하도록 하는 것이었다. 이 경우에는 모선인 5만~6만 톤급 유조선이 미얀마 양곤 근처 해역에 도착해 거기에서부터 양곤 소재 미얀마 석유화학공사(MPE) 정유공장까지 운송하는 작업을 일괄적으로 수행하게 된다. 하지만 이 경우 전체 물류비용이 매출액의 10%를 초과하는 문제점을 가지고 있었다.

고심 끝에 물자자원본부는 리스크가 크긴 하지만 6천 톤 규모의 소형 탱커 2척을 장기용선(time charter)해 물류작업 전체를 직접 진행하기로 결정했다. 연간 500~600만 톤의 원유를 운송하기 위해서는 5만~6만 톤급의 중형유조선을 용선해 거의 매월 1척씩 말레이시아로부터 미얀마 양곤 인근 해역까지 원유를 운반해야 했다. 우리는 이 모선으로부터 기름을 소형 탱커에 옮겨 실은 다음 소형 탱커가 양곤 소재 정유공장으로 운송하는 매우 어려운 작업과정을 이어가야 했다. 만에 하나라도 이러한 작업이 기술적인 이유 혹은 작업상의 어려움 등으로 인해 상당 시간 동안 지연될 경우에는 모선 유조선의 초과정박(demmurrage) 비용문제뿐만 아니라 양곤의 MPE 정유공장의 가동을 중단해야 하는 사태가 발생될 수 있기 때문에 리스크가 큰 작업이었다.

보통 5~6만 톤의 유조선 1척을 라이터링(lightering: 대형 선박의 화물을 해상에서 소형 선박으로 옮기는 것) 작업해 정유공장에 운송하는 데 소형 탱커 2척으로 18일 정도 걸리므로, 매년 500만 배럴을 작업하는 데 총 180일이 소요된다. 그런데 날씨가 나빠 라이터링 작업이 중단되는 기간과, 우기에 작업속도가 현저히 떨어져 지연되는 기간 그리고 소형 탱커의 정비기간까지 감안하면 실제 작업이 가능한 시기는 1년에 250일 정도 됐다.

소형 탱커가 라이터링 작업과 운송을 위해 모선 유조선과 정유공장 사이를 연간 약 100회 이상을 왕복해야 하는 매우 힘든 작업이었다. 애초에 리스크를 알고 시작한 일이었지만 용선과 라이터링 작업을 할 때마다 너무 힘들어서 싱가포르 물류회사에 턴키로 용역을 맡기고 싶을 때가 한두 번이 아니었다. 그럴 때마다 "포기하지 마"라고 하던 김우중 회장의 말을 기억하며 용기를 냈다.

여러 가지 어려운 일이 많았지만 계약기간 동안 큰 사고 없이 물류작업을 마칠 수 있었다. 경유의 경우는 소형 탱커가 원유 라이터링 작업을 하지 않는 기간 동안(250일-180일=70일)에 소형 탱커를 세척해 경유를 싱가포르에서 양곤 정유공장까지 운송하는 데 투입했다. 그리고 이와 같은 소형 탱커 2척의 직접 운용에 의해 물류비용을 연간 약 350만 달러, 3년간 약 1천만 달러를 절감할 수 있었다.

이와 같이 소형 탱커를 장기 용선해 원유의 라이터링과 정유공장으로의 운송작업을 직접 수행하고, 별도의 경유운송을 위해 같은 소형 탱커를 운용한 것은 국내 종합상사 중에서 대우가 유일했다. 위험을 감수하면서도 비용을 줄이려는 극단적인 의지가 있었기에 이런 작업이 차질 없이 진행될 수 있었다. 과감하게 리스크를 감수하는 의사결정과 리스크를 줄이기 위해 현지에서 치밀한 계획을 가지고 소형 탱커를 성공적으로 운용한 것은 높은 평가를 받을 만하다.

대우가 에너지성과의 원유와 경유 장기공급 계약을 성공적으로 수행할 수 있기까지 물자자원본부 석유사업 팀의 이일표 팀장, 현지 지사의 신태철 지사장, 이호대 주재원이 아주 큰 역할을 해주었다.

노력과 신뢰를 바탕으로

미얀마 에너지성에 대한 원유와 경유의 5년 장기공급 계약은 대내외적으로 여러 가지 어려운 상황 때문에 2000년 3월까지 만 3년간 공급하고 마무리 짓기에 이르렀다. 미얀마 정부는 2000년 4월부터 말레이시아 정부로부터 G to G 방식으로 원유와 경유를 공급받기로 했던 것이다. 2000년 2월 미얀마 정부가 말레이시아 정부와 합의한 후 어느 날, 미얀마 에너지성 차관이 나를 찾았다. 나는 급히 미얀마로 가서 에너지성 차관과 만났다.

"대우가 어려운 상황에서도 지금까지 원유와 경유를 차질 없이 공급해온 것에 대해 미얀마 정부는 매우 감사하게 생각합니다. 그래서 드리는 말씀인데, 우리 에너지성은 A-1광구에 대해 대우와 수의계약을 하는 방식으로 PSA(Product Sharing Agreement) 계약을 추진하는 생각을 하고 있습니다."

"감사합니다. 그런데 성공 가능성이 어느 정도인가요? 1990년에 M광구의 LNG생산 프로젝트로는 경제성이 없다는 결론이 나지 않았습니까?"

"그때와 이번은 광구 자체와 가스시장의 상황이 전혀 다릅니다. M광구의 Yadana(Total, Unocal 등이 참여한 가스전 프로젝트)와 Yadagon(Petronas 등이 참여한 가스전 프로젝트)을 보면 그 가능성을 예측할 수 있지요. 현재 에너지성이 보유 중인 기술자료 등에 의하면 A-1광구(MOGE 자료에 의하면 가스 3조ft³, 원유 5억 배럴 매장 추정)는 현재 개발이 진행 중인 M광구보다 유망한 광구로 평가되고 있어요. 그래서 일본 상사와 세계적인 메이저 회사들이 관심을 많이 가지고 있는 광구입니다."

"그래요?"

"잘해보십시오. A-1광구만으로 끝나지 않을 겁니다."

"또 있습니까?"

"A-1광구 인근의 A-3광구도 전망이 좋습니다. A-1광구를 개발한 후에 지역을 확대해나갈 수도 있습니다."

"차관님, 우리 회사는 지금 워크아웃 상태입니다. 그럼에도 불구하고 이런 기회를 주시다니 믿기지 않습니다."

"우리 미얀마는 처음부터 대우를 믿었습니다. 믿었기 때문에 그동안 원유와 경유를 공급받았고, 지금도 대우를 믿습니다."

"고맙습니다. 그런데 회사가 최종적으로 의사결정을 하려면 상당한 시간이 필요합니다. 김우중 회장이 계셨으면 곧바로 진행하겠지만 지금은 채권단이 최종결재를 하거든요."

"기다리겠습니다. 대우가 필요한 시간을 알려주세요."

서울로 돌아온 나는 ㈜대우 무역 부문 이태용 사장에게 이 사실을 보고했다.

"에너지성의 제안이 사실이라면 이번 가스전 개발은 대우의 미래를 걸어볼 만한 사업입니다. 어떻게 할까요?"

"먼저 내부 검토를 해보고, 채권 은행의 승인을 받아야 해. 시간이 좀 걸릴 텐데 미얀마 정부에서 기다려줄까?"

"그 문제라면 제가 미얀마 측과 수시로 연락하며 설득하겠습니다. 사장님께서는 채권단을 잘 설득해주세요."

일주일 정도 걸려서 석유개발 팀의 내부 검토 결과가 긍정적으로 나왔다. 이태용 사장에게 이를 보고하자 채권관리단의 최종승인을 전제로 프로젝트를 추진하라는 재가가 났다.

"채권단의 승인을 받는 데 최소한 얼마나 걸릴까요?"

"2개월 정도 걸릴 거야."

당시 워크아웃 상태에 있었던 ㈜대우에는 한빛은행(지금의 우리은행)에서 채권관리단이 나와 있었다. 관리단의 승인절차를 밟아야 계약을 체결할 수 있었다. ㈜대우가 그동안 진행한 미얀마에서의 사업들을 구체적으로 잘 모르는 관리단에게 가스전 개발 프로젝트의 내용과 전망을 설명하고 계약 체결에 대한 승인을 받는 일이 결코 쉽지 않았다.

약 3개월이 지난 어느 날 이태용 사장이 나를 찾았다.

"채권단의 최종승인이 나왔어. 그런데 조건이 있어."

"조건이라고요?"

"PSA 계약과 동시에 자료열람 비용으로 50만 달러를 지불하되, 열람한 기술자료를 근거로 타당성을 검토한 후 그 결과에 따라 프로젝트의 계속 추진여부를 대우가 결정할 수 있는 조건으로 승인을 받았어. 미얀마 측을 설득할 수 있겠지?"

미얀마 가스전 개발 프로젝트는 이렇게 채권단의 승인을 받아 미얀마 에너지성과 계약서 문안에 대한 협상을 시작했다. 그리고 2000년 5월에 미얀마 석유가스개발공사(MOGE)와 PSA 계약을 체결했다. 계약서에는 대우 측에서 이태용 사장과 내가 서명했고, 미얀마 측에서는 에너지성 장관과 석유가스개발공사 사장이 서명했다. 계약 체결 후 자료 열람과 분석을 통해 본격적인 탐사 작업을 추진할 가치가 있다는 결론을 얻었고, 그해 8월 A-1광구에 대한 탐사 프로젝트를 본격적으로 추진하기로 결정했다.

미얀마 가스전 개발에 대한 계약은, 회사가 워크아웃 상태에 있었는데도 불구하고 대우의 미얀마에 대한 공헌, 회사의 경영진과 채권관리단의 적극적인 의사 결정, 현지 지사의 적극적인 도움, 그리고 ㈜대우 물자자원본부 석유개발팀의 기술적인 평가능력 등이 모아져 이루어진 쾌거였다.

'완전히 만족할 때까지는 만족하지 않는다'는 정신으로 꾸준히 노력하면 눈부신 결과가 눈앞에 펼쳐진다.

과학기술 한국의
미래를 위하여

_ 미래 과학기술 인재를 키우고자 한 과학자와 기업가의 만남

정근모

대우는 일찍이 고등기술연구원을 설립해 산학이 연계하며 기업 경쟁력을 높이는 길을 모색했다. 그 산파역을 정근모 박사가 맡았다. 그는 일찍부터 자력으로 기술을 개발할 능력을 갖추는 것과 미래의 과학 인재를 양성하는 일에 누구보다 열정이 강했다. 그래서 1969년 한국으로 돌아와 과학 한국의 미래를 열고자 KAIST를 만들었다. 그러나 연구의 자율성과 독립성이 보장되지 않자 다시 미국으로 돌아갔다. 그런 그를 김우중 회장이 찾아가 설득했다. 김우중 회장은 국가의 미래를 위해 과학기술이 중요함을 잘 이해하고 있었다. 1991년 마침내 두 사람은 뜻을 합쳐 '고등기술연구원(IAE)'을 탄생시켰다.

정근모

1939년 서울에서 태어나 경기고등학교, 서울대 물리학과를 졸업했고, 동 행정대학원에서 석사학위를 받은 후 도미해 미국 미시간 주립대에서 물리학 전공으로 이학박사를, 동 대학교에서 명예공학박사를 받았고, 미국 뉴욕 폴리테크닉대에서도 명예공학박사 학위를 받았다. 1959년에 원자력원 원장보좌원으로 시작하여 프린스턴대 및 MIT 핵공학과 연구원, 뉴욕공대 교수 등을 역임했고, 귀국하여 한국과학기술원(KAIST) 설립과 초대 부원장을 역임했다. 그리고 김우중 회장과의 인연으로 1987년에 아주대 석좌교수직을 맡아 1992년 고등기술연구원 설립과 1998년까지 고등기술연구원 초대 원장을 역임했고, 이후 호서대 총장, 명지대 총장을 역임했다. 과학기술처장관(제12대, 제15대), 한국전력기술 사장, 한국과학재단 이사장, 한국과학기술한림원장, 사랑의집짓기운동연합회 이사장 등을 역임했다. 현재는 한전국제원자력대학원대학교 설립추진위원장으로 일하면서 UAE, 케냐, 말레이시아 정부 등의 과학기술 및 원자력 개발 고문으로 활동하고 있으며, 스웨덴왕립공학아카데미 외국인 회원, 미국공학한림원 외국인 회원 등으로 활동 중이다. 저서로는 《원자력 기술의 자립정책》, 《21세기로 가는 길》, 《중간 진입전략》외 다수가 있다. 상훈으로는 과학기술발전에 기여한 공로로 은탑산업훈장(1987), 청조근정훈장(1991) 외 각종 포상과 공로상을 수상했다.

10년을 기약한 미국 유학생활

세계 역사에서 칭기즈칸 이후, 유럽에 본격적으로 진출한 최초의 동양인들은 한국 사람들이고, 그들의 이름은 '대우'였다.

대우는 세계경영의 선구자였다. 그러나 대우의 세계경영은 IMF의 파고를 넘지 못하고 침몰했다. 대우가 IMF를 넘어 계속 해외로 진출했다면, 세계 어느 나라의 어떤 기업들보다 세계경영을 잘 실현했을 것이다. 그 프로젝트를 준비할 때부터 참여했던 나로서는, 대우가 오래전부터 치밀하게 준비한 세계경영의 프로젝트를 다 펼쳐보지 못하고 도중에 그 깃발을 거둘 수밖에 없던 현실이 너무나 아쉽다. 그것은 나라를 위해서도 애석한 사건이었다.

대우그룹이 성공적으로 세계경영을 할 수 있었다는 증거는 대우그룹의 주력 업체들이 그로부터 오랜 시간이 경과한 오늘날에도 모두 건전하게 발전하고 있다는 사실에서도 확인된다.

대우는 한국의 어느 그룹보다 과학기술과 고등교육에 관심이 많았다. 두산이 중앙대학교를 인수하고, 삼성이 성균관대학교를 인수하기 오래전에 대우는 이미 아주대학교를 통해 인재를 양성하기 시작했다. 대우가 일찍이 교육에 관심이 많았던 것은 김우중 회장의 부친께서 헌신적인 교육자였던 영향을 받았다고 나는 생각한다.

대우는 또 과학기술을 통해 그룹을 발전시켰다. 일찍이 고등기술연구원을 설립해 산학이 연계하며 기업 경쟁력을 높이는 길을 모색했다. 어떤 사람들은 대우가 자동차 개발에 너무 많은 돈을 쓰지 않았느냐고 하지만, 장기적으로 보면 그것은 올바른 투자였다.

안타까운 것은, 진취적인 비전과 실천력을 가지고 세계로 뻗어가던 길에서 대우가 한 번도 겪어보지 못한 IMF라는 산을 만났다는 사실이다.

나는 김우중 회장을 경기고등학교에서 처음 만났다. 경기고등학교에 입학한 나는 공부밖에 모르는 공부벌레가 되고 싶지 않아 과외활동에 매우 적극적이었다. 수업 때는 열심히 공부하고 방과 후에는 여러 서클에 가입해 활동했는데, 규율부장이던 김우중 선배와도 친하게 지냈다. 고등학교 1학년 때 나는 검정고시를 치르고 서울대학교 물리학과에 입학했다. 물리학을 전공한 특별한 이유는 바로 물리학계의 거두이며 아버지의 친구이시기도 한 권영대 교수님의 다음과 같은 조언 때문이었다.

"앞으로 과학 기술의 시대가 될 테니, 정치인이 되든 법률가가 되든 과학을 알아야 한다."

서울대 물리학과를 졸업한 나는 서울대 행정대학원에 진학했다. 그러자 일간지의 사회면에 나에 대한 기사가 큼지막하게 게재됐다.

"과학 신동, 기술자에 대한 천시 항의, 행정대학원에 수석 입학."

이승만 대통령이 이 기사를 읽고 공보비서 최치환 선배를 통해 나의 미국 유학을 제의했다. 최치환 선배는 미시간 주립대학교에 편지를 써서 내 사정을 설명하고 입학허가와 장학금을 요청했다. 나는 그런 사실을 모른 채 학교생활에 몰입하고 있었다. 그런데 대학원 1학년을 마칠 즈음에 미시간 주립대학교에서 장학금 제의서와 입학승인서가 도착한 것이다.

당시 나는, 국가의 과학기술 육성정책 차원에서 신설된 원자력원의 원장보좌역으로 일하고 있었다. 원자력원의 초대 원장이셨던 김법린 박사께서는 미국 유학길이 결정된 내게 이렇게 말했다.

"이보게 정 군, 한국이 선진국이 되려면 무엇보다 과학기술의 발전이 이루어져야 하네. 과학기술의 발전은 한두 사람의 힘만으로 이루는 게 아닐세. 자네 혼자 박사학위를 따는 것이 뭐가 그리 중요한가? 미국에 가게 되면 박사학위를 위해 공부하는 것도 중요하네만, 그보다는 한국의 전반적인 과학기술 능력을 어떻게 높일 수 있는가에 대해 배우고 연구하게나."

미국 유학이라고 하면 자기 자신의 능력개발에만 초점을 맞추게 되던 그때, 김법린 원장의 애국심 어린 말씀이 내겐 큰 감동으로 다가왔다. 지금까지 그 감동이 내 가슴에 품은 소망을 실천하게 만들고 있는지도 모른다.

한국을 떠나며 잊을 수 없는 또 한 사람이 있었다. 바로 김우중 선배였다. 그때 선배는 연세대학교 졸업반이면서 한성실업에 출근하고 있었다. 내가 정부의 추천을 받아 뜻밖에도 미국으로 유학을 가게 됐다는 소식을 듣더니, 김우중 선배는 무척 기뻐하며 축하해주었다. 그리고 유학을 가는 데 필요한 서류들을 직접 챙겨서 준비해주기까지 했다.

"가서 열심히 배워와."

"고마워요, 선배님. 앞으로 10년 정도는 모든 것 잊고 미국에서 공부만 할 생각이에요."

1960년 3월 24일, 나는 그렇게 조국을 떠나 미지의 대륙 아메리카에 도착했다. 김우중 선배가 대우실업을 창업하던 1967년에 나는 미국 뉴욕공과대학의 부교수로 임명됐다. 그 대학에서 핵융합연구소를 창설하고 책임을 맡았는데, 이 연구소는 나중에 '스타워즈(star wars)'로 불리는 레이건 대통령의 '전략방위구상(SDI)'의 중요한 연구소로 부상했다. 나는 미국원자력위원회와 미국과학재단의 파격적인 지원을 받으며 연구에 전념했다. 미국 정부가 외국인 학자에게 이런 조건을 제시하는 일은 정말 드문 일이었다. 나는 열심히 연구하는 것에서 삶의 기쁨을 찾았다.

한편 이런 바쁜 삶 속에서도, 수출입국의 기치로 발전에 발전을 거듭하며 뉴욕에 지사까지 설치하며 미국에 진출한 김우중 선배가 출장차 미국에 오면 자주 만나 서로의 사정을 얘기하고 앞으로의 계획을 협의하기도 했다.

기술 강국을 향한 KAIST 설립

미국 유학을 떠난 지 만 10년이 되는 1970년 3월 24일, 나는 한국에 일시 귀국해 KAIST 설립의 산파 역할을 담당했다.

닉슨 대통령이 취임하고 1969년에 공화당 정부가 들어서면서 USAID(미국해외원조처) 처장으로 임명된 한나(John Hannah) 미시간 주립대학교 총장은 개발도상국에 대한 원조정책을 바꾸어 무상원조를 지양하고 교육기관 투자로 일신하려고 했다. 그때 나는 한국에도 석사·박사 과정을 이수할 수 있는 국제 수준의 대학원이 필요하다는 내용으로 KAIST 사업제안서를 작성해 미국 해외 원조처(USAID)에 제출했다. 그리고 한나 박사는 600만 달러의 자금 지원을 약속했다. KAIST(당시는 KAIS)를 설립하려고 귀국한 나는 박정희 대통령에게 과학원 설립에 대한 상황을 설명했다. 그때 박정희 대통령의 결단력이 KAIST 설립에 결정적인 역할을 했다.

설명을 들은 박정희 대통령은, "KAIST 설립은 문교부가 할 일이 아니므로 과학기술처가 맡아서 하라"라고 지시했다. 과학기술처는 경제부처 소속이기 때문에 교육부에 비해 상대적으로 모든 것에 우선해 신속한 결정을 내릴 수 있었다. 그 같은 박 대통령의 지시와 미국의 지원에 힘입어 KAIST 설립은 일사천리로 진행돼 초대 원장에 이상수 박사가 임명되고, 나는 부원장을 맡았다.

KAIST를 설립하는 과정에서 김우중 회장이 각별한 관심으로 여러 가지 조언을 해주었다. KAIST는 응용과학기술 인재양성을 주로 했고 외국에서 교수를 많이 초청했는데, 그때 초청한 교수들 중에 후에 대우그룹에 입사한 배순훈 박사도 있다. 배순훈 박사가

KAIST 기계공학과 교수로 초청됐다가 대우로 옮기는 바람에 KAIST로서는 손실이 생겼으나, 산업계의 기술을 발전시킨다는 것이 KAIST 설립 목적이기도 해서 나는 기꺼이 동의했다. 하지만 당시 나의 한국생활은 3년에 그치고 말았다. 나는 1974년 1월에 KAIST를 휴직하고 미국으로 돌아갔다. 하루는 미국 출장 중인 김우중 회장이 나를 찾아왔다.

"닥터 정, 이번에는 미국에서 아주 살려고 왔나?"

평소와 다르게 김우중 회장의 목소리가 많이 격앙돼 있었다.

"선배님, 그게 무슨 말씀이세요?"

"한국에 귀국할 마음이 있는지 없는지 묻는 거야. 자네 같은 유능한 인재들이 미국 유학을 왔다가 미국에 이렇게 모두 눌러앉으면 어떡해?"

"처음에 저는 10년을 기약하고 미국 유학을 왔어요. 그리고 저는 그 약속을 지켰어요. 10년 만에 귀국해서 KAIST를 만들고 과학 한국의 꿈을 펼치려고 했어요. 그런데 유신 정부는 KAIST의 자율성과 독립성을 보장해주지 않았어요. 제가 왜 한국을 떠날 수밖에 없었는지 선배도 잘 알잖아요. 유신 정부 아래서는 과학 한국의 꿈을 펼칠 수 없었어요."

"민간 자본으로 KAIST 같은 교육기관을 세우면 어떤가?"

"한국에 그런 일을 할 기업이 있나요?"

"대우가 있잖아."

"연구의 자율성과 독립성을 보장하면 귀국하겠습니다."

"내가 연구의 자율성과 독립성을 보장하지."

"진심이세요? 그렇다면 제가 미국에 있어야 할 이유가 없습니다. 오늘이라도 한국에 가겠습니다."

"좋아. 그럼 나와 함께 귀국해서 대우엔지니어링부터 시작하자고. 닥터 정이 귀국해서 대우엔지니어링 사장을 맡아 운영하라는 뜻이야. 그러면서 KAIST에서 하고자 했던 것처럼 우수한 엔지니어들을 양성해줘. 지금은 한국의 중화학 분야의 대들보가 될 기술 인력을 양성해야 할 때야."

"중화학이라면?"

"한국 정부는 지금 중화학공업 건설 계획을 추진하고 있어. 철강·화학·비철금속·기계·조선·전자공업 등 6개 전략산업을 선정했는데, 대우도 중공업 쪽으로 진출할 생각이야. 자네가 필요해."

"선배, 제가 그 일을 할 수 있을지 모르겠습니다. 아니, 그것은 제 일이 아니에요."

"무슨 말이야? 닥터 정이 기술 인력을 양성하지 못하면 누가 그 일을 해?"

"저는 미래의 에너지가 원자력이라고 믿고 그 분야를 공부하고 있어요. 지구 온난화로 발생되는 문제들을 방지하기 위한 대체 에너지로 원자력이 중요하기 때문이죠. 원자력은 태양광·바이오·수력·풍력과 비교해도 이산화탄소 발생량이 획기적으로 낮아 녹색성장을 가능하게 해요. 발전비용도 친환경 에너지로 알려진 액화천연가스(LNG), 태양광보다 낮고 비용도 적고요."

"그렇다고 한국에서 지금 원자력을 시작할 수는 없잖아."

"알아요. 그래서 지금은 미국에서 연구를 하지만, 나중에 한국에서 원자력이 필요할 때 귀국할 마음이에요."

"듣고 보니, 원자력 발전과 수출을 위해 노력하는 일이라면 몰라도 엔지니어 쪽 일은 자네한테 안 맞을 수도 있겠어. 대체 에너지를 찾는 사람한테 내가 지금 기계를 만들자고 한 셈인가?"

"이해해주시니 고마워요. 그리고 저도 선배가 지금 무엇을 걱정하는지 잘 알아요. 다만 이것만은 알아주세요. 저는 몸이 비록 미국에 있지만 마음은 한국을 떠나지 않았어요. 아직은 귀국할 때가 아니라는 것일 뿐입니다."

"알았어. 그런데, 한국에 원자력을 발전시킬 가능성은 있는 거야?"

"가능성이 있고말고요. 두고 보세요. 원자력 발전용으로 우라늄뿐 아니라 토륨을 사용하는 기술까지 한국이 주도할 날이 머지않아 올 거예요."

산업체와 교육기관의 시너지효과 창출

1992년 1월 3일, 나와 김우중 회장은 뉴욕에서 서울로 향하는 비행기에 나란히 탑승했다.

"지금 한국의 기술은 세계 시장에서 경쟁력이 없어. 닥터 정은 어떻게 생각해?"

"경쟁력이 없는 데는 분명한 이유가 있습니다. 학교는 교육 중심이고, 기업은 실용 중심이기 때문이에요."

"학교에서 배운 기술을 기업체에서 활용하지 않는다는 뜻인가?"

"바로 그거예요. 한국은 학교와 산업체가 따로 굴러가고 있거든요. 그 같은 단절을 극복하고 학교와 산업체가 협동하는 유기체를 만들어야 경쟁력을 키울 수 있어요."

김우중 회장은 고개를 끄덕였다. 이심전심으로 마음이 통한 것이다.

"제가 KAIST를 만들자고 했던 것이 바로 이런 이유 때문이었어요. 산업체에서 활용 가능한 기술을 개발하는 교육을 하려고 했죠. 유신 정부는 그런 취지를 알면서도 자율성과 독립성을 인정하지 않았어요."

"KAIST를 처음 구상했던 취지를 살려서 기술연구소를 새로 만들면 어떨까?"

"자율성과 독립성을 보장하십시오. 그러면 저도 나서겠습니다."

그는 나의 제안을 흔쾌히 수락했다.

"연구소의 자율성과 독립성을 보장한다는 것이라면 내가 20여 년 전에 이미 약속했잖아."

"그때 그 약속을 지금도 기억하십니까?"

"나는 약속을 지키는 사람이야. 여태 그것도 몰랐어?"

"하하, 알겠습니다. 우선 기술연구소 설립 타당성부터 조사하겠습니다."

한국에 과학원을 창설해 과학 한국의 미래를 열고 싶었던 나는 1969년부터 KAIST 사업을 미국의 국무성에 제안하고 박정희 대통령께 설명하기도 했다. 그 후 나의 꿈은 김우중 회장의 지지와 후원을 받으면서 1991년 1월에 현실로 나타나기 시작했으며, 마침내 '고등기술연구원(IAE)'이라는 이름으로 태어났다.

고등기술연구원은 서울역 앞 대우센터에서 시작됐다. 아주대학교 에너지학과 교수로 있던 내가 원장직을 겸하고, 이사장직은 김준성 회장이 맡아주었다. 탁월한 경영인이고 문단이 인정하는 소설가였던 그에게 많이 배울 수 있었다. 내가 1994년 12월에 다시 과학기술처 장관으로 입각하게 되자 무척 섭섭하게 생각하셨던 김우중, 김준성 회장의 모습은 아직도 눈에 선하고 송구스러운 마음이 넘쳐난다.

김우중 회장은 고등기술연구원에 애착이 깊었다. 백암에 있는 대우연수원 옆에 대지도 직접 고르고, 연구원 건물의 설계도도 직접 지휘했다. 연구원을 위한 기숙사도 짓도록 하고 연구진행상황도 직접 보고받았다.

내가 과학기술처 장관직을 그만두고 아주대학교 교수로 돌아와서 에너지학과의 에너지 시스템 연구센터를 운영할 때도 김우중 회장의 관심은 깊었다. 지금은 한국 최고의 연구진으로 발전된 IGCC(종합 석탄가스화 발전 시스템)에 대한 관심 또한 깊었다. 지금은 한국 최고의 연구진으로 실용화가 이루어지고 있지만 대우그룹의 적극적 후원이 없었던들 불가능했던 사업이다. 고등기술연구원이 개발한 거미용접로봇도 대우조선에서 훌륭한 기술로 발전됐다.

1997년 김우중 회장은 나를 이탈리아 밀라노로 불러서 다시 고등기술연구원을 맡아달라고 부탁했다. 그러나 세상이 바뀌어 고등기술연구원의 큰 뜻을 펼치기에 너무 어려웠다. 대우그룹이 재정이 악화되자 나는 아주대학교로 돌아와야 했던 것이다. 비록 대우 그룹은 해체됐어도 그 개개의 회사들이 분야별로 놀라운 성과를 내었다는 것은 김우중 회장의 세계경영이 시기적으로 빨랐었다 할 지라고 옳은 기업경영 전략이었다는 것을 증명하고 있다.

나는 채 꽃을 피우기 전 IMF의 서리를 맞은 고등기술연구원이나 한국 최고의 고등교육기관으로 자리매김을 할 줄 알았던 아주대학교가 때가 되면 당초의 꿈을 이루리라고 확신한다. 나에게는 교육과 과학기술 분야의 소박한 꿈이었지만 방대한 세계경영의 큰 비전을 가졌던 김우중 회장에 대한 정당한 평가가 이루어질 때 한국의 많은 젊은이들도 큰 꿈을 얻으리라 믿는다.

한국의 중요한 자산

_ 계속되어야 할 대우의 세계경영

이한구

국내 최초이자 최고의 민간 연구소로 평가를 받는 대우경제연구소는 1980년대부터 민간 연구소 입장에서 국가 정책을 제안하고 경제를 전망하고, 대우그룹의 세계경영 전략을 수립하고 글로벌 리더를 양성하는 임무를 수행했다. 세계경영의 기본 정신은 세계시장에서 세계 일류 기업들과 경쟁하는 것이었다. 그 경쟁에서 이길 수 있는 방법을 대우경제연구소가 찾고자 했다. 대우경제연구소장을 지낸 이한구는 이렇게 확신한다. "만약 정부가 국가의 경제를 보호하고, 다음 세대의 산업을 육성하는 차원에서 대우의 세계경영을 이해하고 위기극복 과정을 지원했다면, 세계경영은 지금쯤 엄청난 빛을 발해 대우가 세계적으로 영향력 있는 그룹이 되어 있었을 것이다."

이한구

1945년에 경상북도 경주에서 태어나 경북고등학교, 서울대학교 경영학과를 졸업하고, 동 행정대학원 행정학 석사, 미국 캔자스 주립대 대학원에서 경제학 전공으로 박사학위를 받았다. 1969년에 제7회 고등고시 행정과에 합격해 재무부 외화자금과와 이재과 과장, 대통령 비서실 경제수석비서관실 등 공직을 거쳐 1984년 대우 회장실 상무로 자리를 옮긴 후, 2000년까지 대우에 봉직하면서 대우경제연구소 사장을 역임했다. 2000년 한나라당 정책실장으로 정계에 입문해 현역 국회의원으로 재직 중(제16대~제18대)이며, 국회 예산결산특별위원회 위원장과 윤리위원장을 역임했다. 국가발전에 기여한 공로로 녹조근정훈장(1975)을 수상했다. 저서로는 《21세기 한국국부론》, 《한국인의 경제활동》, 《공선련 총서(전4권)》, 《공적자금 백서》 등이 있다.

기업이윤보다 국익을 우선시한 기업

나는 1984년 대우에 입사해 15년 동안 근무했다. 입사 초기 3년 동안은 해외출장을 가는 김우중 회장을 수행했다. 어떤 해는 270일 정도 해외를 돌아다니기도 했다. 그러면서 김우중 회장이 만나는 세계 각국의 유명한 컨설턴트, 정치인, 거대기업 CEO, 고위 정책담당자, 노조 지도자와 각 분야의 지도적 학자를 만나게 됐다. 그들로 인해 세상을 보는 시야가 한층 넓어져 1987년부터 대우경제연구소 소장으로 부임했다. 1980년대 중반부터 이미 세계경영을 구상했던 김우중 회장을 따라 나는 대우경제연구소에서 세계경영을 구체적으로 연구했다. 세계경영은 김우중 회장의 아이디어에서 출발했다.

나는 지금까지도 김우중 회장처럼 열심히 일하는 사람을 본 적이 없다. 나도 제법 일을 열심히 하는 사람으로 관계나 학계, 정치계에서 통하지만, 김우중 회장의 일에 대한 열정에 비하면 아무것도 아닐 정도다. 또한 전략적인 사고나 해외의 방대한 네트워크를 감안할 때 김우중 회장은 대한민국의 중요한 국가적 자산이다. 그럼에도 불구하고 지금은 그 자산이 국가의 이익에 도움이 못되고 있어서 안타깝다.

한때 젊은이들의 우상이던 김우중 회장을 요즘 젊은이들은 부정적으로 평가하는 경향이 있는 듯하다. 이는 대우그룹이 해체됐기 때문인데, 이쯤 되면 대우가 왜 해체돼야 했는지 짚어보지 않을 수 없다.

결론부터 말하자면, 대우의 해체는 대우의 잘못보다는 당시 정책에 실패한 정부의 잘못이 더 크다. 즉, 대우그룹 해체의 책임은 실패한 정책을 입안한 사람이나 그런 잘못된 정책을 집행한 사람들에게도 있다는 것이다.

그런데 외환관리를 잘못한 정부당국자들과 OECD 가입조건 맞추기에 매달린 국정책임자, 그리고 IMF 말만 좇아 국익을 무시했던 DJ정부 당국자들이 김우중 회장이나 대우그룹에게 모든 잘못을 덮어씌우려 할 때는 너무 안타깝다.

내가 만난 김우중 회장은 사업을 하면서 개인의 이익보다는 기업의 이익을 우선시하고, 기업의 이익보다는 국가의 이익을 더 챙기는 사람이었다. 한마디로 대우는 당장 눈앞에 보이는 이익에 매달리지 않고 대의를 좇는 기업이었다.

얼핏 보면 경제논리에 맞지 않는 것처럼 판단되는 대우의 경영마인드가 시장에서 수익을 올릴 수 있었던 까닭은, 전략적으로 앞을 내다보며 남보다 몇 배 더 열심히 비즈니스를 했기 때문이다. 대우의 경영이념은 창조, 도전, 희생이었다.

대우가 국가의 이익을 최우선으로 삼았다는 것은, 부실기업들을 인수해서 정상기업으로 일으켜 세우는 일에 매진한 것이 그 증거다. 혹자는 대우의 기업인수를 '몸집 불리기'라고 명명하는데, 부실기업들을 정상화하는 과정은 전쟁을 방불케 할 만큼 굉장히 힘들고 긴 싸움이다. 기업이나 개인의 이익만 따졌더라면 당연히 외면했을 싸움을 매번 마다하지 않고, 되레 국가적인 문제인 부실기업들을 정상적으로 운영하며 고용을 유지하는 데 성공시켰다.

대우는 또 국가정책에 부응하는 사업을 추진했다. 즉, 무역입국, 중화학공업 육성 등 국가의 경제정책에 맞춰 열심히 국익에 공헌하려고 노력했고 또 성공시켰다.

다른 재벌처럼 내수시장 챙기기보다는 선진국 기업들과 치열한 경쟁을 하면서 훨씬 힘든 세계시장을 공략하는 길을 택했다. 한 푼의 외화라도 챙겨야 할 시대적 사명감에 불타있었던 것이다. 부동산에 투자해서 돈을 벌자고 제안했던 임원, 사장 등은 영락없이 김 회장의 호된 질책을 받았다.

대우가 외교관계에 끼친 공로 또한 대단하다. 대우는 한국과 미수교 국가들에 정부보다 먼저 진출해 국가간 수교를 하도록 유도하는 등 민간외교를 성공시킨 사례가 한두 건이 아니다. 이윤추구를 목적으로 운영하는 기업이 그런 몫까지 맡아서 성공하는 데에는 대우인들이 애국심을 가지고 있었기 때문이다.

고등기술원이나 아주대학교에도 지원을 많이 했다. 돈이 되는 사업이 아니었기에 지원하는 기업들이 없었을 때, 대우는 잠자는 시간까지 아껴서 일을 한 돈으로 지원한 것이다.

그룹을 지키지 못한 사실에 대해서는 비판을 받아야 하겠으나, 대우가족으로 오래 근무한 직원들의 입장에서 대우그룹의 해체는 하늘이 무너지는 사건이 아닐 수 없었다. 회사가 이익을 내서 좀 편하게 일을 하겠다고 생각할 때마다 사회와 국가의 필요에 의해 부실기업을 끌어안았고, 그때마다 부실기업을 바로 세우느라고 임직원들의 급여도 제대로 못 올려주었다. 그런 이유로 대우의 간부 직원들의 처우는 다른 기업보다 상대적으로 형편없었다. 대우에 신입사원으로 입사할 때는 국내 최고 수준의 임금을 받지만 시간이 지나고 직급이 오를수록 다른 기업들보다 상대적으로 낮은 임금을 받아야 했다. 그런 간부사원들에게 김우중 회장은 "우리 세대가 희생해야 다음 세대가 행복하다"는 메시지를 주며 다독거렸다. 이런 기업운영은 애국심이 없이는 할 수 없다는 사실에 대해 이제는 객관적인 평가를 받아야 마땅하다.

국내 최초, 최고의 민간 경제연구소

나는 김우중 회장을 수행해 해외로 다니며 경영훈련을 받은 뒤, 1987년에 대우경제연구소 소장으로 부임했다.

대우경제연구소는 국내 최초이자 최고의 민간 연구소로 평가를 받으며, 민간 연구소 입장에서 여러 가지 국가정책을 제안하고 한편으로 경제전망도 했다. 대우그룹이 세계경영 전략을 수립하고 세계 각국에 사업기지를 만들던 시기였던 만큼 글로벌 리더를 양성하는 사업 또한 대우경제연구소의 임무였다.

　대우는 부실기업을 인수해서 정상화시키는 일을 많이 했지만 대우경제연구소는 대우가 스스로 설립(1984)한 연구소로서 처음부터 우수한 인재들로 구성했다. 그리고 우수한 연구원들이 더욱 헌신적으로 연구할 수 있었던 이유는, 그룹 차원에서 지원을 아끼지 않으면서도 이런저런 간섭을 일체 하지 않았기 때문이었다. 심지어는 연구소가 발표한 어떤 내용이 대우그룹에 불리하더라도 간섭하지 않고 자율성을 보장했다. 그런 영향으로 대우경제연구소의 연구성과는 대외 공신력을 얻었고, 대우경제연구소의 경제 전망이 언론을 통해 자주 보도될 뿐만 아니라 그 영향력은 지대했다. 한국은행이나 국책연구원보다 정확하다는 평가를 자주 받았다. 이런 일들이 연구원들의 사기를 높이고 자부심을 느끼게 했다.

　김영삼 대통령이 세계화를 처음 얘기하자 사람들은 그것이 무엇인지 이해하지 못해 우왕좌왕했다. 바로 그때 세계화와 관련해서 대우경제연구소가 언론에 인터뷰를 가장 많이 했다. 당시만 해도 '세계화' 또는 '국제화'가 무슨 뜻인지 국가의 공무원들조차도 이해하지 못했지만, 대우경제연구소는 김영삼 대통령이 발언하기 몇 년 전인 1980년 초부터 이미 세계화를 구체적으로 연구했고 '세계경영'에 대한 자료들을 축적하고 있었다.

세계화, 즉, 글로벌리제이션(globalization)은 당시 선진국의 다국적 기업들이 채택하고 있던 전략이었다. 국내에서 국제정세에 밝은 대우는 그 같은 사실을 누구보다 먼저 알았고, 한국도 세계경영을 할 수밖에 없다고 판단했다. 그런데 문제는 방법이었다. 그 방법을 도출하기 위해 대우경제연구소는 세계경영을 어떻게 하면 좋을지 끊임없이 고민하고 다양한 자료를 많이 수집해 연구에 전념했다.

지금도 대개의 사람들이 잘 모르지만, 한국에 IMF가 상륙했을 때 타개책으로 정부에 산업간 '빅딜'을 처음 제안한 연구소가 바로 대우경제연구소였다. 대우경제연구소는 IMF가 상륙하기 이전에 국내 산업계의 생산시설 과잉을 분석하며, 과잉 생산시설의 조절에 대해 문제의식을 갖고 빅딜을 이미 제안한 바 있었다. 즉, 기업들이 특정 분야에 과잉투자를 하고 있는데, 이것을 나라 차원에서 조절을 안 하면 결국 나라에 큰 부담이 된다는 연구결과를 발표하기도 했다.

그러다 한국에 IMF가 상륙하자 정부는 대우경제연구소가 이전에 연구 발표한 빅딜에 대한 논문들을 검토하기 시작했다. 그때 정부는 중화학, 석유화학, 전자, 자동차 등 몇 개의 분야에 빅딜을 시도했는데, 이해 당사자인 대우경제연구소는 직접 나설 수가 없었다. 그래서 표면에는 전경련이 나서고 내용은 대우경제연구소의 자료가 활용됐다.

대우의 세계경영 전략과 접근방식

세계경영의 기본정신은 세계시장에서 세계 일류기업들과 경쟁하는 것이었다. 경쟁수단은 가격경쟁, 품질경쟁, 마케팅경쟁 등이다. 그때 동원할 수 있는 자원을 대한민국에 한정할 것인지, 아니면 세계 여러 자원을 우리가 잘 활용할 것인지, 그리하여 세계경쟁에서 이길 수 있는 방법이 무엇인지 등의 문제를 푸는 것도 대우경제연구소의 연구과제였다.

세계 각국에 널려 있는 가장 좋은 조건의 생산자원을 우리가 동원하지 못할 이유가 없었다. 어떤 곳에서는 원재료를 쉽게 확보하고, 또 어떤 곳에서는 인재를 확보하고, 또 다른 곳에서는 기술력을 확보할 수 있었다. 그러면 어디서 생산해서 어디에 판매해야 하는가? 이런 과제들을 조직화하는 것 또한 세계경영의 전략이었다.

대우는 세계경영에서 성공할 자신이 있었다. 선진국들은 식민지경영에서 얻은 노하우나 네트워크를 활용했다. 이미 오래전부터 그들은 식민지에 진출해 자본을 축적하며 경쟁력을 축적했다. 그렇다면 한국과 같은 후발기업은 이미 때늦은 상황에서 어떻게 이겨나가야 하는지를 고민했고, 선진국 기업들과 경쟁해서 후발주자가 이길 수 있는 시장을 찾아야 했다. 그리고 생산요소를 찾아야 했다.

대우는 세계시장에 대한 노하우가 많았다. 세계시장에 대한 정보는 많이 갖고 있었다. 그러나 대우는 선진국들 수준의 좋은 제품을 제조하는 능력과 기술이 부족하고, 부품조달이 어려운 약점이 있었다.

따라서 선진국 기업들이 접근하지 못하는 시장에 치중해야 한다고 판단했다. 특히 중국 같은 후진국, 중진국 시장에 현지 수준보다 상대적으로 높은 수준의 제품을 선진국 기업보다 낮은 가격에 판매하기로 했다. 가능하면 소비지에 가까운 지역에서 생산해야 수익을 창출할 수 있다고 보고 선택한 국가가 동유럽과 아시아 국가인 중국, 베트남, 그리고 남미 지역 일부였다.

또 하나의 과제인 생산요소는 어디에서 가져올까? 그동안 ㈜대우가 축적한 무역 노하우로 원자재를 보유한 후진국에서 적정 가격에 살 수 있었다. 그렇게 구매한 원자재로 시장에서 가까운 지역의 공장에서 생산해, 필요한 시장에 공급하면 충분히 경쟁력을 갖출 수 있다고 판단했다.

문제는, 해외 자원 보유국의 자원을 대우가 확보할 수 있는가 하는 것이었다. 왜냐하면 선진국에서 이미 많이 가져갔기 때문이다. 대우의 전략은 자원 보유국이 필요로 하는 제품들을 대우가 공급하고, 대우가 필요로 하는 자원을 그 나라에서 받아오자는 것이었다.

우즈베키스탄, 이란에서 콤비네이션을 해서 필요하면 런던시장에 직접 팔거나, 원료가 필요한 생산공장에 공급하는 방식을 시도했다. 무역 거래를 외화가 안 들어가는 방식으로 접근했다.

그리고 아무래도 리스크가 조금만 있어도 한국은 정치적으로 타격을 받을 가능성이 있고, 정부 지원도 취약했다. 그래서 현지 정부와 합작해서 공장을 만들었다. 현지 정부와 합작하면 그 나라 정치체제나 제도변경이 생길 때 손실을 최소화할 수 있다. 때문에 가능하면 그 나라의 정부나 그 나라가 무시할 수 없는 기업과 연합해서 들어갔다. 이는 리스크를 분산시키는 효과가 있다.

세계시장에 어두운 국내 다른 기업들이나 공무원들은, 대우가 저러다가 크게 사고 치겠다고 말했다. 잘 알지도 못하는 남의 나라에 나가서 일을 크게 벌인다며 우려의 소리를 한 것이다. 하지만 대우는 자신 있었다. 왜냐하면 리스크를 분석해가면서 작전을 짰기 때문이다.

현지 정부가 땅을 지원해주고 사업에 필요한 면허도 주었다. 현지 정부에 개런티를 받은 것이다. 이는 보통의 기업보다 리스크를 훨씬 더 줄이는 방식이었다.

때마침 동유럽 국가들이 자본주의 제도나 체제로 바뀌면서 경제체제나 산업구조, 그리고 소비패턴이 경제발전 단계에 따라 많이 달라질 수밖에 없었다. 그런 변화에 대해 선진국 어느 기업들보다 대우는 잘 대응할 수 있다는 자신감이 있었다.

선진국 기업들은 몇백 년도 더 된 기업들이 많았다. 그들은 예전의 식민지에 대해 잘 알지는 몰라도 저개발 상태의 사회가 차츰차츰 발전하는 정도를 체감하지 못했다. 한국에서 아주 가난한 상태로부터 중진국으로 급성장하는 과정에서 보여준 소비의 변화, 산업구조의 변화, 부품의 변화, 부동산의 변화, 증권시장의 변화, 도시화의 변화 등 다양한 변화를 경험으로 축적한 대우는 후발 자본주의 국가들의 변화를 예측하고 대응할 자신이 있었다. 한국은 아주 짧은 시간에 급속하게 발전했고, 그 한가운데에 대우가 있었기 때문이다. 대우 임직원들은 그 같은 변화의 주역이기도 했다. 그런 시장 예측능력 하나로도 대우는 선진국 어느 기업들을 상대해도 이길 수 있겠다고 판단했다.

파트너 국가에 정책 서비스 제공

세계경영의 무대에서 대우경제연구소의 역할은 파트너 국가의 경제정책 수립에 대해 조언하는 일이었다. 나라마다 발전 단계가 다르고, 그에 따르는 정책이 달랐다. 그들이 요청하면 나도 자주 직접 출국했고, 전문가로 동원한 팀을 구성해서 정책 서비스를 제공했다. 그런 식으로 접근할 때 상대방 국가에서 반응이 매우 좋았다.

김우중 회장은, 한 시장에서 오래 장사해야 하므로 정직해야 한다는 철학을 가지고 있었다. 초반에 초과 이익을 반짝 내려고 시도하면 신뢰가 깨져서 장기적으로 사업을 못한다고 여러 번 역설했다.

그런 취지에서 대우는 매번 비교적 적정 가격을 제시했다. 그런 김우중 회장의 경영철학은, 예전에 서유럽 국가들에게 착취만 당하던 나라들의 마음을 열게 하기에 충분했다. 매번 기만을 당하면서 강압에 못 이기고 억울했던 그들은 대우의 접근방법에 우호적인 반응을 보였다.

국내에서 아무도 생각 못하는 그런 전략으로 세계경영을 시도하면서 대우는 선각자다운 면모로 세계시장을 감동시켜나갔다. 만약 IMF 외환위기만 아니었으면, 대우가 지금쯤 세계적으로 영향력 있는 그룹이 되어 있으리라고 나는 믿어 의심치 않는다.

한국에 상륙한 IMF를 구성하는 선진국의 다국적 기업들은 한국의 대표적 기업이던 대우를 표적으로 삼아 재정적 압박 등의 방법으로 대우그룹의 세계경영을 차단했다.

IMF는 대우와 현대 등 선진국 다국적 기업들을 괴롭히던 일부 재벌을 주요 타깃으로 삼았다. 현대는 사우디아라비아 등 해외건설시장에서 경합할 때 입찰 가격을 싸게 제시하면서 영국 및 미국 업체들의 돈벌이를 못하게 한 것이 죄라면 죄였다. 대우는 그보다 수준 높은 전략으로 동유럽 국가 등 여러 방면에서 IMF를 움직이는 주요 선진국들의 주요 기업들에게 총력을 동원할 수 있는 시스템으로 접근했던 만큼 그들은 위협을 느끼고, 싹을 잘라야 한다고 판단했던 것이 아니었을까 싶다.

대우의 약점은 재무구조가 탄탄하지 못했다는 사실이다. 그러나 재무구조 조금 나쁜 것은 해외 국제금융기관들의 신용만 얻으면 해결되는 문제였다. 빚이 많은 게 문제가 아니라, 수익을 충분히 올리고 있느냐 못 올리고 있느냐가 문제였다. 즉, 빚이 적고 많고에 상관없이 수익을 못 올리는 게 문제인 것이다.

그것이 평상시였으면 아무 문제가 없었으나, IMF가 한국에 상륙하면서 정부는 느닷없이 일순간에 금리를 4~5배나 올렸다. 한때 시중금리가 15~20%나 되도록 만들어놨는데, 이런 상황에서 어떻게 기업들이 정상적으로 운영될 수 있었겠는가?

어지간한 기업들은 못 버텼다. 특히, 공격적으로 경영하던 기업들은 넘어갈 수밖에 없었다. 이를 두고 대기업집단이 과잉투자해서 일어난 것처럼 책임을 돌리는 것은 옳지 않다. 과잉투자도 사실은 현실에 맞지 않는 환율과 단기 외화자금으로 장기투자를 하도록 유도한 정책당국의 실패 때문이다. 이 부분은 당시 정부의 책임이다. 그 이후 우리나라는 몸 사리는 기업과 함께 저투자자와 잠재성장률 저하, 그리고 '고용 없는 성장' 시대를 맞게 된다.

만약 정부가 국가의 경제를 보호하고, 다음 세대의 산업을 육성하는 차원에서 대우의 세계경영을 이해하고 위기극복 과정을 지원했다면 대우의 세계경영은 지금쯤 엄청난 빛을 발하고 있을 것이 분명했다.

하지만 대우의 선각자적인 세계경영 전략을 한국 정부의 유관 공무원들이나 다른 기업들은 잘 이해하지 못했다. 아쉬움이 남는 부분이다.

대우는 왜?

1판 1쇄 찍음 2012년 3월 12일
1판 1쇄 펴냄 2012년 3월 22일

엮은이 ㅣ 사단법인 대우세계경영연구회
펴낸이 ㅣ 김정호
펴낸곳 ㅣ 북스코프

편 집 ㅣ 강동준
마케팅 ㅣ 천정한

출판등록 2006년 11월 23일(제2-4510호)
100-802 서울 중구 남대문로 5가 526 대우재단빌딩 8층
전화 02-6366-0513(편집) ㅣ 02-6366-0514(주문)
팩스 02-6366-0515
전자우편 book@acanet.co.kr

ⓒ 사단법인 대우세계경영연구회, 2012

ISBN 978-89-97296-08-8 03320